“211工程”三期重点学科建设项目
《西部大开发与区域发展理论创新》
国家开发银行资助项目
《西部大开发重大战略问题研究基金》

West 西部大开发研究丛书

东西部差距：变动趋势与影响因素

——基于演化与分解的分析框架

Evolution and Influences of East-West Gap in China: An Analysis Based on Evolution and Decomposition Framework

马述忠 冯 晗 著

ZHEJIANG UNIVERSITY PRESS
浙江大学出版社

图书在版编目（CIP）数据

东西部差距：变动趋势与影响因素：基于演化与分解的分析框架 / 马述忠，冯晗著．—杭州：浙江大学出版社，2011.5
ISBN 978-7-308-08660-8

Ⅰ.①东… Ⅱ.①马… ②冯… Ⅲ.①区域经济—区域差异—研究—中国 Ⅳ.①F127

中国版本图书馆 CIP 数据核字（2011）第 076613 号

东西部差距：变动趋势与影响因素
——基于演化与分解的分析框架
马述忠　冯　晗　著

丛书策划　袁亚春　陈丽霞
责任编辑　樊晓燕(fxy@zju.edu.cn)
封面设计　春天·书装工作室
出版发行　浙江大学出版社
（杭州市天目山路 148 号　邮政编码 310007）
（网址：http://www.zjupress.com）
排　　版　杭州中大图文设计有限公司
印　　刷　浙江全能印务有限公司
开　　本　710mm×1000mm　1/16
印　　张　20
字　　数　359 千
版 印 次　2011 年 12 月第 1 版　2011 年 12 月第 1 次印刷
书　　号　ISBN 978-7-308-08660-8
定　　价　42.00 元

浙江大学出版社发行部邮购电话　(0571)88925591

西部大开发研究丛书

总 序

2011 年是“十二五”规划的开局之年，也是西部大开发新 10 年的起始之年。过去的 10 年是西部地区经济社会发展最快、城乡面貌变化最大、人民群众得到实惠最多的 10 年，也是西部地区对全国的发展贡献最突出的 10 年。西部地区经济年均增长速度达到 11.9%，主要的宏观经济指标 10 年间都翻了一番以上。基础设施建设取得突破性进展。青藏铁路、西气东输、西电东送等标志性工程投入运营。生态建设规模空前，森林覆盖率从 10 年前的 10.32%提高到现在的 17.05%，提高了 6.7 个百分点。社会事业取得长足进步，“两基”攻坚计划目标如期完成，卫生、社会保障、就业等基本公共服务能力大大增强。人民生活水平得到明显提高，城乡居民的收入分别是 10 年前的 2.7 倍和 2.3 倍。改革开放深入推进，东、中、西部地区互动合作的广度和深度不断拓展，对内对外开放的新格局初步形成。广大干部群众开拓创新意识不断增强，精神风貌昂扬向上。

站在新的起点上，我们也清楚地看到，目前东西部发展的差距仍然较大。2009 年，西部人均生产总值、城镇居民可支配收入、农村居民纯收入分别只有东部地区的 45%、68%、53%，依然是我国区域协调发展中的“短板”。按照党中央、国务院的部署，深入实施西部大开发战略将放在区域发展总体战略的优先位置，给予特殊的政策支持，推动西部地区的经济综合实力上一个大台阶，人民群众的生活水平和质量上一个大台阶，生态环境保护上一个大台阶，基本建成全面小康社会。

浙江大学中国西部发展研究院（简称西部院）是在 2006 年 10 月由国家发展改革委员会和浙江大学共建成立的，其目的是围绕西部大开发的全局性、综合性、战略性问题开展理论和应用研究，形成促进东西部地区互动合作、共同发展的重要科研交流和人才培训基地，为国家有关部门和地方政府制定发展规划和政策提出建议，为各类企业、社会团体和组织提供咨询服务。

西部院成立迄今，作为一个创新科研实体，本着“跳出西部思考西部，跳出西部发展西部”的新视角，一直以“服务西部经济社会发展”为己任，以建设“科学研究基地、科技服务基地、人才培养和培训基地、国际合作与交流基地”为目标而努力奋进。先后承担了大量国家战略层面的项目研究，并对西部大开发中的前瞻性问题进行了一系列的学术探索，成果斐然，如先后参加了《关中——天水经济区发展规划》、《“十二五”时期促进基本公共服务均等化规划思路研究》、《呼包银重点经济区发展规划》、《“十二五”完善基本公共服务体系规划》等国家重大规划编制的相关研究，开展了《西部大开发与区域发展理论创新》、《西部大开发重大理论问题研究》等重大课题的研究，形成了有价值的成果，这些研究成果既为西部大开发提供了理论基础，对实践活动也具有积极的指导作用，体现了西部院作为西部开发智库的重要作用，体现了一个学术机构的社会责任。

此次西部院编辑出版的这套《西部大开发研究丛书》，是西部院自2008年始，针对西部大开发中的热点和难点问题，组织国内专家学者开展深入研究形成的一批重要成果，内容涉及西部地区政策评估、东西部差异变动分析、产业发展、生态环境保护、能源资源开发和利用、基本公共服务均等化、人才开发、文化发展及财税体制等与西部经济社会发展密切相关的多个领域，具有较高的理论意义和现实价值。我相信，这套丛书的出版发行将有助于把西部大开发问题的研究引向深入。

2011年10月

前 言

浙江大学中国西部发展研究院(简称"西部院")是国家发改委与浙大共建单位,其宗旨是"研究西部、服务西部"。为深入研究西部大开发的重大战略问题,在国家发改委、国家开发银行等部门的支持下,2008年12月西部院筹集了西部大开发重大战略问题深化研究基金,内设若干子课题在浙大范围内公开招标。经相关专家评审,共有10个课题正式立项。倍感荣幸的是,笔者申报的"东西部差距的变动趋势与影响因素研究"也在其列。本书《东西部差距:变动趋势与影响因素——基于演化与分解的分析框架》正是在这一课题研究报告的基础上修订完善的成果。

在课题研究和书稿出版过程中,笔者的一些研究生做了大量的案头工作,特别是博士生冯晗同学,在此要对他们表示衷心的感谢,其中包括博士生张洪胜同学(参与了书稿第3章和第8章的部分撰写工作),硕士生叶宏亮同学(参与了书稿第6章和第7章的部分撰写工作)、张碧溶同学(参与了书稿第4章的部分撰写工作)和周雪晴同学(参与了书稿第5章的部分撰写工作)。

在书稿付梓之时,需要重点感谢的是西部院的周谷平院长、董雪兵副院长和孟东军老师,感谢他们的信任和支持,尽管自己是一个不善言辞、较为含蓄的人。

自改革开放以来,在整体经济高速发展之余,我国的地区发展差距也在迅速扩大,尤其是东西部发展差距,甚至即使在2000年中央启动西部大开发战略后，东西部差距也没有表现出明显的缩小趋势。本书研究的目的是试图寻找东西部差距背后的深层次原因，笔者也意欲呈现给诸位同仁一本尽善尽美的有关东西部发展差距研究的阶段性成果，然而，鉴于水平有限，书中肯定还存有许多缺点和不足之处，敬请大家不吝赐教。

马述忠

2011年10月

内容提要 在整体经济水平高速发展的同时，我国的地区发展差异却在日益扩大，而东西部差距又是我国东西部发展差异中的重要组成部分。本书旨在通过对我国东西部差距变动趋势及其形成和发展过程中影响因素的研究，提出缩小东西部差距的针对性政策建议。

在对东西部差距的形成与演化所做的动态分析和全球地区发展差异研究经验的基础上，本书将我国东西部差距发展过程中的各种影响因素总结为六条渠道，再分别从这六条渠道的角度，结合缜密的理论分析和可靠的实证证据来研究各种因素对东西部差距的影响。

此后，本书再次沿时间轴将这六条渠道对我国东西部差距的影响合而为一，纳入到一个统一的分析框架中，完整而科学地给出了东西部差距形成和发展背后的机理，总结出了我国东西部差距形成的客观历史原因和缩小的现实制约因素。

最终，在提出东西部均衡发展概念的基础上，本书给出了未来东西部均衡发展的政策性建议。

Abstract Behind the economic miracle, China's regional disparity is becoming larger and persistent, and the east-west gap is one of the important components of China's regional disparity. Based on the analysis to the evolution and influences of east-west gap in China, this book tried to find an effective way to narrow such gap.

Based on the observation of evolution of east-west gap and the review of global experience, this book separates all influences of east-west gap into six channels, then use a combination of theoretic and empirical methods to study the evolution from the angle of different channels separately.

After that, this book integrate the all six channels into an systematical explanation, summarize all objective historical causes of east-west gap and current constraints of the reduction of it. And in the end, we give the policy recommendations for balanced development between east and west.

目　录

第二篇 东西部差距:要素禀赋与制度环境

Contents

引 言

第一节 研究背景

自改革开放以来，我国经济经历了长期高速的增长，彻底改变了过去一穷二白的面貌。从1979—2004年，我国GDP年均增长率高达9.4%，工业总产值年均增长率更是高达11.3%，赶英超美早已由遥不可及变得触手可及。虽然人均GDP数据距离发达国家仍然存在巨大差距，但在总额上，2010年我国的GDP总额甚至已经超越了占据全球第二宝座多年的日本。整体经济的高速增长不仅带来了GDP数字和政府财政收入的持续增长，也使得民众的生活水平得到了极大的改善。对目前的大部分中国人来说，基本的生活早已不再是问题，他们的追求也早已由温饱变成了更丰富、更精彩的生活。

然而经济的发展虽然几乎使得所有人都从中获益，也提高了所有地区的收入水平，但这种提高却并非完全平均。在过去30年我国经济奇迹般的增长背后，经济发展的不平衡也在逐渐浮出水面，甚至愈演愈烈。根据程永宏(2007)以家庭为收入单位的计算结果，从1981—2005年，我国收入Gini系数从0.2927上升到了0.4419①，已经超过了0.4的Gini系数警戒线。如果考虑未列入统计的非法收入现状，这一数字甚至会更大。

发展的不平等并非仅仅出现在居民或家庭之间，也出现在地区之间和城乡之间。如果说城乡之间的发展差距还因为经济结构上的天然差异而不可避免的话，那当前我国地区之间巨大的发展差异就显得尤为触目惊心了。

① 由于数据和方法上的细微差异，不同来源的计算结果往往存在一些区别，不过，过去数十年间中国Gini系数的增长趋势和Gini系数早已超过0.4的警戒线的事实是为所有研究者所公认的。

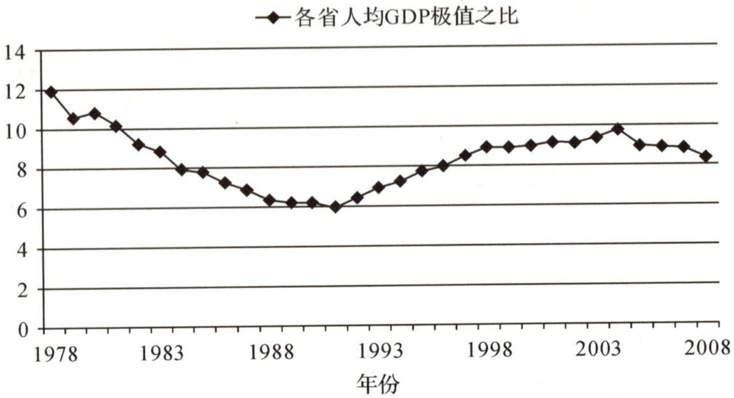

图 0-1 1978—2008 年各省人均 GDP 极值之比[①]

图 0-1 列出了自改革开放到 2004 年,每年各省市自治区中人均 GDP 最大值与最小值之间的比例。从图 0-1 中可以看出,在改革开放之初,这个比例一度呈下降趋势,但从 20 世纪 90 年代初开始,这一比例就呈现增长势头。虽然它在 2004 年后出现了一定程度的下降,但仍然大于 8,远远超过 20 世纪 80 年代末的数字(大约 6)。作为一个对比,在 2004 年,美国的这一比例仅为 1.3(Fleisher et al., 2010),印度的这一比例也仅为 4.5(Purfield, 2006)。由此我们不难理解,为什么从 20 世纪 90 年代开始,地区发展差异在我国逐渐成为越来越多人关注的问题。

在诸多形式不同的地区发展差异中,东西部发展的差距又是尤为引人注目的。2003 年,五个东部发达省区(山东、江苏、广东、浙江和河北)的 GDP 之和占了整个大陆地区 GDP 总和的 1/3 强。即便是以人均 GDP 计算,一些东部发达地区,比如上海,2007 年人均 GDP 已经超过 8000 美元,考虑物价因素甚至已与作为发达国家的瑞典或新加坡不分伯仲(Heilig, 2006);与此同时一些西部省份,比如贵州,2007 年人均 GDP 甚至还不到 1000 美元,考虑物价因素后,和苏丹之类公认的全球最落后国家不相上下(Heilig, 2006)。东西部差距不仅体现在某一时点的人均 GDP 上,也体现在经济社会发展的方方面面。无论是上市公司还是重点大学,无论是外商投资还是乡镇企业,东西部之间都存在着巨大的差距。2000 年全国进出口总额的 92.1%发生在东部地区,全国引进外商直接投资的 86.5%在东部地区(蔡昉、王德文,2002)。即使在 2000 年中央政府启动西部大开发战略之后,这种差距也并没有显现出明显缩小的趋势。本书的目的,就是试图去找到这种差距背后的深层原因,并有针对性地

① 若无特殊说明,本书所用原始数据均源自《新中国 60 年统计资料汇编》,国家统计局 2010 年编。下不赘述。各地 GDP 数据经过价格调整,具体方法见下文。

提出相应的政策建议。

第二节 研究意义

经济发展水平差距的存在和持续扩大在我国东西部之间造成了人为的鸿沟，阻碍了我国消灭贫困乃至共同富裕目标的实现。如果这种差距在长期内继续存在甚至扩大，它就可能在不同收入地区的人群间制造出交流沟通的障碍甚至直接的矛盾，特别是对于一些欠发达的少数民族地区而言，甚至可能会对民族团结和社会安定产生显著的不良影响。考虑到它对我国经济社会的健康发展造成的越来越大的负面效应，这个问题甚至已经超出了经济层面而具有了政治含义。

本书的研究旨在通过对我国东西部差距过去趋势和影响因素的观察，来寻找差距形成和发展的决定因素，并在此基础上提出相应的政策建议，为我国东西部之间未来的均衡发展做出贡献。这也是本书的研究意义所在。

第三节 研究内容

在本书的第一部分，我们将首先回顾自新中国成立以来我国东西部差距的发展历程，从历史的角度考察东西部差距的形成与发展，寻找其中的可能原因，然后我们将镜头拉远，总结全球地区发展差异的研究现状和发展现实，将其与我国东西部差距对比，为进行更深入的分析做好理论和实证上的充分准备。

此后，基于第一部分的分析，在本书的第二部分中，我们将分别从各个因素的角度，深入分析这些因素本身对我国东西部差距的影响，通过充分的理论分析和有力的实证数据分别给出研究的结果。

最后，在第三部分，我们将分析的思路重新归一，将不同的影响因素重新融入到统一的分析框架之中，全景性地揭示我国东西部差距的形成与发展，给出其背后的原因和不能消除的制约性因素，并最终给出相应的政策性建议。

第四节　东西部差距:概念界定

清晰的概念界定是一切科学研究的基础。对本书而言,在研究正式展开之前,我们首先需要明确的是东西部差距的概念。

一、东部与西部的概念

东西部的概念在很多学术研究和面向一般公众的媒体上频繁出现,然而到目前为止,对东西部的划分并没有一个得到公认的明确方法。有些研究将整个中国大陆分为四个地区:沿海(北京、天津、河北、上海、江苏、浙江、福建、山东和广东—海南[①]),内地(内蒙古、山西、安徽、江西、河南、湖北、湖南、广西、贵州、陕西和四川—重庆)、西部(甘肃、新疆、青海和宁夏)和东北(黑龙江、吉林和辽宁)(Fleisher et al., 2010);有些研究将大陆地区分为东部(北京、天津、河北、辽宁、上海、江苏、浙江、山东、福建、广东、广西和海南)、中部(山西、内蒙古、吉林、黑龙江、安徽、江西、河南、湖北和湖南)和西部(四川、贵州、云南、西藏、陕西、甘肃、青海、宁夏和新疆)三个地区(Bhalla et al., 2003; 沈坤荣、马俊,2002);也有研究仅区分沿海(广东、江苏、上海、福建、海南、山东、辽宁、天津、浙江、河北、北京和广西)和内地(其他省份)(刘夏明、魏英琪、李国平,2004; Zhang & Kanbur, 2001)。

大部分研究并未给出其地区划分的依据,因此这些划分往往多多少少带有一些随意性。比如同样是将整个大陆地区划分为两部分,与前文所述的沿海内地划分法不同,Cai 等(2002)的东西部划分中,东部就仅包含北京、天津、上海、辽宁、浙江、江苏、广东、福建和海南。不同的划分方式虽然并没有带来研究结果的显著差异,但也多多少少地给不同研究结果的可比性带来了一些问题。

具体的划分方式应当由研究目的决定。本书试图研究的是东西部在经济发展上的差距,因此,在地理因素之外适当考虑经济发展状况作为划分标准是恰当的。已有的大部分研究表明,我国东部省区经济发展上存在俱乐部趋同现象,而西部、中部省区则没有出现类似趋同。换言之,改革开放以来,我国省区间经济发展呈现出一个东部省区内部不平等降低而东部与其他地区间不平等加剧的局面(Bhalla et al., 2003; 沈坤荣、马俊,2002; Cai et al., 2002)。

---

① 由于数据和统计口径的原因,很多研究都将 1988 年才设省的海南与广东视为一体,下文的四川—重庆同样类似。

我们认为，将大陆地区划分为东西两部分，对于我们的研究目的而言是恰当的。具体地，我们将东部定义为北京、上海、天津、河北、黑龙江、山东、辽宁、福建、浙江、江苏和广东共十一个省级行政区的集合，而将其他地区的集合定义为西部，如图 0-2 所示。图 0-2 中白色表示数据缺失的省份，深色区域是我们定义的东部地区，而浅色区域则是我们所定义的西部地区。需要说明的是，对这个划分方式的微调，并不会影响到我们接下来的绝大部分分析结果和基于此的政策建议。也就是说，我们的研究结果对东西部地区的划分方式是稳健的。

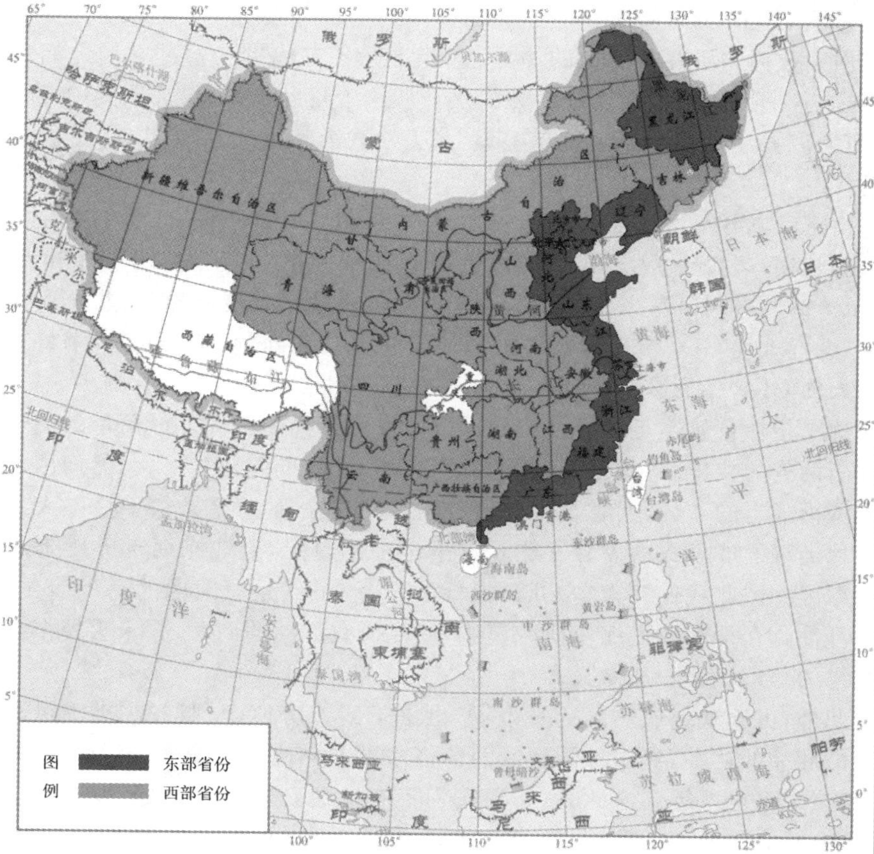

图 0-2　东西部地区的定义

资料来源：原图来自国家测绘局网站(https://219.238.166.215/mcp/index.asp)。经由作者编辑整理。

二、差距的概念与描述

描述地区间经济发达程度的差异至少需要两类指标。首先，我们需要明确,我们研究的是地区间什么指标的差异,是人均 GDP、人均收入、人均消费还是其他?我们将此类指标称为基础指标。然后,我们也需要明确应当如何来描述这种差异,我们将此类指标称为差异指标。

(一)基础指标

描述一个地区经济发达程度的最常用基础指标有人均 GDP(Fleisher et al., 2010)、人均收入(Strazicich et al., 2004)、人均消费支出(Kanbur & Zhang, 2005)或者是全要素生产率(Total Factor Productivity, TFP)(Fleisher et al., 2010)。

由于数据和研究目的上的差异,这些指标各有优劣。不过它们之间也并非孤立,各个指标的变化往往互为因果。从这个角度来说,仅选取其中一个指标,而无需关注所有指标,实际上就足以对整个东西部差距有较为全面的了解。

由于我国各地区发展差异比较大,全国性市场又尚不健全,特别是在市场转型的初期,居民消费支出或收入里都有比较大的非货币部分(Kanbur & Zhang, 2005);同时考虑到我们的研究针对的是地区发展差异,而非个人间的差异,选择人均 GDP 作为基础指标并不会造成什么问题,基于此,本书将主要采用人均 GDP 作为基础指标。

这个指标自然不足以概括我国地区间发展差异的全部。最简单的例子就是江浙两省的差异。浙江与江苏两省在人均 GDP 上差异并不大,然而由于经济发展模式上的差异,两省在人均可支配收入等方面的差异却十分巨大。不过这种经济发展模式的差异并非是本书论证的重点,更非东西部差距形成的主要原因。因此我们对人均 GDP 指标的选择,虽然是对问题的一种简化,然而这种简化在帮助我们缩小研究范围,专注研究目标的同时,并未丢掉多少研究结果的普适性和一般意义。

此外,由于缺乏成熟的统一市场,也由于诸如房地产、服务之类不可跨区流动的商品的存在,我国不同地区间价格水平差异往往比较大,越是发达的地区,价格水平也就越高。此时,如果我们不考虑地区间价格差异,就会高估地区 GDP 或人均收入的差距(Brandt & Holz, 2006; Fleisher et al., 2010; 江小涓、李辉,2005)。因此,本书采用了 Brandt & Holz(2006)的方法,将各地不同时间的 GDP 水平都以 1990 年北京价格水平表示,从而避免各地区价格水平不同造成的偏差。除了 GDP 之外,其他一切与价格有关的变量我们都做了类似的处理。

(二)发展与增长

在通常的语境中,发展与增长是两个不同的概念。增长一般指单纯的经济指标，比如人均 GDP 数值上的增加。发展则是个更为宽泛也更难定义的概念，它不仅仅要求经济指标上的增加，也要求生活环境、个人自由等方面的改善。

不过在本书中，我们不会去深究发展与增长间的不同，这一方面源于我们很难明确鉴别发展的概念，从而也就很难定义发展在不同地区间的差异情况，另一方面整个社会是个统一的整体，从长期来看，人均 GDP 的增加必然会伴随着其他方面发展水平的提高，否则这种人均 GDP 的增加必然不可持久。因此我们可以近似地认为发展和增长是同一的概念。此后若无特殊说明，本书中所提到的发展或者增长，指的都是同一个概念：人均 GDP 等经济指标在数值上的增加。

（三）差异指标

比基础指标的选择更复杂的是差异指标的选择。当比较在被外生地[①]划分为几个兼具完备性和排他性[②]的组的多个地区之间展开时，还涉及将地区间差异划分为组间差异与组内差异的问题。在当前研究中比较常见的有以下几种地区差异描述方法。

1. 变异系数(CV)法

变异系数为相应指标标准差除以其均值。用公式可以这样表示：

$$CV = \sqrt{\frac{\frac{\sum_{i=1}^{K}(y_i - \bar{y})}{K}}{\bar{y}}} \tag{0-1}$$

式中：CV 为变异系数；K 为地区数；$\bar{y}$ 为整个样本的均值；y_i 为地区 i 的均值。

2. 基尼系数(Gini)(Cowell, 1995)[③]法

基尼系数是洛伦茨曲线（实际收入分配曲线）和 45°线之间的面积与 45°线下方面积之比。用公式可以这样表示：

$$G = \left(\frac{1}{2\mu}\right)\sum_{i=1}^{K}\sum_{j=1}^{K} f(y_i)f(y_j) \mid y_i - y_j \mid \tag{0-2}$$

式中：G 为基尼系数；y_i 表示各地区的人均收入；$f(y_i)$表述地区 i 所占的人口份额；μ 是整个样本的平均收入；K 则是样本中的地区数。

---

① 所谓外生，指的是划分所用标准与研究中主要关注的指标无关，不因其变化而变化。

② 所谓完备性是指任何个体必然被分到某个组中，而不存在任何没有被分组的个体；所谓排他性是指任何个体只存在于一个组中，而不可能同时被分入两个组中。

③ 与一般媒体中常见的基于个人收入水平分布计算得到也反映个人收入水平差异的基尼系数不同，本书所谓的基尼系数是基于省际人均 GDP 数据计算得出的，因此反映的也是省际人均 GDP 差异状况。两者在意义上完全不同。

3. GE(Generalized Entropy)系数法

熵(Entropy)是物理学里表示混乱度的一个衡量指标。热力学中有著名的熵增定理:任何封闭系统内的自发反应都会导致整个系统的熵增加。Shrrocks(1980,1984)首先将其引入到经济学领域并用来衡量地区发展差异。它用公式可以这样表示:

$$I(y)=\begin{cases}\sum_{i=1}^{K} f(y_i)\left[\left(\frac{y_i}{\mu}\right)^c-1\right] & c\neq 0,1\\ \sum_{i=1}^{K} f(y_i)\left(\frac{y_i}{\mu}\right)\log\left(\frac{y_i}{\mu}\right) & c=1\\ \sum_{i=1}^{K} f(y_i)\log\left(\frac{\mu}{y_i}\right) & c=0\end{cases} \tag{0-3}$$

式中:$I(y)$为相应的 GE 系数,y_i 表示各地区的人均收入;$f(y_i)$表述地区 i 所占的人口份额;μ 是整个样本的平均收入;K 则是样本中的地区数。当 $c=0$ 或者 1 时,GE 系数就变成了著名的 Theil 指数(Theil, 1967)。

GE 系数可以被很方便地分解为组间和组内两部分:

$$I(y)=\sum_{g}^{K} w_g i_g + I(\mu_1 e_1,\cdots,\mu_K e_K) \tag{0-4}$$

其中

$$w_g=\begin{cases} f_g\left(\frac{\mu_g}{\mu}\right)^c & c\neq 0,1\\ f_g\left(\frac{\mu_g}{\mu}\right) & c=1\\ f(g) & c=0\end{cases}$$

式中:K 为组数;f_g 为第 g 组所占的人口份额;μ_g 为第 g 组的人均收入;I_g 为第 g 组的组内差异;e_g 为一个第 g 个值为 1 的向量。式(0-4)等号右边第一部分即为组内差距,第二部分即为组间差距。

不同的指标在衡量地区间发展差异上各有优劣。万广华(2008)指出,一个良好的不平等指标应当具有以下性质:首先,匿名性(anonymity),即度量结果与观测对象本身没有关系;第二,齐次性(homogeneity),即当仅仅调整量纲,比如将收入单位由人民币改成美元时,度量结果不应变化;第三,人口无关性(population independence),样本总数应当与度量结果无关,即当我们将样本完全复制一份或多份之后,由新的样本所计算出的度量结果应该与原有结果相等;第四,转移性原则(principle of transfers),即当富人将一部分收入转移给穷人时,度量结果应当降低或至少不变;第五,强洛伦茨一致性(strongly Lorenz-consistent),即度量结果与我们根据洛伦茨曲线观察到的结果应当相同;第六,标准化(normalization),即当样本完全相同时,指标必须等于 0。

我们在上文提到的几个指标，都能够符合这些要求。在本书中，我们会根据目的的不同，有选择地使用这些指标。比如 GE 指数可以被很方便地分解成组间不平等和组内不平等[①]，同时它也是在近年研究中使用得比较多的一个指标。因此在描述不平等时我们将主要使用基于经过地区消费价格指数调整的人均 GDP 的 GE 系数来衡量我国地区间发展的差异。为方便起见，本书在具体计算 GE 系数时将选择 $c=0$。不过，实际上即使选择 $c=1$ 或者其他值，本书的各种分析结果也不会有本质的改变。

第五节 研究方法

在研究方法上，本书将综合采用理论和实证分析的方法：一方面通过构造数理模型从理论上分析各种因素对东西部差距或其他变量的影响，另一方面通过实证的手段，直接以数据来说话，为理论分析的结论提供有力的实证支撑。

此外，本书也将注重对现有研究结果的总结和归纳，借鉴已有的研究方法和结论，为本书的分析服务。

第六节 其他说明

一、数据说明

本书所用的数据若无特别说明均来自国家统计局所编的《新中国 60 年统计资料汇编》(以下简称《60 年》)及各年《中国统计年鉴》等统计资料。近年来我国曾经对 GDP 统计进行过数次调整，然而这些调整均未能回溯到改革初期甚至更远的 GDP 资料，这使得调整前后的 GDP 数据在统计标准和口径上存在潜在的不一致，这种不一致可能会影响数据的可比性。因此，本书部分章节所用的数据仅到 2004 年截止。不过，即使只到这个时间，从 1978—2004 年我们也已经有了长达 27 年的样本数据。

对少数缺失数据，我们通过合理的假设做了填充。不过对一些缺失较多

① Dagum(1997)曾提出了一种分解 Gini 系数的方法。不过这种方法比较繁琐，并且在近年来的研究中应用不多。

的数据,我们不可能通过任何合理的假设做出补充,因此数据缺失依然比较严重。

具体来说,我们采用的数据填充方法主要包括:对于较早年份的 FDI 数据缺失,我们直接将缺失值默认为 0;对于前后年份数据齐全且相等,而本身随时间变化不大的变量,我们将此缺失值设为与前后值相等;如果前后值存在差异,那对于缺失年份较短的变量,我们通过假设变量年增长率不变来算出每年数据。如果缺失年份较长,那我们直接弃置。

此外,在分省数据上,设省、市较晚的海南、重庆,以及相对偏远的西藏,在统计资料的长期完整性上都有所欠缺。考虑到这几个地区在我们研究东西部差距时都并非最典型的地区,因此,与很多现有研究一致(比如 Bhalla et al., 2003; Kanbur & Zhang, 2005; 等等),我们也没有纳入这几个省市自治区的统计数据。另外,在《60 年》中,新疆 2000 年之后的公路里程数据特别注明包含了新疆生产建设兵团数据,而新疆 1999—2000 年的公路里程数据也的确存在突变(从 33484 到 80875)。换言之,数据存在统计口径上的不一致。问题在于,其他新疆数据上均未注明是否包含生产建设兵团数据,若都不包含,那就相当于有半个新疆并未包含入我们的回归中,然而我们使用的新疆总面积却又是包含生产建设兵团的。若包含,则统计口径的不一致就相当严重。我们最终对此的应对是假设新疆其余数据均未包含生产建设兵团,并且以 2000 年后《新疆统计年鉴》中的公路里程数据代替《60 年》中的数据。

二、变量说明

这部分旨在对后文实证研究将会用到的部分变量做出说明。

(一)实物资本存量

本书中所指的实物资本是与人力资本相对的,包含了专利、技术、商标等虚拟的资本。实物存量估计方法主要基于张军等(2004)。他们提供了 1978 年我国各省资本存量数据。我们以此为基础,再在各省区资本存量和各年投资的基础上算出了各年份每个省区的实物资本存量。由于价格调整方法差异,我们的最终结果和张文中的数据并不完全相同。

具体地说,我们使用的公式是:

当年实物资本存量=前一年实物资本存量×(1－折旧率)＋当年固定资本形成数

各数据均经过价格调整,折旧率我们取张军等(2004)文中的 9.6%。

(二)累积 FDI

本书对这个变量的处理与实物资本存量类似。唯一的区别是在计算累积

FDI 时我们无需通过任何假设来获得初期 FDI 数:这个数显然是 0。

（三）基础设施变量 RoadpSize

我们采用的变量是各省公路总里程除以省区面积。这个变量可以反映地区交通基础设施的完善情况。不过这个变量的采用可能存在一些问题。首先,它仅包含了交通基础设施建设信息,没有通信等其他方面基础设施情况的信息。

其次,公路里程并不能完全反映交通基础设施的全面情况。在《60 年》中提供了铁路、公路和水运总里程的信息。事实上很多省份公路在客货运历程上占的份额并不比其他更大,但一方面由于我们很难用统一的变量同时容纳三种运输方式,另一方面,在很多省区水运里程数据缺失严重,而且在某些年份还存在一些我们难以解释的突变,特别是在 1978—1979、1999—2000 年很多省份都存在相当大的突变现象,虑及此,我们认为不纳入水运里程信息应该是个相对稳妥的做法。铁路里程的问题则在于,我国铁路建设投资常年不足,铁路里程在时间上变化不大,这就意味着如果采纳铁路里程数据,那铁路里程对被解释变量的边际效应在时间上保持稳定的假设是有问题的。因此我们最终并没有纳入铁路里程。

第三,即使是公路里程背后也可能有些问题。我们不能指望所有等级公路的作用都是类似的,高速公路的运力肯定比乡村公路更大,但在农村公路更稀缺,或许其边际效用反而更大。如果要完全地将以上因素纳入到分析中,那问题将变得异常复杂。同一地区不同时间公路边际作用同样可能存在区别,当人均汽车拥有量增加时,公路的边际作用同样会增强。由于本书并非针对此方面的专著,因此过于复杂的变量对于本书所研究的主题意义并不大,故而我们选择简单地等同视之。

（四）人力资本变量

我们使用的人力资本变量是每万人在校大学生数。这个数据并不能令人满意:它不能反映人力资本存量,因为它没有考虑之前毕业的大学生;它也不能反映人力资本的流量,因为它将不同年级的大学生都等同视之;而且它还忽略了中专、技校等非大学毕业生的人力资本。

然而在本书所研究的时间范围内,我们未能找到可以弥补以上所有缺点的完美的人力资本变量。即使是我们使用的变量,在不少年份、省份中都并不完整,它的缺失实际上也是我们不同回归中观察值差异的主要原因。

总而言之,这又是一个不完美的最佳选择。

（五）资源税

我们未能直接找到资源税相关数据。不过在 2009 年于浙江大学举办的中国经济学年会上，张育浩（2009）宣读的论文给出了 1999 年我国各省区资源税情况。我们的数据正是来源于此。由于仅有一年数据，我们只做了此年份的截面数据回归。

由于数据处理方法在细节上的不同，本书的一些结果和现有文献可能存在一些差异，这当属正常。不过，一般来说这些差异均不会对结果造成显著改变。

参考文献

[1] 蔡昉，王德文. 比较优势差异、变化及其对地区差距的影响. 中国社会科学，2002(5)：41-54

[2] 程永宏. 改革以来全国总体基尼系数的演变及其城乡分解. 中国社会科学，2007(4)：45-60

[3] 江小涓，李辉. 我国地区之间实际收入差距小于名义收入差距——加入地区间价格差异后的一项研究. 经济研究，2005(9)：11-18

[4] 刘夏明，魏英琪，李国平. 收敛还是发散——中国区域经济发展争论的文献综述. 经济研究，2004(7)：70-81

[5] 沈坤荣，马俊. 中国经济增长的"俱乐部收敛"特征及其成因研究. 经济研究，2002(1)：33-39

[6] 万广华. 不平等的度量与分解. 经济学（季刊），2008(10)：347-368

[7] 张军，吴桂英，张吉鹏. 中国省级物质资本存量估算：1952—2000. 经济研究，2004(10)：35-40

[8] 张育浩. 资源诅咒在中国省际层面的检验. 中国经济学年会论文，2009

[9] Bhalla Ajit, Shujie Yao, Zongyi Zhang. Regional Economic Performance in China. *Economics of Transition*, 2003, 11(1): 25-39

[10] L Brandt, C Holz. Spatial Price Differences in China: Estimates and Implications. *Economic Development and Cultural Change*, 2006, 55(1): 43-86

[11] Cai Fang, Dewen Wang, Yang Du. Regional Disparity and Economic Growth in China: The Impact of Labor Market Distortions. *China Economic Review*, 2002, 13(2-3): 197-212

[12] Frank Cowell. Mesuring Inequality. 2nd Edition. London: Prentice Hall/Harverster Wheatsheaf, 1995

[13] Camilo Dagum. A New Approach to the Decomposition of the Gini Income Inequality Ratio. *Empirical Economics*. 1997, 22(4): 515-531

[14] B Fleisher, H Li, M Q Zhao. Human Capital, Economic Growth, and Regional Ine-

quality in China. *Journal of Development Economics*, 2010,92(2): 215-231

[15] G K Heilig. Many Chinas? The Economic Diversity of China's Provinces. *Population and Development Review*, 2006,32(1): 147-161

[16] Kanbu Ravi, Xiaobo Zhang. Fifty Years of Regional Inequality in China: A Journey Through Central Planning, Reform, and Openness. *Review of Development Economics*, 2005,9(1):87-106

[17] Purfirld Catriona. Mind the Gap-Is Economic Growth in India Leaving Some States Behind?. IMF Working Paper, WP/06/103, International Monetary Fund, Washington, DC, 2006

[18] Anthony Shorrocks. The Class of Additively Decomposable Inequality Measures. *Econometrica*, 1980,48: 613-625

[19] Anthony Shorrocks. Inequality Decomposition by Population Subgroup. *Econometrica*, 1984,53: 1369-1385

[20] Mark C Strazicich, Junsoo Lee, Edward Day. Are Incomes Converging among OECD Countries? Time Series Evidence with Two Structural Breaks. *Journal of Macroeconomics*, 2004,26(1): 131-145

[21] H Theil. *Economics and Information Theory*. Amsterdam: North-Holland, 1967

[22] Xiaobo Zhang, Ravi Kanbur. What Difference Do Polarization Measures Make? An Application to China. *Journal of Development Studies*, 2001,37(3): 85-98

第一篇　东西部差距：动态演化与全球经验

第一章

东西部差距:动态演化分析

第一节　问题的提出

在问题研究的开始,我们首先要做的是对问题本身做深入而细致的观察与研究。只有对问题有了足够的了解和深刻的理解,下一步的研究才能做到有的放矢。而这正是本书第一篇“东西部差距:动态演化与全球经验”所要做的。在这一部分中,我们将首先从历史的角度来考察我国东西部差距的演化过程。我们需要明确的是:第一,东西部差距在我国地区发展差异中处于一个什么样的地位;第二,东西部差距是否一直如现在这般?如果不是,那它是如何发展演化成目前这副模样的?其次,我们也必须意识到,地区发展差距并非仅仅出现在中国,因此,我们也应当将东西部差距放在全球的角度上去观察。这将是下一章的内容。

第二节　我国地区发展差异的典型特征

这一部分旨在回答本章开头提出的第一个问题:东西部差距在我国地区发展差异中处于一个什么样的地位?

地区发展差异并非一成不变——倘若如此,那我们的研究也就失去了意义——因此我们对东西部差距在我国地区发展差异中地位的考察,也必须放在一个较长的时期中才有意义。如果东西部差距在相当长时间内都不构成我国地区发展差异的主要组成部分,那对它倾注过多的关注就是不必要的。

然而事实并非如此。虽然具体结论略有出入,但几乎所有研究都发现,包括东西部差距在内的我国地区发展差异是处于动态演化状态之中的。比如Lardy(1980)发现我国的地区发展差距在新中国成立初期,甚至一直到改革开放之前都是呈缩小态势的。此后的 Tsui(1991)认为改革开放之前我国的省区间收入差异变化并不明显，反倒在改革开放初期表现出了下降的趋势。Jian 等(1990)的结果则更加复杂，他们的研究表明，在 1952—1965 年和 1978 年之后，我国地区发展差异都存在收敛的趋势，然而在 1965—1978 年之间，却存在强烈的发散趋势，在 1990 年之后发散趋势再度出现。Gundlach(1978)的结果与之略有相似，他发现虽然 1979—1989 年间我国省区之间在经济发展水平上存在收敛趋势，但这种趋势在 1989 年之后被削弱了。他把这种现象归因于 1989 年之后的分税制改革。这项改革赋予了地方政府发展地区经济、拓展地方税源的动力和权力，从而使得地区发展差异迅速地从禀赋差异和潜在可能成为了现实。

总的来说，大部分的研究都认为 1978 年之前我国地区发展差异变化不大，或者存在一定的缩小倾向；在改革开放之初的 20 世纪 80 年代，地区经济发展水平表现出了一定的收敛倾向，然而从 20 世纪 90 年代开始，这种倾向逐渐被削弱甚至逆转。

基于这个判断，我们首先将目光集中于 1978 年之后，观察并分析这段时间内东西部差距在我国地区发展差异变化中的作用和地位。

基于本书引言中所给出的公式和经过价格调整的各省人均 GDP 数据，我们计算得到了 1978 年后分别以变异系数(CV)、加权变异系数(加权 CV)、GE 系数和 GINI 系数表示的我国历年地区发展差异情况。表 1-1 中列出了这些变量。为了更清楚地观察这些变量随时间变化的情况，在图1-1到图 1-3 中，我们分别画出了变异(CV)系数、GE 系数和 Gini 系数三个地区发展差异表征指标变化情况。

表 1-1　1978—2008 年我国地区发展差异变化

时间	CV	加权 CV	GE 系数	Gini 系数
1978	0.85838291	0.80919044	0.20733079	0.35207129
1979	0.80689449	0.78915996	0.19865712	0.33993582
1980	0.8036594	0.78084874	0.20052299	0.343792
1981	0.76780934	0.76515786	0.1890448	0.33210564
1982	0.73429139	0.74408163	0.18174391	0.32786536
1983	0.70767626	0.7138261	0.17425108	0.32257134
1984	0.68162172	0.69602539	0.17012065	0.31865003
1985	0.6382798	0.65238119	0.15191066	0.30082796
1986	0.60374196	0.61698784	0.13962842	0.28898001
1987	0.57416695	0.59629285	0.1320762	0.28191454

续　表

时间	CV	加权 CV	GE 系数	Gini 系数
1988	0.54959738	0.56442529	0.12182412	0.27214833
1989	0.53379219	0.54937951	0.11618039	0.26453871
1990	0.51516665	0.54186794	0.11266488	0.26143596
1991	0.49642233	0.53424757	0.11064575	0.26135502
1992	0.50251365	0.54763431	0.11548591	0.26829035
1993	0.51350725	0.5579107	0.12019054	0.27394253
1994	0.52327056	0.57141986	0.12798077	0.28365661
1995	0.52389801	0.5806001	0.13169317	0.28701901
1996	0.52613276	0.59735363	0.13804804	0.29303315
1997	0.54763448	0.62610085	0.15101143	0.30671075
1998	0.55960222	0.63961784	0.15691122	0.31237382
1999	0.56819536	0.64646526	0.16107963	0.31619309
2000	0.57294054	0.65468982	0.16423435	0.31958194
2001	0.58077614	0.65983708	0.16797971	0.32300994
2002	0.58437252	0.66150325	0.17092138	0.32526989
2003	0.60151934	0.6756926	0.17805553	0.33264361
2004	0.61047276	0.68851751	0.18352144	0.33717841
2005	0.59923556	0.68508568	0.18254328	0.33650279
2006	0.59185837	0.67661147	0.17935786	0.33341567
2007	0.5852116	0.66609496	0.17412997	0.32911079
2008	0.57208333	0.65889596	0.17205741	0.32662476
最低点	1991	1991	1991	1991

从这些图表中我们可以看出，与过往研究一致（如林毅夫、蔡昉、李周，1998），无论是哪个指标，在这 27 年间均呈现出了显著的先减后增趋势。从 20 世纪 80 年代初开始，市场化导向的改革使得计划经济时代的相对落后地区获得了高速发展的机会，这导致了全国范围内地区发展差异程度的缩小。几乎所有指标都同步地在 1990 年到达最低点（唯一例外是未经人口加权的 CV 指数）。此后这种趋势被逆转，地区发展差距又开始逐渐拉大并一直持续至今。依照 GE 和 Gini 系数的标准，最晚到 2003 年，我国地区发展差异已经超过了改革开放前的水平。在一些地区发展水平已经接近甚至达到中等发达国家水平时，一些落后地区却连温饱问题都没有解决。

除了人均 GDP 在地区间的差异，我们同样可以对其他指标做出类似的观

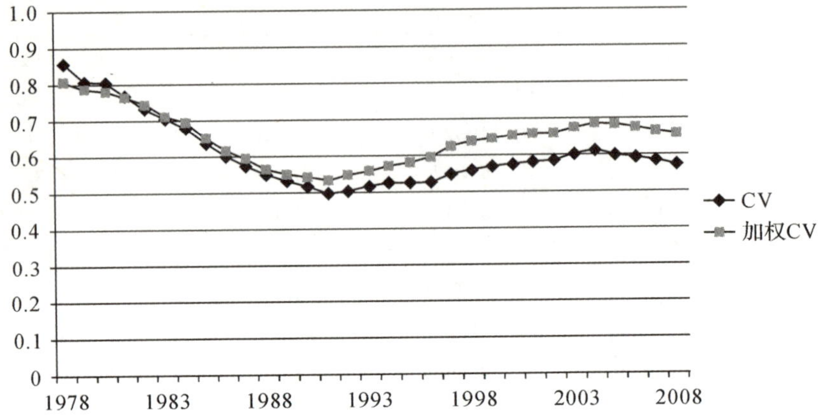

图 1-1　1978—2008CV 变化情况

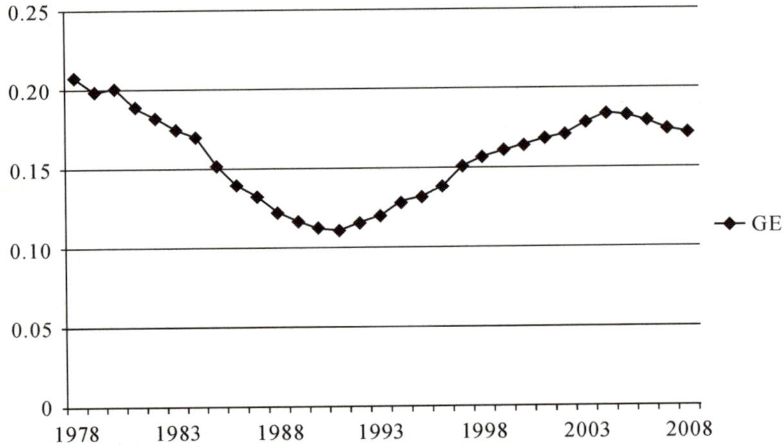

图 1-2　1978—2008 年 GE(Generalized Entropy)系数变化情况

测。图 1-4 分别列出了根据农村居民人均纯收入、城镇居民人均可支配收入和职工平均工资所计算的 GE 指标情况。无论是哪个指标，都在 20 世纪 90 年代初直到 21 世纪初的十余年中表现出了强烈的上升趋势。在 2004 年后，虽然部分指标与人均 GDP 指标类似地出现了一定的下降趋势，然而这种趋势并不稳定，也未在所有指标中出现，这或许说明 2004 年之后地区间人均 GDP 差异缩小的现象并非是经济发展到一定阶段后的自然现象。

比地区发展差异持续的高水平更严重的是，自 20 世纪 90 年代初开始，我国的地区发展差异就一直保持高速增长的态势。依照新古典增长理论的要素边际产出递减假设，从长期看不同地区的增长应当会存在收敛倾向。国外的

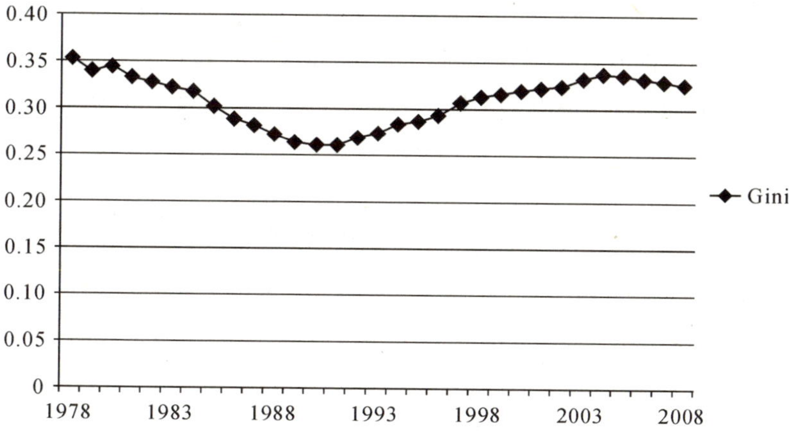

图 1-3　1978—2008 年 Gini 系数变化情况

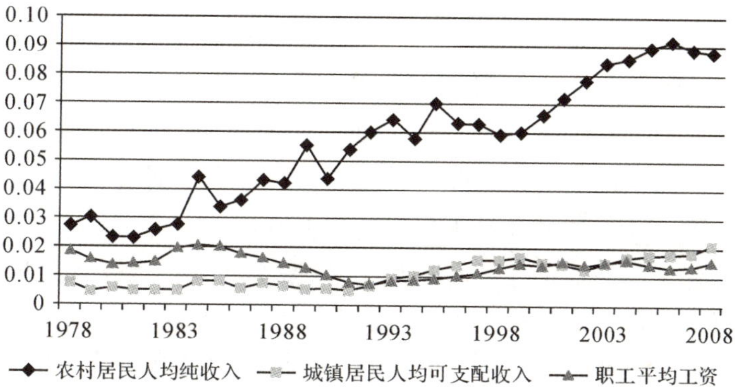

图 1-4　1978—2008 年不同指标下的地区发展差异

很多研究也在制度等背景相似的国家间找到了这种收敛存在的证据(比如在 OECD 国家间,Strazicich et al.,2004)。不谋而合地,在改革开放之初,邓小平也曾提出让一部分地区先富起来,先富带动后富的设想。然而,在现实中我们却看到了地区发展差距越拉越大,先富带动后富式的地区发展收敛现象并未如预期般出现。

对这个问题的深入分析是本书的主要任务。不过在此之前,我们需要进一步分析我国地区发展差异的结构组成。我们需要知道地区发展差异主要存在于哪些地区之间。对于本书而言,我们尤其需要明白东西部差距在地区发展差异中的地位和影响。

图 1-5 给出了东西部人均 GDP 之比在 1978—2008 年间的变化情况。与先减后增的地区发展差异不同的是,这个指数在整个 20 世纪 80 年代末出现

显著的变化趋势,然而也是从 20 世纪 90 年代初开始,它突然急转直上,进入了一条高速增长的快车道之中。到 2003 年,这个指数已经超过了 2。换言之,从那个时候开始,西部人均 GDP 甚至连东部的二分之一都不到。

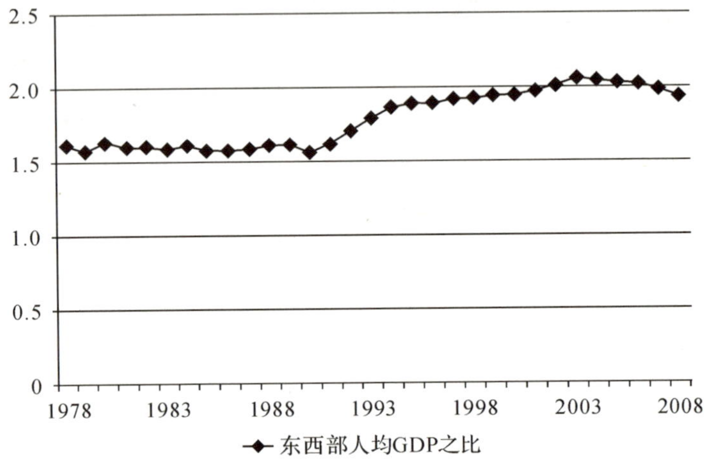

图 1-5　1978—2008 年东西部人均 GDP 之比

对比东西部之间的人均 GDP,我们可以得到一个直观的结论:东西部差距在拉大。不过这个简单的对比仍然无法告诉我们东西部差距在全国地区发展差异拉大背景下的地位与影响。因此,根据本书引言中给出的方法,我们又计算了分解的 GE 系数,将用以表示地区发展差异的 GE 系数分解成为东部内部差距、西部内部差距和东西部差距三个部分,分别观察三个部分在 GE 系数增长过程中的作用。

图 1-6 标出了 1978—2008 年间全国 GE 系数及其三个组成部分在其中所占的份额变化情况。表 1-2 则列出了每年各个部分在全国 GE 系数所占百分比情况。在表 1-2 的最后两行,我们还列出了样本初始时间 1978 年、GE 系数最低点时间 1990 年和样本结束时间 2004 年三个时间内各个数据之间的差值情况。

从图 1-6 中我们可以直观地看出,改革开放之初,在全国的地区发展差异中占主导地位的是东部内部差异。贯穿整个 20 世纪 80 年代的地区发展差异减少,主要是源于东部内部差异的缩小。在这一阶段西部内部差异和东西部间差距都未出现显著变化。1978—1990 年,西部内部差异绝对值没有变化,而东部内部差异绝对值降了 0.38,占 GE 系数减少总额 0.42 的绝大部分。同一时间段内东西部间差距小幅度减少了 0.004,有赖于 GE 系数总额的快速降低,东西部差距在其间所占的份额有所上升。

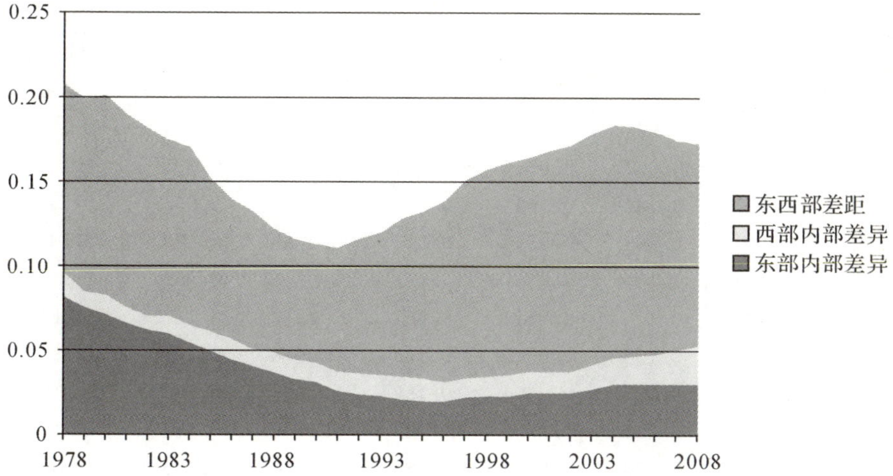

图 1-6 1978—2008 年我国地区发展差距构成状况

从 20 世纪 90 年代开始,一方面东部内部差异已经触底,不再有明显的降低;另一方面,西部内部差异开始缓慢上升。更引人瞩目的是,东西部间差距迅速上升并开始在全国地区发展差异中占据主导地位。1990—2008 年,东部内部差异几乎没有变化。与此同时,在整个 20 世纪 80 年代变化不大的西部内部差异上升了 0.019,几乎翻了一倍,而我们最关心的东西部间差距则上升了 0.049,增长了超过 170%,也在这一时期 GE 系数变化总额 0.046 中占据了绝大部分份额。

表 1-2 1978—2008 年我国地区发展差距构成比例

时间	西部内部差距		东部内部差距		东西部差距		当年 GE 系数
	绝对值	占比	绝对值	占比	绝对值	占比	
1978	0.0243	0.068	0.1973	0.396	0.111	0.535	0.2073
1979	0.0162	0.048	0.1822	0.382	0.1134	0.571	0.1986
1980	0.0192	0.056	0.1736	0.360	0.1171	0.584	0.2005
1981	0.0151	0.047	0.1602	0.353	0.1136	0.601	0.189
1982	0.0146	0.047	0.1494	0.342	0.1110	0.611	0.1817
1983	0.0176	0.059	0.1447	0.346	0.1037	0.595	0.1742
1984	0.0175	0.060	0.1328	0.325	0.1047	0.615	0.1701
1985	0.0193	0.074	0.1201	0.329	0.0907	0.597	0.1519
1986	0.0198	0.083	0.1094	0.325	0.0826	0.591	0.1396
1987	0.0188	0.083	0.0976	0.307	0.0805	0.610	0.132
1988	0.0211	0.101	0.0879	0.300	0.0730	0.599	0.1218

续 表

时间	西部内部差距		东部内部差距		东西部差距		当年 GE 系数
	绝对值	占比	绝对值	占比	绝对值	占比	
1989	0.0193	0.097	0.0809	0.289	0.0713	0.614	0.1161
1990	0.0187	0.097	0.0764	0.282	0.0700	0.621	0.1126
1991	0.0197	0.104	0.0641	0.241	0.0725	0.655	0.1106
1992	0.0201	0.102	0.0598	0.215	0.0789	0.683	0.1155
1993	0.0214	0.104	0.0557	0.193	0.0845	0.703	0.1202
1994	0.0233	0.106	0.0514	0.167	0.0930	0.727	0.128
1995	0.0225	0.100	0.0505	0.159	0.0976	0.741	0.1317
1996	0.0192	0.081	0.0504	0.152	0.1059	0.767	0.138
1997	0.0205	0.079	0.0534	0.147	0.1169	0.774	0.151
1998	0.0203	0.076	0.0564	0.149	0.1216	0.775	0.1569
1999	0.0199	0.072	0.0572	0.147	0.1257	0.780	0.1611
2000	0.0222	0.079	0.0605	0.155	0.1259	0.767	0.1642
2001	0.0218	0.076	0.0613	0.153	0.1296	0.772	0.1680
2002	0.0216	0.074	0.0607	0.149	0.1329	0.778	0.1709
2003	0.0248	0.081	0.0667	0.157	0.1357	0.762	0.1780
2004	0.0263	0.083	0.0726	0.166	0.1378	0.751	0.1835
2005	0.0287	0.091	0.0715	0.166	0.1358	0.744	0.1825
2006	0.0315	0.101	0.0717	0.170	0.1308	0.729	0.1794
2007	0.0336	0.111	0.0721	0.176	0.1241	0.713	0.1741
2008	0.0382	0.127	0.0729	0.181	0.1190	0.692	0.1721

综上,可以说近三十年内我国地区发展差异变化的过程,就是东西部差距逐渐取代之前东部内部差异在全国地区差异中的主导地位的过程。无论从绝对值还是从占全国地区发展差异的比例来看,2004 年的东西部间差距都已经超过了 1978 年的东部内部差异。换言之,当前东西部差距已经成为我国地区发展差异的主要表现形式,也正因为此,本书才把目光集中于东西部间的差异,试图寻找到近三十年来东西部间差异迅速拉大的原因,并有针对性地提出相应的政策建议。

第三节　我国东西部差距的历史演化

在前一部分中,我们回顾了自 1978 年以来我国地区发展差异的演化历程,发现近年来东西部差距已经成为我国整体地区发展差异中最主要的组成部分。在这一部分中,我们将把目光集中于东西部差距本身,观察并分析它长期以来的演化趋势。与前一部分相比,在这部分中,我们将更注重对演化过程和其中重要因素的描述而非直接的定量论证。我们的目标仅在于为下一步的深入研究打下基础。

在表 1-3 中,我们列出了从建国后纷飞战火初息的 1952 年一直到 2000 年我国的主要经济指标情况。结合这些指标和前一节所列出的我国东西部差距演化情况,我们可以对演化背后的原因做出初步的观察和分析。

表 1-3　1952—2000 年我国主要经济指标

年份	GDP	出口	关税平均税率	贸易依存度	财政分权程度	重工业比重
1952	67.9	3.8	12.8	9.5	25.9	15.3
1953	82.4	4.6	11.0	9.8	26.1	17.5
1954	85.9	4.5	9.2	9.9	24.7	18.9
1955	91.0	6.1	7.6	12.1	23.5	19.7
1956	102.8	5.3	10.2	10.6	29.6	21.7
1957	106.8	5.0	9.6	9.8	29.0	25.5
1958	130.7	6.2	10.4	9.8	55.7	35.2
1959	143.9	7.1	9.9	10.4	54.1	43.8
1960	145.7	6.5	9.2	8.8	56.7	52.1
1961	122.0	4.3	14.5	7.4	55.0	37.7
1962	114.9	3.4	14.3	7.0	38.4	32.3
1963	123.3	3.6	11.6	6.9	42.1	33.5
1964	145.4	4.2	10.4	6.7	42.9	34.4
1965	171.6	5.5	10.3	6.9	38.2	30.4
1966	186.8	6.1	10.6	6.8	36.9	32.7
1967	177.4	5.3	7.3	6.3	38.7	28.1
1968	172.3	5.1	12.4	6.3	38.7	26.9
1969	193.8	4.7	13.5	5.5	39.3	31.7
1970	225.3	5.6	12.5	5.0	41.1	36.4
1971	242.6	5.2	9.5	5.0	40.5	39.5
1972	251.8	6.4	7.8	5.8	43.7	40.2
1973	272.1	10.4	8.7	8.1	44.4	39.9
1974	279.0	15.3	9.2	10.5	49.7	38.7
1975	299.7	14.7	10.2	9.7	50.1	40.2
1976	274.4	12.9	11.6	9.6	53.2	40.3
1977	320.2	13.3	19.8	8.5	53.3	41.9

续　表

年份	GDP	出口	关税平均税率	贸易依存度	财政分权程度	重工业比重
1978	362.4	18.7	15.3	9.8	52.6	42.8
1979	403.8	24.3	10.7	11.3	48.9	41.3
1980	451.8	29.9	11.2	12.6	45.7	38.5
1981	486.0	36.8	14.7	15.1	45.0	34.5
1982	530.2	35.8	13.3	14.5	47.0	34.9
1983	595.7	42.2	12.8	14.4	46.1	36.1
1984	720.7	62.1	16.6	16.7	47.5	37.0
1985	898.9	125.8	16.3	23.0	60.3	38.6
1986	1020.1	149.8	10.1	25.3	62.1	38.6
1987	1195.5	161.4	8.8	25.8	62.6	38.7
1988	1492.2	205.5	7.5	25.6	66.1	38.4
1989	1691.8	220.0	8.3	24.6	68.5	39.4
1990	1859.8	257.4	6.2	29.9	67.4	38.3
1991	2166.3	339.9	5.5	33.4	67.8	41.5
1992	2665.2	444.3	4.8	34.2	68.7	44.8
1993	3456.1	598.6	4.3	32.6	71.7	49.7
1994	4667.0	996.0	2.7	43.7	69.7	35.5
1995	5749.5	1104.8	2.6	40.9	70.8	33.1
1996	6685.1	1155.7	2.6	36.1	72.9	30.0
1997	7314.3	1180.7	2.7	36.9	72.6	29.2
1998	7801.8	1162.2	2.7	34.4	71.1	27.0
1999	8206.8	1373.7	4.1	36.4	68.5	23.6
2000	8940.4	1863.9	4.0	43.9	65.3	—

注：GDP、出口单位为十亿人民币。贸易依存度为贸易总额/当年 GDP。财政分权程度为当年地方政府支出/政府总支出。重工业比重为当年重工业总产出占总产出比重。

来源：Kanbur & Zhang(2005)。

一、1949—1978 年间的我国东西部差距

20 世纪的整个前半叶，我国处于几乎可以说是连续不断的战争之中。从世纪初的义和团运动到蔓延各地的起义烽火直至辛亥革命，从二次革命到国民革命军北伐，好不容易东北易帜国民政府至少在形式上统一了全国，蠢蠢欲动的日军又开始了他们吞并中国的尝试。一直到 1949 年，随着新中国成立，随着解放战争的硝烟在全国各地逐渐平息，我国方才获得了宝贵的和平和经济建设的时机。虽然此后我们同样历经磨难，经历了大跃进、三年自然灾害乃

至“文化大革命”的波折，然而和平的环境至少保证了我们可以顺利地从一切磨难中最终走出，回归到正常的增长道路之上。不过这些宏观环境上的变动，依然给当时的我国地区发展差异带来了不小的影响。

综观表 1-3 给出的经济指标，改革开放之前的我国经济相比此后存在两大特征：一是较低的贸易依存度，这反映了那个年代闭关锁国的窘境；二是较高的重工业比重，这几乎是那个年代所有社会主义国家的共同特征。这两个特征不仅影响到了我国整体经济的发展，也对那个年代的包含东西部差距在内的地区发展差异演化带来了显著的影响。前者使得东部沿海地区因为濒海所带来的在运输成本上的优势无法发挥，而后者则使得少数重工业地区在计划经济体制下所获得的资源远远多于其他地区。考虑到这些地区往往身处内陆，这自然也会对东西部差距带来影响。尤其是后者。与那个年代的几乎所有社会主义国家类似，在土改完成之后，为了加速工业化，我国也通过人为设置的价格工具和对劳动力流动的限制等手段从农业中汲取大量资源用于工业建设（林毅夫等，1994），而绝大部分的工业投资又集中在重工业方面。这使那段时间我国重工业比重急速上升，在 1960 年甚至一度达到了 52.1％的高峰。这种过分强调重工业的政策导向与当时我国的比较优势并不符合，政府不得不通过更严厉的政策和约束来强制推行重工业化政策，因而进一步阻碍了农业和轻工业的发展。对我们所关注的地区发展差异而言，这一政策的后果就是少数重工业集中的地区开始崛起，而其他地区的发展则受到了强烈的抑制。

Kanbur 和 Zhang（2005）回顾了新中国成立以来我国地区发展差距的变化情况，认为改革开放之前我国地区发展差异存在两个高峰期，分别是 20 世纪 60 年代初的三年自然灾害期间和“文化大革命”末期。他们发现，在建国初期，随着土改的推进，上个时代遗留的地主阶级被消灭殆尽，而我国的地区发展差异也随之降到一个相当低的程度；此后随着“大跃进”运动的推行，大量资源被集中到少数重工业基地，给当时我国的农业生产造成了不小的损害，也使得我国的地区发展差异在随后的三年自然灾害期间达到了一个高峰。虽然在此后随着经济政策的调整和经济本身的复苏，地区发展差异也随之在一定程度上有所缩小，但 1966 年开始的“文化大革命”又再次逆转了这个趋势，使得我国地区发展差异在“文革”末期达到了第二个高峰。

与整体的地区发展差异相比，这段时间内我国东西部差距的变化并不显著。根据 Kanbur 和 Zhang（2005）给出的数据，这段时间内除了在建国初期由于工业布局调整等原因出现了较大幅度的下降之外，东西部差距几乎没有什么变化。正因为此，在本书此后的分析中，我们将主要的精力集中于 1978 年之后的东西部差距变化中，而我们所用的所有数据，也均是集中于这一时间段中。

二、改革开放以来的我国东西部差距

从表1-2中我们可以看到,在改革开放初期的20世纪80年代,与之前类似,我国东西部差距并没有发生十分显著的变化,虽然略有波动,但并不明显,然而从20世纪90年代初开始,情况就发生了巨大的变化,东西部差距的变化曲线陡然抬头,开始加速上升,而且这种趋势一直持续到了现在。

结合表1-3的数据我们认为,改革开放之后,尤其是20世纪90年代初开始的东西部差距拉大至少存在三个方面的原因。

首先,建国后并不符合我国比较优势的重工业优先战略在改革开放之前给重工业所在的西部地区带来了发展的机会,然而在改革开放之后,这些重工业企业逐渐成了负担。表1-3中改革开放之后重工业比重的逐年下降清楚地反映了这一点。

改革开放之后,随着经济体制逐渐由计划经济转向市场经济,政府对经济的掌控由直接逐渐转向间接,这使得原有的重工业优先政策在失去了政府的鼎力支持后逐渐无以为继。加上在这种政策下建立起来的大量重工业国有企业因其对比较优势的违背,本身是十分缺乏自生能力的(林毅夫,2002)。因此,在改革开放之后,这类失去中央政府支持的企业逐渐成为了地方政府在财政上的巨大负担。这不但挤压了地方政府在其他方面的投资,损害了经济的发展潜力,而且这些企业往往只能为来自沿海地区的受过良好教育的劳动力创造有限的就业机会,而不能为当地的就业做出贡献,因而对本地劳动力收入水平的提高贡献极为有限(林毅夫、刘培林,2003)。

此外,为了补贴这些没有自生能力的国有企业,在改革开放之后政府长时间压低原材料和初级产品的价格,而这些产品的产地恰恰集中在西部。改革开放以来东部沿海省区在高速发展的同时从西部地区输入的原材料和初级产品也越来越多,因此,被人为压低的原材料和初级产品价格使得这段时期内相对落后的西部地区反倒在向相对发达的东部地区不断提供补贴,这也是东西部差距越拉越大的重要因素(林毅夫、刘培林,2003)。

其次,随着开放政策的推行和国门的打开,我国对外贸易逐渐得到发展。从表1-3的数据看,1980—2000年,我国的贸易依存度从12.6提升到了43.9。贸易的发展使得东部沿海地区在地理位置上的先天优势得以发挥,而远离港口、运输成本较高的中西部地区就在这波出口产业大发展的浪潮之中逐渐落后。

特别是考虑到我国的开放进程是渐进而非一蹴而就的,不同地区在开放的具体政策和时间上都存在差异。那些最早打开大门的地区,恰恰又都位于东部沿海,这更使得东西部之间在这场经济发展的竞逐中先天处于不同的起跑线之上。Hao(2008)发现,初始开放时间的不同使得东西部分成了两个增长俱乐部,东部地区受益于较早的开放时间,从本地区或相邻地区的开放中早早地完成了增长所需的资本和技术积累;而西部地区非但没有享受到开放带来的收益,反倒在很多情况下陷入到了地方保护主义的泥潭中。两相比较之下,东西部之间经济发展水平上的差距也就此拉开。

第三,1978 年之后,我国中央政府逐渐对此前统收统支的财政集中体制进行了改革,逐步放权,实行分成和财政包干体制。体现在数据上,就是改革之后地方政府的支出占政府总支出比重的迅速上升。根据表 1-3 的数据,地方政府支出比重在 20 世纪 80 年代初还徘徊于 50%以下,此后却急剧上升至近 70%。这也对这段时间内我国东西部差距的变化带来了显著的影响。

一般认为,相比中央政府,地方政府在信息上具有先天优势,因而能更合理有效地安排用于当地经济建设的投资。此外,分权的制度化安排还有助于向地方政府提供市场化激励,借此保持和促进市场化进程。从这个角度说,财政分权应当有利于地区经济增长。然而,在不少发展中国家,由于政治制度的不成熟,地方政府缺乏权力制衡和外部监督,不能充分地利用其信息优势来发展当地经济。因而,不少实证研究发现,虽然在发达国家财政分权带来了经济增长,但在发展中国家这一关系却未必成立(Zhang & Zou,1998)。

财政分权可能对我国经济的发展起到了十分重要的促进作用,它不仅硬化了中央政府对部分国有企业的预算约束,也促进了地区之间的竞争(Qian & Roland,1998),使经济可以在局部进行制度试验。地区间的竞争为地方政府提供了反映地方政府绩效的有效信息,也使得整个经济体抵抗宏观冲击的能力得以加强。

财政分权同样对于地区发展差异存在影响。财政分权赋予地方政府更多的资源和自主权,相应地也给予了地方政府更强的激励去发展当地经济。然而,当给定的不同地区间在地理位置、资源禀赋存在差异时,财政分权就可能会释放出不同地区间原本隐藏在经济增长潜力中的发展差异。Kanbur 和 Zhang (2005)的研究证明,财政分权显著地提高了我国的地区发展差异。

财政分权对东西部的影响并不相同。西部地区在计划经济时代建立的国有企业逐渐成为了地方财政的负担,而东部地区此类负担相应较少。这使得东部地区在财政分权时代有更多的空闲资源来发展地区经济,从而在一定程度上导致了东西部在发展上的差异。

尤其是在 1994 年的分税制改革之后,中央政府在"统一税法、公平税负、简化税制、合理分权"的原则之下划分了中央税、地方税和共享税，分设国税和地税两大征收机构，明确了中央和地方的事权和支出范围。加上此时因出口行业和FDI分布不均带来的东西部差距已初步形成，分散的财政结构进一步拉大了东西部地方政府在财力上的差距，进而拉大了东西部间在经济发展速度上的差距。另外，在分税制之下，任期有限且受到GDP考核压力的地方官员往往会将有限的资金集中于能在短期内见效的项目中而忽略了短期效益不明显，却对地区长期经济增长至关重要的教育和公共服务投入，最终损害经济的长期增长潜力(傅勇、张晏，2007)。从这个角度说，财政分权和分税制不仅会释放出被掩盖的增长潜力差异，也会在长期内制造出新的地区发展差异。

张晏、龚六堂(2005)也发现，分税制改革尽管显著地改善了财政分权对我国经济增长的影响，然而这种改善在地区间却存在着较大的差异。在经济发展程度较高的地区，财政分权的积极作用要大于经济发展程度较低的地区，而东部各省的财政分权优势也要明显高于中西部地区，换言之，分税制改革在一定程度上扩大了地区发展差距。

总而言之，在改革开放之后，随着一系列改革措施的推行，我国各地区的经济增长潜力被彻底释放，造就了过去30年的中国经济奇迹，但同时被释放的还有地区间的发展差异，尤其是本文所关注的东西部发展差距。于是在我国整体经济高速增长的同时，由于不同地区间在经济发展先天条件上的差异，地区发展差异，尤其是东西部差距也随之迅速扩大。

第四节　结论性评述

作为全书分析的开始，本章回顾了自新中国成立以来我国地区发展差异的演化历程，尤为关注了改革开放之后的地区发展差异变化和东西部差距在其中的作用。我们发现，自改革开放以来，尤其是自20世纪90年代以来，东西部差距已经取代东部内部差异成为我国地区发展差异中最主要的组成部分。也就是说，研究东西部差距，分析它的成因，提出针对性的应对方案，对降低我国整体的地区发展差异意义重大。

我们还对东西部差距的演化做了沿时间轴的梳理，并通过这种梳理概括性地给出了东西部差距形成和发展的可能原因。不过需要指出的是，通过这种简单观察所得出的结论一方面很难评估不同因素彼此之间的相对重要性，另一方面也很难得到有确定因果性的证据，而这两方面的缺陷，就是本书接下来的部分所要弥补的。

参考文献

[1] 傅勇,张晏.中国式分权与财政支出结构偏向——为增长而竞争的代价.管理世界,2007(3):4-12,22

[2] 林毅夫,蔡昉,李周.中国经济转型时期的地区差距分析.经济研究,1998(6):3-10

[3] 林毅夫,蔡昉,李周.中国的奇迹:发展战略与经济改革.上海:上海人民出版社,1994

[4] 林毅夫.发展战略、自生能力和经济收敛.经济学(季刊),2002(2):269-300

[5] 林毅夫,刘培林.中国的经济发展战略与地区收入差距.经济研究,2003(3):19-25

[6] 张晏,龚六堂.分税制改革、财政分权与中国经济增长.经济学(季刊),2005(1):75-108

[7] Mark C Strazicich, Junsoo Lee, Edward Day. Are Incomes Converging among OECD Countries? Time Series Evidence with Two Structural Breaks. *Journal of Macroeconomics*, 2004,26(1): 131-145

[8] N R Lardy. Regional Growth and Income Distribution in China. in R. F. Denberger (ed.). *China's Development Experience in Comparative Perspective*. Cambridge MA: Harvard University Press, 1980

[9] K Y Tsui. China's Regional Inequality, 1952—1985. *Journal of Comparative Economics*, 1991,15(1): 1-21

[10] R Hao. Opening Up, Market Reform, and Convergence Clubs in China. *Asian Economic Journal*, 2008,22(2): 133-160

[11] T Jian, J D Sachs, A M Warner. Trends in Regional Inequality in China. *China Economic Review*, 1996,7(1): 1-21

[12] E Gundlach. Regional Convergence of Output per Worker in China: A Neoclassical interpretation. *Asian Economic Journal*, 1997,11(4): 423-425

[13] T Zhang, H Zou. Fiscal Decentralization, Public Spending, and Economic Growth in China. *Journal of Public Economics*, 1998, 67: 221-240

第二章

收敛还是发散:全球经验比较

第一节　问题的提出

地区发展差异问题并非我国所独有。所谓地区发展差异,无非是不同地区间在经济活动的规模和效率上、在工作岗位的创造上领先于其他地区。如果这种领先持续地维持在较高水平上,甚至持续高速增长,那地区间的不平衡就很容易带来一些经济社会政治上的问题,诸如地区间的矛盾、市场的分割、在国家内部一些地区独立主义倾向的出现和强化、在国与国之间不必要的冲突和矛盾。也正是因为这些潜在的问题,地区发展差异才会受到这么多人的关注。

任何较大的国家都不可能做到地区之间发展毫无差异,由诸多情况各异的独立国家组成的欧盟不必说,即便是美国,地区间的发展差异亦是个引人注目的话题(比如,Wu & Gopinath, 2008)。不过,这并不意味着地区发展差异对任何国家来说意义都是相似的。对一些较大的发展中国家而言,由于发展中国家的经济起飞往往伴随着少数主要大城市的高速工业化和城市化进程,它的表现尤为明显,受到的关注也尤为强烈。比如,在墨西哥,从 20 世纪 80 年代中期开始,工业生产就开始高度集中于墨美边境地区,而不同地区人均收入上的差异也越拉越大(Chiquiar, 2005);在印度,一些南部的州已经在作为国家主导产业的工业和服务性外包行业占据了支配地位(Besley & Burgess, 2004)。

国与国之间在经济发展上差异更是明显。从工业革命时代起,西方文明就在发展中远远领先于其他地区。虽然在二战之后尤其是全球化兴起以来,以中国为代表的新兴市场国家的崛起逐渐在成为世界发展的主题之一,然而不可否认的是,西方国家在经济发展水平上的领先优势仍然不可动摇,而且在金砖四国、亚洲四小龙等国之外,在非洲、拉美地区仍然有大量的国家处于经济发展水平低、速度慢的窘境之中。

不同地区间发展差异在长期内的变化更一直是研究者所关注的重点之一:如果长期内这差距会呈缩小趋势,地区间发展会趋于收敛,落后地区会逐渐赶上发达地区,那我们就无需为落后地区担心太多;否则,政策制定者就必须设法对落后地区施以援手。

考虑到地区发展差异问题的普遍存在性,我们完全有必要将目光拉得稍远,将我国的东西部差距放到全世界的背景下来做一个观察和比较。

第二节 理论视角下的地区发展差异

一、Solow 模型下的地区发展差异

在经典的 Solow 模型中,储蓄率是外生而固定不变的,因而增长也是外生而不可阻挡的。假设生产函数为 $Y=AF(K, L)$,其中 Y 为总产出,A 为技术水平,K、L 分别为资本和劳动投入。$F(\cdot)$为一项齐次生产函数,它满足一阶导数大于等于 0,二阶导数小于等于 0。因为其一次齐次性,我们可以将生产函数改写为如下形式:

$$\frac{Y}{L}=\frac{AF(K,L)}{L}=AF\left(\frac{K}{L},1\right) \tag{2-1}$$

设人均产出、人均资本分别为 y,k,并设 $F(x,1)=f(x)$,则式 2-1 可写为如下形式:

$$y=Af(k) \tag{2-2}$$

给定外生而固定不变的储蓄率,我们很容易得到人均资本的变化率:

$$Y_k=\frac{\dot{k}}{k}=\frac{sAf(k)}{k}-(\delta+n) \tag{2-3}$$

其中,δ 和 n 分别是折旧率和人口增长率。

根据式(2-2),人均产出由且仅由外生的技术水平和人均资本决定,因而人均资本的变化率也就决定了人均产出的变化率。假设当 $k=k_0$ 时 $Y_k=0$,此时经济处于均衡增长路径之上。显然此时人均产出增长率等于技术进步率。换言之,Solow 模型预言所有经济体,无论它们初始的人均资本如何,它们都会趋向一条使人均资本变化率等于 0 的均衡增长路径,而在均衡增长路径上所有经济体的增长率都等于技术进步率。这是一种增长率上的收敛。Solow 模型同样预言了收入水平上的收敛。对(2-3)式做一阶泰勒展开可得:

$$Y_k=[sf'(k_0)-(\delta+n)](k-k_0) \tag{2-4}$$

根据 k_0 的定义可得,$sf(k_0)=(\delta+n)k_0$,因此式(2-4)可转化为:

$$Y_k=[f'(k_0)k_0/f(k_0)-1](\delta+n)(k-k_0) \tag{2-5}$$

给定 f(k)满足一般的稻田条件①,我们很容易得到在 k_0 附近,初始人均资本存量越高的经济体,趋向均衡的速度越慢的结论。换言之,存在收敛。不过需要注意的是,这里的收敛是一种条件收敛:我们实际上假设了不同经济体间只在人均资本上存在差异,因而人均资本差异也是地区间人均产出差异的唯一原因。

事实上,如果假设资本可以在不同经济体之间自由流动,那么 Solow 模型下的收敛速度甚至应当是无限大:$F(\cdot)$的二阶导数小于 0,意味着资本存量越高的经济体资本边际产出就越低,给定资本边际收益等于边际产出,那逐利的资本必然会从资本存量较高因而也较发达的经济体向较不发达经济体流动,直到不同地区资本边际收益和经济发展水平完全相等为止。这自然是与现实不符的。正因为此,一般用基于 Solow 模型的模型来研究收敛效应时,都会假设有限的资本流动速度或是地区间存在一定的资本流动障碍。

归根结底,Solow 模型下的收敛来自于其对生产函数边际产出递减的假设:资本存量较低的经济会拥有较高的资本边际产出,因而也会有较高的增长率,而资本存量较高的经济则恰好与之相反。

二、内生增长模型下的地区发展差异

内生增长模型(endogenous growth model)兴起于上世纪 80 年代之后。与 Solow 模型简单的假定不同,内生增长模型不满足于仅由少数外生参数所决定的增长率,其试图打开这些外生的黑匣子,将模型中的更多参数内生化。

此外,内生增长理论还部分地抛弃了边际产出递减的假设,将一定条件下的边际产出非递减引入了模型。这使内生增长理论下的收敛情况与 Solow 模型也存在差异。相比 Solow 模型中收敛效应存在的必然性,内生增长模型并非必然能得到收敛的结果。

以最简单的 AK 模型为例,它直接假设 $f(k)=k$,于是式(2-3)变成如下形式:

$$Y_k=\frac{\dot{k}}{k}=sA-(\delta+n) \tag{2-6}$$

---

① 稻田条件(Inada Conditions)即生产函数的一阶导数>0,二阶导数<0,且当投入趋向 0 时,一阶导数趋向无穷大,当投入趋向无穷大时,一阶导数趋向 0。

换言之，此时增长率与人均资本水平毫无关系，增长率是个外生而固定的值，收敛效应自然也随之消失。

当然 AK 模型只是一个极端简化下的例子，内生增长模型对边际产出非递减的引入通常是通过对某些要素（比如技术进步和人力资本积累）的强调来实现的，因而初始假设的细微差别也可能导致结果在某些环节上的差异。因此内生增长模型与收敛效应的存在性并非水火不容。

比如 Sala-i-Martion(1996)指出，只要放松储蓄率 s 外生而固定的假设，将其与收入水平关联起来，就可能改变模型中收敛的存在性。而 s 与收入水平的关联本身是存在微观基础的：不同收入水平人群的贴现率存在差异，这自然会影响到均衡的储蓄率水平。如果收入低的人群耐心强因而储蓄率高，那么就会出现经济水平较低的地区储蓄率较高的现象，而根据式(2-6)，较高的储蓄率自然会伴随着较高的增长率，于是收敛效应在假设的细微调整之后即告再度出现。

除了将 s 与收入水平相关联，假设贴现率随资本存量增长而增长、假设人口增长速度随人均资本存量提高而提高，也都能获得类似的效果。

不过，最符合内生增长模型最初精神的调整或许是将技术进步内生化，假设技术进步速度正比于技术水平与技术前沿的差距，即

$$\frac{\dot{A}_1}{A_i}=\lambda(A_{\text{leader}}-A_i) \tag{2-7}$$

其中：A_i 是经济体 i 的技术水平，而 A_{leader} 则是先进国家的技术水平，也就是技术前沿。

技术水平在很大程度上决定了劳动和资本的边际产出，也决定了人均收入。因而这个假设同样会带来人均收入较高国家增长较慢，而人均收入较低国家增长较快的现象，换句话说，收敛存在。

循着这种思路，我们事实上可以对 Romer(1990)以及 Grossman 和 Helpman(1991)最初的模型稍加改造来产生收敛效应。在他们的模型中，技术进步被视作新资本品的引入，而资本品则由垄断的私有企业提供。他们证明，在这个模型中，增长率反比于 R&D 投入的成本，这很好理解：后者的提高将会增加技术进步的难度，降低技术进步的速度。

如果在这个模型中引入技术扩散，允许落后国家仿造先进国家的资本品和对应的新技术而无需承担初始的 R&D 投入，那只要这个仿造成本低于研发成本，收敛效应就会成为改造后模型的自然结果。

这些结果说明，内生增长模型与收敛效应的存在并不矛盾，更说明边际产出非递减并非是收敛效应不存在的充分条件。从这个角度说，要单纯地以理

论模型的方式来确定收敛效应的存在性或广泛性并不可取,我们需要考察直接的实证结果。

第三节 实证视角下的地区发展差异

一、不同收敛概念的区分

收敛是与地区发展差异的持续存在相对应的概念。倘若收敛是存在的,那地区发展差异就不应当持续存在,或者至少是不应当持续扩大。因此,讨论收敛存在与否的实证证据,有助于我们更好地理解地区发展差异。不过与理论研究不同的是,实证研究的各种方法往往优劣各异而观察角度也各不相同,在不同的观察角度之下,也就形成了不同的收敛概念。

在讨论收敛的经验证据之前,我们首先需要对收敛的概念做明确的区分。

(一)水平收敛与增长率收敛

在讨论 Solow 模型时,我们就说过 Solow 模型既能推出人均收入增长率的收敛也能推出收入水平上的收敛。给定增长率收敛,那意味着不同收入水平的地区将永远保持原有收入水平差距不变,因此,我们一般讨论的收敛实际上是收入水平的收敛。特别是对本书而言,东西部在增长率上的收敛绝非是我们所愿意见到的。

(二)绝对收敛、条件收敛与俱乐部收敛

回忆之前的 Solow 模型。在 Solow 模型中,任何经济体都最终会趋向一条 $k=k_0$ 的均衡增长路径。我们知道,当假设 A、s 和生产函数形式本身外生而固定时,k 是人均产出唯一的决定变量。从这个角度说,任何经济体之间发展程度的差别都可以被分解为均衡增长路径之间的差异和不同经济体到自身均衡增长路径距离的差异。

如果我们进一步假设不同经济体之间均衡增长路径完全相同,那自然所有经济最终都会收敛到同样的 $k=k_0$ 之上。这就是所谓的绝对收敛。虽然绝对收敛的条件看似很不合理,但事实上它是对二战之后几大工业化国家增长路径的相当接近的描述:这些国家在二战之后经济水平差异巨大,但在经济增长背后的决定因素上,诸如储蓄率、人均受教育水准、制度因素等方面都极为相似。

如果我们允许不同经济体之间在均衡增长路径上存在差异,那一些处于

自身均衡增长路径之上的穷国就未必能比均衡增长路径之下的富国有更快的增长率。因此要在这种情况下寻找收敛效应存在的证据，就必须考虑并控制不同地区在均衡增长路径上的差异，这时候的收敛效应也被称之为条件收敛。

此外，无论是绝对收敛还是条件收敛，实际上都假设了任何经济体仅存在唯一的均衡增长路径。在 Solow 模型之下，这是个很自然的结论。不过很多内生增长模型允许多重均衡的存在。如果经济存在多重均衡，那不同初始禀赋的地区自然就可能会分别趋向不同的均衡路径。放在现实中，如果将不同地区依其基本禀赋差异分别分成多组，我们就可能观察到组内收敛和组间发散并存的现象，这就是所谓的俱乐部收敛。

具体到实证研究，如果我们在控制诸多其他因素的情况下发现了收敛的证据，那么这就是相对收敛；相反，如果我们在未控制任何其他因素的情况下确认了收敛的存在，那么这就是绝对收敛；而如果在控制所有可能因素之后发现不同类别的地区分别向不同的方向收敛，那么这就是俱乐部收敛。

（三）σ 收敛与 β 收敛

Sala-i-Matin(1990)引入了当前文献中经常出现的 σ 收敛与 β 收敛的概念。当我们研究的基础指标是人均 GDP 时，σ 收敛指的是不同地区人均 GDP 差异程度随时间的缩小。β 收敛的概念则要求相对落后地区的人均 GDP 增长速度要高于相对先进地区。

这两个概念虽然类似，并且也存在一定的联系，但绝不相同。从理论上说，σ 收敛才是地区均衡发展的终极目标。Sala-i-Martin(1996)举了个简单的例子来说明区分这两个概念的重要性：假设存在两个经济，两者拥有同样的发展不平等程度，并且这种不平等程度不随时间变化，而两者内部的经济结构却存在很大差异。经济体 A 以农业为主要产业，绝大部分土地控制在少数人手中。这些人会通过遗产继承将土地留给下一代。换言之，在经济体 A 中，穷人的后代将永远贫困而富人的后代会一直富裕。经济体 B 则以工业为主要产业，少数拥有较强管理和创新能力的企业将拥有绝大部分财富，并且在经济体 B 中，工人的后代可以通过创新来获得财富，进入企业主阶层，而企业主的后代一旦失去父母的管理和创新能力，其财富也将随着时间消散。作为一个整体，经济体 B 的不平等程度同样保持不变。

此时如果我们分别用 σ 收敛与 β 收敛的概念去衡量这两个经济体，我们就会发现两者均不是 σ 收敛的，但经济体 B 是 β 收敛的。显然 σ 收敛的概念反映了 β 收敛所未能反映的一些信息，并且从上面的例子看，这个信息并非是无关紧要的。

自然，这两个概念之间同样也存在着联系。不同地区人均 GDP 差异程度随时间缩小必然会伴随着相对落后地区人均GDP增长速度高于相对先进地区，换句话说，β收敛是σ收敛的必要但非充分条件。

从实证的角度来说检验β收敛的存在性是极其方便的。根据β收敛的定义，我们很容易得到如下方程：

$$\log(y_{it}) = a + (1-\beta)\log(y_{i,t-1}) + \mu_{it} \quad (2\text{-}8)$$

利用不同地区的人均GDP或其他基础指标对式(2-8)做回归，如果得到的$\beta>0$，那就意味着此时指标年增长率与指标水平存在负相关，换言之，存在β收敛。σ收敛的检验则相对复杂，一般需要通过对较长时间内时间序列数据的观察和分析得到。

（四）收入收敛与TFP收敛

虽然从根本上说人均收入的收敛才是我们应当关注的，然而无论是Solow模型还是内生增长模型都在向我们强调技术进步的重要性。在那些模型中，特别是在均衡增长路径上，技术进步通常是人均收入增长的主要甚至唯一推动力量。而通常来说，描述技术水平的最常用变量就是全要素生产率(Total Factor Productivity, TFP)。事实上，根据Hall和Jones(1996, 1997 & 1999)的研究，国家间收入水平差异的最主要原因在于TFP差异。因此在对收入收敛的关注之外，很多学者也将关注的目光投向了TFP的收敛。

（五）确定收敛与随机收敛

这两个概念出现在当使用时间序列数据来寻找收敛证据时。如果在检验单位根存在时允许随机趋势的存在，那这就是随机收敛，反之就是确定收敛。

以上讨论的各种不同收敛概念并非完全不相容，比如β收敛就既可以是收入水平收敛，也可以是TFP水平的收敛。这些概念的存在和区别，意味着收敛实际上是个十分复杂的现象，它存在诸多方面的特征；也意味着当我们讨论和比较不同的实证结果时，必须注意区分其所用收敛概念的区别。

二、收敛的实证证据

早在内生增长模型兴起之前就已经有大量的研究通过实证数据的方式来检验Solow模型对收敛效应的预言是否成立了。内生增长模型兴起之后，由于两个模型在收敛效应存在性上的矛盾，通过对收敛效应存在性和具体强度的计算来检验模型也成了众多研究者的兴趣所在。

Baumol(1986)研究了16个工业化国家从1870到1979年超过百年的发展历程数据。他发现，这些国家这段时间内人均产出增长幅度和它们在1870年的人均产出水平是显著负相关的。换句话说，这些国家的发展历程中存在收敛效应。他同时还对包含 72 个国家的一个更大样本做了类似的检验,却并未在其中发现显著的收敛效应。这个研究使用的数据时间跨度极大,得到的结果也相当显著,因而一度产生了很大的影响。

然而此后 DeLong(1988)却对 16 个 OECD 国家中收敛效应的显著性提出了质疑。他认为 Baumol(1986)的结果至少在两个方面存在问题:首先,Baumol(1986)在选择样本国家时并非随机,样本中的国家在 1979 年的经济发达程度都相当高,给定类似的 1979 年人均产出,那 1870 年人均产出较低的国家必然在这段时间内经历了更大幅度的增长;其次,较早年代的统计数据往往误差较大。

假设 $Y_{\text{Ture},i,1870}$ 为真实的 1870 年第 i 国人均产出,而 $Y_{i,1870}$ 为观测到的、包含误差的第 i 国 1870 年人均产出,则

$$\ln(Y_{i,1870})=\ln(Y_{\text{Ture},i,1870})+u_i \tag{2-9}$$

其中误差项 u_i 相互独立。那么 Baumol(1986)实际上回归的是如下模型:

$$\ln(Y_{i,1979})-\ln(Y_{\text{Ture},i,1870})-u_i=a+b[\ln(Y_{\text{Ture},i,1870})+u_i]+\varepsilon_i \tag{2-10}$$

DeLong(1988)指出,u_i 出现在被解释变量中会使得估计的误差迅速增大。换言之,他认为 Baumol(1986)的估计低估了 b 的标准差,因而不可信。DeLong(1988)在此后尽可能避免了抽样误差的估计结果中,收敛效应的强度和显著性都大幅度降低。

不过 DeLong(1986)的结果与其说是完全否定了收敛效应的存在性,不如说是在强调不同地区间经济增长各种条件的差异性。这种差异性的广泛存在,意味着收敛效应就算存在也应当是相对收敛,而非 Baumol(1986)所试图寻找的绝对收敛。

因此此后的研究开始把注意力集中于相对而非绝对收敛之上。Kormendi 和 Meguire(1985)在控制了各种其他变量之后,确认了相对收敛效应的存在性。此后 Grier & Tullock(1989)对他们的研究进行了扩展,同样在 OECD 国家内部发现了显著的相对收敛效应。

随着内生增长模型的兴起,此后的研究逐渐开始转向以对收敛的观测来比较 Solow 模型和内生增长模型的优劣。这方面的研究最早可以追溯到 Barro(1991)。循着内生增长模型的思路,Barro(1991)强调人力资本对增长的重要性。他发现,在添加人力资本之后,β 收敛由不显著变得十分显著为负。他认为这是对内生增长理论的支持性证据。

此后 Barro & Sala-i-Martin(1992)使用美国不同地区的数据以减少地区差异,尽可能地避开不可观测变量的问题,发现了显著的收敛效应。他们还计算得到了收敛的速度:大约每年 2%。Holtz-Eakin(1993)同样使用了美国不

同地区的数据,不过他依然强调不同地区在经济条件上的差异,在研究中尽可能地控制了各种变量,尤其是人力资本变量。他们也发现了显著的收敛,不过他们计算得到的收敛速度要比 Barro 和 Sala-i-Martin(1992)略高。此后一段时间内,针对不同地区的类似研究层出不穷,Sala-i-Martin(1996)总结了针对日本、德国、英国、法国、意大利、西班牙和加拿大等所做的类似研究,发现几乎所有研究得到的收敛速度都在 2%附近。

收敛效应在大样本的国际研究中,尤其是全球性样本中的不显著性与在一国内部的显著性形成了鲜明的对比,使研究者不得不开始考虑其背后的原因所在。针对这个问题,Durlauf 和 Johnson(1995)提出,这是源于不同国家所趋向的均衡增长路径不同。他们进一步指出,应当将不同国家按照初始禀赋条件的差异分成不同组别,分别研究组内国家间的收敛效应。这实际上就是我们之前所说的俱乐部收敛。他们的结果也表明,分组之后得到的收敛效应结果相比全样本下的结果要显著得多。实际上我们很难根据实证结果来区分条件收敛与俱乐部收敛。理论上说,所谓的俱乐部收敛归根结底也是因为不同经济体在某些条件上的区别而造成的。

如果不同国家均衡增长路径不同,那么在实证研究中遗漏变量的问题就可能十分重要。很难观测甚至不可观测的弹性、制度等因素都会对均衡路径有一定影响,而这些因素很难被纳入到回归中。此外,从 Solow 模型开始,将回归的余值解释为技术水平或者是全要素生产率就十分流行,也得到了公认,然而问题在于,技术水平必然会与人均资本、储蓄率这些可能会被直接纳入到实证研究中的变量相关。换言之,回归的残差与解释变量相关,这直接违反了 OLS 的基础假设,会导致回归结果有偏差。

为了弥补这个问题,在此后的研究中面板数据回归方法的使用开始增多。利用面板数据,尤其是利用面板数据的固定效应或广义矩估计方法(Generalized Method of Moments, GMM),可以控制随时间不变的各种不可观测变量,因而可以在很大程度上减轻解释变量遗漏的问题。不仅如此,在经济中投资、增长往往并非孤立,对未来增长的预期会对当前的投资行为产生较大影响,换言之,经常在实证研究中作为解释变量使用的投资变量是存在内生性的,而一些基于面板数据的方法,比如广义矩估计方法可以较好地缓解内生性的问题。不过面板数据方法也有自己的问题,一个常见的问题就是,面板数据的方法在很多时候估计的有效性较低,因而对样本的容量有比较高的要求。很多样本容量偏小的研究,其结果也可能存在偏误。

时间序列的方法或许在这方面存在优势。Carlino 和 Mills(1993)研究了美国 8 个地区之间的收敛情况,以时间序列的方法检验了 $Dy_{jt}=(y_t-y_{jt})$ 序列的单位根,其中 y_{jt} 为第 j 个地区的人均产出,而 y_t 为整个美国的人均产出。他们的结果显著地拒绝了单位根存在的原假设。换句话说,他们得到了收敛存在的显著证据。Lowey 和 Papell(1996)扩展了他们的研究,将美国划分为22个地区,并放松了一些基本假设,同样发现了收敛效应存在的显著证据。Binder 和 Pesaran(1999)则进一步在检验单位根存在形式时允许了随机性的存在,检验了随机收敛的存在性。他们的结果同样表明,收敛是显著存在的。

与此同时,随着内生增长模型的流行和内生增长模型对技术的额外强调。对 TFP 收敛的研究也逐渐增加。Wolff(1991)以及 Dollar 和 Wolff(1994)对 G-7 成员国的研究找到了 TFP 收敛存在的显著证据。

总而言之,虽然存在一些争议,部分研究也被认为存在各种各样的问题,但现有的研究足以表明,至少在全球性样本中,绝对收敛是不存在的。这并不令人意外,过去 2 个世纪以来,全世界范围内的地区发展差异事实上一直在拉大(Lindert & Williamson, 2001)。不过收敛在全球性样本中不存在并不能完全否定收敛现象本身的存在性。已有的研究至少可以说明,在条件相似的国家之间,尤其是在同一国家的内部,收敛是显著存在的。

三、全球化背景下的地区发展差异

根据前一章的分析,我国地区发展差异,尤其是东西部差距的拉大主要是在改革开放之后。如果从全世界的角度来观察的话,这段时间也是全球化进程加速推进的时期。特别是考虑到这段时间实际上也是全世界范围内地区发展差异急剧拉大的时期,很多反全球化人士都借此认为全球化使得富者愈富而贫者愈贫,拉大了地区发展差异。从这个角度说,我们必须对全球化对地区发展差异的影响做充分的分析。

理论上说,全球化对地区发展差异的影响至少存在于两个方面。首先,全球化势必会加速要素和技术在不同地区间的流动,减少不同地区间在要素价格上的差异。回忆我们之前的分析,收敛的动力之源一是边际产出递减,二是要素在地区间的流动。全球化能够加速要素在不同地区之间的流动,因而有助于抹平不同地区间的要素边际产出差异,也有助于地区发展差异的缩小和收敛效应的充分发挥。

此外,全球化也会使全球市场逐渐融为一体,加剧不同地区间的竞争,放大地区之间在初始禀赋上的差异,使生产集中于少数地区,而将一些被遗忘的偏远地区抛离出全球化进程,从而拉大地区发展差异。

近年来讨论全球化对地区发展差距影响的研究最早至少可以追溯到 Williamson(1996)。不过他研究的实际上并非 20 世纪下半叶的全球化。他研究了1914—1950年OECD国家经济发展中的收敛情况。他认为,1914—1950年这段时间可以分成三个部分,第一部分和第三部分都是全球化加速推进的时候,而中间这段时间却是反全球化时期。他分析的结果表明,全球化在促进收敛上具有关键性的作用。此后Lindert和Williamson(2001)针对当前时期的更为细致的研究也发现,虽然当前的全球化伴随着地区发展差异的拉大,但其中并不存在显著的因果关系,全球化虽然导致一些被排除在其进程之外的国家在发展上远远落后于其他国家,但也给一些原本的穷国带来了发展和崛起的机会,因而从综合来看,全球化完全不足以解释过去这段时间的地区发展差异变化。

虽然全球化对国与国之间的发展差异影响或许难以预期,但对一国内部的发展差异影响却可能是明确的。全球化对要素流动的促进作用主要体现在国与国之间,而对一国内部不同地区间的要素流动并没有明显的促进作用。与此同时,全球化对一国内部不同地区的不同影响却依然存在。可见,全球化对一国内部地区发展差异的正面作用没有受到太大影响,负面作用却被大大削弱,此消彼长之下,可以预期,它会拉大一国内部的地区发展差异。

已有的实证研究也能证实这个推论。Chiquiar(2005)发现,自20世纪80年代中期开始,尤其是自北美自由贸易区建立之后,墨西哥的工业生产就开始大量集中于靠近美国市场的墨美边境地区。工业生产分布的不均衡很快就导致了人均收入的差异,墨西哥不同地区人均收入差异自此越拉越大。印度的情况也与之类似。服务外包是印度参与全球化的重要方式,也是当前这次全球化相比19—20世纪初全球化的特点所在。当前在印度,不同地区因其初始禀赋上的差异,发展服务外包的条件各不相同,这就使得全球化之后不同地区的发展情况截然不同。Besley和Burgess(2004)发现,印度一些南部的州已经在作为其国家主导产业的工业和服务性外包行业占据了支配地位。

总而言之,我们认为全球化很有可能加大了一国内部的地区发展差异。从我国的视角来看,全球化在给东部地区带来出口行业大发展机遇的同时,却未能给西部地区带来类似的好处,从而加大了我国东西部地区的发展差距。

第四节 结论性评述

从本章的分析看,无论是理论还是实证分析,一般都认为不同地区间在经济发展上应当存在收敛倾向,尤其是在市场相对统一、制度相对接近的一国内部,不同地区间发展的初始条件相对类似,在均衡增长路径上差异不大,更应该存在显著的收敛效应。然而这个结果却与本书前一章给出的证据相矛盾:我国过去数十年的发展中,不同地区间非但没有表现出收敛的倾向,其在发展水平上的差异反倒越拉越大。这种矛盾的存在,本身也是促使我们对我国地区发展差异,尤其是东西部差距做深入研究的动力之一。

归根结底,地区间的收敛源于两大类因素:一是要素边际产出的递减,二是要素在地区间的流动。地区发展差异既然存在,那么地区之间在生产要素的分布上必然存在不均衡,给定要素边际产出的递减,新要素应当倾向分布于要素相对稀少的地区之中;给定要素在地区间的流动能力,要素应当存在从富余地区向稀少地区流动的倾向。因此,给定地区间发展差异的长期存在,我们就必须回答两个问题:什么东西阻碍了要素边际产出的递减?什么东西阻碍了要素在地区间的流动?

此外,我们还需要回答的问题是,地区间经济发展的差异,或者说要素分布差异在最初是如何形成的?

本书的第二篇将分别从各个要素的角度出发,围绕这几个问题展开分析。

参考文献

[1] R Barro. Economic Growth in a Cross Section of Countries. *Quarterly Journal of Economics*, 1991,106:407-443

[2] R Barro, X Sala-i-Martin. Convergence. *Journal of Political Economy*, 1992, 100: 223-251

[3] William Baumol. Productivity Growth, Convergence and Welfare. *American Economic Review*, 1986,76: 1025-1054

[4] T Besley, R Burgess. Can Labor Regulation Hinder Economic Performance? Evidence from India. *Quarterly Journal of Economics*, 2004,119(1): 91-134

[5] M Binder, M Pesaran. Stochastic Growth Models and Their Econometric Implications. *Journal of Economic Growth*, 1999(4):139-183

[6] G Carlino, L Mills. Are the US Regional Incomes Converging? A Time Series Analysis. *Journal of Monetary Economics*, 1993,32: 335-346

[7] D Chiquiar. Why Mexico's Regional Income Convergence Broke Down. *Journal of Development Economics*, 2005,77(1): 257-275

[8]De Long, J Bradford. Productivity Growth, Convergence, and Welfare: Comment. *American Economic Review*, 1988,78: 1138-1154

[9] D Dollar, E Wolff. Capital Intensity and TFP Convergence in Manufacturing, 1963—1985. In W Baumol, R Nelson, E Wolff, et al. *Convergence of Productivity: Cross National Studies and Historical Evidence*. Now York: Oxford University Press, 1994

[10] S Durlauf, P Johnson. Multiple Regimes and Cross-Country Growth Behavior. *Journal of Applied Econometrics*, 1995,10:365-384

[11] K Grier, G Tullock. An Empirical Analysis of Cross-national Economic Growth, 1981—1980. *Journal of Monetary Economics*, 1989,24(2): 259-276

[12] G Grossman, E Helpman. *Innovation and Growth in the Global Economy*. Cambridge MA: MIT Press,1991

[13] R Hall, C Jones.. The Productivity of Nations. NBER Working Paper, No. 5812, 1996

[14] R Hall, C Jones. Levels of Economic Activity across Countries. *American Economic Review*, 1997,87: 173-177

[15] R Hall, C Jones. Why Do Some Countries Produce So Much More Output Than Others. *Quarterly Journal of Economics*, 1999,114: 83-116

[16] R Kormendi, P Meguire. Macroeconomic Determinants of Growth: Cross-country Evidence. *Journal of Monetary Economics*, 1985,16: 141-163

[17] P Lindert, J Williamson. Does Globalization Make the World More Unequal?. NBER Working Paper, No. 8228, 2001

[18] M Lowey, D Papell. Are US Regional Incomes Convergence? Some Further Evidence. *Journal of Monetary Economics*, 1996, 38:587-598

[19] N Gregory Mankiw, David Romer, David Weil. A Contribution to The Empirics of Economic Growth. *Quarterly Journal of Economics*, 1992. 107: 7-37

[20] D Romer. Endogenous Technical Change. *Journal of Political Economy*, 1990, 98(5): 71-102

[21] X Sala-i-Martin. On Growth and States. PhD dissertation, Harvard University, 1990

[22] X Sala-i-Martin. Regional Cohesion: Evidence and Theories of Regional Growth and Convergence. *European Economic Review*, 1996, 40: 1325-1352

[23] J Williamson. Globalization, Convergence, and History. *Journal of Economic History*, 1996,56:277-306

[24] E Wolff. Capital Formation and Productivity Convergence. *American Economic Review*, 1991,81:565-579

[25] J Wu, M Gopinath. What Causes Spatial Variations in Economic Development in the United States?. *American Journal of Agricultural Economics*, 2008, 90(2):392

第二篇　东西部差距：要素禀赋与制度环境

第三章

自然条件、政策因素与东西部差距

第一节　问题的提出

无论在任何时间、任何地点，自然条件无疑都是地区经济增长的重要影响因素之一。自然条件的状况直接或间接地影响着各地区的生产率水平。特别是，自然条件通过直接决定各地区农业、采矿业以及石油化工等部门生产率的高低，进而间接影响原材料工业、加工工业、制造业和建筑业等生产率水平。优越的地理位置如便利的交通、靠近广阔的市场、接近原料产地，丰富的自然资源如石油、煤炭，适宜的气候条件如适度的温度、湿度环境等，也同样有利于社会生产率水平的提高。优越的地理位置、丰富的自然资源和适宜的气候条件能够减少原材料、半成品、产成品运输中的成本消耗或为工业生产提供廉价的原材料或增加农业基础设施和土地的效率，等等。因此，由于自然条件的优劣不同，即使其他条件完全相同，投入品也完全一样，最终产品的数量和质量也不尽相同。马克思(1974)曾把这种由自然条件差异所形成的劳动生产率称为“劳动的自然生产率”。马克思说：“在农业中(采矿业中也一样)，问题不只是劳动的社会生产率，而且还有由劳动的自然条件决定的劳动的自然生产率。”这种劳动的自然生产率是影响区域经济增长的重要因素。

放眼世界，我们可以很容易找到自然条件在促进地区经济增长方面发挥重要作用的例子。海湾国家[①]的富裕，香港、台湾地区和新加坡在战后的崛起与繁荣都与其具有占据比较优势的某项得天独厚的自然条件有关。不过，优越的自然条件(如丰富的自然资源、良好的地理位置)必然是件好事吗？我们可以轻而易举地想到一些反例：非洲大陆各国几乎无不拥有丰沛的自然资源，

① 指波斯湾沿岸(简称“海湾”)的国家，包括科威特、沙特、阿联酋、阿曼、伊拉克、伊朗、巴林和卡塔尔。

但非洲的落后多年来却一直是国际政治社会中的热点话题。索马里扼红海入口,无论是商船经过苏伊士运河进入地中海,还是绕道好望角前往大西洋,索马里都是必经之地,然而,如此优越的地理位置却只孕育出令国际社会头痛的海盗。

这迫使我们不得不思考其中原因:怎样才能把自然优势转化为经济优势?对比这些同样拥有优越自然条件而后天发展状况却迥异的地区,我们就会发现,制度和政策差异在其中扮演了重要角色。由此,我们的讨论将会逐渐深入到政治经济学领域,从而引出另外一个话题:政府政策是如何影响经济增长的。结合新中国成立60年特别是改革开放30年的发展历程,我们很容易就能够得出政府政策对经济增长存在重大影响的结论。不过对于政策在地区经济发展差异形成中的作用,我们仍需做仔细深入的分析。

在本章中,我们将首先分析自然条件在经济增长中的作用,并对资源诅咒与我国经济增长的关系进行实证检验,然后将视角转向我国政府行为与经济增长的关系和改革开放30年我国东西部宏观经济政策的历史回顾。在此基础上我们进一步分析自然条件、资源诅咒和政府政策在东西部差距形成中的作用。按照惯例,最后是本章的结论性评述。

第二节　自然条件与经济增长的现实经验

一、自然条件与经济增长

自然条件一般指一个地域经历很长时间(如几千万年)的天然非人为因素改造成形的基本情况,主要包括气候条件、地理位置、自然资源(矿产资源、水利资源和动植物资源等)和地形条件等。

最为简单同时又对地区经济增长产生最直观、最显著影响的自然条件可能就是气候条件了。我们可以拿出很多数据来说明这一点:全球90%的贫困人口居住在热带。1995年经过购买力平价调整的热带国家可比人均GDP是3326美元,而非热带国家是9027美元(Demurger et al., 2002)。Hall和Jones(1999)也发现距赤道越近的国家,往往拥有越差的社会基础和越低的人均收入水平。事实上,全球最富的30个国家和地区中,仅有香港和新加坡这两个在面积和人口上均微不足道的地区位于热带,而全球90%的贫困人口居住在南北回归线之间(Demurger et al., 2002)。

气候条件对经济发展的影响不难理解:比之温带地区,热带地区往往必须在疾病防疫上投入更多资金。事实上在现代医学出现之前，对习惯于温带气候的人而言，热带环境几乎是致命的。即使是在医学已经相对发达的今天，热带地区每年仍然有200万～500万的疟疾发病案例（WHO，1997）。此外，农业效率的差距也是热带地区经济发展较温带缓慢的一个重要因素。人类文明的最初起源即是在温带地区。在生产力落后的古代，温带地区意味着容易种植的粮食作物，也意味着驯服的可用作食物或劳动工具的牲畜。即使在生产力相对发达的今天，有研究显示，在控制了所有可能的其他因素之后，热带地区的农业效率仍然比温带地区要低30%～50%（Gallup，1998）。Bloom和Sachs（1998）的研究甚至认为，大部分非洲国家的不发达都可以用气候因素所带来的疾病和农业生产力低下来解释。

由此我们不禁想到国际扶贫组织乐施会在2007年的巴厘岛会议上第一次提出的"气候贫困"概念。该概念主要指由气候变化带来的贫困或贫困加剧现象。国际乐施会在2009年4月21日发表的气候变化研究报告《生存的权利：二十一世纪的人道挑战》中称："频密的灾害事件，令贫困家庭陷入受灾和贫困的恶性循环。愈是贫困的家庭，维持生计的能力愈低；受灾家庭没有资产可以变卖，周转不灵，灾后复原时间自然较长。2004年一项有关埃塞俄比亚雨水不足对农民生活影响的调查显示，受灾家庭的生活往往要几年时间才可从天灾恢复过来。"他们预计，随着由异常天气造成的灾害的日益增加，到2015年及以后，受气候灾害影响的人数会增加50%，达到平均每年3.75亿。气候条件对经济增长的影响可见一斑。

除了气候条件，地理位置也是影响区域经济发展的重要因素。其中，是否濒海是一个对经济发展存在显著影响的地理位置因素。与沿海国家相比，内陆国家在运输成本上具有很大的劣势。特别是在工业文明开始兴起以来，对农业生产至关重要的气候条件对工业来说影响相对较小，而对农业可能影响不大的运输条件却对工业大生产至关重要。地理位置也因此在工业文明时代被提到了更为重要的位置之上。北半球的西欧、东亚和北美的沿海地区，仅以占全球3%的可居住陆地面积和13%的人口，却创造了32%的世界GDP（经过购买力平价调整后）。事实上，除了少数几个欧洲内陆国家，没有其他任何内陆国家拥有比较高的人均收入（Gallup，Sachs & Mellinger，1999）。这几个欧洲国家的经济又显然受益于欧盟一体化进程所带来的低运输成本、低交易成本和广阔市场。

临海与否对经济发展的影响主要源于海运所带来的低运输成本。低运输成本一方面意味着经济发展所必需的进口投资品总价格会比较低，另一方面也意味着本国商品在国际市场上的价格竞争力会比较强。特别是考虑到近几十年来,几乎所有发展中国家崛起所依赖的都是需要进口中间品的外向型劳动密集型产业,低运输成本对经济发展的作用显得尤为重要。

自然资源对经济发展的影响也显而易见。经济发展需要各种各样的资源投入,而资源是稀缺的。丰富的矿产资源、水力资源或动植物资源都能吸引资本的到来,促进当地相应产业的发展。它还能为当地企业和政府提供充足而相对低成本的资金来源,使得其他行业的发展在资金上也成为可能,从而增加经济发展的公共品供给,也在一定程度上缓解经济发展的融资约束,使地区经济增长模式有能力加快转变。如果资金运用得当,地区经济可能形成较好的基础设施、产业结构、技术创新环境以及市场环境,而这些都是地区经济发展的重要基础,它们可以直接促使地区经济较快地向稳态收敛。从这个角度考虑,丰富的自然资源应当对经济增长具有促进作用。然而事实是否如此呢?在本章接下来的部分中,我们将会指出一个可能不那么容易被人理解的事实:丰富的自然资源储量如果不能利用得当的话,非但不能对地区增长提供助力,反而会在一定程度上危害到地区经济的长期增长。其中最为著名的例子就是"荷兰病(the Dutch Disease)"。在北海发现丰富的石油天然气资源之后,荷兰的油气产业得到了蓬勃发展的机会,荷兰整体经济也一度繁荣。然而此后不久,大量的资本和劳动力涌入资源产业,荷兰其他产业急剧萎缩,资源出口带来的外汇既造成币值高估又给国内市场带来了严重的通货膨胀,其结果就是经济增长率下降,通胀率、就业率上升。丰富的油气资源并没有给荷兰经济带来好处。一般将丰富的自然资源储备反倒损害经济增长潜力的现象称为"资源诅咒(Resource Curse)",我们将在下一节给出更多资源诅咒的例子,分析其在我国地区经济增长中的表现,并具体论述其原因。

在本书列举的众多自然条件中,地形条件对经济发展的影响也许是最朦胧、最微弱和最不深远的了。你也许会辩论,世界上最发达的地区很少处在高原、丘陵或者山地上。确实如此,但通过深入的分析你就会发现,不仅世界上最发达的地区大都处在平原上,而且世界上最不发达的地区也大都处在平原上。西欧广阔的平原孕育出世界上最发达的地区之一,世界上最大的平原——亚马逊平原上诞生了全球经济发展速度最快的"金砖四国"之一——巴西,然而非洲赞比西河以南的平原却只产生了处在世界上最贫穷国家之列的莫桑比克。更为典型的一个例子是,位于美国西部山地高原的加利福尼亚州。加州 2009 年的经济规模为 2.3 万亿美元,超出英国 2 万亿美元的经济总量,是美国经济总量最大的州,人均 GDP 更是高达 4.6 万美元。由此看出,地形差异并不是导致这些地区经济发展差异的主要自然因素,我们需要找到这些国家富或贫的深层次原因。

此外，自然条件还可能通过其他一些间接途径影响经济发展的水平或速度。比如，它可能会通过影响一个地区的政府政策来间接地影响该地区的经济发展。一个地处偏僻、经济落后的国家可能会更倾向于横征暴敛和闭关锁国，而一个临海的国家则更有可能推行开放型政策（Gallup，Sachs & Mellinger，1999）。

不过，自然条件对经济发展的影响并非一成不变。春秋战国时代，长江中下游还被黄河流域的诸侯国们视为半开化地区；到了南宋以后，湖广江浙却成为华夏文明最为富庶之地。在工业革命之前，所谓有利于经济发展就是要有利于农业发展，所以所有文明繁盛之地无不是水源充足、气候宜人、土壤肥沃的地区；在工业革命之后，特别是由于航海技术的进步使得海运成本大大降低之后，临海，尤其是临近良港就成了经济发展中的巨大优势。运输成本的优劣也并非一成不变。交通基础设施上的投资可以极大地改变一个地区的运输成本。古代扬州的繁华与大运河的开凿不可分割，现代郑州的崛起则与铁路的兴起息息相关，然而至少到目前为止，人类的技术水平还不足以完全消除一些地理上的劣势，比如无论陆路交通多么发达，海运的巨大成本优势都不可动摇。换句话说，技术的发展和投资的积累，可以在一定程度上削弱或者改变自然条件对经济发展的影响，却不可能让这种影响完全消失。

二、自然资源与经济增长

> 如果能够有效地运用石油收入，那么它可以使民众享受到更好的教育，更佳的医疗服务，并获得更多的工作机会。然而石油在带来好处的同时也带来了风险。很少有发展中国家能将其石油收入用于提高大多数市民的生活水平或用于确保经济长期增长。我们看到更多的是，石油收入带来了更严重的经济扭曲，它往往只被用于面子工程、购买武器或是政府官员的旅游支出。
>
> ——纽约时报 2000 年 8 月 1 日①

自然资源是生产活动中不可或缺的投入品之一。可以想像，一个地区的自然资源禀赋必然会对其长期的经济发展带来影响。一个最明显的例子是上

① 原文：If ... oil revenue is managed well，it can educate，heal and provide ... jobs for the people. But oil brings risks as well as benefits. Rarely have developing countries used oil money to improve the lives of the majority of citizens or bring steady economic growth. More often，oil revenues have caused crippling economic distortions and been spent on showy projects，weapons and Paris shopping trips for government officials.（Gylfason，2001）

面已经提到的海湾国家。他们拥有造物主厚赐的丰富石油，可以通过开采石油轻易获得丰厚的收入。

自然资源（如石油、矿产资源等）在短期内可以提供经济发展所需的原材料、建设资金。资源丰裕型的国家可以通过生产并出口自身具有比较优势的资源型产品，赚取外汇，进口本国稀缺要素生产的昂贵的投资品，带动本国产业结构提升和经济增长。因此，从理论上讲，即使在长期，自然资源也可以通过转变本国经济发展方式和提升本国产业结构促进经济增长。然而，现实却不是这样。我们看到，中东产油国家虽然通过出口石油获得很高的人均GDP，但经济发展方式和产业结构却没有得到明显的改善，科学技术不够先进，教育体系也不够完整，它们并不是世界上公认的发达国家。另一个例子是，位于南太平洋中西部的密克罗尼亚西群岛以及主要靠开采和出口磷肥的瑙鲁，虽然人均 GDP 已达到发达国家水平，但它们依然不被列为发达国家。

在 20 世纪 50 年代以前，很多经济学家曾经认为丰富的自然资源①对经济增长不言自明地具有促进的作用。尤其是对落后国家而言，丰富的自然资源可以使落后国家得以通过出口资源来积累经济发展所必需的资本，吸引外部投资，也可以使其政府有能力获得足够的收入来提供经济发展所必需的公共品（Ross，1999）。19 世纪拉丁美洲一些资源富裕国家的经济发展，以及工业革命首先在煤铁资源丰富的英德开始的事实，似乎都在印证这个观点（Sachs & Warner，1995，1999）。

然而，在此之后的几十年间我们却观察到了完全相反的现象：资源相对丰富的非洲国家增长缓慢，而资源相对贫乏的东亚国家却几乎集体经历了一次增长的狂欢。此外，在 1965—1998 年间，石油资源丰富的 OPEC 国家人均 GNP 年均下降 1.3%，而在同一时期，所有中低收入国家作为一个整体的人均 GNP 平均年增长率是 2.2%（Gylfason，2001）。这使自然资源禀赋与经济增长的关系逐渐受到了越来越多人的关注。丰富的自然资源禀赋，反而带来了较低的长期经济增长率，这种现象被形象地称为“资源诅咒”。早在 20 世纪 80 年代初，就有实证研究关注过这类问题（Nankani，1980；Wheeler，1984）。不过对此最早最重要的详细实证研究由 Sachs 和 Warner（1995）做出。Sachs & Warner（1995）分析了一个包含 97 个国家 19 年数据的样本。他们发现，1971 年时自然资源出口量占 GDP 比重大的国家在 1971—1989 年间的增长

① 这里的自然资源指的是已经探明且有开采经济价值的资源，不包含未经探明的理论储藏。对自然资源概念的不同定义有时可能会造成实证结果的一些差异。对此较详细的论述可见 Papyrakis & Gerlagh（2007）。

率较低，即使控制了包含初期人均收入、贸易政策、投资率、政府效率、贸易条件波动和收入分布等一大批相关变量之后，这种负相关关系依然保持显著。Sala-i-Martin(1997)和Doppelhofer等(2000)则发现，在对经济增长做实证分析时，自然资源禀赋是最稳健的几个变量之一，并且符号为负。此后，Sachs & Warner(2001)做了更细致的实证分析，指出长期经济增长与自然资源禀赋之间的负相关关系不可能是由于遗漏变量等统计上的问题而出现的。换言之，其中存在着必然的因果联系。

虽然实证研究已经证实资源诅咒的存在，但当前学术界对资源诅咒现象并没有一个统一的令人满意的解释。大体来说，已有的解释指向四个方面：贸易条件恶化、世界市场波动、发达的资源部门和政治经济学解释。

(一)贸易条件的恶化

贸易条件(the terms of trade)又称交换比价或贸易比价，是出口价格指数与进口价格指数之间的比率，就是平均来说一个单位的出口商品可以换回多少单位进口商品。

从现有研究看，至少从20世纪初开始，初级产品的贸易条件是下降的，虽然不同文献对下降速度的估计存在不小差异(Ross, 1999)。同时，Easterly等(1993)、Mendoza(1997)等研究都证明，从长期来看，一国所面临的贸易条件与其经济增长是正相关的。

综合两方面的证据，这便是一条资源诅咒的传递渠道：资源丰富的国家或地区在经济发展中较多依赖资源出口，随着出口规模扩大，贸易条件逐渐恶化，并最终伤害到整体经济的长期增长。

不过也有文献提出了一些反面的证据。Cuddington(1992)研究了从1900到1983年26种商品贸易条件的变动状况，发现只有5种商品的贸易条件存在显著的恶化趋势，而其中又有3种商品的主要出口国实际上是发达国家。这虽然不能完全否定贸易条件恶化在资源诅咒现象形成中的作用，但至少意味着从长期来看贸易条件恶化并不足以令人信服地完全解释资源诅咒现象。

(二)世界市场波动

如果一国经济过于依赖少数几种出口商品，那么世界市场上这种商品的价格波动毫无疑问会对其国内经济造成大的影响。潜在的价格波动意味着经济被暴露在更大的风险之中。Mendoza(1997)就讨论过贸易条件波动与经济增长的关系。

不过这个解释的问题在于，目前的文献对于这种波动是否会在长期内损害一国经济增长并无定论,甚至有观点认为,当面临更大波动时,资源企业将会倾向于试图以更大的投入来化解风险,换言之,更剧烈的价格波动可能会与更高的投资相联系,而后者显然有利于经济的长期增长。

(三)发达的资源部门对长期经济增长无益甚至有害

对此的解释大致可以分成两类。第一类是“荷兰病”(the Dutch Disease)模型。在某些语境下,荷兰病这个词会用于描述所有的资源诅咒现象。不过正式地说,荷兰病主要针对的是资源部门的爆发式增长对长期经济增长的两种影响:一是资源大量出口带来的本币高估和国内市场的通货膨胀;二是发达资源部门从本国其他部门抽走劳动力和资本的现象。这两种影响综合起来便使得资源部门的爆发式增长伤害了其他部门的增长从而削弱了本国经济的长期增长潜力。如果考虑技术在部门间的溢出效应,那么这种削弱反过来可能又会影响到贸易部门本身,从而使得问题更加严重(Torvik, 2001)。

当前学术界对荷兰病的研究无论从理论模型的构建还是具体案例的分析都是比较透彻的,具体可见 Corden 和 Neary(1982)、Gylfason 等(1997)。

另一类解释则强调了技术进步的重要性。较一般制造业和服务业而言,资源部门的技术密集度往往较低。考虑“干中学”(learning by doing)效应,低技术密集度的资源部门中的劳动者往往难以在劳动中通过积累经验等方式获得技术进步(Gylfason, 2001)。同时这也意味着一个依赖于资源部门的经济体中,针对教育的投资收益会比较低。这会导致对教育的投资不足。比如,OPEC 国家的中学入学率仅为 57%,而整个世界这个数据的平均数是 64%。OPEC 国家的教育投入占其 GDP 不到 4%,亦低于全球平均的 5%。教育投资不足无疑会使得经济增长不可持续。Maloney(2002)就指出,人力资本和科学研究基础设施投资上的不足,导致了拉丁美洲资源富裕国家既无力自身推动创新,甚至也没有能力利用国外现成的创新结果来促进自身经济发展。这种局面是拉丁美洲资源富裕国家不能像资源同样丰富的澳大利亚和斯堪的纳维亚国家一样长期保持持续增长的重要原因。Papyrakis 和 Gerlagh (2005)则提出了一个包含创新和自然资源的内生增长模型,认为更高的自然资源禀赋将会降低人们工作和创新的积极性,从而影响到经济的长期增长。

(四)政治经济学解释

无论是以上哪种对资源诅咒的解释,都回避不了这样一个质疑:为什么政府未能以政策工具来遏制资源诅咒,进而发挥出资源对经济增长的正面促进作用?考虑到并非所有资源丰富的国家都在经历低速增长的困境,如冰岛、挪威和博茨瓦纳等国家都是资源丰富而又长期保持较高增长率的例子,因此,要全面理解资源诅咒现象我们必须解释的是，为什么那么多资源丰富国家的政府未能遏制它？

对此的政治经济学解释大致可以分成三类：一是政府短视；二是利益集团操纵；三是政府能力有限。第一种观点认为，丰裕的自然资源禀赋使政府可以很容易地从资源税中获得大量收入，因而会懈于长期规划，以至于经济陷入资源诅咒的陷阱之中无法自拔。我们可以用沙特前国王的话来描述这种观点："在一代人的时间里，我们的生活就从骑骆驼过渡到了驾驶凯迪拉克。这样浪费下去的话，我恐怕我们的下一代就又得骑骆驼了。"①

第二种观点则指出，发达的资源部门会形成一个强大的从中获利的利益集团。对这一利益集团而言，整体经济的长期增长并非是他们所关心的话题，因而处于他们影响力之下的政府也会缺乏制定规避资源诅咒的长期规划的动力。特别是，在很多资源丰富的国家，财力充足而又雄心勃勃的政府往往会倾向于利用看似源源不断的资源收入来建立一个并不符合其本身比较优势禀赋的所谓自主的工业部门，这个部门一旦建立，就迫使政府必须从资源部门中获得越来越多的收入来维持其运转，其结果便是整个经济越来越陷于对资源收入的依赖之中而无法自拔。此外，当一个国家的经济发展几乎完全由其政府来主导时，腐败问题往往也会显得格外突出。

第三类观点认为，充裕的自然资源也腐蚀了政府自身。一个主要收入都来自资源部门的政府不需要从其他部门获得收入。长此以往，政府根本缺乏对其他部门的管理和规划能力，甚至民众亦会习惯于自然资源带来的低税收、高福利环境，而不愿意看到一个试图将自然资源收入在长期内平均分摊的政府出现。从而，这个观点认为，政府不仅缺乏意愿去做长远规划，而且也缺乏能力来做出这样的规划。甚至不仅是政府，在一个资源丰富的国家，企业家通过瓜分自然资源攫取的财富要远远高于通过生产性劳动获得的，这意味着更多的社会资源将会被投入到争夺自然资源的寻租活动之中，从而会影响到整个经济的长期增长(Torvik，2002)。

关于资源诅咒的更多政治经济学解释可见 Ross(1999)。

① 原文：In one generation we went from riding camels to riding Cadillacs. The way we are wasting money, I fear the next generation will be riding camels again(Gylfason，2001)

第三节 资源诅咒与我国地区经济增长——基于省级数据的实证分析

一、趋势观察

由上文可知,虽然目前经济学家对自然资源阻碍经济增长的原因意见不一,但资源诅咒本身的存在性已经被诸多的实证研究所证实。这时候一个很容易想到的问题就是,我国是否存在资源诅咒?从总量而言,我国是一个自然资源相对丰富的国家,自然资本占国民财富的比重超过了5%(胡援成、肖德勇,2007)。我国有不少资源型城市,诸如大庆、鞍山,这些城市的兴起都与特定的自然资源密切相关。可是我们看到,进入21世纪以来,这些城市的发展竞争力并没有进一步提升,并且随着一些城市资源枯竭现象的到来,这些城市的发展接近陷入"踏步走"甚至倒退的边缘。这些现象向我们暗示资源诅咒在我国某些地区存在,但它是否是普遍现象呢?就本书所关注的问题而言,资源诅咒是否在我国东西部差距形成的过程中扮演了一定的角色呢?

根据中国社科院发布的《2009中国城市竞争力蓝皮书:中国城市竞争力报告》,中国最具竞争力的10个城市中,内地有7个,分别是上海、深圳、北京、广州、中山、苏州和杭州。可以看出,这其中没有一个城市是主要依靠自然资源获取强大竞争力的。也许下面这组城市更能说明问题。该报告同时指出,中国经济增长速度最快的前10个城市是:包头、呼和浩特、烟台、东莞、中山、惠州、潍坊、芜湖、威海和合肥。作为"中国北方经济增长四小龙"中的两个城市包头和呼和浩特,虽然都具有丰富的矿产资源(前者有"稀土之都"的称号,后者有"乳都"的称号),但它们经济发展的引擎并不在此。对包头而言,经济发展至关重要的是,包头是国务院首批确定的13个较大城市之一,也是内蒙古最大的工业城市。在国家的支持下它成为北方重要的交通枢纽和西部重要的邮电通讯中心。特别是改革开放后包头市的产业结构不断调整,逐步形成了门类齐全、结构完善的工业体系,经济发展很快。呼和浩特则是内蒙古的教育、科研、文化中心,除了依靠丰富的资源外,还不断发展工业和纺织业,另外借助得天独厚的自然条件,它的乳业发展很快。10个城市中其余的城市自然资源并不非常丰富,但经济发展依然很快。在我国有些老牌的资源型城市,经济发展却没有动力,几乎原地踏步。显然自然资源对我国经济增长的影响并非只有正面。

表面上看，我国已从一个早期自然资源依赖性国家转变成非依赖性国家，逃离了资源诅咒（Gylfason & Zoega，2001）。然而，从国内地区层面上看，资源诅咒依然存在。特别是对一些资源面临枯竭的地区而言，问题尤为严重。

我国矿产资源的地区分布十分不均匀。如铁主要分布于辽宁、冀东和川西，西北很少；煤主要分布在华北、西北、东北和西南区，其中山西、内蒙古、新疆等省区最集中，而东南沿海各省则很少。大体来说，我国大部分的矿产资源多集中于中西部地区，东部特别是山东以南地区的矿产资源相对比较匮乏。然而，这些矿产资源贫乏的地区却孕育了改革开放之后发展最迅猛的沿海地区，尤其是长三角和珠三角地区。这种现象也向我们提示资源诅咒在我国地区层面上的存在。

大庆油田是新中国成立后我国发现的第一个大油田，大庆因石油而兴。然而当石油逐渐枯竭、开采成本越来越高时，大庆的发展也逐渐面临困境。据统计，从 1998 年开始，大庆原油产量以每年 150 万～200 万吨的速度递减，这使得大庆每年 GDP 减少 20 亿元左右（刘吕红，2008）。如果不能迅速找到新的支柱性产业，大庆在未来的发展就不得不打上一个大大的问号。

即使资源的枯竭依然遥远，自然资源丰富也未必是一件好事。甘肃金昌拥有丰富的镍铜等有色金属资源，被誉为中国镍都。丰沛的资源使金昌的经济严重依赖镍铜资源的开采，每当国际国内镍铜市场价格波动，金昌的经济发展便随之大受影响。不仅如此，自然资源开采过程中带来的环境污染也给城市的可持续发展带来严重的问题（刘吕红，2008）。

在省级层面上，煤矿大省山西是一个更好的例子。从 1994—2003 年，山西采掘业投资额从 44 亿元上升到 82 亿元，而工业增加值占全国比重却下降了 2 个百分点，科教事业费占财政支出比重也从 22.6%下降到 16.6%。矿产资源的开采带来的环境恶化使得山西人力资本和资金严重外流。据报道，每年仅房地产购买一项，山西外流资金就在百亿以上[①]。产权安排的不合理又使得寻租活动在当地政府中盛行。山西 4100 多家煤矿生产矿井的资源几乎全是无偿取得，90%的县管煤矿、95%的乡村集体煤矿以托管或承包的方式交由个人经营，政府官员也在其中占有相当份额的隐蔽股权。资源的高额回报集中于少数人之手，也使当地贫富差距迅速扩大，人力资本的边际回报降低，生产率低下。山西全员劳动生产率与全国平均水平的差距已由 1999 年的 15980 元/人年上升至 2003 年的 23249 元/人年（徐康宁，王剑，2006）。2009 年开始山西以矿难频发为理由强行将大部分煤矿所有权收归国有，试图走出

① 见《山西煤矿富翁的消费路径：一掷百亿购京沪豪宅》，《中国青年报》2004 年 7 月 16 日。

这种困境,然而这种粗暴的行为却与宪法保护合法私有财产的规定相悖,激起了外地投资者强烈的反对。浙商投资促进会甚至因此将山西列入投资黑名单之中[①]。国有化之后的煤矿和山西何去何从,我们尚需更多时间来观察。

上面的分析多多少少暗示我们,我国省与省之间存在资源诅咒。然而在进行科学研究时,这种判断是危险和不准确的。我们需要用更可靠的方法和更有说服力的数据来说明这一问题。

鉴于各个省区自然资源情况比较难以准确、恰当地量化,我们借鉴张育浩(2009)的做法,用各省区收取的资源税的平均值作为各省区自然资源的一个代理变量。在本章的实证分析中我们运用 1999 年资源税的数据。表 3-1 中列出了 1999 年我国各省区资源税数据和 1997—2004 年真实 GDP 的增长情况。从这些简单的数字中我们可以直观判断出我国省区之间是否存在资源诅咒。资源税最高的两个省区是黑龙江和辽宁,然而它们在 1997—2004 年的实际 GDP 增长幅度只有 67.04%和 63.34%;真实 GDP 增幅最大的两个省区是浙江和天津,但是他们收取的资源税仅有 1627 亿元和 4044 亿元,远远低于资源大省黑龙江和陕西。直觉再次告诉我们,我国省区之间存在资源诅咒。

表 3-1　我国各省区资源税与经济增长情况　(资源税单位:亿元)

地区	资源税	真实 GDP 增幅
东部		
北京	1571	0.77293590
上海	0	0.72891710
天津	4044	0.84381720
河北	44507	0.78377580
广东	8501	0.79306700
山东	59698	0.79954390
辽宁	82737	0.63342290
福建	6496	0.67266610
浙江	1627	0.84450860
江苏	8799	0.81051300
黑龙江	133178	0.67035580

① 《沉重的煤改》,《财经》杂志 2010 年第四期封面文章。

续　表

地区	资源税	真实 GDP 增幅
西部		
安徽	22673	0.54863830
甘肃	8984	0.65723180
广西	5048	0.60843470
贵州	6804	0.64999200
河南	26064	0.75904130
湖北	12841	0.78377580
湖南	6216	0.57349400
吉林	8991	0.69747780
江西	6469	0.74079510
云南	9029	0.53595780
宁夏	601	0.73455740
青海	3179	0.73811980
陕西	10858	0.79375270
山西	46248	0.72972390
四川	35743	0.61603400
新疆	24194	0.70612960
内蒙古	25958	0.81963440

注：1999 年资源税数据来自张育浩（2009），GDP 增幅数据是根据《新中国 60 年统计资料汇编》经过价格调整后计算得出。

为了准确判断我国省区之间是否存在资源诅咒，我们需要寻求更严谨和准确的方法。因为资源税是一个绝对大小的量，在经济总量不同的省区中可比性不强。鉴于此，我们取各个省区资源税占 GDP 的比重作为一个相对可比变量。在图 3-1 中，我们根据表 3-1 的数据进一步画出了各省区间经济增长率与资源税占 GDP 比重的散点图，其中横轴表示资源税占 GDP 的比重，纵轴表示经济增长率。图中的线是线性拟合线，可以看出，各个省区相对应的点大体对称分布于拟合线两侧。拟合线向下倾斜，显示出资源税占 GDP 比重与经济增长率之间存在负相关关系，换句话说，资源诅咒在我国省区之间是存在的。

二、变量说明

在上面引入资源税变量的基础上，我们进一步构建出更具说服力和更严

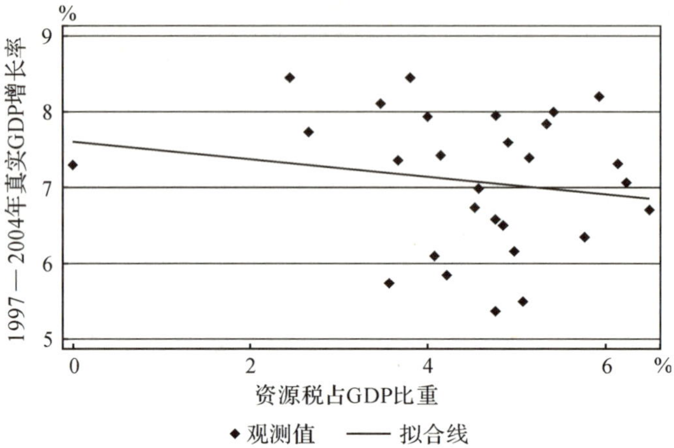

图 3-1 各省区间资源税占 GDP 比率与经济增长率散点图

密的计量模型:

$$\begin{aligned} TEG_{gi} = & \beta_0 + \beta_2 TaxRate_i + \beta_2 Private_i + \beta_3 RoadpSize_i \\ & + \beta_4 FDIpCapital_i + \beta_5 InvestpWorker_i + \beta_6 ExportpGDP_i + \varepsilon_i \end{aligned} \quad (3\text{-}1)$$

其中:i 代表不同省区;被解释变量 TFP_{gi} 是 1999 年的 TFP 增长率。

众所周知,学术界普遍将全要素生产率作为技术进步率的最佳替代指标,又由古典增长模型可知,在长期稳态中的经济增长率等于技术进步率,因此本书用 TFP 增长率表示经济增长率。

解释变量分别是:

● TaxRate 表示资源税占 GDP 的比重。正如前面观察到的,如果符号显著为正,则说明我国省区间存在资源诅咒,反之则不然。

● Private 表示地区金融发达程度,具体计算可见本书"金融发展与东西部差距"一章。资本被传统经济学家视为最重要的三种生产要素之一(另两个是劳动和技术),对经济发展具有举足轻重的作用。在古典增长模型中,稳态时的劳均产出取决于劳均资本水平,更高的劳均资本可以产生更高的劳均产出。资本只有在可流通的情况下才可以发挥最大的功能,用马克思的话说就是,资本只有在流动中才能创造价值。资本市场是资金融通和证券交易的最重要的场所。发达而健全的金融市场一方面大大提高了金融资产的流动性,可以使资本要素在现代经济中没有阻碍地自由流动,进而显著提高要素的配置效率,提升经济绩效;另一方面通过资产证券化可以大大分散资产的风险,提高经济稳定度。没有企业可以纯靠自身资金发展壮大成一个市场领导者。对于出口企业而言,较发达的金融体系可以为出口提供诸如信用证一类的金融工具，有助于降低很有可能相隔万里的贸易双方间因信息不对称而带来的交易成本。因此我们在这里引入金融发达程度变量，可以预期，一个地区的金融发达程度与其经济增长率成正比。

● RoadpSize　即公路总长度/省区面积，表示基础设施状况。基础设施状况决定了一个地区的运输成本，而运输成本对贸易的发展至关重要。因此，更好的基础设施可能更有利于贸易的发展。相对于金融市场的存在使得金融资产毫无阻碍地在现代经济中自由流动，基础设施使得“实际要素”可以在不同地区间自由流动。不同基础设施对贸易的影响并不一致。相比港口设施，地区内部的公路建设对贸易的影响就不会那么明显。然而，前者的评价和数据都远比后者难获取，因此我们认为基础设施是同质的，并在回归中引入的基础设施变量是每万平方公里公路里程数 RoadpSize。可以预期，一个地区的基础设施状况与其经济增长率成正比。

● FDIpCapital　表示实物资本存量中的累积 FDI 比率。FDI 投资企业是我国出口的主力之一[①]，因此拥有较多 FDI 的地区可能会有较多的出口。如果 FDI 的选址决策存在集聚效应，那拥有较多 FDI 的地区出口的增速可能也会较快。FDI 还可能带来正的外部性即溢出效应，外商不仅带来资金而且带来先进的技术、管理经验和高素质人才，而这是对一个地区长期经济增长至关重要的要素。我们采用累积 FDI 占全部实物资本存量的比率来代表 FDI。具体的实物资本存量计算方法可见附录 FDIpInvest。可以预期，一个地区累积的 FDI 占全部实物资本存量的比率与其经济增长率成正比。

● InvestpWorker　表示劳均实物资本存量。前面已经说明了劳均资本存量对于长期经济增长的重要性，此处不再赘述。同样，可以预期，一个地区的劳均实物资本存量与其经济增长率成正比。

● ExportpGDP　表示出口占 GDP 比重。引入这个变量主要是为了控制一些未能包含在以上变量中的影响贸易的因素。此外，对这个变量系数的观察也可以让我们获知我国贸易发达程度地区差异随时间的变化情况。

● ε_i　表示误差项，是一个白噪声。

为了验证资源诅咒的传导渠道，我们还构建了一个与前面类似的计量模型。

$$\begin{aligned} \text{InvestpGDP}_i = {} & \beta_0 + \beta_2 \text{TaxRate}_i + \beta_2 \text{Private}_i + \beta_3 \text{RoadpSize}_i \\ & + \beta_4 \text{FDIpCapital}_i + \beta_5 \text{InvestpWorker}_i + \beta_6 \text{ExportpGDP}_i + \varepsilon_i \end{aligned} \tag{3-2}$$

① 详可见本书“FDI 与我国地区发展差异”一章。

以投资/GDP 为被解释变量,我们可以用这个模型来研究资源税对投资的影响,从而观察资源诅咒通过投资渠道对经济的间接影响。各个解释变量的含义同上。

三、回归分析

表 3-2 报告了简单的回归结果。由结果可知,两个方程调整后的拟合优度 R^2 都不是很高,不过它已足以说明问题。正如预期的一样,金融发达程度、累积的 FDI 占全部实物资本存量的比率、劳均实物资本存量、出口占 GDP 比重的符号都为正,即它们对经济增长具有正向促进作用。特别是资源税占 GDP 的比重符号显著为正,说明我国省际存在资源诅咒现象。在第二个回归方程中,TaxRate 的符号也为正,虽然不是很显著。资源税占 GDP 比率较高的省区同时会有比较低的 TFP 增长率和投资率。前者说明了资源诅咒的存在,而后者说明了资源诅咒的其中一条传导渠道:对总投资的净挤出效应。

表 3-2 回归结果

被解释变量	1999 年 TFP 增长率	1999 年投资/GDP
TaxRate	−0.0008**	−0.003*
	−2.08	(−1.77)
Private	0.072	−0.002
	−0.52	0
RoadpSize	−6.50E−06	−0.00001
	(−1.60)	(−1.08)
FDIpCapital	0.79**	−0.888
	−2.3	(−0.69)
InvestpWorker	0.004**	0.028***
	−2.14	−3.03
ExportpGDP	0.008	−0.012
	−0.47	(−0.10)
Adjust R^2	0.1257	0.2731
F 检验值	7.06	2.69
样本容量	28	28

注:表格内数值为回归所得到的相应变量的系数值,* 表示在 10%程度上显著,** 表示在 5%程度上显著,*** 表示在 1%程度上显著。括号内数值为 t 检验值。本表内报告的 t 检验值均为异方差稳健统计量。回归包含常数项,虽然我们并未在表中报告。

我们的回归分析显然是过分简陋而缺乏太多理论和现实意义的。不过更为完备而详细的实证研究也同样确认了资源诅咒的存在。徐康宁、王剑(2006)、胡援成、肖德勇(2007)、李天籽(2007)、邵帅、齐中英(2008)、刘长生等(2009)的研究都确认了这一点。

第四节　政府行为与经济增长的理论回顾

如前文所述，要解释资源诅咒就必须同时解释政府失灵。换句话说，对资源诅咒的研究避不开对政府行为和经济增长关系的分析。因此在这一部分中，我们将回顾政府行为与经济增长的理论研究。在本章此后的部分，我们将进一步回顾我国历来的东西部经济政策，分析它们在东西部差距形成和发展过程中的可能作用。

在最极端的自由市场经济支持者眼中，政府对于经济发展的促进作用是无足轻重的，相反，政府的行为只会扰乱市场的正常秩序，影响价格工具配置要素功能的正常发挥，从而降低要素在各部门间配置的效率。在他们眼中，市场机制是最有效的资源配置机制，可以达到"帕累托最优"水平。正如哈耶克所说："市场是一个微妙的通讯系统，是一种整理分散信息的机制，比人们精心设计的任何机制都更有效。"即使不考虑腐败等因素，政府与生俱来的低效和对价格的不敏感天然地就会与市场相悖，从而制造出比市场失灵更可怕的政府失灵。在传统的计划经济学者看来，即使过去的经验已经证明了计划经济的失败，在市场面前，政府仍然天然具有超然的地位和强有力的权力工具，因而是消灭一切市场缺陷的利器。

大部分学者都不会这么极端，至少政府在提供公共产品相对市场的优势上不存在争议。争议仅在于公共产品本身的范围。我们的讨论将从标准的公共品——基础设施开始，然后介绍政府在市场失灵中的宏观调控理论。在国外的政治经济学文献中，经常会通过各种模型内生化政府的决策，以此来考虑政府各种行为对经济增长的长期影响。不过这些模型在我国的政治背景下大都缺乏现实意义，因此我们不会对此展开太多探讨。比较而言，我们更关注改革开放以来东西部的宏观经济政策的变化及其对我国地区发展差距的影响。

一、基础设施与经济增长

所谓的基础设施，通常指的是一些具有强烈正外部性的基础的社会性投资。通过建造某种基础设施来改造自然以使人类更好地生存，这种行为古已有之。战国时代郑国渠的开凿使渭河平原农业生产条件得到了极大的改善,进一步使秦国的国力远远凌驾于山东六国之上并最终灭亡六国,统一中国;隋炀帝开凿的大运河或许加速了隋朝本身的灭亡速度,却为此后的盛唐奠定了一个良好的基础。

基础设施建设往往有助于降低各种交易成本,提高一般投资的边际收益,从而有利于经济的长期增长。然而,由于其外部性,纯由私人提供的基础设施建设投资大多数情况下会偏离社会最优点,因此将基础设施投资的决策权交给政府会是一个必需的选择。在现代社会中,提供基础设施投资已是政府的重要职能之一。

下面让我们考虑一个包含基础设施建设的内生增长模型。这个模型基于Barro(1990)提出的简单模型。

设经济中仅存在一个私人部门和一个政府。政府没有任何资产,也不提供任何服务。政府仅决定基础设施建设,并通过收入税来为此融资。假设政府不能负债,因此政府必须保证收支平衡。我们简单地假设一个科布—道格拉斯(Cobb-Douglas, C-D)生产函数,并假设规模报酬不变,于是有

$$y=Ag^{\alpha}k^{1-\alpha} \qquad 0<\alpha<1 \tag{3-3}$$

其中:y 代表人均产出;A 是技术水平;g 是人均基础设施投资;k 代表人均私人资本量。假设不存在人口增长和技术进步。

在这个模型中,可以简单地得出 k 的边际产出为$\frac{\partial y}{\partial k}=(1-\alpha)Ag^{\alpha}k^{-\alpha}$,而 g 的边际产出为$\frac{\partial y}{\partial g}=\alpha Ag^{\alpha-1}k^{1-\alpha}$。显然,基础设施投资有利于资本边际产出的提高。

继续假设代表性家庭的跨期效用函数为

$$U=\int_0^{\infty}u(c)\mathrm{e}^{-\rho t}\,\mathrm{d}t \tag{3-4}$$

其中 $u(c)=\frac{c^{1-\mathrm{e}}-1}{1-\mathrm{e}}$。标准的相对风险厌恶不变(CRRA)效用函数。这里 c 表示人均消费,而 θ 则是相对风险厌恶程度。均衡增长路径上 c、y、g、k 的增长率必然相同,即

$$\gamma=\frac{\dot{c}}{c}=\frac{\dot{y}}{y}=\frac{\dot{g}}{g}=\frac{\dot{k}}{k}=\frac{1}{\theta}\left[A(1-\alpha)\left(1-\frac{g}{y}\right)\left(\frac{g}{k}\right)^{\alpha}-\rho\right] \tag{3-5}$$

从而

$$\frac{\mathrm{d}y}{\mathrm{d}\left(\frac{g}{y}\right)}=A\left(\frac{1}{\theta}\right)\left(\frac{g}{k}\right)^{\alpha}\left(\frac{\partial y}{\partial g}-1\right) \tag{3-6}$$

其中$\left(\frac{g}{y}\right)$表示政府为基础设施投资所征收的收入税的税率。由式(3-6)可以看到，长期增长率与 g 的关系由两个因素决定：当 g 增加时，首先是$\left(\frac{g}{y}\right)$的增加会挤出私人投资从而降低长期增长率，但与此同时，$\left(\frac{g}{y}\right)$的增加又提高了资本的边际产出，从而有利于长期的经济增长。这两个因素何者占主导地位，将决定 g 的增加会降低还是提高经济的长期增长率。进一步地，我们观察(3-6)式，显然当$\frac{\partial y}{\partial g}>1$时，$\frac{\mathrm{d}y}{\mathrm{d}\left(\frac{g}{y}\right)}>0$，反之则$\frac{\mathrm{d}y}{\mathrm{d}\left(\frac{g}{y}\right)}<0$。当$\left(\frac{\partial y}{\partial g}-1\right)=1$时，经济的长期增长率达到其最大值。

这个模型虽然简单，却很明确地描述出了基础设施投资在经济发展中的作用：它可以提高其他资本的边际收益率。此外，这个模型也意味着基础设施投资并非没有成本，过多的基础设施投资将会挤出其他部门的投资，从而反倒不利于经济增长。换句话说，基础设施投资水平需要与经济发展水平相协调。只有如此才能最大限度地发挥其对经济增长的促进作用。

在国内外都有大量研究讨论过基础设施建设与经济增长之间的关系。早在 30 年之前，Aschauer(1989)就计算了美国产出对非军事性公共投资的弹性，并认为这一数字大约是 0.39。特别是所谓的核心基础设施(交通、能源、供水)与产出的关系尤为密切，而其他方面的投资，诸如医院与学校的建设等，对产出的促进作用相对较弱。此后，Munnell(1990)和 Munnell & Cook(1990)分别就美国全国性和州级数据估计了相应的产出投资弹性，得到的数字分别是 0.34 和 0.15。早期研究得到的高弹性可能是源于非平稳时间序列数据在回归中的使用，在考虑了这一点并控制了产出与基础设施投资之间的内生性的情况下，Andrews 和 Swanson(1995)重新计算了它们之间的关系，得到的数字更小，然而其显著性依然是稳健的。此后 Chandra 和 Thompson(2000)针对美国州际高速公路投资的研究则得到了更复杂的结果：他们发现交通条件的改善和运输成本的降低对经济整体而言是有利的，然而，其对经济各个不同产业和不同地区的作用并不一致。这些结果虽然在具体数字和细节上存在一些分歧，不过其含义是一致的：基础设施建设对整体经济增长存在重大意义。

在美国之外的研究也得到了类似的结果。Mitra 等(2002)基于印度数据也发现经济增长和基础设施建设之间的密切联系。Easterly 和 Rebelo(1993)使用跨国面板数据也得到了同样的结果。他们的研究甚至显示，当使用工具变量时,交通以及通讯基础设施对经济增长的影响尤为显著。

这些结果并非是毫无争议的。Holtz-Eakin(1994)就认为,基础设施建设和经济增长之间的关系可能完全是源于简陋的最小二乘法(OLS)回归所带来的偏误。他在研究中引入了更复杂的回归方法,发现原本显著为正的产出基础设施弹性变得不再显著,甚至显著为负。Garcia-Mila 等(1996)也进行了类似的研究,发现与面板数据固定效应回归结果不同,一阶差分回归的结果显示,产出基础设施弹性是负的,或者至少是不显著的。此后,Pereira(2000)使用向量自回归的方法对此作了详细的研究,他一方面证实了基础设施投资对私人投资和就业的挤出作用,另一方面依然表明,即使在存在基础作用的情况下,产出基础设施投资弹性依然显著大于零,虽然这个数字远小于之前的一些研究结果(0.043)。

我们也可以把目光从基础设施对经济增长影响的整体研究中释放出来,转而关注更细节的证据。比如良好的基础设施建设可以极大地降低一地区的运输成本,缓解甚至消除其不利的地理条件造成的经济发展障碍,因此良好的基础设施必然会促进一国的贸易发展。在各种运输手段中,海运以其低廉的平均成本在现代贸易中占据重要地位,这也使内陆国家在贸易中往往处于不利地位,因此良好的基础设施对内陆国家参与贸易尤为重要。Limao 和 Venables(2001)分析了运输成本的构成,发现良好的基础设施对降低运输成本,尤其是内陆国家的运输成本作用巨大。当然这并不意味着基础设施建设对临海地区就不重要,Clark 等(2004)的研究就指出,港口设施的优劣决定了很大一部分的海运成本。他们的研究显示,在拉丁美洲国家对美国的出口中,运输成本占总成本中的比例要高于关税等贸易壁垒,因此,改善包括港口设施在内的基础设施以降低运输成本是使拉丁美洲对美国贸易得到更大发展的必需手段。

运输成本与贸易规模之间的负相关关系几乎可以说是显而易见而被一致公认的。需要讨论的问题与其说是运输成本和贸易规模之间是否存在关系,还不如说是运输成本上的差异在多大程度上决定了不同地区,或者是同一地区在不同时间内贸易规模上的差异。

对此,Baier 和 Bergstrand (2001)的研究认为,20 世纪 50 年代到 80 年代 OECD 国家贸易额的增长有 67%是源于收入的增长,25%是源于关税的降低,运输成本的降低则能解释其中的 8%。De(2006)详细研究了东亚中日韩三国之间贸易成本和贸易额的变化情况,认为平均而言运输成本每降低 10%就会带来地区内贸易额 5%的增长。他认为,在三国彼此之间关税平均税率已经很低的情况下,运输成本能否进一步降低将会决定三国间贸易的未来发展。考虑到三国在世界经济中的地位，这甚至会对世界贸易和经济产生深远影响。

基础设施状况不仅仅会影响对外贸易，良好的基础设施带来的交易成本降低对一地区内部贸易的发展也存在极大的促进作用，它同样还会影响地区间产业集聚的选择，会影响企业的存货决策，从而影响经济运行的效率。它甚至还会影响地区间大市场的形成，影响要素在不同地区间流动时的效率，进而影响不同地区间要素报酬趋同的速度，影响到要素的配置效率。

二、政府调控与经济增长

除了提供基础设施建设投资、调控宏观经济外，努力熨平经济波动也是政府的重要职能之一。由于外部因素导致的需求或供给冲击，甚至由于预期因素变化内生产生的投资、消费波动，市场经济在运行过程中不可避免地会出现产出、就业、价格等周期性波动的现象。我们一般将之称为经济周期。经济周期，尤其是其中的经济危机现象一直是公众和研究者所共同关注的重点问题。从 17 世纪的郁金香危机开始，一直到近年来的美国次贷危机，历次经济危机都给各国民众带来了巨大的损失。在历史上，经济危机甚至经常直接或间接引发战争。正因为经济危机给民众甚至国家带来的巨大威胁，避免甚至消灭经济危机也一直是宏观经济学家和政策制定者所努力的目标。自凯恩斯创立宏观经济学以来，虽然我们至今仍未能彻底消灭经济危机，但至少有效地调控市场、平滑经济波动、预警经济下滑、预防经济危机都已成为可能。而这些，也是政府的重要职能之一。

当发生经济危机时，政府可以采用宏观调控政策稳定经济，减轻经济的波动程度，让经济尽快回到正常水平，保证经济增长。政府经常用来稳定经济的政策是货币政策和财政政策。货币政策指中央银行通过改变货币供给量来影响经济的政策，其主要工具包括公开市场操作、调整贴现率、调整存款准备金率等。财政政策指国家通过政府支出和税收影响经济的政策，其主要工具包括税收、转移支付、政府购买等。货币政策和财政政策都可以影响总需求，进而影响经济发展。凯恩斯主义者最初鼓吹的是财政政策，罗斯福总统带领美国走出 1930 年经济危机时所实施的也大都是财政政策。财政政策要求大量的政府支出做后盾，而政府支出，尤其是民主社会中的政府支出往往易于扩大而很难缩小，因而长期实施财政政策调控经济往往会给政府带来巨量的财政赤字。此外，以弗里德曼为代表的货币学派也对财政政策的效果有一些质疑。因此近年来在西方国家中，更温和也更低成本的货币政策已经成为主流的宏观政策。不过随着次贷危机的爆发，各国为了刺激经济纷纷扩大政府支出，这一倾向又有逆转的趋势。

政府调控在经济发展中发挥重要作用的典型例子发生于1929年的大萧条。当时美国的胡佛总统采取放任自由、让经济自我修复的政策。不料危机愈发不可收拾,产出持续低迷、失业率居高不下,导致胡佛的支持率持续下跌,最终失去总统宝座。与之相反,罗斯福总统上台后大刀阔斧,颁布“百日新政”,充分发挥了政府在危机中修复经济的作用。几年后调控初见成效,产出开始缓慢增长、失业率逐渐下降,经济重新迈入新增长的快车道。1936年凯恩斯出版《就业、利息与货币通论》,奠定了政府干预经济的宏观理论基础。凯恩斯强调经济的有效需求。当社会的有效需求不足时,政府要实施积极的财政政策,反之则实施紧缩的财政政策,即实行反周期的宏观经济政策以熨平经济波动,保证经济平稳较快增长。

除了财政政策和货币政策这些直接影响市场的政策,政府行为、制度上的变更往往也会对地区经济的发展产生显著的影响。一个经常被提到的例子就是财政分权。计划经济国家出于在全国范围内统一调配资源的目的,往往会倾向于将大部分权力和资金控制于中央政府之手。当这些计划经济国家逐渐向市场经济转型时,经济权力的下放也就不可避免,这就是所谓的财政分权。理论上说地方政府应当比中央政府拥有更多与本地经济相关的信息,因而在决策的制定和实施上具有一定的优势。这些优势的发挥,有助于地方政府制定和实施最适合本地的经济发展战略,提供最优数量的公共产品。不过,关于财政分权和经济增长的经验研究得出的结果却颇有些五花八门,结果随财政分权变量选择的不同而不同,并且针对不同国家或地区的研究也往往会得到不同的结果。Akai和Sakata(2002)基于美国数据找到了财政分权有利经济增长的证据。他们同时还强调了结果对财政分权变量选择的敏感性。此后Iimi(2005)以支出的分散代表财政分权,针对1997—2001年51个发展中国家样本所做的经验研究发现了人均GDP增长和分权间正而显著的关系。Davoodi & Zou(1998)则仅在发展中国家中找到了财政分权对经济增长的显著负面影响,而在发达国家则并不存在任何显著的关系。Thornton(2007)则发现,如果将财政分权指标限于地方拥有完全自主权的资金,那在OECD 19国样本中,他们未发现任何财政分权对经济增长存在影响的证据。财政分权对地区发展差异可能具有明显的影响。Rodriguez-Pose和Gill(2004)认为财政分权会助长生产在少数地区集中的趋势,有利于发达地区的进一步增长而损害落后地区的利益,因而会造成地区发展差异的扩大。

此外,财政上的压力也迫使地方政府想方设法地获取更多资金。欠发达地区的政府可能会被迫或是通过各种途径提高实际税负水平,或是削减各种在短期内“不必要”的开支，比如教育、科研方面的开支。税负水平的提高会迫使本地企业和人才迁往外地，阻碍地区经济发展，而教育、科研投入的减少同样也会损害地区经济的长期增长。对于发达地区，充足的收入来源使得这些地区的政府可以不必通过这些渠道来获取更多资金，同时还能保证足够的教育与科研支出。

三、市场环境与经济增长

虽然市场和政府的边界依然是一个处于争论中的话题，但是争论之中同样有共识，至少现实中的市场不是完全竞争的。斯密论述的看不见的手并不能轻易地推动现实环境中的市场经济自由运转。首先，现实市场环境中的产品是有差异的(即不同质)；其次，现实中的要素不是完全自由流动的；最后，现实中的信息不是完备的。据此，大部分经济学家都认为以下四种情况会导致市场机制不能起作用或者不能起有效的作用，即出现所谓的市场失灵。在发挥市场功效的同时，克服市场失灵也是政府的重要职能之一。

(一)垄断

在完全竞争市场中，资源有效配置的条件是边际成本等于价格。从整个社会的角度看，每种商品的价格都等于其生产的边际成本，社会所有资源在各种用途上都达到了最优配置。垄断市场与完全竞争市场相比，价格总会高于边际成本。因为垄断者为了多销售一单位产品不得不降低市场价格，结果其全部产品都要按一个较低的价格出售，单位产品销售的边际收益(即边际成本，因为利润最大化的必要条件是边际成本等于边际收益)小于该产品的价格。对整个社会来说，产品的边际成本大于边际收益就会导致资源配置低效率。垄断会通过损失消费者剩余和生产者剩余造成社会福利的无谓损失。

(二)公共产品

我们在上节中已经介绍了拥有非排他性和非竞争性的纯公共产品——基础设施。我们看到私人没有激励也没有能力提供基础设施。大部分研究显示政府提供基础设施会显著促进经济增长。像基础设施那样的纯公共产品在现实中比较少。就其他公共产品来说，私人无法提供的原因也在于存在“搭便车”的问题。因为只要公共产品具有非排他性，一旦有人购买了公共产品，其他人就可以不受阻碍地享用该产品。经济学教科书中关于公共物品比较经典的一个例子是公地的悲剧。在公地的悲剧中，所有牧羊人在一个公共的牧场上放牧。因为是公共牧场，每个牧羊人可以毫无成本地尽情放牧。每个人的最优选择就是将尽可能多的牛羊赶到牧场上去，结果由于每个人都毫无节制的放牧,最终公共牧场因为超载而成为不毛之地。即使有能力,私人也没有激励提供类似这种公共牧场的公共物品。由此可知,市场对此类产品的提供没有效率,甚至根本无能为力。

(三)信息不对称

这主要指市场上买卖双方掌握的信息是不对称、不对等的。比如在二手车市场上,往往卖方掌握的信息多一点,而买方掌握的信息少一点。结果出现逆向选择问题,即质量差的二手车将质量好的二手车驱逐出市场,最终导致次品充斥市场。在保险市场中,信息不对称还会导致道德风险问题,即个人获得保险公司的保险后,不再具有谨慎行动的激励,反而会采取更加冒险的行为,使得事件发生风险的概率增大。此外,信息不对称还可能导致委托代理问题。这些问题都会妨碍市场有效地配置资源。

(四)外部性

这是指经济体的行为对他人造成的影响,而这些影响又无法在市场中反映出来。外部性的存在使得经济体的个体最优与社会最优不再一致,分散决策的市场机制不再有效。

并不是每一种市场失灵都需要政府干预或调节,也不是每一次政府调节都可以改善资源配置状况,但政府的存在确实在一定程度上可以弥补市场失灵,促进经济增长。

在垄断存在的情况下,政府可以通过制定《反垄断法》、《反不正当竞争法》或者直接对垄断企业实施价格管制、征税等来制止垄断,让垄断企业的价格等于其边际成本,从而纠正市场失灵,改善资源配置效率,增进社会福利。

政府可以提供的公共产品并非只有基础设施一种。广义上说,法律环境、基本的公共服务、基础教育、基础研发、国防以及最基本的社会制度等都应当被视作政府所应当提供的公共产品。这些公共产品的提供同样会显著影响到经济的增长。特别是对个人财产的保护和法律的实施,这些因素会强烈地影响到投资的未来收益与风险预期,因而也就会对经济在长期内的表现存在重大影响。这方面的公共品开支的关键之一是需要把握好公共品的范畴。政府在一些领域的投资有时候非但不能够弥补市场的不足,促进生产率的提高,反而会挤出私人投资,降低投资效率,从而影响经济的长期增长。Katsimi 和 Sarantides(2009)发现交通和通信基础设施上的公共投资会提高企业利润,而一些非生产性的投资,就不会收到如此的效果,甚至可能会降低企业利润。

信息不对称导致的市场失灵问题难以通过政府调节解决,但可以通过经济体自身或者设计恰当的激励机制解决。比如,在二手车市场中,卖方可以通过发信号解决逆向选择问题;不同的是,在保险市场和委托代理中,需要当事人设计合理的激励机制使投保人或者代理人自己约束自己。

解决外部性的方法有两种,一是政府直接干预,二是在确立产权的基础上通过市场解决。以工厂排污为例,由于外部性的存在,工厂的最优排污水平不同于社会的最优水平。通过政府干预可以使工厂排污的外部成本内部化,从而解决其过度排污问题,比如对排污工厂征收污染费等。不过确定合理的污染费却往往需要极高的人力和物力成本。近年来在很多地区流行的排污许可证可交易制度则是综合了两种方法的一种创新:政府通过调查和研究确定环境所能承受的排污总量,然后通过拍卖或颁发的方式向市场提供总额等于这个总量的排污许可证,并允许这个许可证在不同生产者间交易。如此,排污者就会面临一个由市场决定的正的排污成本,它会努力试图降低排污量,减少这个成本。排污许可证可交易的特征则使最能有效降低排污量的企业可通过出售排污权来获利,只有排污能带来最大效益的企业才会购买这些排污权。其结果就使排污市场最终达到一个社会、个人和环境综合的最优点之上。

政府的效率也以有效的治理结构为前提。没有有效的治理结构,手中掌握权力和资金的政府官员从个人利益最大化的角度出发,就很可能会选择以权谋私从而降低投资效率。Rajkumar 和 Swaroop(2008)发现,只有在政府治理结构良好的国家,医疗和教育上的公共开支才能收到预期的效果,而在治理混乱的国家,医疗和教育上的公共支出几乎收不到任何效果。Del Monte 和 Pagani(2001)同样发现腐败现象严重降低了意大利公共支出的效率。Rodrik 等(2004)研究了法律制度、开放程度、地理等因素对经济增长的影响。他们的结果表明,法律制度对经济增长的影响是最根本而长远的。一个良好而可靠的法律环境,是一切经济行为的基础。

第五节 我国东西部宏观政策的历史回顾

本书研究的核心问题是我国东西部差距的变动趋势与影响因素,那么对东西部差距的形成时间、发展过程进行初步的了解就是必不可少的。在改革开放之前,东西部几乎没有或者仅有很小的差距。很多老年人都回忆,在毛泽东时代,经常出现路不拾遗和家中夜不闭户的现象。那时人们在人民公社和生产队下集体劳动,劳动所得全部上缴国家,然后按照挣得的工分分发生活物品。全国人民共同劳动,劳动报酬按“平均主义”原则分配,当然人与人之间就没有大的差距,东西部之间几乎也不存在太大差距。

如果按照这样的逻辑，难道是改革开放造成了社会不平等、拉大了东西部差距？表面上看是这样，实际上政策对东西部差距的形成具有决定性作用。拉开适当的差距是经济发展的必经阶段。正如邓小平所说："贫穷不是社会主义，发展太慢也不是社会主义，平均主义不是社会主义，两极分化也不是社会主义。"搞平均主义、吃大锅饭只会抑制人们劳动的积极性和创造性，不利于社会经济发展。要允许一部分人通过诚实劳动、合法经营先富起来，以先富带动后富。平均主义不符合社会主义的按劳分配原则，也很难带动人们发展经济的积极性。一定的差距可以提高人们工作的积极性和创造性，提升劳动效率，促进经济发展，但是这种差距是建立在机会平等基础之上的，否则只会损害效率的进一步提升。

东西部差距更深层次的原因不是改革开放的道路走错了，而是改革不到位。正如吴敬琏(2008)所说："我们的社会存在一些严重的弊病和偏差，这也是一个不容置疑的事实。问题在于，这些弊病和偏差从何而来：是来自改革走错了方向，使腐败和掠夺资源的活动猖獗，贫富两极分化？还是来自改革不到位，权力不但顽固地不肯退出市场，反而强化对市场自由交换的压制和控制，以便取利？在2004—2006年间的'第三次改革大辩论'中，改革前旧路线和旧体制的捍卫者持有前一种观点。他们把我们当前所面临的种种问题都归罪于市场经济。我和大多数中国人一样，持有相反的观点。"看到这里，理解上面的问题就不言自明了。

本节的目的就是，通过回顾改革开放30年东西部宏观经济政策，进而找到导致我国东西部差距的政策因素。

一、东部地区宏观政策的历史回顾

(一)沿海开放战略："引进来"与"走出去"

1978年12月18日到22日在北京召开的十一届三中全会标志着我国开始了改革开放的历史进程。虽然初始的开放是小范围和有限领域的"摸着石头过河"，先开放沿海城市，设立经济特区，是政策主导下的试点开放，也是单方面的自我开放，但是我国经济从此摆脱了封闭半封闭状态，逐步形成了全方位、多层次和宽领域的开放格局。后来对外开放成为我国的一项基本国策，并转变为法律框架下更大范围和更多领域的对外开放。

1984年国务院批准的全国14个首批沿海对外开放城市是：大连、秦皇岛、天津、烟台、青岛、连云港、南通、上海、宁波、温州、福州、广州、湛江、北海。对照本书第一章给出的东西部标准，我们可以看到，这14个首批沿海开放城市中，只有广西的北海市属于本书定义中的西部，而其余13个城市都属于东部范围。

在开放沿海城市的同时，我国积极引进国外资金、先进技术、管理经验和高素质人才。此战略被形象地称为“引进来”或“请进来”。伴随着“引进来”战略的实施，外商在华直接投资（FDI）数额不断增加。1983 年中国实际吸收 FDI 仅为 6.36 亿美元，2005 年中国成为世界上吸收外资最多的国家，实际利用外资达到 603 亿美元，2008 年这一数字增加到 923.95 亿美元，年均增长率高达 22.84%。受国际金融危机的影响，2009 年实际使用外商直接投资数额有所下降，但基数依然很大，为 900.33 亿美元[①]。

随着在华投资企业数量的不断增加，FDI 对中国经济增长的影响日益显著。外商直接投资在弥补我国建设资金不足、促进我国经济增长、引进国外先进技术、加快产业结构演进升级、扩大生产、增加社会就业、扩大出口、为国家增加外汇收入方面发挥着重要作用，但同时也带来一系列问题，比如加大地区不平衡等。改革开放之初，我国鼓励外商在东南沿海开放城市投资，加之沿海地区独特的区位优势和便利的基础设施，使得 90%的 FDI 集中于东部沿海地区。虽然近些年国家出台了一些鼓励 FDI 投向中西部的优惠政策，但中西部地区接收的 FDI 比例依然比较低，东部地区所占比例超过 85%[②]。这种产业结构布局和地区分布与我国长期经济平稳较快发展的目标是相背离的，也会进一步加剧东西部差距。因此，在吸收外资时应该注意规避这些问题，合理优化外商投资产业结构和区域分布，鼓励外资投向中西部地区。

在“引进来”的同时，我国企业也积极在加快实施“走出去”。十一届三中全会明确提出：“在自力更生的基础上，积极发展同世界各国平等互利的经济合作。”邓小平也指出：“关起门来搞建设是行不通的，中国的发展离不开世界。”在这一方针的指引和支持下，中国企业开始积极走向世界。经过长达 15 年的谈判，我国最终于 2001 年 12 月 11 日正式加入了世界贸易组织（WTO）。这标志着中国的对外开放进入了一个新的发展阶段。中国的出口总额和进口总额与外商在华直接投资相呼应，也呈现出不断增加的态势。出口总额和进口总额分别从 1983 年的 222.3 和 213.9 亿美元增加到 2008 年的 14285.5 和 11330.9 亿美元，年均增长率分别为 18.12%和 17.21%；对外贸易顺差从 8.4 亿美元增加到 2954.6 亿美元，年均增长率更是高达 26.43%。虽然受国际金融危机影响，2009 年出口总额和进口总额稍有下降，分别为 12016.6 和 10055.6 亿美元，贸易顺差降为 1961 亿美元[③]，但可以看到，基数依然很大。

① 数据来源：中国海关总署和国家统计局网站，增长率为作者测算。
② 数据来源：中国统计年鉴 2009。
③ 数据来源：中国海关总署和国家统计局网站，增长率为作者测算。

对外直接投资、对外承包工程、对外劳务合作和对外设计咨询也在迅速发展,业务遍布超过200个国家和地区。其中,2008年全年对外直接投资净额为559亿美元,2008年末对外直接投资存量达1840亿美元;对外经济合作合同数为163881份,其中对外承包工程5411份,对外劳务合作157882份,对外设计咨询788份。与此同时,我国企业也在积极抓住经济全球化和区域经济一体化带来的各种机遇,应对各种挑战,不断发展同世界各国、各地区在金融、贸易、投资等领域的交流与合作,还积极参与区域经济合作组织发起的各种经济活动。

总之,我国的开放战略取得了卓越的成绩,带动了经济快速发展。

然而,由于东西部间在自然条件上的区别和开放战略本身的问题,开放战略对东西部的影响存在巨大差异。东部的开放时间要远远早于西部,而东部又天然地离世界市场较近,离我国主要外资来源地之一的港澳台地区较近,开放战略对东部地区的正面影响要远远大于西部地区。在改革开放之初,仅东部地区的企业有能力、有条件进行对外经济合作,西部地区完全没有条件参与国际经济合作,其在这方面近乎是空白。这使得开放战略最终的成果分布也呈现出东部远远多于西部的特征。2000年全国货物出口总额为2492亿美元,本书定义的“东部”地区货物出口总额为2275亿美元,占全国总额的91.3%。即使到了2008年,全国14307亿美元的货物出口总额中东部地区也高达12998亿美元,占全国总额的90.9%,西部地区占的份额不到10%。开放虽然带动了我国整体经济的发展,却也在客观上导致了东西部差距的扩大。

(二)市场化改革

新中国在一段时间里曾经实行高度集中的计划经济体制,由国家的行政指令决定价格、企业生产和社会资源的配置。这种经济体制有三个明显的缺陷:一是价格信号不能反映社会资源的稀缺程度,由此导致价格机制失去配置资源的基础性作用。二是不能产生合理的激励作用。既然价格不能反映生产要素等资源的稀缺程度,那么人们就没有积极性去更多地增加相对丰裕而价格便宜要素的使用以及减少稀缺昂贵要素的使用,也没有积极性去合理组合各种不同的生产要素以产生更大的资源配置效率,最终导致劳动者积极性、主动性和创造性的缺失,这就是激励机制的扭曲。三是这种经济体制配置资源缺乏效率。因为价格无法反映生产要素的稀缺性,计划经济不能充分利用社会资源,也不能对它们进行优化组合。计划经济虽然可以在战时或关键时期等短时间内动员社会大量人力、物力和财力,但却是不可持续的。用蔡昉的话说就是“没有资源配置能力和效率”。正如邓小平指出的那样,高度集中的经济体制把经济搞得太死,企业缺乏应有的活力,大大束缚了生产力的发展。

经历了“大跃进”和“文化大革命”的错误道路,为了寻求经济发展的新道路，新中国在20世纪70年代末开始了改革的历史进程。改革首先在农村拉开序幕。中国改革第一村安徽凤阳小岗村中的18位村民冒着生命危险在1978年12月的一天签了一份秘密协议："我们分田到户，每户户主签字盖章，如以后能干，每户保证完成每户的每年上交公粮不在(再)向国家伸手要钱要粮，如不成，我们干部作(坐)牢杀头也干(甘)心，大家社员也保证把我们的小孩养活到十八岁。"每人在协议上摁了鲜红的手印。从此中国逐步废除了人民公社制度，建立起以家庭联产承包责任制和统分结合为主的新型集体所有制，并推广至全国。此种举措大大提高了农民的生产积极性。在农村改革取得成效后，以城市为重点的整个经济体制改革徐徐展开。

1984年10月，十二届三中全会通过了《关于经济体制改革的决定》(以下简称《决定》)，正式启动了中国以市场经济为目标的改革。《决议》突破了把计划经济与商品经济相对立的传统观念，确立了我国社会主义经济是在公有制基础上有计划的商品经济，明确肯定了商品经济的充分发展是社会主义经济发展的不可逾越的阶段。为全面改革特别是经济体制改革奠定了政策基础。

1993年11月，十四届三中全会通过了《关于建立社会主义市场经济体制若干问题的决定》(以下简称《决定》)。《决定》明确提出正式将建立社会主义市场经济体制作为我国经济改革的目标，扫除了长久以来在人们心中模糊不清、束缚人们行动的思想障碍，为经济体制的全面改革进一步奠定了基础。经过十多年的改革，我国经济体制发生了巨大变化。以公有制为主体的多种所有制经济成分共同发展的格局初步形成，农村经济体制改革不断深入，市场在资源配置中发挥的作用进一步扩大。同时，《决定》明确提出转换国有企业经营机制，建立现代企业制度。

1997年9月，十五大确立了"以公有制为主体，多种所有制共同发展"作为我国社会主义初级阶段的一项基本经济制度。到20世纪末，社会主义市场经济体系在我国已经基本建立起来。

二、西部地区宏观政策的历史回顾

(一)西部大开发战略

何炼成等(2005)将启动西部大开发战略的主要历史动因归结为四个方面：一是经济原因；二是社会原因；三是环境原因；四是全国协调发展和政策的连续性。经济原因主要指，改革开放以来不断扩大的东西部差距不但制约了东部沿海地区的进一步发展，而且西部地区经济发展滞后，亟须提高相对较低的人民生活水平。社会原因主要指，东西部差距引起了一系列社会问题，一方面是西部的社会秩序开始出现不稳定，另一方面是西部人大量涌入东部，给东部的稳定带来了一定的影响。环境原因主要指,由于过度开发,西部地区的生态环境开始恶化,并出现以洪涝灾害、沙尘暴为特征的环境问题。最后,在全国协调发展和政策的连续性上,西部大开发战略一方面是中国全面协调发展的需要,另一方面是中央集体对以往政策的坚持和发展。

邓小平在1988年提出了“两个大局”的战略思想:一个大局是,东部沿海地区加快对外开放,较快地先发展起来,中西部要顾全这个大局;另一个大局是,当东部沿海地区发展到一定时期,就要拿出更多的力量帮助中西部地区加快发展,东部地区也要服从这个大局。

到20世纪末期,改革开放政策已经实行了近二十年,东部沿海地区借助良好的经济基础、政策扶持和中西部地区廉价资源的支援,经济获得了高速发展,已经“较快地发展起来”了。东西部的差距也到了一定程度。在这个程度下,如果中西部继续支持东部沿海的发展,那么东西部之间的差距将会越来越大,而且西部支持东部发展的能力也在日趋力不从心。也就是说,东部沿海地区已经发展到了“一定时期”,应该服从第二个大局,拿出更多的力量帮助中西部地区加快发展。从这个思路出发,西部大开发战略到了必须实施的时刻。

在这种背景下,1999年6月,江泽民明确提出,必须不失时机地加快中西部地区的发展,特别是抓紧研究西部地区大开发。他强调,加快中西部地区发展步伐的条件已经具备,时机已经成熟。改革开放以来,沿海发达地区运用自身较好的经济基础、优越的地理位置和国家支持的政策,经济和社会发展已经积累了相当的实力。现在,加快中西部地区开发的时机已经到来。西部地域广大,自然资源丰富,有巨大的发展潜力,也是一个巨大的潜在市场,加快发展西部地区可以促进各种资源的合理配置和流动,为国民经济的发展提供广阔的空间和巨大的推动力量。①

1999年9月19日到22日,十五届四中全会审议通过的《中共中央关于国有企业改革和发展若干重大问题的决议》明确提出:“国家要通过优先安排基础设施建设、增加财政转移支付等措施,支持中西部地区和少数民族地区加快发展。国家要实施西部大开发战略。”

同年11月15日到17日召开的中央经济工作会议重点指出,现在研究实施西部大开发战略条件基本具备,时机已经成熟,要不失时机地实行西部大开发战略。同时,国家要逐步加大对西部地区的投入,并通过政策引导,吸引更多的国内外资金、技术和人才。

---

① 中华人民共和国驻菲律宾共和国大使 http://www.fmprc.gov.cn/ce/ceph/chn/zt/xbdkf/zcfg/zyzcfg/t68242.htm

2000 年 1 月 13 日，中共中央、国务院印发《关于转发国家发展计划委员会〈关于实施西部大开发战略初步设想的汇报〉的通知》，即中发〔2000〕2 号文件。这一文件是指导西部大开发的纲领性文件，宣告西部大开发战略的实施正式开始。

然而在西部大开发的具体实施中，地方政府在政绩和 GDP 考核的驱动之下，往往倾向于上需要大量投资的大项目，尤其是重工业和资源产业。这种倾向导致一方面提高了西部经济中的工业比重，西部地区工业增加值占 GDP 比重由 19.5%提高到 38.7%，工业拉动 GDP 增长提高到 10.4%；另一方面对经济发展更为重要的中小企业、民营经济和轻工业却未能获得相应的发展机会。这使得在西部大开发战略实施的同时，我们并没有看到东西部差距的显著缩小。

不仅如此，在一些资源丰富的省份，急功近利的地方政府往往将发展的侧重点集中于资源产业之上，而资源产业的发达非但未能对其他产业起到拉动作用，反而因其对投资、人才的吸收作用而加剧了这些地区的资源诅咒效应(比如邵帅、齐中英，2008)，使这些地区仅仅获得了纸面上的 GDP 增加，而人民的收入和生活水平却并没有得到应有的改善。

(二)振兴东北老工业基地战略

虽然本书将东北三省中的辽宁和黑龙江划入东部，不过东北地区在经济增长中所面临的主要问题与西部类似，而振兴东北老工业基地战略与西部大开发战略也颇为类似，因此放在此处讨论。

建国后，国家在东北地区投资建设了规模较大的以能源、原材料、装备制造业为主的战略产业和骨干企业。随着改革开放的不断深入，老工业基地的经济发展相对缓慢，而且其体制性、结构性矛盾也日益显现，进一步发展面临着许多困难和问题。比如东北地区市场化程度低，经济发展活力不足；所有制结构较为单一，国有经济比重偏高；产业结构调整缓慢，企业设备和技术老化；企业办社会等历史包袱沉重，社会保障和就业压力大；资源型城市主导产业衰退，接续产业亟待发展等等。

在西部大开发战略提出并开始实施之后，一部分未被包含在此战略内的相对不发达省份的发展问题就逐渐浮上了水面。与很多地区类似，东北地区同样在改革开放之后发展较慢，也同样有较重的国企负担，因此，如何支持东北地区的发展就成为此时关注的重点。振兴东北老工业基地战略就是在这种背景下提出的。

支持东北地区等老工业基地加快调整改造是十六大提出来的一项重大任务。2003 年 10 月，中共中央国务院发布《中共中央国务院关于实施东北地区等老工业基地振兴战略的若干意见》(以下简称《意见》)，明确了振兴战略的指导思想、原则和战略措施。《意见》指出,老工业基地,特别是东北地区拥有丰富的自然资源、巨大的存量资产、良好的产业基地、明显的科教优势、众多的技术人才和较为完备的基础条件,具有投入少、见效快、潜力大的特点,是极富后发优势的地区。

振兴老工业基地是一项十分艰巨的任务,要统筹规划,分步实施。当前重点是要做好东北地区老工业基地的调整改造工作。东部地区老工业基地要利用好沿海对外开放的政策环境,继续发挥地方经济实力较强的优势。

《意见》进一步指出,要推进资源型城市经济转型,加强基础设施建设。“资源型城市实现经济转型是老工业基地调整改造的一个重点和难点。对资源仍较丰富的,要加强资源的综合利用和精深加工,拉长发展链条;对资源近期可能走向衰竭的,要抓紧研究接续产业发展问题;对资源已经枯竭和接近枯竭的,要加快发展接续产业。东北地区石油、煤炭、森林工业等资源型城市要着力调整单一类型的产业结构,大力发展石油化工、煤化工、林木产品深加工、林下产业等资源精深加工和新的接续产业。扶持共伴生资源综合开发利用和废弃物资源化,支持油页岩、煤矸石的综合利用。鼓励石油企业开发低产、低渗、低效油田和周边低丰度油田。加快矿区环境修复和污染治理,解决好矿山关闭破产、职工安置、沉陷区居民搬迁等紧迫问题。加大对采煤沉陷区治理的支持力度,对原国有重点煤矿历史遗留的采煤沉陷区治理问题,中央对东北三省的补助比例提高到50%,各省的补助也要相应提高。继续做好辽宁省阜新市经济转型试点工作,总结经验,加以推广。研究建立资源开发补偿机制和衰退产业援助机制,促进资源型城市经济转型和可持续发展。”

“加强交通、水利、电力等基础设施建设,是振兴老工业基地的重要支撑。东北地区要加强与华北地区的交通、电网联系;规划建设现代化港口,对现有铁路进行电气化提速改造,建设纵贯东北东部地区的铁路工程,形成东北新的出海通道;改造对俄贸易铁路通道和边境口岸设施;建设大型水利枢纽和输水工程等水利设施,提高水资源供给和合理利用能力。加强老工业基地城市基础设施建设,改善资源型城市电力、交通、供水等基础设施。推进城市污水、垃圾处理产业化,建设一批重大污染治理、综合利用与居民生活相关的环保设施项目。加大公共卫生基础设施建设的投入,加快突发公共卫生事件医疗救治体系基础设施建设。”[①]

此外,《意见》还对东北老工业基地加快体制和机制创新、工业结构优化升

① 中共中央国务院,中发〔2003〕11号,《中共中央国务院关于实施东北地区等老工业基地振兴战略的若干意见》。

级、农业和第三产业的发展、扩大对外对内开放、发展科技教育文化事业等提出了指导方针。

第六节　自然资源、资源诅咒、政府政策与我国东西部差距

一、自然条件与我国东西部差距

图 3-2 是我国地形图。从图 3-2 中我们可以看到我国东西部间在地理条件上的巨大差异。东部沿海地区一方面在参与国际贸易上具有先天优势，另一方面东部地区在地形上也以平原或海拔相对较低的丘陵地带为主，而没有西部常见的高原、沙漠、崇山峻岭之类会对人类生存和经济发展带来不小麻烦的地形。

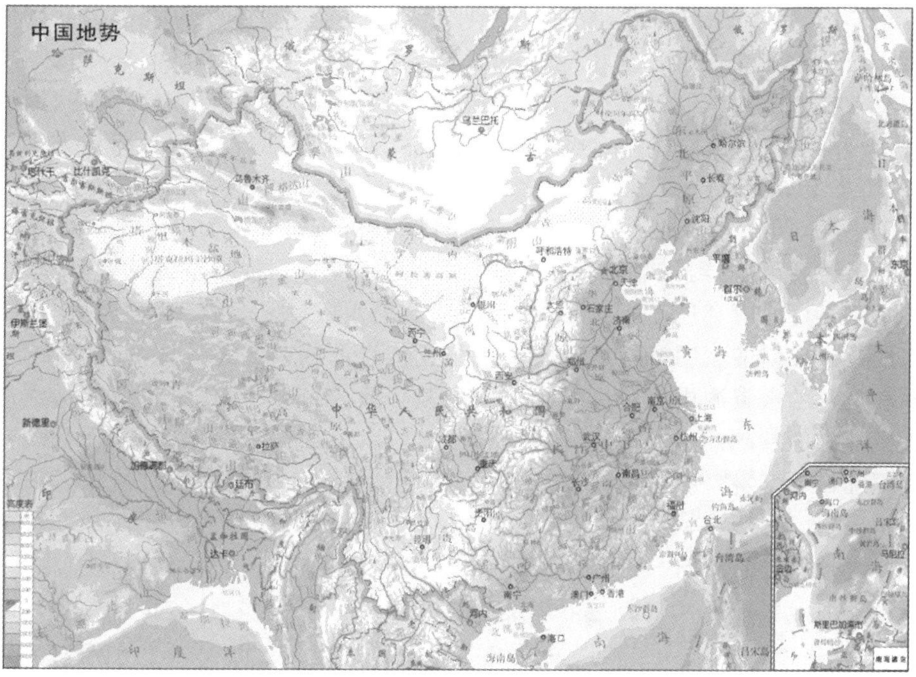

图 3-2　中国地形图

来源：中华人民共和国中央政府门户网站（http://www.gov.cn/test/images/00123f3c47bd05d3a4e703.jpg）。

从前文所述可知，地理环境对一个地区经济发展的影响主要集中于两个

方面:气候等因素对疾病防控和农业发展的影响,以及所处位置因素对运输成本的影响。前者在人类历史的大部分时间中均占据主要地位。然而自工业革命以来,一方面随着人类文明的发展、科技的进步,大量曾经致命的疾病变得越来越无足轻重,另一方面随着工业化进程的推进,农业在 GDP 中所占比率越来越低,而我国虽然人均 GDP 不高,但基本的医疗条件却并不差,各地区间人均寿命差异较小。以 2006 年为例,我国各省区居民预期寿命平均值为 71.24,标准差仅为 3.19①。此外,我国在热带内的领土面积占全国比例并不大,且很大一部分面积在热带以内的广东还是全国最发达的地区之一。我国历史悠久,人口在地区间的分布是由长期的历史发展所决定的,人口密集地区在基本的地理条件上均不存在什么问题。因此我们有理由认为,气候等条件差异带来的疾病防控和农业禀赋差异不会在我国东西部间形成巨大的发展差距。

而后者,即运输成本上的差异却可能并非如此。我国只有一条海岸线,除了东部地区,大部分省市都没有对参与全球贸易至关重要的出海口,且我国领土的 60%以上都为高原或山地所覆盖,这意味着我国各地区之间运输成本上的差异将会十分显著。从西至东,从青藏高原到沿海平原,在地理上,我国呈现出一副海拔依次降低的三段阶梯状地形。地势最高的青藏高原自古人烟稀少,历史上虽然有过强盛一时的吐蕃王朝,不过其人口密度和经济发展水平相对于中原地带一直是落后的。青藏高原以下,从新疆的两大盆地到内蒙古陕西的黄土高原,再到往南的云贵高原,这块地区既有人迹罕至的戈壁沙漠,也有水草丰盛的河套地区。从历史上看,只要是水资源充足的地区在历史上都曾经是人口繁盛文明发达的地区。这与我们之前的判断是一致的:温带的气候和充足的水资源供应对古代农业发展至关重要,而农业又是工业革命之前人类社会的基础产业。不过,在工业革命之后,这部分地区由于深处内陆,远离国际市场,经济发展进程逐渐滞后。再往东是黄河流域和长江流域的核心地带,这部分地区是中华文明的发源之地,在我国历史的大部分时期也是最为繁华之地,直到近现代才逐渐落后于沿海地区。

沿海地区在古代曾经是中华文明的边缘地区。这些地区,特别是华南地区,长期以来都被中原王朝视为流放重犯的蛮夷之地。北宋以后,随着对外贸易的逐渐发展,这些地区才日渐繁华。马可波罗笔下的泉州是当时全世界最繁华的港口之一。1949 年之后,由于国家主导的重工业投资多数投向更安全

① 数据来源:中国资讯行 infobank 高校财经数据库。转引自《福建经济与社会统计年鉴 2006(人口篇)》。

的内地，这些地区的发展速度低于平均水平，然而在1978年改革开放之后，这些地区被压抑已久的发展热情在短时间内迅速释放出来，在30年后的今天，以长三角珠三角为代表的东部沿海地区已经成为我国经济最繁荣的地区。我们已经看到，沿海低廉的海运成本使这些地区在对外贸易的发展上具有先天的优势，这也一直被认为是沿海地区得以在经济发展上领先一步的重要原因。

二、资源诅咒与我国东西部差距

在第三节，我们利用各省区资源税的平均值代理该省区相应自然资源拥有量，并将资源税占GDP的比重作为一个解释变量纳入经济增长率的解释模型中进行回归分析。结果显示，我国省级之间存在资源诅咒现象。国内其他更详细的实证研究也证实了同样的结论。

徐康宁、王剑(2006)构建了一个以能源资源为代表的能源丰裕度指数，发现1978—2003年我国资源丰裕的地区经济增长速度普遍要慢于资源贫瘠的地区。他们据此认为，资源诅咒是我国东西部差距形成的重要原因之一。他们也指出荷兰病、资本外流、制度弱化、资源浪费、贫富差距扩大以及人力资本缺乏积累和科技能力下降是影响经济增长的主要渠道，问题出现的关键则是制造业的衰退和产权安排的缺陷。西部大开发战略非但未能起到削弱资源诅咒的作用，反而在一定程度上强化了资源诅咒。邵帅、齐中英(2008)将整体数据分为两个部分——1991到1998年的大开发前阶段和1999—2006年的大开发实施阶段。结果显示，西部大开发战略开始实施之后资源诅咒的显著性大大加强了。他们进一步的研究显示，西部大开发对能源产业的过度强调减少了R&D和人力资本投资，损害了西部地区长期的经济发展潜力，从而进一步拉大了东西部差距。

胡援成、肖德勇(2007)也检验了资源诅咒在我国省际层面上的存在性，并试图找到解决之道。他们认为人力资本投入水平上的制约是我国省际层面资源诅咒存在的关键，而人力资本投入和金融支持是缓解资源诅咒的重要途径，也可以有效地解决资源的硬约束，促进经济的可持续发展。李天籽(2007)同样确认了我国省级层面上资源诅咒的存在，他认为，丰沛的自然资源主要通过降低外商直接投资、教育和创新的渠道来间接地阻碍经济增长。他进而认为，合理的产权制度安排和自然资源财富分配方案是规避资源诅咒的基础。

刘长生等(2009)认为资源对经济增长既存在正面的、促进的直接效应，也因它会减少投资、降低受教育水平、缩小开放度、减少R&D支出、增加政府官员寻租行为而带来负面的间接效应。然而这种负面的间接效应既非不可避免——即使在当前，他们的研究也发现在部分省区直接效应要大于间接效应——而且也不是我国不同省区间经济增长差异的主要原因。因此我们在研究资源诅咒的同时,也不应当过分夸大它的影响,而是要正确地去面对它,通过努力提高资本积累、研究开发能力、教育水平、市场化程度和加强民主法制建设的方法来解决它。

总体来说,现有研究大多确认了资源诅咒在我国省际层面上的存在性,并且也都指出,资源性投资对一般投资,特别是教育支出和研发支出的挤出、对寻租行为的催化是我国省级层面上资源诅咒传导的主要渠道。

三、政府政策与我国东西部差距

很多研究都把我国当前的地区发展差距或多或少地归结于非均衡的政策。这些研究认为,在改革之前,我国在经济因素之外的考虑之下,将大量的不符合地区要素禀赋的重工业设在内陆。这些重工业的存在与地区要素禀赋相悖,因而也不具备自生能力。虽然在计划经济年代它们的存在提升了内陆地区的工业产值,看起来似乎缩小了地区发展差异,然而当市场化改革开始推行后,它们的存在非但不能成为地区经济增长的推动因素,反而会由于其缺乏自生能力而一直依赖地方政府的支援,成为地方经济的一个累赘(林毅夫、刘培林,2003)。

在改革开放之后,东部地区在改革和开放的步伐上几乎一直领先西部一个身位。最初的经济特区、沿海开放城市全都坐落在东部,再加上较轻的历史负担,这些因素给东部地区创造了一个良好的经济环境,也为东部地区在改革初期吸引 FDI 的努力带来了不少助力(Jones et al., 2003)。由于集聚效应的存在,初始发展差异的影响可能是十分深远的:较发达地区会有更好的基础设施,更健全的法制和制度环境,更大的市场,更完备的原料和中间品供应体系。如此种种都会加剧资本向发达地区的流动。给定户籍制度等因素所带来的人口流动障碍、资本向发达地区的集中便会使得地区间人均 GDP 的差距越拉越大。

即使是一些看起来在地区间不存在差异的政策,由于不同地区本身条件的差异,在施行之后也会造成地区间发展差异的扩大。

将本章第四节提到的财政分权与分税制改革理论具体到中国,情况同样微妙。Lin 和 Liu(2000)认为财政分权是中国自 20 世纪 80 年代之后经济增长的重要原因之一。Zhang 和 Zou(1998)却发现改革开放以来财政分权事实上降低了地区经济增长。王永钦等(2007)的文章则从方方面面详细分析了分权制改革的得失,认为财政分权在我国发展过程中有利有弊。具体到本书所关心的话题,他们认为,地区间收入差距的扩大与财政分权体系存在一定的联系。

我国的财政分权改革始于20世纪80年代初。80年代实行的财政包干制度使地方政府为实现收入最大化目标，一方面会经常就收入分享份额与中央政府讨价还价，另一方面则存在强烈的与本地企业串谋攫取原属中央的财政收入的激励。1993年，我国中央预算收入仅占国家总预算收入的22%，而国家预算收入占GDP比重亦仅为12.6%(王文剑、覃成林，2008)。财力上的限制给中央政府推行宏观政策平衡地区发展的能力带来了极大限制。因此1994年开始的分税制改革就确立了提高中央财政收入和全国财政收入占GDP比重两大目标，并且这次改革主要以财政收入分权体制改革为主，没有涉及支出方面的改革，甚至更多的支出责任被下放到地方政府，使得地方政府的预算压力日渐沉重。近年来，中央政府收入一般都会占全部财政收入的50%左右，而支出占比则远远小于这个数。

江庆(2009)分析了省际财力差异的原因，认为本级财政收入差异是省级差异的最主要决定因素，而旨在均衡地区财力水平的一般性转移支付并没有起到设想中的作用。甚至在更微观的县级政府之间，尹恒等(2007)同样发现上级财政转移支付没起到缩小财力差异的预设作用，分税制改革之后，转移支付造成了近一半的县级财力差异。地方财政收入很大程度上由当地的经济发展水平决定，财政收入上的差距也就决定了地方政府在推行经济发展政策、提供公共服务能力上的差距，而政府提供的公共服务又是经济发展的基础因素，公共服务提供的不足，势必会影响到地区经济增长。

对于地方政府通过提高税负水平或者削减教育、科研开支进而阻碍经济发展，Zhang(2006)的研究确认过这一点：他发现，中国各地区经济发展水平与工业税负显著负相关。税负的增加虽然会在短期内增加地方政府的财政收入，然而在长期内，它必然会通过损害经济发展前景的方式最终降低地方政府财政收入。因此，一个理性而有远见的地方政府似乎不会执行这样几乎与杀鸡取卵无异的政策。然而政府的决策最终由具体官员做出，而任何官员的任期都是有限的。于是任期较短的官员就会有损害下任官员任期内财政收入来增加自身任期内财政收入的激励，相反地，减税以增加未来财政收入的决策反倒很难由任期较短的官员做出。

财政压力也给了地方政府获取预算外收入的强大激励。近年来广受关注的地方政府土地转让费收入便是其中的重要组成部分。在一些发达地区，经营城市、卖地财政已经成为普遍现象。卖地势必不可能无限持续，于是在抬高房价之余，这种现象也给未来的地方财政收入打下了一个问号，而经营城市政策的有效性恰恰又和地区经济发达程度直接相关：经济发达地区的土地价格势必更高，因而地方政府就更能从中获取资金。这又进一步扩大了地区间的政府财力差距。Zhang(2006)同样发现了土地价值和地区经济发展水平的正向关系。

或者地方政府还可能通过对银行信贷的干预获取资金,然而这又会干扰金融体系的正常运行,降低资金配置的效率,使最缺乏资金部分不能获取应得的贷款(Zhang & Jin, 2006)。综合的结果反倒会进一步损害地区经济增长潜力。

综合这些因素,便造成了看似在地区间不存在差异的财政分权和分税制改革对地区发展差异的扩大作用:欠发达地区政府财力受限,不得不以损害地区经济增长为代价,通过提高实际税负来获取更多财政收入,或是压缩一些看似不必要却会损害经济长期增长的支出。不充足的财力也限制了这些地区政府提供经济发展所必需的公共品的能力。而发达地区政府不仅会有充足的预算内收入,还可以通过经营城市等手段从较高的土地价值中获取收入,这保证了发达地区良好的公共品供给,也潜在地降低了发达地区的企业实际税负。两者相较,地区发展差距便会越拉越大。

财政分权与分税制改革对地区发展差异的影响实际上是在提示我们,仅仅在政策上做到看似不偏不倚对缩小地区差距很可能还是不够的,特别是在一些重要的公共服务和基础设施的提供上。要缩小地区发展差距,来自上一级政府尤其是中央政府的财政支援不可或缺。从这方面来说,自2000年开始的西部大开发工程会是一个有效的举措。不过类似的扶持政策必须在政府治理和支出安排等方面做好相应的工作,否则很有可能无法收到相应的效果。国际上国家间的财政支援很多时候就会陷入这种困境(比如,可见 Burnside & Dollar, 2000; Rajan & Subramanian, 2008)。

第七节 结论性评述

我国幅员辽阔,东西横跨五个时区,南北跨度也超过5000公里,造成我国境内不同地区间地理条件差异极大:既有塔克拉玛干大沙漠,也有江南丘陵水乡,既有华北大平原,也有云贵喀斯特地貌。在地理条件之外,我国地区间在自然资源禀赋上的差异同样巨大,大部分的自然资源集中于西部地区。

东部临海,有交通之便,西部则在自然资源禀赋上得天独厚。这看起来是个相当公平的结果。东西部各有所长各有所短,倘若能发挥各自优势,那东西部间的发展应当比较均衡。然而近三十年来的现实却是东部地区凭借地利吸引了数目堪称巨大的FDI,建立了庞大而在世界市场上富有竞争力的出口产业，西部地区却似乎陷入了资源诅咒的陷阱之中无法自拔。资源虽然在不断地转化成财富，然而这财富却未能转化成经济发展的强大动力，反而通过种种渠道流向发达地区，甚至在不断地腐蚀着西部经济发展的基石。与此同时，资源开采和利用过程中带来的环境污染又让西部地区的生存环境日益恶化，进一步损害了西部地区未来的经济发展。

资源诅咒并非无法化解，在世界范围内，南非和挪威早就为我们提供了合理安排资源财富、规避资源诅咒的最好例子。地理位置上的优势也并非不可化解——两广之间、安徽与江浙之间地理位置上的差异都远远比不上经济发达程度上的差异。如果深入到地区内部，情况就更为明显：浙江大量新兴的工业化城镇都是从农村发展而来，那些地区通常既不濒海也不通铁路，在运输成本上较中西部的一些地区并无多少优势，甚至可能处于劣势。

化解资源诅咒，充分利用自身在地理条件上的优势，规避劣势——要做到这些，良好而有针对性的政策是必需的。然而我们所看到的事实却是历年以来，特别是自 1978 年之后我国所推行的一些政策非但无助于解决这些问题，反而在东西部差距的形成和发展中起到了推波助澜的作用。即使是一些非倾向性看似公平合理的政策，在东西部差距业已成为既成事实的大背景之下也会进一步造成东西部差距的扩大。

这样的现象近年来得到了一些改善。面向西部的财政支出正在增多，西部大开发、中部崛起等国家级发展计划的制订和实施也充分表明了中央政府缩小东西部差距，促进西部发展的意图和决心。其他一些政策，比如全民免费义务教育的实施，也在事实上帮助西部走出发展缓慢的困境。在民间，诸如希望工程一类的项目也在通过各自不同的角度和手段支援着西部，弥补着西部的发展在各个方面的不足。

然而单纯地加大西部地区投资数目，却未必能收到令东西部差距缩小的实效。给定资本在地区间相对较高的流动性和地区间资本边际产出趋同的倾向——这两点都可以从我们之前的 TFP 计算结果中直接得出——简单的政府导向投资可能会挤出流向西部的民间投资。如果再给定民营企业效率较国有企业更高的假设，那这反而会加大东西部发展差异。如果过分强调西部在自然资源禀赋上的优势，将针对西部的投资集中于资源部门，只会进一步加剧西部地区所面临的资源诅咒，危及到西部未来长期的增长前景。

综合本章分析的结果，我们认为，在加大对西部的投资和政府财政补贴之余，必须同时注意以下几点才能够做到让投资有效地缩小东西部发展差异。

首先，应当建立有效的政府行为监督机制。政府失灵是资源诅咒出现的重要原因之一。邵帅、齐中英(2008)也认为资源产业所滋生的寻租和腐败行为是我国资源诅咒传导的重要渠道之一。特别是在我国资源国有、地方政府在资源的开发权上掌握了巨大的话语权的背景下,丰沛自然资源所派生的巨大经济利益诱惑如果不能有相应足够的监督措施,很容易诱发腐败行为。

其次,在投资的方向上,应当更注重针对基础设施、人力资本和研发活动的投资,而非继续加大对资源部门的投入。后者虽然在短期之内可以起到迅速增加 GDP 的作用,然而却是以环境受到污染、其他部门的投资被挤出为代价的。从长期看,资源部门的产出无法持续增加,而其他部门投资的不足又会严重影响这些部门的投资潜力。因此如果继续将巨大的投资集中于资源产业,只会恶化资源诅咒,进一步拉大东西部差距。对基础设施、人力资本和研发活动的支持则不然,这些方面的投资往往具有较大的正外部性,是市场所不能直接供应的投资。因此在这些地方的投资非但不会挤出民间投资,反而会由于其正外部性而提高其他投资的边际产出,进而吸引更多的民间投资,带来西部地区经济真正长期稳定的增长。

汉唐据关中而逐鹿天下,西部地区曾经因其地理条件上的优势而在中国历史中留下过浓重的印记。在经济全球化的今天,西部地区虽然因为深处内陆交通不便而在对外贸易上处于了先天的劣势之中,然而这种劣势并不会造成如今天般巨大的东西部差距。西部地区资源丰富,在地理条件上自有其优势所在。利用好这些优势,规避资源诅咒,是未来西部在发展上追赶东部的前提。

参考文献

[1] [英]哈耶克. 通往奴役之路. 王明毅等译. 北京:中国社会科学出版社,1998

[2] 胡援成,肖德勇. 经济发展门槛与自然资源诅咒. 管理世界,2007(4):15-23

[3] 江庆. 省际间财力差距的地区分解和结构分解. 统计研究,2009(6):45-50

[4] 李天籽. 自然资源丰裕度对中国地区经济增长的影响及其传导机制研究. 经济科学,2007(6):66-76

[5] 林毅夫,刘培林. 中国的经济发展战略与地区收入差距. 经济研究,2003(3):19-25

[6] 刘长生,简玉峰,陈华. 中国不同省份自然资源禀赋差异对经济增长的影响. 资源科学,2009(6):1051-1060

[7] 刘吕红. "资源诅咒"与我国资源型城市可持续发展路径. 经济管理,2008(13):90-92

[8] 马克思,恩格斯. 马克思恩格斯全集第 25 卷. 北京:人民出版社,1974

[9] 邵帅,齐中英. 西部地区的能源开发与经济增长——基于"资源诅咒"假说的实证分析. 经济研究,2008(4):147-160

[10] 王文剑,覃成林. 地方政府行为与财政分权增长效应的地区性差异——基于经验分析的判断、假说及检验. 管理世界,2008(1):9-21

[11] 王永钦,张晏,章元,等.中国的大国发展道路——论分权制改革的得失.经济研究,2007(1):4-16

[12] 吴敬琏.改革仍需过大关.商务周刊,2008(5)

[13] 徐康宁,韩剑.中国区域经济的"资源诅咒"效应:地区差距的另一种解释.经济学家,2005(6):96-102

[14] 徐康宁,王剑.自然资源丰裕程度与经济发展水平关系的研究.经济研究,2006(1):78-89

[15] 尹恒,康琳琳,王丽娟.政府间转移支付的财力均等化效应.管理世界,2007(1):48-55

[16] 张育浩.资源诅咒在中国省际层面的检验.中国经济学年会论文,2009

[17] 曾培炎.西部大开发决策回顾.北京:新华出版社,2010

[18] N Akai, M Sakata. Fiscal Decentralization Contributes to Economic Growth: Evidence from State-level Cross-section Data for the United States. *Journal of Urban Economics*, 2002. 52(1): 93-108

[19] K Andrews, J Swanson. Does Public Infrastructure Affect Regional Performance? *Growth and Change*, 1995,26(2): 204-216

[20] D Aschauer. Is Public Expenditure Productive?. *Journal of Monetary Economics*, 1989, 23: 177-200

[21] S L Baier, J H Bergstrand. The Growth of World Trade: Tariffs, Transport Costs, and Income Similarity. *Journal of International Economics*, 2001, 53(1): 1-27

[22] R Barro. Government Spending in a Simple Model of Endogenous Growth. *Journal of Political Economy*, 1990,98(5): 103-125

[23] D Bloom, J Sachs. Geography, Demography, and Economic Growth in Africa. *Brookings Papers Economic Activity*, 1998(2): 207-273

[24] C Burnside, D Dollar. Aid, Policies, and Growth. *The American Economic Review*, 2000,90(4): 847-868

[25] A Chandra, E Thompson. Does Public Infrastructure Affect Economic Activity?: Evidence from The Rural Interstate Highway System. *Regional Science and Urban Economics*, 2000,30(4): 457-490

[26] X Clark, D Dollar, A Micco. Port Efficiency, Maritime Transport Costs, and Bilateral Trade. *Journal of Development Economics*, 2004. 75(2): 417-450

[27] W Corden, P Neary. Booming Sector and De-industrialization in a Small Open Economy. *The Economic Journal*, 1982,92: 825-848

[28] J T Cuddington. Long-run Trends in 26 Primary Commodity Prices: A Disaggregated Look at the Prebisch-Singer Hypothesis. *Journal of Development Economics*, 1992, 39(2): 207-227

[29] H Davoodi, H-F Zou. Fiscal Decentralization and Economic Growth: A Cross-Country Study. *Journal of Urban Economics*, 1998,43(2): 244-257

[30] P De. Regional Trade in Northeast Asia: Why do Trade Cost Matter?. CESifo Working Paper, No. 1809, 2006

[31] A Del Monte, E Papagni. Public Expenditure, Corruption, and Economic Growth: the Case of Italy. *European Journal of Political Economy*, 2001,17(1): 1-16

[32] S Demurger, J Sachs, W Woo, et al. Geography, Economic Policy, and Regional Development in China, *Asian Economic Papers*, 2002,1(1): 146-197

[33]Doppelhofer Gernot, Ronald I Mille, Xavier Sala-i-Martin. Determinants of Long-Term Growth: A Bayesian Averaging of Classical Estimates (Bace) Approach. NBER Working Paper Series, No. w7750, 2000

[34] W Easterly, S Rebelo. Fiscal Policy and Economic Growth: An Empirical Investigation. *Journal of Monetary Economics*, 1993, 32: 417-458

[35] J L Gallup, J D Sachs, A Mullinger. Geography and Economic Development. *International Regional Science Review*, 1999, 22(2): 179-232

[36] John Luke Gallup. Agricultural Productivity and Geography. Cambridge MA: Harvard Institute for International Development. Retrieved from the World Wide Web: http://www. hiid. harvard. edu/pub/other/geodev. html,1998

[37] T Garcia-Mila, T J McGuire, R H Porter. The Effect of Public Capital in State-Level Production Functions Reconsidered. *The Review of Economics and Statistics*, 1996, 78(1): 177-180

[38] T Gylfason. Natural Resources, Education, and Economic Development. *European Economic Review*, 2001,45(4-6): 847-859

[39] T Gylfason, G Zoega. Natural Resource and Economic Growth: The Role of Investment. Economic Policy Research Unit Working Paper, University of Copenhagen, 2001

[40] T Gylfason, T Herbertsson, G Zoega. A Mixed Blessing: Natural Resources and Economic Growth. CEPR Discussion Paper, No. 1668, 1997

[41] R Hall, C Jones. Why do Some Countries Produce So Much More Output per Worker than Others. *Quarterly Journal of Economics*, 1999,114(1):83-116

[42] D Holtz-Eakin. Public-Sector Capital and the Productivity Puzzle. *The Review of Economics and Statistics*, 1994,76(1): 12-21

[43] A Iimi. Decentralization and Economic Growth Revisited: an Empirical Note. *Journal of Urban Economics*, 2005,57(3): 449-461

[44] D C Jones, C Li, A L Owen. Growth and Regional Inequality in China during the Reform Era. *China Economic Review*, 2003,14(2): 186-200

[45] M Katsimi, V Sarantides. The Impact of Fiscal Policy on Profits. CESifo Working Paper, No. 2849, 2009

[46] N Limao, A J Venables. Infrastructure, Geographical Disadvantage, Transport

Costs, and Trade. *World Bank Economic Review*, 2001,15(3): 451-479

[47] J Y Lin, Z Liu. Fiscal Decentralization and Economic Growth in China. *Economic Development and Cultural Change*, 2000, 49(1): 1-21

[48] W F Maloney. Innovation and Growth in Resource Rich Countries. *Central Bank of Chile*, 2002

[49] E G Mendoza. Terms-of-trade Uncertainty and Economic Growth. *Journal of Development Economics*, 1997, 54(2): 323-356

[50] A Mitra, A Varoudakis, M Veganzones-Varoudakis. Productivity and Technical Efficiency in Indian States' Manufacturing: The Role of Infrastructure. *Economic Development and Cultural Change*, 2002, 50(2): 395-426

[51] A H Munnell. Why has Productivity Growth Declined? Productivity and Public Investment. *New England Economic Review*, 1990(Jan): 3-22

[52] A H Munnell, L M Cook. How does Public Infrastructure affect Regional Economic Performance?. *New England Economic Review*, 1990(Sep): 11-33

[53] Gobind Nankani. Development Problems of Nonfuel Mineral Exporting Countries. *Finance and Development*, 1980,17:

[54] E Papyrakis, R Gerlagh. Natural Resources, Innovation, and Growth . FEEM Working Paper, No. 129. 04, 2005

[55] E Papyrakis, R Gerlagh. Resource Abundance and Economic Growth in the United States. *European Economic Review*, 2007,51(4): 1011-1039

[56] A M Pereira. Is All Public Capital Created Equal?. *Review of Economics and Statistics*, 2006, 82(3): 513-518

[57] R G Rajan, A Subramanian. Aid and Growth: What Does the Cross-Country Evidence Really Show?. *Review of Economics and Statistics*, 2008, 90(4): 643-665

[58] A S Rajkumar, V Swaroop. Public Spending and Outcomes: Does Governance Matter?. *Journal of Development Economics*, 2008, 86(1): 96-111

[59] A Rodriguez-Pose, N Gill. Is There a Global Link between Regional Disparities and Devolution?. *Environment and Planning*, 2004,36(12): 2097-2117

[60] D Rodrik, A Subramanian, F Trebbi. Institutions Rule: The Primacy of Institutions Over Geography and Integration in Economic Development. *Journal of Economic Growth*, 2004,9(2): 131-165

[61] M L Ross. Review: The Political Economy of the Resource Curse. *World Politics*, 1999. 51(2): 297-322

[62] J D Sachs, A M Warner. Natural Resource Abundance and Economic Growth. National Bureau of Economic Research Working Paper Series, No. 5398, 1995

[63] J D Sachs, A M Warner. The Big Push, Natural Resource Booms and Growth. *Journal of Development Economics*, 1999,59(1): 43-76

[64] J D Sachs, A M Warner. Natural Resources and Economic Development: The curse of natural resources. *European Economic Review*, 2001,45(4-6): 827-838

[65] J D Sachs, A Warner. Economic Reform and the Process of Global Integration. *Brookings Papers on Economic Activity*, 1995,26(1995-1): 1-118

[66] X Sala-i-Martin. I Just Ran Two Million Regressions. *American Economic Review*, 1997,87(2): 178-183

[67] J Thornton. Fiscal Decentralization and Economic Growth Reconsidered. *Journal of Urban Economics*, 2007,61(1): 64-70

[68] R Torvik. Learning by Doing and the Dutch Disease. *European Economic Review*. 2001. 45(2): 285-306

[69] R Torvik. Natural Resources, Rent Seeking and Welfare. *Journal of Development Economics*. 2002,67: 455-470

[70] D Wheeler. Sources of Stagnation in Sub-Saharan Africa. *World Development*, 1984, 12(1): 1-23

[71]World Health Organization (WHO). World Malaria Situation in 1994, Part I. *WHO Weekly Epidemiological Record*, 1997, 36: 269-274

[72] Jun Zhang, Jin Yu. Intergovernmental Fiscal Reform, Financial Deepening, and Regional Disparity in China: A Missing Link. *Social Sciences in China*, 2006(Spring): 143-159

[73] T Zhang, H-F Zou. Fiscal Decentralization, Public Spending, and Economic Growth in China. *Journal of Public Economics*, 1998,67(2): 221-240

[74] X Zhang. Fiscal Decentralization and Political Centralization in China: Implications for Growth and Inequality. *Journal of Comparative Economics*, 2006, 34(4): 713-726

第四章

国际贸易与东西部差距

第一节 问题的提出

贸易在一国或一地区发展中的重要作用几乎可以说是毋庸置疑的。近几十年来几乎所有经历过长时期高速增长的国家都无一例外地推行了开放型的对外政策，积极参与国际贸易，以此来促进本国本地区的经济发展。越来越多的国家正在推行对外开放的政策，逐渐参与国际贸易，融入到世界市场中。1960 年，只有大约 22%的国家和 21%的全球人口实行对外开放的贸易政策（Sachs & Warner，1995a），而到 2000 年，已经有大约 73%的国家和 46%的全球人口参与到了国际贸易之中（Wacziarg & Welch，2008）①。

不过，并非所有推行开放政策的国家都获得了成功，一对很明显的例子就是中国和蒙古。中国从 20 世纪 70 年代末设立经济特区开始，逐步开放国内市场，参与世界市场，也借此创造了一个增长上的奇迹。而苏联解体之后，蒙古同样推行开放政策甚至更为彻底。他们同样意图吸引外部投资发展对外贸易，借此来促进本国经济增长，然而迄今为止却并未收到多少实效。这种结果上的差异说明了贸易发展本身的复杂性：并不是简单地打开国门就可以让贸易获得发展并借此收获经济的快速增长的。这也说明了不同区域同样实行对外贸易，所获得的发展是大相径庭的。

我国的对外开放政策是较为成功的例子。长期以来，出口增长都是我国经济增长“三驾马车”之一，对外贸易对我国经济增长的拉动作用不容忽视。自我国实行对外开放政策以来，国际贸易带动了经济的发展，但其自身的复杂

① 由于对开放的定义不一，特别是由于两个拥有众多人口的国家——中国与印度都推行着一种介于完全开放与完全封闭之间的政策，不同的研究对这个比率的估算存在差异，不过对于近几十年来开放的国家和人口增多的趋势，则并不存在争议。

性也成了影响我国区域经济发展格局的重要因素。我国早期实行的对外开放政策存在着向沿海地区倾斜的趋势。我国20世纪70年代末期首先从东部沿海的经济特区开始对外开放,然后逐渐向中部、西部、北部阶梯式推进。总的形势是从东部沿海地区向内陆地区以“扇形”展开,呈渐进式阶梯发展(刘用明,2004)。东部沿海地区在开放时间上要远远早于西部地区,而在开放的成果上,东西部之间同样存在着巨大差距。二十多年来随着东部沿海和中西部地带对外开放程度差异的拉大,贸易和外商直接投资的持续增长主要集聚在东部沿海(孟德友,2008)。国际贸易到底对我国东西部经济存在着多大影响,国际贸易的发展是否加剧了东西部差距,这都是学者们长久以来关注的问题。本章将分析贸易在我国东西部差距形成中的作用,并关注贸易本身发展的决定因素。

第二节 国际贸易与地区发展差异

一、国际贸易与地区经济发展

(一)经典理论

亚当·斯密的绝对优势理论和大卫·李嘉图的比较优势理论无疑是阐述贸易和地区经济发展的经典学说。亚当·斯密在《国富论》中阐述了国际贸易与经济发展的互动关系。他认为每个国家都有适宜于生产某些特定产品的绝对有利生产条件。如果每个国家按照其绝对有利的生产条件进行专业化生产,然后进行交换,将使各国的资源、劳动力、资本等要素充分而有效地利用,从而提高生产率,增加国家财富。李嘉图的理论与斯密的相比主要差异在于李嘉图认为只要两国间存在比较优势就可以依据“两利择其重,两害择其轻”的原则通过贸易获利。

20世纪30年代Robertson提出了“贸易是经济增长的发动机”这一命题。Nurkse随后又补充和发展了这一命题。这一学说是通过对19世纪英国与新殖民地区经济发展进行研究后得到的结论。Nurkse认为,对外贸易使各国获得了直接利益——多于仅由本国生产的消费量。更重要的是,贸易产生了间接的动态利益,通过动态转换过程将经济增长传递到各个经济部门。20世纪60年代,一些经济学家又进一步阐释了贸易的间接动态效应,包括:(1)扩大需求。进口国的消费需求可以使进口国厂商增加产量。(2)利用资源。进口国可以利用国外资源,出口国可以充分利用本国丰裕资源。(3)调整结构。促使一国发展优势产业，淘汰传统或劣势产业，形成新的产业结构。(4)规模经济。贸易扩大了市场范围，企业可获得规模经济利益。(5)加剧竞争。剧烈的竞争使生产者不断提高生产率，提高经济效益。(6)影响就业。对进口国而言，可能导致相关产业失业增加，对出口国而言很可能增加了相应产业的就业。(7)提高收入。提高进口能力，尤其是发展中国家获得了进口先进技术设备的资本。(8)引导投资。资本集中在具有比较优势的产业，更进一步提高了该产业的生产率，同时吸引了外资流入。(9)加强部门间联系（陈传兴，2005)。但 Nurkse 本人也承认，20 世纪的条件发生了变化，这一学说的适用产生了局限，即发达国家的经济增长并未通过对初级产品的需求传递到其他国家。一些学者也认为该学说存在片面性，主要是过分夸大了对外贸易的作用，并且忽略了对经济增长机制的分析，更重要的是它没有揭示资本主义国家通过国际交换掠夺落后国家的事实，这也是发展中国家诟病这一学说的主要原因。但是一些通过出口成为新型工业化国家和地区的事实使得这一学说再度流行。

凯恩斯在《就业、利息和货币通论》中论述了对外贸易与经济增长的关系。尔后，马克鲁普和哈罗德等人在其基础上提出了对外贸易乘数理论。对外贸易乘数理论认为，一国净出口量的增加对国民收入的增加是乘数或倍数的关系，即国民收入的增加量是贸易顺差的倍数。一国的出口有增加国民收入的作用，消费随之增加，从而带动其他部门生产增加、就业增加、收入增加。如此反复下去，收入的增量将是出口增量的若干倍。相反，一国的进口则有减少国民收入的作用，其作用机制与出口恰好相反。因此，只有当贸易为顺差时，对外贸易才能增加一国的就业量，提高国民收入。对外贸易乘数理论为一国实施重商主义政策鼓励出口、限制进口以促进经济增长和扩大就业提供了理论基础。但这一理论的前提是国内有充足的闲置资源。对外贸易乘数理论主张通过扩大有效需求，尤其是出口需求来解决闲置资源出路。这是以完善的市场经济运行机制为基础的。只有在此基础上，出口增量才能通过前后连锁作用，促进一系列部门的扩大，从而达到促进经济增长和扩大就业的目的（高敬峰，2000)。不过经济发展的事实表明，贸易顺差对一国经济并没有如此重要，而贸易逆差也绝非坏事，最明显的一个例子是 1999 年美国对外贸易逆差高达 2713 亿美元，创逆差最高纪录，但美国经济继续保持较高的增长率。事实证明，美国的贸易逆差没有阻碍其经济增长，反而将其经济增长推上了越来越依靠科学技术和资本流动的内涵增长道路之上（陈传兴，2005)。

20 世纪 80 年代以来，以 Romer 为代表的内生增长模型从技术扩散和规模经济的角度对贸易对经济增长的作用进行了阐述。新古典增长理论认为，贸易促进经济增长的途径主要是贸易带来的规模经济效益(Krugman & Helpman,1985)、贸易促进了资本投入(Rodrik,1988)以及资源配置效率的提高(Kruger,1985)。关于贸易开放度影响经济增长的观点认为,贸易开放主要通过加快本国技术进步、提高要素生产率来促进经济增长。Romer(1992)认为更加开放的国家更有优势去吸收别国创造的先进技术。Grossman 和 Helpman(1991)运用两部门内生增长模型发现贸易开放促进了国内资源在物质生产部门和知识产品生产部门之间的优化配置而促进了经济增长。尽管在理论方面对贸易开放度与经济增长有较为一致的观点,但由于开放度的度量方法不同,实证研究也产生了不同的结论。研究者还没有发现完全反映贸易政策的贸易开放度的满意指标。另外一个问题是对样本空间的选取。当选取不同的国家作为样本空间时往往也导致结论的不同(许和连等,2003)。多数学者的研究表明贸易开放度对经济增长具有显著影响,但也有学者持不同观点,例如 Lee(1993)发现其构造的自由贸易开放度(FREEEOP)与经济增长之间具有显著的负相关;Yanikkaya(2003)利用一百多个发达国家和发展中国家 27 年的数据,分别采用两组反映贸易开放政策的指标,分析贸易自由化和经济增长的关系,结果表明贸易开放度与经济增长不存在正相关关系,反而是贸易壁垒与经济增长正相关。对于发展中国家而言,贸易壁垒与经济增长的正相关关系尤其显著(孟德友,2008)。

(二)现代研究

Acemoglu 等(2005)认为贸易的发展在西方国家资本主义的最初兴起中扮演了重要的作用。正是贸易带来的丰厚利润才使商人阶级得以掌握巨大的财力,而正是借助这种财力的支持,他们才得以在政治上表达自身意愿,推进了资产阶级革命,进而引发了西方自 16 世纪以来政治制度上翻天覆地的变化。这种政治制度的变迁,正是整个人类从古代史走向近代史、现代史的标志,也是此后人类文明前所未有地高速发展的基础。

到了现代,即使不考虑贸易带来的如此深远的影响,贸易对经济发展的促进作用依然十分显著。贸易可以扩大市场范围,带来创新和生产率的提高;贸易所带来的边际产出提高能增加储蓄和资本积累;贸易还可以通过新技术与产品的引入来提高一国的技术水平,加速技术进步,进而提升长期的经济增长率。

Sachs 和 Warner(1995)回顾了自 20 世纪初以来全球化发展的历程。在一个规模宏大的跨国数据研究中,他们发现对国际贸易的参与显著地提高了一国在未来的增长率。此后 Wcziarg 和 Welch(2008)进一步扩展了 Sachs 和 Warner(1995)研究的样本时间,发现从 1950—1998 年,推行自由贸易政策参与国家贸易的国家，其年均增长率平均而言要比闭关锁国时高出 1.5 个百分点，其投资率会相应地增长 1.5～2.0 个百分点。

对贸易与增长的实证研究常遇到的一个问题是，虽然贸易与增长之间的密切联系很容易获得，但回归中的显著并不必然说明贸易会促进增长。相反的因果关系：经济增长会促进贸易增长也会带来类似的回归结果。而后者的解释看起来同样合情合理：伴随经济增长的往往是产品平均成本的下降和技术水平的提高，两者都会增强一国商品在国际市场中的竞争力。用贸易政策做代理变量并不能解决这个问题：大多数由闭关锁国转向自由贸易的国家都会在同时推出一系列的改革措施以促进经济发展，如果这些措施的确促进了经济的增长，那无论在回归中得到多显著的系数，都不足以说明贸易在此间有十分重要的作用。针对这种质疑，Frankel 和 Romer(1999)独辟蹊径，以地理位置作为工具变量加入回归。他们认为，地理因素会显著影响到一国参与国际贸易的能力，相对而言地理因素对经济增长的直接影响并非那么显著，因此地理因素是一个良好的贸易工具变量。他们的实证结果表明，贸易有力地提升了资本的边际产出，促进了实物和人力资本的积累，从而提高了经济增长率。

总的来说，参与国际贸易对一地区经济增长的促进作用是没有多少争议的。如果给定这种促进作用的存在，那如果不同地区的参与程度不一，地区发展差距就会随之而来，这可能就是我国过去贸易发展与地区发展差异关系的真实写照。

（三）国际贸易促进经济增长的机制和条件

1. 国际贸易促进经济增长的机制

国际贸易促进经济增长的机制和途径有许多学者进行了研究，大致可以归纳为以下几个方面：

(1)资源配置与国际分工

国与国之间存在着资源禀赋和生产效率的差异。如果是封闭式的国家，国内的资源要投入到一些劣势产业中。国际贸易使得资源在全球范围内得到最优配置。当一国参与到国际贸易中时，可以将有限的资源投入到具有优势的产业中，参与全球化分工，发挥各国的优势，增加贸易各国的福利。

(2)规模经济

大多数行业都在一定范围内存在着“规模经济”的现象，即规模报酬递增，投入的增加能导致产出更大比例的增加。如果一国参与了国际贸易，意味着其国内企业将获得更大的市场，从而可以在更大程度上扩大生产规模，充分利用规模经济带来的效率提升和成本降低来提升自身竞争力。除此之外，克鲁格曼等人开创的新贸易理论还强调外部规模经济。他们认为,规模经济不仅存在于企业内部,也存在于大量企业在少数地区的集中中。这些企业可以彼此共用某些基础投资,分享技术进步成果,而又彼此激烈竞争,形成产业集聚,同样能够降低企业的生产成本,提高其生产效率。从宏观上看,这种集聚将会极大地提升产业的整体竞争力,自然有助于此地区的经济增长。

(3)产业结构调整与升级

参与到国际贸易中,国内行业和企业就面临着来自全球的竞争对手,国内的垄断企业也将受到新的挑战。在更大的市场中,原本一些自然垄断行业也会变得更富有竞争性。为获得企业和行业的生存及持续发展,它们就不得不提高生产效率和产品质量,从而打破原有的产业结构,促进产业的调整和升级。另外,一国参与国际贸易后,就必须受一些国际法律、公约的约束,按国际标准生产销售,按国际惯例办事。例如近些年来热门的碳排放问题,敦促许多发展中国家改变发展方式,由粗放型的产业模式转向集约型、环境友好型方向,以较少的资源获得更高的生产效率。国际企业管理标准等也有助于督促一国企业提高自身素质。这也使得一国的经济得到了更好的发展。

(4)资本积累

首先,一国从事出口业务将会为该国积累外汇资金。许多理论和实证已经证实,对外贸易能够促进资本积累,从而加速国内的经济增长。李嘉图、穆勒、哈罗德等都认同贸易能够增加资本积累从而促进经济增长。我国就是一个典型的例子:从早期不计成本的出口换汇,到如今的贸易顺差大国积累大量外汇储备,对外贸易为我国提供了大量的外汇资金。其次,进出口贸易也吸引了国内其他低效率行业或是闲置资本进行投资,创造了新的投资。再者,当一国的国际贸易发展程度较高时,也会吸引外资的流入。不管是哪种形式的资本积累,都对一国的经济发展起着重要的作用。

(5)技术进步

许多学者认为,国际贸易能带来较为明显的"技术溢出"效应。知识可以在国际贸易的过程中得到交流,专业化人才也在国际贸易中流动,从而形成了知识在贸易国中的积累。一国还可以通过直接进口资本品的形式来引进先进技术。引进先进技术原本就是许多国家对外开放的动机之一。日本是最为成功的一个范例。二战后的日本通过国际贸易的"技术溢出",花费了较少的成本便取得了较高水平的技术,节约了大量研发成本。日本原先仅是模仿欧美的产品,尔后便超越了自己模仿的对象,成为了电子产业和家电行业的霸主。能在短时间内缩小与技术领先国家的差距甚至赶超,国际贸易的"技术溢出"功不可没。在全球化和全球产业链形成和发展中的今天,跨国企业为了提升自身的竞争力，也经常会倾向于在一定程度上扶持产业链上下游的发展中国家企业，这也是当前国际贸易中技术溢出的重要渠道。

（6）增加就业

一般认为出口对一国的就业拉动更为明显。这对出口劳动密集型产品的国家更为适用。劳动力丰裕的国家可以通过出口使国内闲置劳动力资源得到充分利用。也有观点认为服务贸易的发展对就业也有促进作用，这与发达国家的现实更为吻合。

（7）制度的变更

制度因素对一国经济能够发展起着重要作用，世界上许多国家的经验都证明了这一点。通过国际贸易能够引进国外先进的制度，国外的现成经验也可供借鉴。对外开放促使一国积极地进行制度的改革和制度创新，降低交易费用，提高效率，激励交易各方。

如果分别从出口和进口角度来细分国际贸易对经济发展的促进机制，可以归纳出表 4-1 中的内容。

表 4-1 国际贸易促进经济发展的机制

出口促进作用	进口促进作用
1. 刺激投资，增加资本积累； 2. 通过外部市场扩大获得规模经济，促进劳动生产率的提高； 3. 有利于技术革新和技术进步，从而促进整个工业体系的技术进步，提高资本的使用效率； 4. 延长产业链，扩大生产规模，实现就业扩张，缓解就业压力； 5. 促进政府、企业制度创新和经营机制、经营理念创新； 6. 通过出口的技术外溢效应，会在其他非出口产业产生连锁反应，使整个国民经济实现数量和质量提高。	1. 引进技术和设备等资本品，节约研发费用，促进生产率提高； 2. 缓解资源瓶颈供给，提高资源配置效率； 3. 刺激新需求，加速新产品开发与新市场开拓； 4. 促进产业结构进步与升级，刺激新产业建立； 5. 进口加速低效率企业退出市场，进口实现了竞争的超越性； 6. 促进政府、企业制度创新和经营机制、经营理念创新。

来源：刘用明（2004）。

2. 国际贸易促进经济增长的条件

国际贸易促进经济增长也需要具备一些条件，简单来说包括以下几点：

（1）市场经济体制

市场经济体制是一国获得对外贸易利益的基础。从宏观来讲，在市场经济体制下，一国只有作为经济主体才能对国内外的贸易形势做出合理反应，获得贸易带来的经济利益。从微观上来说,企业主体在市场经济条件下才能追求自身利益的最大化,获得提高效率等的动力。我国就是一个典型的例子。在实行计划经济的时代,对外贸易完全由国家控制,仅作为换取外汇的一种手段,并没有获得国际贸易的各项利益。微观企业在计划经济体制下也缺乏贸易的动力,因企业的利润并不由自身决定,而在市场经济条件下,企业可以根据自身利益进行生产安排。市场经济在平衡供求、资源配置等方面都具有较大的优势。世界银行对 20 世纪 70 年代 31 个发展中国家和地区(人口占发展中国家 75%以上,不包括中国)的研究证明,这些国家国内价格扭曲不仅会对经济增长与发展产生负面影响,而且会制约出口增长。价格扭曲的平均指数越高,或者综合的扭曲指数越大,平均经济增长率越低,同时该国出口增长率也越低(焦军普,2008)。

(2)进出口的平衡

国际贸易收支平衡有助于维持国民经济的总量均衡,平衡国际收支。这对一国的经济运行有着重要的影响。因此进出口应该维持在一个适宜的水平。保持适度的逆差,可以弥补国内的总供给不足,是对外资的一种合理利用,但是过大的逆差则会影响国内相关产业的发展,对国民经济造成冲击。合理的顺差可以保持充足的外汇储备,保证经济的持续发展,但过大的顺差往往会给国内市场带来不小的通胀压力,逼迫本币升值,进而通过传导机制影响到利率、价格、投资、消费等。我国近年来的通胀和资本市场泡沫现象就跟过大的贸易顺差不无关系。

(3)政策干预

经济总是不可避免地受到政治的影响。一国的政策制定对一国的贸易发展有着重要的影响。例如,外向型政策鼓励对外贸易的发展,而封闭型政策则会成为国际贸易的桎梏。同时,一国的产业政策也会影响一国的外贸结构。产业结构升级,国际贸易的结构也会相应发生改变。如果一国没有选择合理的产业政策,就很有可能面临 20 世纪五六十年代拉美国家"竭泽而渔"的情况。此外,对贸易有显著影响的还有税收政策,这包括对企业的税收、出口税收等。对外资企业的税收优惠会吸引更多的外商投资,从而促进国际贸易,而出口退税、出口税率的调整也是一国干预进出口最为常用的手段之一。检验检疫制度、绿色贸易壁垒、技术壁垒等非关税壁垒是近些年来兴起的政策干预的又一种手段。

(4)出口市场的多元化

国际贸易增长不仅依赖于一国的供给能力,还需要国际市场的需求吸收其供给。如果一国的出口市场集中在少数国家中,该国将会较易受到进口国的影响和制约，从而增加谈判成本。当一国出口的产品在国际市场上的竞争者众多时，较集中的市场也会使竞争加剧。多元的市场能使一国在国际贸易中面临的风险被分散。

二、国际贸易与地区发展差异

自20世纪80年代以来，无论从哪个角度看，全球贸易都取得了引人瞩目的发展。无论是制造业还是服务业的贸易，无论是简单的商品进出口还是外国直接投资，其规模在这几十年间都经历了巨大增长。除了绝对的贸易额，贸易占全球总产出的比例也在迅速增长。从1970—2001年，贸易额占全球总产出的比例从27%增加到了近60%(Rodriguez-Pose & Gill, 2006)。与此同时，传统西方国家之外的地区也开始积极参与到世界贸易中，并在其间扮演越来越重要的角色。欧盟的一体化进程，冷战铁幕的消失，东欧国家的转型，中国与印度的对外开放，各自由贸易区的建立和双边自由贸易协议的签订，以及WTO等国际组织的建立和努力都推进了全球化的进程，但全球化带来的不仅仅是漂亮的经济增长数字，它同时还带来了收入差距的扩大。全球化收益在人群间和地区间的分布并不均匀。

依照标准的比较优势理论，一地区在参与全球贸易时其比较优势产业将会得到更大发展而劣势产业则可能会受到伤害，自然地，劣势产业中工人的就业和收入也会受到相应损害。比如有一些研究就发现在美国，贸易使得高技术工人和低技术工人间的收入差距拉大(Cline, 1997)。不过并不能推出贸易会带来不同地区间发展差异扩大的结论。事实上，依照传统的贸易理论，贸易使不同地区互通有无，并各自发挥自身的比较优势进行分工，因而从长期看应当有助于地区差异的减少。特别是考虑到必然会伴随在贸易中的资本、技术和人力资本的流动，似乎随着贸易的开展，地区发展差异的减少应当是一个必然的结果。

然而，我们观察到的现实却并非如此。同样采用开放政策，二战之后在东亚造就了日本的复苏和四小龙与中国的崛起，而在拉丁美洲却并没有收到类似的效果。这种结果的差异自然就带来了地区间在经济发展水平上的差异。

影响工业在不同地区间分布的因素主要可分为两类，一类是阻碍工业过多集中、使得地区发展趋向均衡的因素，比如人口集中可能带来的高犯罪率、拥挤，以及更重要的，昂贵的地价等供给固定要素租金上涨所带来的成本上升；另一类则是促进工业集聚，扩大地区发展差异的因素，比如产业间的前向关联(forward linkage)和后向关联(backward linkage)。当一国开放其国门加入到国际市场中时，随着进出口量的增加，本国企业的销售市场和供应商都会有很大一部分是海外企业,这必然会削弱前向关联和后向关联,从而削弱有利于工业集聚的因素,减少地区间生产集中程度的差异和经济发展水平的差异。Storper 等 (2002)对欧盟和 OECD(Organisation for Economic Co-operation and Development,经济合作与发展组织)国家的研究得到了支持这个观点的结果:他们发现随着贸易额的上升,欧盟国家内工业产出非但没有出现曾经在美国出现过的专业化集聚,反倒出现了分散的趋势。依照这个逻辑,贸易在全球的发展就会伴随着生产的分散和地区间发展差异的抹平。

然而,近几十年内世界经济发展的现实却并不支持这个观点:全球化进程在推进,国际贸易规模在扩大,影响在深入,而与此同时,一方面国与国之间南北差距越拉越大,贫者愈贫富者愈富,另一方面不少新兴市场国家内部,地区发展差异也在增加。最明显的例子发生在墨西哥。随着北美自由贸易区的建立,墨西哥从进口替代政策转向开放型政策,结果导致其工业体系经历了一场地震般的剧变。并且与理论预期不同的是,自由贸易最终非但没有降低地区发展差异,反而使之恶化了:墨西哥全国大部分的重要工业都集中到了墨美边境地区(Hanson, 1996, 1998; Sanchez-Reaza & Rodriuez-Pose, 2002)。

不仅是墨西哥之类的发展中国家内部差异在扩大,不少学者的研究同样发现,即使在欧盟、美国这些发达地区的内部,随着贸易规模的扩大,地区发展差异都有变大的趋势(对于欧盟,可见 Puga, 2002;对于美国,可见 Silva & Leichenko, 2004)。特别对于农村地区而言,贸易的伤害似乎尤其之大。Leichenko 和 Silva(2004)发现低廉的进口品价格在增加美国城市地区就业的同时损害了农村的就业水平,扩大了城乡差距。从宏观层面上看,城乡差距的拉大势必同样会拉大城市化率不同的地区间的发展差距。

针对这些事实,一些学者修正了传统的贸易理论,试图解释贸易带来地区发展、差异加剧的现实。Paluzie(2001)提出了一个两国两部门模型,她假设农业无法离开原有土地,进而导致劳动力在短期内缺乏流动性。她的模型显示,为了更好地参与进口和出口市场,企业将会选择待在大城市而非迁移到农村或小城市中。与之类似地,Combes 和 Lafourcade(2002)通过假设地区间的专业化,Konya(2001)通过假设家庭间的异质性以及劳动力流动的不完全性得到了类似的结果:贸易增加了企业和工人向大城市集中的激励,从而加剧了地区间发展的不均衡。

以上这些解释大多数还是基于贸易收益在各部门间分配不均匀的假设,认为出口结构的改变,特别是初级产品和工业制成品占总出口额比例的变化是一地区随着贸易增长而发展不均衡加剧的根本原因。它们所针对的地区发展差异,也多是工业集中的大城市和农村地区的发展差异,然而这种差异却并非本书所研究的我国东西部差距的主要构成部分：与东部作为一个整体的高速发展相对应的是，大量的东部中小城市在近几十年里发展迅速，广东的东莞、浙江的义乌、江苏的昆山，改革开放以来，这些地方的发展要远远好于西部工业集中的大城市。因此，我们将目光投向贸易造成地区发展差异的另一种可能性：不同地区间地理环境和基础设施差异显著，使得不同地区对世界贸易的参与程度亦迥异，从而获得的贸易收益也大为不同，导致了地区间发展差异的出现、持续与扩大。

第三节　国际贸易与我国东西部差距

一、我国东西部贸易概况

（一）我国国际贸易发展情况

1. 发展概况

经历过闭关锁国所带来的屈辱，对国人而言贸易与国家发展之间的关系几乎可以说是不言自明。在古代一直到近代的历史上，对贸易的参与曾经改变了很多国家的面貌。贸易造就了雅典的繁荣，而南宋据半壁江山不抑兼并而养过亿人口，发达的海上贸易在其间同样功不可没。

改革开放之前，我国的对外贸易几乎完全由中央政府通过计划来控制，政府控制下的垄断实体主导了 90％的商品进出口。1978 年之后，这种局面迅速得到改变，到 1985 年，由政府控制的出口商品种类已经由 3000 余种减少到 200 种左右。政府控制下的进口占总进口的比例也下降到了 40％，到 1991 年，这一比例更是下降到了 18.5％。到 1994 年，除了少数意义重大的特殊商品，对进出口的政府控制已经全面废除。

我国的关税和其他进口壁垒也经历了类似的变化过程，从 1992 到 1998 年，我国的平均关税从 44.05％下降到了 17.1％。相应地，在 1992 年，大约有 25％的进口和 15％的商品由进出口配额管理，到 1997 年，仅有大约 5％的进口商品还在经历配额管理。

与之相对应的是，我国的进出口总额也经历了近乎翻天覆地的变化：1978 年，我国的进出口总额在全世界排 32 位，到 2002 年已经上升到了第 5 位，2008 年更是跃升到了第 3 位，而同一时期贸易额占 GDP 的比率也从 1978 年的 9.85％提高到了 2002 年的 50％以上。表 4-2 展示了 1994 至 2008 年间中国对外贸易额的变化情况。从进出口总额来看，中国保持着较高的增长。以

1998年和2008年为例,如果按人民币计算,2008年的进出口总额是1998年的将近7倍;如果按美元计算,中国的进出口总额则在10年的时间里翻了3番。从出口额和进口额来看,中国出口额一直在增长,而进口额在前期的增长并不明显,直到2000年之后才有较显著的增长,这很有可能是中国积极准备加入世贸组织产生的影响。在这么长的一段时间里,中国的出口额始终大于进口额,即中国始终保持着贸易顺差,并且顺差额越来越大。

表4-2　1994—2008年中国对外贸易额

年份	按人民币计算(亿元)			按美元计算(亿美元)		
	进出口总额	出口额	进口额	进出口	出口额	进口额总额
1994	20381.9	10421.8	9960.1	2366.2	1210.1	1156.1
1995	23499.9	12451.8	11048.1	2808.6	1487.8	1320.8
1996	24133.8	12576.4	11557.4	2898.8	1510.5	1388.3
1997	26967.2	15160.7	11806.5	3251.6	1827.9	1423.7
1998	26849.7	15223.6	11626.1	3239.5	1837.1	1402.4
1999	29896.2	16159.8	13736.4	3606.3	1949.3	1657.0
2000	39273.2	20634.4	18638.8	4742.9	2492.0	2250.9
2001	42183.6	22024.4	20159.2	5096.5	2661.0	2435.5
2002	51378.2	26947.9	24430.3	6207.7	3256.0	2951.7
2003	70483.5	36287.9	34195.6	8509.9	4382.3	4127.6
2004	95539.1	49103.3	46435.8	11545.5	5933.2	5612.3
2005	116922.0	62648.1	54273.7	14219.1	7619.5	6599.5
2006	140971.0	77594.6	63376.9	17604.0	9689.4	7914.6
2007	166740.0	93455.6	73284.6	21737.3	12177.8	9559.5
2008	179922.0	100395.0	79526.5	25632.6	14306.9	11325.6

资料来源:国家统计局网站(http://www.stats.gov.cn/tjsj/ndsj)。

图4-1比较了1995—2008年间中国和世界进出口总额增长速度。从1997年开始,中国的增长速度始终高于世界平均水平,并且与世界平均增长水平相比要高出许多个百分点。2001年世界贸易额为负增长时中国仍保持着较高的增长速度。从上文的图表分析中,我们清晰地看到了中国对外贸易十多年来的快速成长。中国不仅成为了一个贸易大国,也是一个顺差大国,对经济发展无疑有着重要的影响。

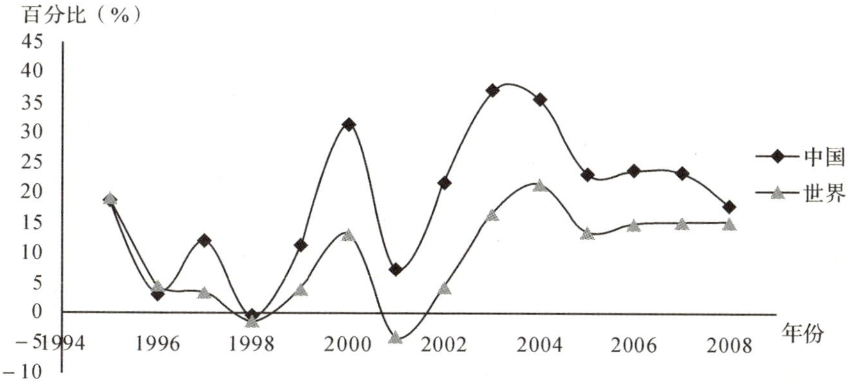

图 4-1 中国与世界进出口总额增长速度

2. 服务贸易的发展

从目前世界贸易的形势来看，货物贸易的发展最为成熟。国际组织对传统的货物贸易壁垒实施了较为严厉的限制，但金融危机的爆发使贸易摩擦又有了加剧之势。服务贸易和技术贸易成为当前各国贸易竞争的新亮点。不少学者认为，服务业发展水平的高低可以衡量一个国家的经济发展水平，服务业越发展，其经济发展水平越高。根据商务部的《中国服务贸易发展报告 2008》显示，2003—2006 年，世界服务贸易增速略低于货物贸易。WTO 估计数据显示，按名义价格计算，2007 年世界服务贸易额增长 18%，总额达到 6.32 万亿美元。世界服务贸易出口 3.26 万亿美元，高于同期货物贸易出口 15%的增长水平；进口 3.06 万亿美元，增长 16%，而同期货物贸易进口增长率为 14%（见表 4-3）。由此可见，服务贸易在全球范围内都呈现一种快速增长趋势。

表 4-3 世界(商务)服务贸易发展情况 **单位:亿美元**

	金额(亿美元)			年增长率(%)							
	1980	2000	2007	2000	2001	2002	2003	2004	2005	2006	2007
服务出口	3650	14928	32600	6.2	0.35	7.3	14.6	20	10.9	10.6	18
服务进口	4024	14766	30600	6.5	1.2	5.9	14	18.9	10.6	10.3	16

来源：WTO 秘书处

报告中还显示，中国在服务贸易三大类别中（运输、旅游和其他商业服务）其他商业服务是贸易额最大、增长最快的类别。2007 年，其他商业服务出口 16528 亿美元，比 2006 年增长 19%（同期运输和旅游服务出口增速分别为 18%和 14%）。2000—2007 年，其他商业服务出口年均增长率达到 14%，高于同期运输和旅游服务出口增速，目前已占世界服务贸易出口总额的一半以上。这说明,近些年来中国也意识到了服务贸易重要性的上升,在服务贸易领域有所发展,但从过去长期数据来看,中国的服务贸易还处于比较低级的水平。

中国的服务贸易进出口总额从1982年的43.4亿美元增长到了2008年的3044.5亿美元,世界地位由第34位上升到了第5位。服务贸易占我国全部对外贸易总额的比重由9.4%上升到10.6%,服务贸易占世界服务贸易总额的比重由0.6%提高到4.2%。其中,服务贸易出口由1982年的25亿美元增加到1465亿美元,居世界第5位。中国服务贸易从1995年开始出现持续逆差,至2008年达到最高峰,逆差超过115亿美元。中国技术出口以成套设备和高新技术产品为主,这其中又以通信和计算机产品为主,这些产品中中国拥有自主知识产权的比重低。我国具有自主知识产权和自主品牌的高新技术产品出口额占高新技术产品出口总额的比重仅约10%;出口中外资或代工生产的比重大,2005年三资企业的进出口额占全国进出口额比重分别达到88.0%和79.9%;技术出口中软技术比例极低,硬件技术出口占了97%,而技术服务和技术许可等软件技术出口仅占3%左右。[①]

表4-4 1985—2008年我国服务贸易出口额、货物出口额以及三部门所占比重

年 份	服务贸易出口额(亿美元)	运输占总服务贸易出口比重(%)	旅游占总服务贸易出口比重(%)	其他商业服务占总服务贸易出口比重(%)	货物贸易出口额(亿美元)	服务出口与货物出口之比率(%)
1985	45.32	19.13	27.58	53.29	251.08	18.05
1986	49.27	18.96	31.07	49.97	257.56	19.13
1987	54.13	21.36	34.08	44.56	347.34	15.58
1988	63.27	26.13	35.51	38.36	410.54	15.41
1989	64.97	21.46	28.63	49.91	432.2	15.03
1990	88.71	24.38	25	50.62	515.19	17.22
1991	106.97	14.21	26.55	59.24	589.19	18.16
1992	148.44	11.99	26.59	61.42	695.68	21.34
1993	152.88	12.06	30.63	57.31	756.59	20.21
1994	221.04	17.03	33.13	49.84	1025.61	21.55
1995	243.21	17.8	35.89	46.31	1281.1	18.98

① 以上数据来自国研网,温怀德:货物贸易、服务贸易与技术贸易发展趋向,2010年11月1日。

续 表

年 份	服务贸易出口额(亿美元)	运输占总服务贸易出口比重(%)	旅游占总服务贸易出口比重(%)	其他商业服务占总服务贸易出口比重(%)	货物贸易出口额(亿美元)	服务出口与货物出口之比率(%)
1996	279.18	10.59	36.54	52.87	1510.77	18.48
1997	245.69	12.03	49.14	38.83	1826.7	13.45
1998	238.96	9.63	52.74	37.63	1835.29	13.02
1999	262.48	9.22	53.71	37.07	1947.16	13.48
2000	304.3	12.06	53.34	34.6	2491.31	12.21
2001	333.35	13.9	53.37	32.73	2660.75	12.53
2002	397.45	14.39	51.29	34.32	3256.51	12.2
2003	467.34	16.92	37.25	45.83	4382.7	10.66
2004	624.34	19.33	41.23	39.44	5933.93	10.52
2005	744.04	20.73	39.37	39.9	7624.84	9.76
2006	919.99	22.84	36.9	40.26	9696.82	9.49
2007	1222.06	25.63	30.47	43.9	12199.99	10.01
2008	1471.11	26.11	27.76	46.13	14346.01	10.25

注:在其他商业服务中一共包括 8 项,具体为通讯、建筑、保险、金融、计算机和信息服务、专利许可和技术转让、文体娱乐(包括电影等音像制品)和其他商业服务业(包括会计、法律、咨询和广告等)。

来源:陈方方(2010)。

表 4-4 反映了我国 1985—2008 年间贸易出口额、货物出口额以及服务贸易的三大部门所占比重。从表中可以看到,服务贸易各部门出口发展不合理,旅游服务占的比重比较大,1990—1999 年间保持着逐年上升的趋势。1990 年旅游占总服务贸易出口的比重为 25%,1999 年跃升到 53.71%,1997—2002 年旅游服务出口甚至达到了服务贸易出口总额的一半以上。2002 年以后这一比重开始下降,到 2008 年降至 27.76%,达到了与 1990 年相似的水平。运输部门的发展则呈现一定的倒 U 形式,从 80 年代末的 20%左右跌到了 1998 和 1999 年的个位数,随后又开始回升,达到了历史较高水平。代表技术、资本、知识密集型行业的其他商业贸易出口所占比重呈一种波动下降趋势,从 1985 年的 53.29%下降到 2008 年的 46.13%,这一比重最高时达到 61.42%,最低时只有 32.72%。这表明我国服务贸易出口集中在劳动密集型和资源禀赋密集型部门,而在全球贸易量最大的金融、保险、计算机信息服务等资本、技术、知识密集型服务行业则处于竞争劣势,服务出口结构不合理。

从总量上分析,1985—2008 年我国服务贸易出口总额稳步增长,从 1985 年的 45.32 亿美元上升到 2008 年的 1471.11 亿美元,但服务贸易的出口规模与同期的货物出口相比水平仍很低,服务贸易出口额与同期货物出口额之比最高时仅有 21.34%,而最低时却只有 9.49%。1985—1994 年间,该比率总体上呈上升趋势,而 1995—2006 年,该比率呈下降趋势,2007 和 2008 年略微回升,但水平仍然很低。这其中有统计口径的变化原因,但也从某种程度上说明我国服务贸易发展与货物贸易发展较为悬殊。学者们的研究表明,服务贸易出口对经济增长有着显著的推动作用。这也是为何发达国家采取各种措施促进本国服务贸易的原因。三部门服务贸易出口对经济增长的促进作用中,其他商业服务贸易对经济增长的影响最大,旅游其次(韩振国,王玲利,2009)。

3.一般贸易与加工贸易

加工贸易是指企业进口全部或部分原辅材料、零部件、元器件、包装物料,经加工或装配后,将制成品复出口的经营活动,包括来料加工和进料加工。表 4-5 列举了几个代表年份我国一般贸易与加工贸易的进口额、出口额和各自占贸易的比重。在 1980 年时,我国贸易以一般贸易为主,占到了贸易总额的 84.74%,但随着改革开放和外资进入,我国逐渐发展起了加工贸易,各种加工、代工企业在沿海开放地带如雨后春笋般崛起。1990 年加工贸易的比重从 1980 年的 4.38%上升到了 38.27%。一般贸易此时却降到了 53.41%。此后,加工贸易的比重不断上升,维持在 40%以上,甚至接近了 50%,与一般贸易的占比旗鼓相当。这也反映了我国在改革开放后,加工贸易是获益最多的。

表 4-5 不同贸易方式贸易额情况

年份	一般贸易			加工贸易		
	出口(亿美元)	进口(亿美元)	占总贸易额比重(%)	出口(亿美元)	进口(亿美元)	占总贸易额比重(%)
1980	137.8	185.4	84.74	6.5	10.2	4.38
1990	354.6	262	53.41	254.2	187.6	38.27
1994	615.6	355.2	41.03	569.8	475.7	44.18
2000	1051.81	1000.79	43.28	1376.52	925.58	48.54
2008	6625.83	5726.77	48.22	6751.82	3784.04	41.13

来源:徐丽鹤(2010)。

不过,加工贸易的显著地位对经济发展来说是否是好事呢?徐丽鹤(2010)通过建立 GDP 与不同贸易方式的线性回归模型,比较分析一般贸易和加工贸易两者对GDP的贡献度，发现一般贸易出口的增长显著促进GDP的增长，一般贸易进口的增长对GDP增长的影响则不显著。加工贸易进出口的增长则显著弱化了中国经济增长。相对加工贸易而言，一般贸易出口的增长对经济增长的促进作用显著高些。

4.贸易伙伴

中国对各个主要国家和地区的贸易额都在不同程度地增加，但不同国家和地区所占的比例却不一致，我国的主要贸易伙伴较为集中，其中，美国一直是我国的主要贸易伙伴。以2007年和2008年的数据为例（见表4-6），这两年中国货物进出口的主要国家或地区均是美国、日本、中国香港、韩国和我国台湾。这五个主要国家或地区与中国的对外贸易总额占到了中国对外贸易总额的40%以上。这就不难理解为何中国出口商品频繁遭遇反倾销等各种贸易壁垒。中国是世界的制造中心，出口市场过于集中，与这些国家的传统企业产生冲突在所难免。

表4-6　我国货物进出口主要国家（地区）前五位　　单位：万美元

2007年			2008年		
前五位	进出口总额	占中国总进出口额比例	前五位	进出口总额	占中国总进出口额比例
美国	30206716	13.90%	美国	33374348	13.02%
日本	23595096	10.85%	日本	26673250	10.41%
中国香港	19724045	9.07%	中国香港	20364488	7.94%
韩国	15985081	7.35%	韩国	18606991	7.26%
中国台湾	12448688	5.73%	中国台湾	12921499	5.59%

资料来源：国家统计局网站（http://www.stats.gov.cn/tjsj/ndsj）。

那么东西部地区在中国对外贸易中分别扮演了什么样的角色，有多大的比重，各自的贸易结构存在着怎样的特点呢？下文将详细介绍。

（二）东西部国际贸易水平

前文介绍了我国国际贸易发展的一个概况。东西部国际贸易的发展形势、在国家对外贸易发展中的比重和影响存在的差异等问题，以下将进行简要介绍。

1.总量比较

表4-7反映了1996—2008年间我国东西部进出口的概况。无论从进出口总额、出口总额还是进口总额占全国总额的比例来看，东部都比西部远具有优势。东部的11个省市占到了全国进出口总额的90%以上，并且从1997年以来，这种绝对优势地位就没有被动摇过，仅在2个百分点内波动。西部所占

的比例最低时仅有0.76。这种巨大的悬殊竟然保持了多年,而且有愈演愈烈之势。从1997年开始,西部的各项指标就开始下降,从10%以上跌到了9%,然后又迅速跌到了8%,在8%的水平上保持了几年之后,在2005年前后进入了最低值7%,虽在2008和2009年略有回升,但都没有突破10%。西部的出口比例略高于进口比例,但近年来两者比例相当,2005年开始进口比例高于出口比例。这也说明西部的出口能力近年来开始出现减弱趋势。

表4-7 1996—2008年东西部进出口状况①

年份	进出口占全国进出口比例		出口占全国出口比例		进口占全国进口比例	
	东部	西部	东部	西部	东部	西部
1996	0.8892666	0.110733	0.891188621	0.108811379	0.887176	0.112824
1997	0.9021314	0.097869	0.896107131	0.103892869	0.909866	0.090134
1998	0.9038195	0.096181	0.901209918	0.098790082	0.907241	0.092759
1999	0.9087865	0.091214	0.908591287	0.091408713	0.909016	0.090984
2000	0.9130609	0.086939	0.907996888	0.092003112	0.918667	0.081333
2001	0.9135409	0.086459	0.912208782	0.087791218	0.914996	0.085004
2002	0.9194131	0.080587	0.917156960	0.082843040	0.921902	0.078098
2003	0.9194594	0.080541	0.920063760	0.079936240	0.918818	0.081182
2004	0.9198959	0.080104	0.919686623	0.080313377	0.920117	0.079883
2005	0.9239996	0.076000	0.924328895	0.075671105	0.923619	0.076381
2006	0.9233259	0.076674	0.923470880	0.076529120	0.923148	0.076852
2007	0.9152506	0.084749	0.918501007	0.081498993	0.911110	0.088890
2008	0.9036595	0.096341	0.904730067	0.095269933	0.902307	0.097693

资料来源:国家统计局网站(http://www.stats.gov.cn/tjsj/ndsj)。

东部省市是我国对外贸易的主要区域,占到了全国对外贸易总额的九成以上。不难想像,贸易带来的种种收益,不管是居民收入还是产业发展,大部分都被东部省份吸收了,而西部省份得到的效益与东部相比就显得微小了。这种差距一直存在,对东西部差距的影响也将是持续的。

进出口总额占国内生产总值的比重又被作为衡量对外依存度的一个指标。从上述的分析可以看出,西部省份的对外贸易依存度远低于东部省份,西部参与国际贸易的程度不如东部深。以2000年为例,西部地区的对外贸易依

① 按境内目的地和货源地分货物进出口总额

存度、出口依存度、进口依存度分别是 9%、4.6%、4.4%，远低于全国平均水平的 47%、25%、22%。可见西部地区的国际贸易水平大大低于东部。

图 4-2 表示的是 1983—2008 年间我国东西部间贸易发展差异变化的情况。从图 4-2 上我们可以看到，改革开放之初，东西部之间在对外贸易上就存在比较大的差距。考虑到东部省份多半沿海，在出口上存在先天优势，这并不令人奇怪。此后，差距一度缩小，至 1986 年，东西部在出口上的差异达到了最小值。此时西部出口总额大致是东部的 30%，虽然这仍然是个很大的差距。然而此后，曲线突然急转直下，东西部在出口上的差距愈拉愈大，从 1998 年开始，西部总出口占东部总出口的比率甚至不到 10%。出口额也是 GDP 组成中的一个重要指标。在出口额占当地 GDP 比例上，东西部之间也存在巨大差距，2005 年，西部的这一数字不到东部的 18%。考虑到出口作为经济增长三大引擎之一的地位，这会对东西部差距带来多大的影响不言而喻。

根据《中国贸易业绩指数报告(2000—2004)》显示，2004 年所有产品的出口强势地区是广东、江苏、上海、浙江、山东和福建，而这几个都是东部省市。这说明在国际贸易中，东部省市占有绝对的优势地位。

再来考察具体省份。图 4-3、图 4-4 分别是 1981 年和 2004 年我国各省份当年出口额占 GDP 比率情况。需要特别注意的是，图 4-3、图 4-4 中同样的灰度所代表的贸易占 GDP 比率并不相同。这种差异反映了我国作为整体贸易水平随时间的上升。

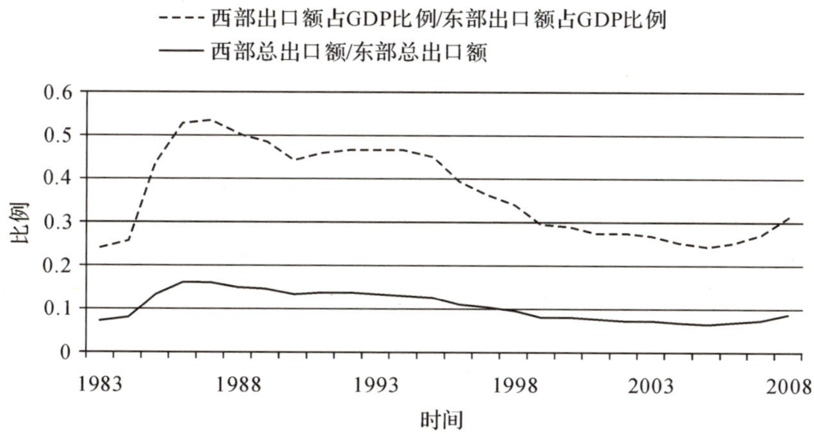

图 4-2 1983—2008 年我国东西部出口差距变化情况

来源：《新中国 60 年统计资料汇编》或相关年份《中国统计年鉴》，经作者计算整理。各价格相关变量均经过价格调整。早期年份数据多有缺失，且在统计口径上存在不小的不一致现象，因而我们将曲线开始的年份选择为 1983。

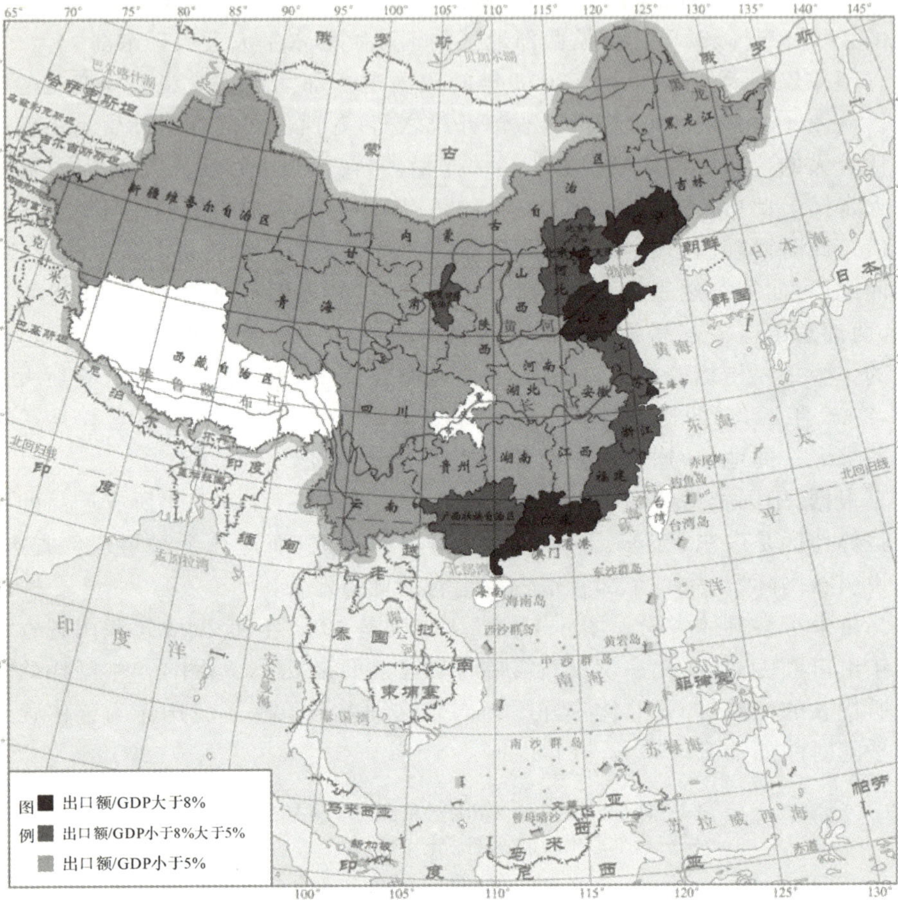

图 4-3 1981 年我国各省区出口额占 GDP 比率

注:数据源自《新中国 60 年统计资料汇编》或相关年份《中国统计年鉴》,经作者计算整理。图中的差异用 GE 系数来衡量。各价格相关变量均经过价格调整。之所以选择 1981 年,是因为部分省份早期出口数据存在缺失,1981 年是最早的各省份出口数据均无缺失年份。

资料来源:原图来自国家测绘局网站(https://219.238.166.215/mcp/index.asp)。经由作者编辑整理。

为了更清楚地观察东西部差距在出口贸易上的表现。仿照前一章对人均 GDP 差异的分解,我们将全国各省人均出口额差异分解为东部内部差异、西部内部差异和东西部差距,并将它们在 1978—2004 年间的变化画在图 4-5 中。

图 4-5 与图 1-5 非常相似。只是东西部内部差异在其间扮演的作用交换了。从 1978—2004 年,东部内部差异和西部内部差异都经历了规模不小的降

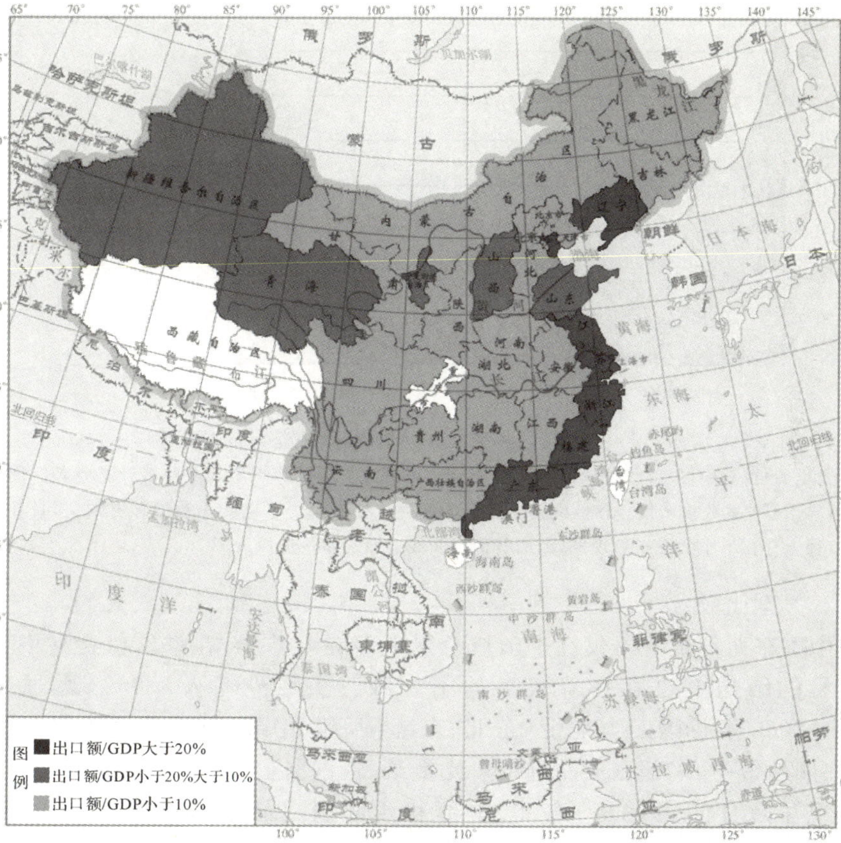

图 4-4 2004 年我国各省区出口额占 GDP 比率

注：数据源自《新中国 60 统计资料汇编》或相关年份《中国统计年鉴》，经作者计算整理。图中的差异用 GE 系数来衡量。各价格相关变量均经过价格调整。之所以选择 1981 年，是因为部分省份早期出口数据存在缺失，1981 年是最早的各省份出口数据均无缺失年份。

资料来源：原图来自国家测绘局网站（https://219.238.166.215/mcp/index.asp）。经由作者编辑整理。

低过程，并均在 1986 年左右到达最低点，此后东部内部差异在 0.3 上下波动，而西部内部差异维持在小于 0.1 的范围之内。考虑到东部漫长的海岸线上良港分布并不均衡，相对较大的东部内部差异可以理解。与内部差异形成鲜明对比的是，东西部差距在这 27 年里几乎一直处于上升的态势之中，特别是在 20 世纪 90 年代之后，东西部差距迅速取代东部内部差异成为总差异中的最主要组成部分，而这与之前我们所分析的各省间人均 GDP 差异变化情况几乎是不谋而合。

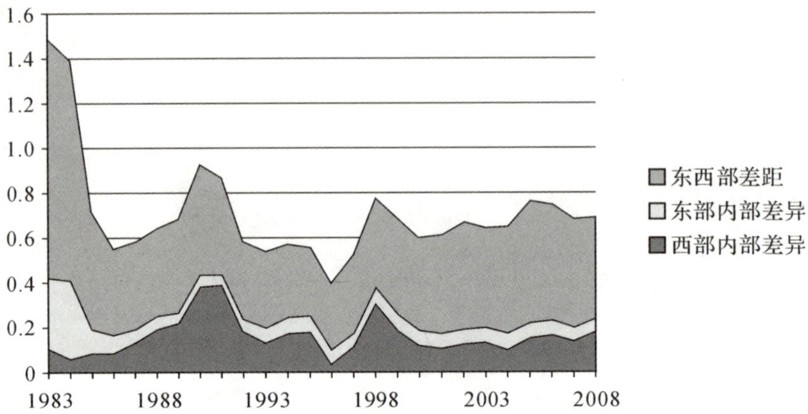

图 4-5 1983—2008 年我国各省区间人均出口额差异的分解和变化情况

注:数据源自《新中国 60 年统计资料汇编》或相关年份《中国统计年鉴》,经作者计算整理。图中的差异用 GE 系数来衡量。各价格相关变量均经过价格调整。早期年份数据多有缺失,且在统计口径上存在不小的不一致现象,因而我们将曲线开始的年份选择为 1983。

2. 类型比较

中国东西部地区不仅在进出口总量上存在着差异,在进出口贸易中各类型贸易的结构上也存在着较多的不一致。张红霞等人(2009)通过分析 1994—2006 年我国四大地带(东北、东部、西部、中部)制成品进出口状况发现,在四地带中,东部制成品进出口比重最高,占据主要的垄断性地位,并且这一比重呈逐年上升趋势;东北、中部和西部制成品出口占比在 1994 年为 6.13% 、6.74% 和 4.41% ,2006 年则分别下降至 3.67% 、3.30% 和 2.07% ,进口比重则由 5.69% 、3.53% 和 4.07% 降到了 3.30% 、2.21%和 1.25%,与东部相比,其他三地带在制成品出口和进口方面明显处于劣势地位,并且这三地带在制成品进出口占全国比重上呈逐年下降的趋势。从四地带内部来看,东部内部各省进出口以制成品为主,其他三地带则以初级产品为主。

表 4-8 给出了我国具体各类产品出口中的强势地区。从表 4-8 中可以看到,无论是哪类产品,排名第一的均为东部省份,广东的优势地位尤其明显。其中,新鲜产品、机械设备和矿产品出口强势地区相对集中。矿产品的出口强势的四个地区分布,一个是煤蕴藏量最大的山西,另外三个是矿产经营垄断型公司集中的北京、上海和天津。机械设备出口强势的四个地区,其中上海是中国老机械工业基地,广东、福建、浙江是改革开放以来的新兴机械工业基地。新鲜食品出口强势的四个地区是山东、浙江、广东和辽宁(中国贸易业绩指数报告,2000—2004)。在这些类别的产品的出口强势地区中鲜见西部省份的踪影。

表 4-8　各类产品 2004 年出口强势地区

产品名称	出口强势地区
新鲜食品	山东、浙江、广东、辽宁
加工食品	山东、广东、福建、浙江、上海、辽宁
服装	广东、浙江、江苏、上海、山东、福建、新疆
纺织品	浙江、江苏、山东、上海、河北、安徽
木制品和纸	江苏、浙江、山东、上海、福建、辽宁、吉林、广西
皮革及制品	广东、浙江、福建、河北、上海、江苏
电子器件	广东、上海、浙江、福建、北京
电子产品	广东、江苏、上海、天津、福建、北京、山东
机械设备	广东、浙江、上海、福建
运输设备	广东、上海、江苏、浙江、山东、福建
杂项制品	广东、江苏、浙江、上海、福建、山东
金属及贱金属制品	广东、上海、江苏、浙江、山东、辽宁、河北
化学品	江苏、浙江、上海、山东、天津
矿产品	北京、山西、上海、天津

资料来源：中国贸易业绩指数报告(2000—2004)。

为了更清晰地看到东西部国际贸易产品的结构差异，以 2004 年的数据为例，我们比较了东部省市中的北京、山东、浙江以及西部省市中的甘肃、河南、广西。北京市进出口总额 946.6 亿美元，出口总额 205.7 亿美元，占全国出口额的 1.8%。初级产品出口额 49.4 亿美元，占出口总额的 24.8%；工业制成品出口额 149.7 亿美元，占出口总额的 75.2%。其中：机电产品出口额 97.3 亿美元，占出口总额的 47.1%；高技术产品 58.2 亿美元，占出口总额的 28.1%。山东全省累计进出口 607.8 亿美元。工业产品出口 324.7 亿美元，占全省出口总额的 90.5%；进口 216.5 亿美元，占全省进口总额的 86.9%。加工贸易占全省出口总额的 50.2%。浙江省机电产品出口所占比重为 37.3%，对出口增长的贡献率达 44.6%，高出服装、纺织品、鞋类等 3 大类主要轻纺产品增长贡献率 16.9 个百分点。甘肃省出口商品结构以资源性产品为主，硅铁、镍、钢材、锌、焦炭等占到了出口总额的一半以上，机电产品仅为 8%。河南省出口贸易方式中加工贸易占比为 30%，一般贸易为 68%。从产品结构上来说，高新技术产品出口占出口总额比例为 17.8%，机电产品出口比重为 16.9%。广西出口结构中，初级产品出口所占的比重为 15.8%；工业制品出口 20.2 亿美元，占出口总额的比重上升到 84.2%，比上年提高 1.9 个百分点；机电产品出口 4.5 亿美元，占出口总额的 18.9%；高技术产品出口

0.5 亿美元,所占比重为 2.1%[①]。从上面列举的数据中可以得到东西部国际贸易构成的一个概况。东部地区出口以工业产品为主,北京、山东、浙江的工业制成品出口比例均较高;而西部省份中,资源大省主要出口资源性产品,如甘肃;有毗邻国界优势的省份,如广西,则出口工业制成品的比例也较高。然而,具体到机电产品以及高新技术产品时,西部地区的实力就远不如东部地区了。机电产品的出口比例中,北京、浙江的值分别是 47.1%、37.3%,而甘肃、河南、广西的比例分别是 8%、16.9%、18.9%,连北京的一半都不到。由此可见,在出口附加值较高、技术性较强的产品方面,西部省市还落后东部省市很多。

上文对对外贸易产品结构进行了比较,接下来将分析我国贸易类型中东西部的差距。前文已经讨论过,一国的服务贸易发展程度可以反映一国的经济发展情况。同样的,一省市的服务贸易发展状况也可以在一定程度上反映该省市的经济情况。《中国服务贸易发展报告 2008》中给出了我国各省份服务贸易发展的一个概况。从劳务派出数目来看,东部省份占明显优势。2007 年,江苏省派出各类劳务人员数超过中央企业派出人数,为 5.2 万人,比 2006 年增长 7.9%,占全国派出总人数的 13.9%,位居各省市之首(见图 4-6)。山东省位列第三,派出 4.5 万人,增长 8.7%,占比为 12.2%。第四、五、六、七位分别是辽宁、吉林、福建、上海,除吉林外,其余均是我们定义的东部省份。从 2007 年年末在外劳务人数来看,江苏省仍最多,为 11.7 万人,占年底在外总

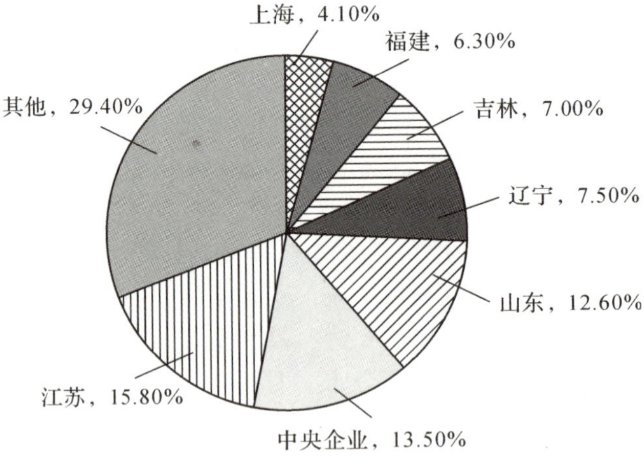

图 4-6　2007 年中国派出各类劳务人员分省市情况

数据来源:中国商务部对外投资统计(下同)

---

① 以上数据均来自《中国经济贸易年鉴 2005》

人数的15.8%；中央企业和山东省分列第二、第三，在外人数分别为10万人和9.4万人，占年底在外总人数的13.5%和12.6%；分列第四、五、六、七、八位的分别是辽宁、吉林、福建、上海、广东，除吉林外，其余也均是我们定义的东部省份(见图4-7)。2007年，在中国对外劳务合作和设计咨询完成营业额的统计中，山东省中央企业对外劳务合作与设计咨询完成营业额9.9亿美元，增

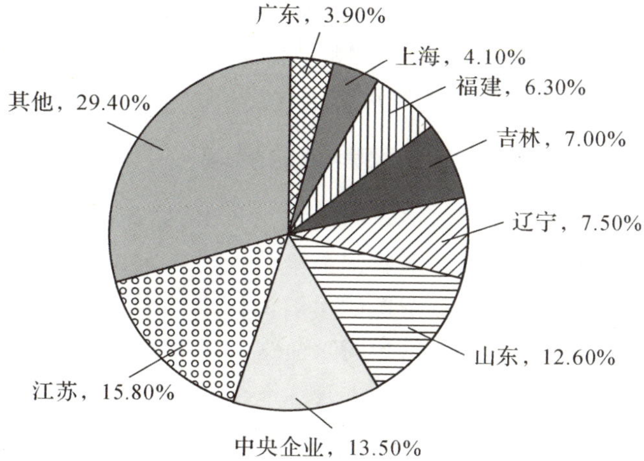

图4-7　截至2007年年底中国派出各类劳务人员分省市情况

长21.6%，占比为13.6%，排名第二；江苏省列第三，完成营业额7.1亿美元，增长20.5%，占比为9.8%，排名第四、五、六、七位的分别是广东、上海、辽宁、吉林，其中除吉林外也都是我们定义的东部省份(见图4-8)。通过以上几项数据

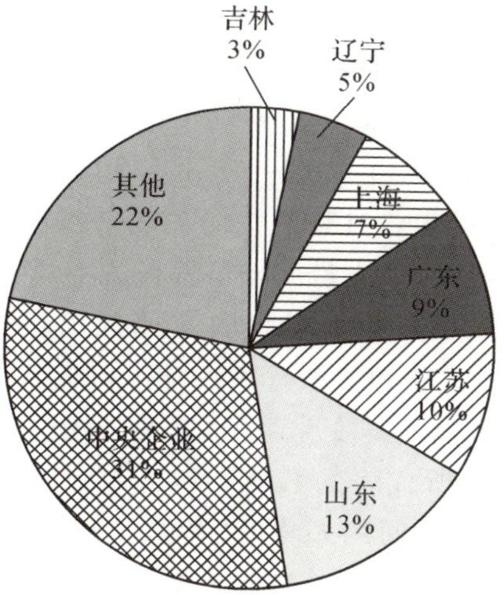

图4-8　2007年中国对外劳务合作和设计咨询完成营业额分省市情况

的比较,可以看到在对外服务贸易方面,东部省市占有绝对优势,东部的几个省份就已经占到全国比例将近一半。进入前几位的吉林与其他东部省份相比排名较靠后,差距也较大,例如与江苏相比,吉林的3个指标均不到江苏的一半。

总的来说,东部省份与西部省份的对外贸易结构存在着较大差异,体现在:在出口产品结构上,西部省份主要以资源性产品、低附加值产品为主,高新技术产品及机电产品的贸易发展与东部差距较大;在贸易类型上,东部省份的服务贸易较为发达,占全国总量的比例较大,少数几个省份就囊括了较大的份额,而西部省份则远落后于东部省份。

二、国际贸易对我国东西部差距的影响

贸易的发展不仅直接提高了我国的产出水平,还通过对资源配置的优化和技术进步的促进间接地提高了我国的经济效益。可以说,贸易的发展是我国改革开放三十年来取得经济奇迹的重要原因。然而与此同时,贸易对我国不同地区经济增长的作用却不尽相同。前文曾经讨论过国际贸易促进经济增长的机制与条件。由于中国的领域广袤,各省之间存在的地理位置、自然资源、产业结构等多方面的差异使得各省份的对外开放程度参差不齐,所具备的贸易促进经济增长的条件也大相径庭。这导致由对外开放而产生的效率提高和对经济增长的促进作用在各省的表现不一。这也是造成我国东西部各省市发展不均衡的一个重要原因。

由于我国经济和贸易多年来令人印象深刻地同步快速增长,因此,对它们之间因果关系的研究十分常见。已有的实证研究大都确认了对外贸易发展对我国经济增长的促进作用。特别是在我国地方保护主义仍然盛行,国内市场尚未真正形成一个整体的时候,对外贸易的发展有效地解决了内贸发展上所遇到的困境,为快速增长的商品生产提供了足够的销售市场。沈坤荣、马俊(2002)的回归分析结果证实,在1978—1999年间各省的人均GDP增长率与各省的贸易依存度之间存在着显著的正向关联。也就是说,不同的省份间市场开放度的差异部分地解释了省份间经济增长的差异。

图4-9描述了1983—2008年间我国各地区出口发展差异和同期人均GDP差异的变化情况。其中短虚线代表人均出口额差异变化情况,长虚线代表出口额占本省GDP比例差异变化情况,这两条线所代表的具体数值以左纵轴表示。人均GDP差异所代表的数值则以右纵轴表示。我们可以看到,在1983—2008年间,我国各省间的人均GDP差异和贸易发达程度的差异均经历了一个从逐渐缩小到逐渐扩大的过程。两者的变化虽不完全同步,却至少在整个时期内显示出了大致相同的趋势。这对我们之前的猜测是一个支持:

不同地区贸易水平发展的差异，至少部分导致了地区间经济发展水平的差异。

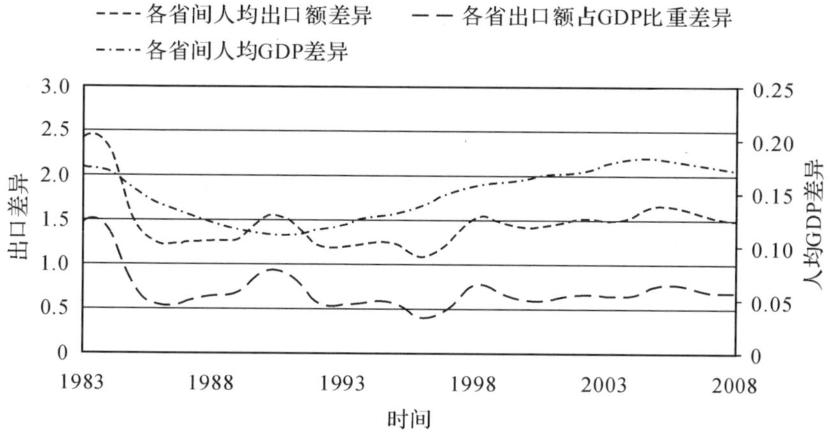

图 4-9　1983—2008 年我国各省区间人均 GDP 和出口额差异变化情况

注：数据源自《新中国 60 年统计资料汇编》或相关年份《中国统计年鉴》，经作者计算整理。图中的差异用 GE 系数来衡量。各价格相关变量均经过价格调整。早期年份数据多有缺失，且在统计口径上存在不小的不一致现象，因而我们将曲线开始的年份选择为 1983。

根据前文的叙述与分析，我们认为我国的对外贸易主要从以下几个方面影响东西部经济的差距：

1. 基础条件

由于不同地区地理条件、基础设施建设水平等的不同，贸易在不同地区的发展水平本身就存在差异。在这种情况下，当全国贸易平均水平提高时，地区间发展差异的扩大并不是一件足以令我们惊奇的事情。由于最初基础条件不同，即使不存在其他原因，东西部以相同的速度增长，也会呈现较大的差距。

2. 人力资本

根据基本的 H-O 国际贸易模型，贸易本身会在发达国家加剧不同技术水平工人间的收入差距，而当 Acemoglu(2002a; 2002b)等研究引入存在技术偏差的技术进步(skill-biased technical change)概念之后，我们发现，贸易也能解释作为技术跟随者和引进者的发展中国家中不同技术水平工人收入差距的扩大。如果不同地区在教育水平和人力资本存量上存在较大差异，那么贸易就会导致地区间收入水平差异扩大。贸易也能够通过人力资本影响经济的发展。举例来说，中国大陆东部沿海地区的对外贸易商品结构在改革开放后发生了很大变化，高新技术产品出口增长趋势不断加强，这反映出东部在人力资本因素方面的优越性。首先，较高的人力资本水平决定的吸收能力，保障了东部在对外贸易中能够获得“干中学”的经验积累，使当地企业能获得国外先进的生产、管理经验。其次,东部吸引大量外资服务企业落户后,初始积累的人力资本为这些地区外资企业从事技术密集和知识密集型的服务行业提供了基本条件。第三,伴随贸易溢出,加之外资企业提供的专业培训,东部地区人力资本将会获得快速积累,并为贸易增长方式由粗放型向集约型过渡提供经验基础,进而影响当地经济发展,使其产业转变获得相应的经验借鉴。相比之下,中西部较低的人力资本存量及相对匮乏的劳动人事配套政策,制约了对外贸易的发展进程,而对外贸易的低水平发展,又进一步制约了人力资本积累进程,形成"人力资本陷阱",这极不利于当地经济的发展(张红霞等,2009)。不同地区人力资本存在的巨大差异,使得具有较高人力资本的地区易获得较高报酬,相反,人力资本发展落后的地区则不能有效提高效率。中国各地区在人口密度上存在着较大差距,各地区之间教育水平也参差不齐。

3.贸易结构

根据 Baldwin 的观点,贸易对经济增长的贡献取决于贸易量,只要有贸易发生,比较优势效应最终会转化为经济增长,而在 Mazumdar 看来,贸易能否导致经济增长取决于一国的贸易结构,但是王永齐(2004)通过实证检验得出结论:中国的对外贸易对经济增长的贡献主要体现在贸易量上,而不是结构上,这必然会弱化贸易对经济增长的贡献率。我国东西部在国际贸易量上存在着巨大的差距,对经济增长的不平衡会产生较大的影响。

较多的学者发现贸易结构对经济的增长是有着较为显著的影响的,而其中的服务贸易对经济增长的促进作用得到了大多数学者的肯定。韩振国、王玲利(2009)通过实证检验证明服务贸易出口对经济增长有显著的推动作用,三部门服务贸易出口对经济增长有不同程度的促进作用,其他商业服务贸易对经济增长的影响最大,旅游次之。龚锋(2003)研究发现,服务贸易有利于提高经济运行效率、促进技术进步、提供不断扩大的市场、转移剩余劳动力等。程大中(2004)认为,服务业已成为经济增长和效率提高的助推器、经济竞争力提升的牵引力、经济变革与经济全球化的催化剂。在前文我国东西部贸易情况的介绍中,我们已经清楚地看到了东西部贸易在结构上的差距。西部的服务贸易水平与东部的差距甚大;在出口商品的结构上也落后于东部。这无疑会影响西部地区的经济发展,进而加剧东西部经济的差距。

4.进口与出口

尽管进口和出口都是对外贸易的内容,但是两者对经济增长的作用不尽相同。李丽、杜凌(2007)对出口和经济增长的关系作了格兰杰(Granger)因果关系检验,认为两者之间存在着双向的因果关系。陈树文、孙彦玲(2006)也同样得到了类似的结果。张文军、杨勇(2010)对我国东西部的出口波动与经济波动的关系进行了理论与实证分析后发现，它们的波形对应得很好，经过格兰杰因果检验得到了出口波动是经济波动的原因的结论。王博文等人(2010)的实证结果表明，从短期来看，市场的作用显得重要，出口贸易扩张市场的作用不断扩大着国家经济发展的边界，从需求的角度提升国家经济发展的规模。但是，如果从长期供给的角度分析，经济增长的主要制约要素是先进生产要素的创造能力和全要素生产率的提高能力，先进生产要素的创造包括国内生产技术的自主研发和国外先进设备和技术的引入。前文分析东西部省份进出口额时发现，西部地区的出口额占全国的比重与进口额比例相比在下降，这也可能对经济增长速度造成影响，即西部从出口中获益没有东部省份大。如果出口仅能在短期内对经济起着较大作用，那么东西部受出口影响而造成的差距在发展到某一程度后应该会减弱。

当然，这也不意味着仅有出口对经济增长有着正向影响。除了出口贸易对经济增长具有直接促进作用，进口贸易对我国这种发展中国家而言还可能有特殊意义。对技术相对落后的发展中国家而言，除了自主的技术创新之外，技术的引进与吸收也是技术进步的重要源泉之一，而技术的引进，就必须通过对先进设备的进口来实现。在改革开放初期，当我国经济还处于起步阶段，外汇依然是稀缺资源的时候，出口所带来的外汇又是从国外引进先进技术设备的必要前提，就会使进口对技术进步的作用受到约束而出口的作用在数据上显得显著①。当外汇约束逐渐得到缓解之时，进口对于增长的意义就会凸现。刘晓鹏(2001)以误差修正模型研究了我国进出口对经济增长的作用，认为进口才是技术进步的源泉，而出口对经济增长的作用仅仅在于其自身规模的扩张上。邹正方、杨涛(2006)也得到了类似的结果：他们认为工业制成品的进口极大地促进了我国的技术进步和生产率的增长。因此我们可以期待西部的进口能带来未来的经济快速增长。

此外，也有学者认为，进出口对技术进步的作用存在“正门槛效应”，即对外贸易对技术进步的促进只有在经济发展到一定水平时，其作用才会显著为正。东部地区已经越过这道门槛，其对外贸易显著促进了技术进步，而中西部地区被这道门槛阻拦，还未获得贸易对技术进步的显著促进作用(何莉，2007)。李小平、朱钟棣(2004)的研究也证明了一点。东部地区出口贸易对技术进步的影响为正，而在中西部地区，出口贸易对技术进步的影响显著为负。

① 当技术进口受到外汇约束时，我们可以约略地将技术进口交易额与出口获得的外汇画上等号。于是在技术进步和出口额间就会出现显著的相关关系。当外汇约束得到缓解时，技术进口交易额与出口额之间的等号不再成立，出口和技术进步之间的相关关系也就不再显著。

如果确实存在这种门槛效应,对于西部地区来说不是一个好消息。前文已陈述过西部省份在出口上弱于东部省份,无法获得如东部地区般的出口拉动效应。在进口方面,西部省份又要受到门槛效应制约。这对于缩小东西部差距来说又多了一层阻碍。

5.资本与制度

沈坤荣、李剑(2003)分析了我国贸易发展对经济增长的影响机制,在确认贸易对经济增长的促进作用之余,指出贸易发展对资本积累和制度变革的促进作用是其促进经济发展的主要渠道。外贸的发展提高了资本的收益率,因而有利于资本积累,而对外开放程度的上升也有助于市场化改革进程的推进。与此同时,他们还发现我国国内贸易的发展对资本积累和制度的变化都存在显著的负面影响。他们认为这可能源于地方保护主义的盛行。国内地区间贸易的发展会引发地方保护主义的激烈反弹,加剧地方市场割据,从而阻碍资本的积累和制度的变革。国际贸易则避免了上述问题。国际贸易面对的市场是国外市场,避免了地区内的竞争。另外,各地区为了争取外资进入,积极参与到国际贸易中,从而积极推动市场体制的建立和改革,并对制度进行不断调整。制度的优化又会进一步对经济的发展产生良性的影响。对外贸易不仅增加了产品与要素的流动,而且加强了国与国之间文化和思想的碰撞,拓宽了制度学习的渠道,强化了制度竞争,加速了制度变迁进程。东部沿海国际贸易的发展一方面激发了地方政府和民间的动力,使其从地区实际出发,积极主动地进行制度变迁;另一方面也增强了地方政府在财政和政策制定上与中央政府讨价还价的能力,使政策的制定更有利于东部地区的发展。同时,国际贸易也强化了市场竞争,这使东部省份的企业更加积极进行制度变迁,以提高组织运行效率和技术效率,从而提高自身的竞争力(何莉,2007)。

贸易政策的不同也造成了我国东西部经济发展的差距。由东至西的对外开放战略使东部地区对外贸易总量得到空前的发展,出口商品结构也从初期的以纺织品和轻工产品为主,逐步向以机电产品等有一定资本和技术含量的产品方向转变。因此东部地区资本积累较快,产业升级也快于其他地区,经济发展速度要高于其他省份。东北与中西部地区虽然水力、石化资源储量丰富,矿产、生物资源富集,适宜发展初级产品出口,但由于改革开放初期东北与中西部地区并没有获得与东部沿海相同的优惠条件,初级产品产业的优势受到抑制。现在西部地区尚在较东部初级的部门中发展对外贸易,资本积累等落后于东部地区。

我们将人力资本方面的原因留待此后分析人力资本差异时再作研究,而将地区地理条件、基础设施建设水平等的分析放在本章后面的部分中。

前面曾经提到，贸易对经济增长的影响并非无条件，即存在“门槛效应”。杨全发(1998)以1994年数据将全国各省分为人均GDP大于和小于3000元两组，发现前一组的出口增长率和GDP增加率间有着显著的相关性。他的解释是：这说明我国各省存在着临界发达水平，也就是说，只有经济发展到一定水平之上，出口所带来的经济增长效应才会显著。不过这个解释稍显勉强：给定我国各省差不多同时的开放时间，那么出口与增长关系较密切的地区在经历同样的开放时间之后，其经济发展水平就会拉开其他地区一个档次。换句话说，可能不是经济发达带来了出口和经济增长的密切联系，而是后者导致了较高的经济发展水平。不过无论如何，他们的结果都能表明出口对经济增长的促进作用在不同地区是存在差异的。

参与国际贸易有力地促进了地区的发展，而我国东西部在国际贸易参与水平上存在不小的差距，这自然就会导致越来越大的东西部发展差距。Hu(2002)认为，地理位置上的优势使东部在参与国际贸易上拥有了先天的优势，而在集聚效应的作用下，这种优势得到自我加强，从而造成了此后愈演愈烈的东西部发展差距。Zhang和Zhang(2003)将我国地区发展差异分解到对外贸易、教育、FDI、资本存量等因素之上，认为对外贸易大约可以解释10%～12%的历年人均GDP地区差异。他们认为我国要素市场的分割是这种现象出现的主要原因。虽然他们所用的差异分解方法稍显简陋，不过结果依然值得我们关注。

如果考虑贸易与经济增长间双向的因果关系，那这个问题就会更加严重：更发达的东部贸易增长速度会更快，带动经济发展的速度也一起加快，于是东西部经济和贸易发展上的差距一起越来越大，形成一个跳不出的死循环。

要跳出这个死循环，我们必须回答两个问题：首先，除了经济发展水平，还有什么会决定贸易的发展？其次，除了贸易，还有什么会影响经济发展？

我们将后一个问题留待后文，而在本章接下来的部分中，专注于前一个问题。

第四节　我国各地区国际贸易影响因素——基于省级数据的实证分析

在这一部分，我们将通过一个实证的模型来分析地区贸易的发达程度的决定因素。需要预先说明的是，比之同领域内的前沿论文，我们所用的模型相较而言都会略嫌简陋，或许有些结果还会与其他研究出现矛盾之处，不过其中蕴含的思想却并无问题，因此这种简陋并不会妨碍本书中模型所具有的参考意义。

一、变量说明

我们以经过价格调整后的一省出口额占 GDP 比重代表贸易发达程度,这是个相对变量。在图 4-3 和图 4-4 中,我们曾简单地描述过各省的这个变量随时间变化的情况。东部沿海省份的贸易发达程度几乎全都得到了巨大的提升,而西部地区相较而言变化不大。

我们在回归中所用的被解释变量是各省级行政区 2004 年和 1981 年贸易发达程度之差。如前所述,1981 年是改革开放之后最早的各省区出口数据齐全的年份。这个变量反映的是各省区在改革开放之后二十多年中所取得的贸易进步。

我们所用的解释变量包含:

1. 初始人均 GDP

变量为 RealGDPpC。人均 GDP 代表了一地区的经济发达程度。如我们之前所述,发达的经济有利于一地区对国际贸易的参与,一地区有良好的经济基础可以为国际贸易提供所需的条件。人均 GDP 常用于衡量一地区经济发展程度。因此,较高的初始人均 GDP 可能会有助于一地区此后贸易的发展。另外,人均 GDP 也常用于衡量某一地区的收入水平。根据林德的相互需求理论,国内需求是产品出口的可能性条件,当产量增长速度超过国内需求增长速度时,便产生了出口能力。在双边贸易中,两国偏好和需求结构越接近或相似时,贸易量越大。影响一地区需求结构的主要因素是平均收入水平,因为收入状况决定了进口需求和支付能力(谢昭琼,2002)。我国东西部地区的初始经济发达程度存在着较大的差异,人均 GDP 值相差悬殊。

2. FDI

东部实行对外开放较早,在吸引外资方面,东部明显优于西部,加之东部具有绝对优势的地理位置,大量的外商直接投资流向了东部。中西部地区虽然相继开放部分城市,但是与东部已相对成熟的引资环境相比则缺乏竞争力,而且西部地区开放城市的邻国经济发展水平和经济实力有限,在 FDI 层面的合作较为有限。进入中国的 FDI 集中于东部的制造业,使东部的制造业获得快速发展,外商投资企业通过引进先进的技术、机械设备和管理经验,有力地推动了中国东部地区的产品结构、产业结构和技术结构的升级换代,提高了东部制成品的国际竞争力。相比之下,西部地区虽然有丰富的劳动力资源和自然资源,但由于外商直接投资企业较少,这些地区很难获得 FDI 对产业结构升级的拉动作用,甚至连对初级产品的技术升级也难以实现。因而,综合考虑 FDI 流入引致的弥补资金缺口和扩大贸易规模等静态效应,以及技术溢出、推动贸易结构变化等动态效应,FDI 地区分布差异对中国大陆地区对外贸易差异形成的影响非常大(张红霞等,2009)。另外,FDI投资企业是我国出口的主力之一[①],因此拥有较多FDI的地区可能会有较多的出口,如果FDI的选址决策存在集聚效应,那拥有较多FDI的地区出口的增速可能也会较快。我们采用累积FDI占全部实物资本存量的比率FDIpInvest来代表FDI。具体的实物资本存量计算方法可见引言。

3. 基础设施状况

如果一个企业可以以较低的成本、较好的质量,即较高的效率来生产产品,那么其是否能用较低廉的成本将商品运送到国际市场,能否有效地和外国经销商沟通,将最终决定这个企业的国际比较优势,进而影响该地区的对外贸易水平。运输成本在国际贸易活动中所占比例较高,某些情况下运输成本的差异可以决定该商品的生产是否具有优势:如果一地区生产成本较低但是运输成本很高,其比较优势就会被运输成本所抵消,该产品就不具有远距离贸易的价值。从地理位置上看,西部地区多处于内陆与边陲,疆域辽阔,但基础设施建设较为落后。即使西部陆地边境线全长达两万公里,且连接多个贸易口岸,但与其接壤的大多是经济相对落后的内陆型国家,西部地区的边贸层次也就相应较低。特别是从交通条件上来看,西部地区不具备东部河道密布、面临大海所带来的发达且成本低廉的水上运输的便利,相反,内陆地区多是崇山峻岭、地势崎岖,交通不便,这就造成其运输方式多以陆上运输为主且处于运输成本颇高的劣势地位 。因此,运输成本是造成东西部对外贸易差距拉大的重要成因之一(张红霞等,2009)。

另外,受地理环境的限制,作为信息接受主体的西部与外部信息源之间距离较远,在传统的信息传播渠道下,容易造成信息的相对闭塞和滞后,人们的思维方式和价值观念往往与现代市场经济的要求格格不入,容易在激烈的市场竞争中丧失宝贵的贸易与投资机会,信息的影响最终会拉大西部与东部的对外贸易差距。

基础设施状况决定了一地区的运输成本,而运输成本对贸易的发展至关重要。因此更好的基础设施可能更有利于贸易的发展。不同基础设施对贸易影响并不一致,相比港口设施,地区内部的公路建设对贸易的影响就不会那么明显,然而前者的评价和数据都远比后者难获取。我们在回归分析中引入的基础设施变量是每万平方公里公路里程数RoadpSize。此外,不同地区的基础设施状况对贸易的影响可能并不一致,因此我们还引入了基础设施和是否濒海虚拟变量的交叉项sRoad。

① 详可见FDI与我国地区发展差异一章。

4. 人口密度

劳动力一直是我国占比较优势的要素禀赋。我国出口的商品中劳动密集型商品占的比重也一直较大。我国东西部间人口密度有着较大的差距。再考虑到我国地区间较大的人口流动成本,人口密度较高的地区,潜在的劳动力数量也较大,可能会有利于贸易的发展。蔡昉等人(2001)利用1995年的人口普查资料,从劳动力的流动范围角度得出了劳动力市场分割的结论。他们的数据分析表明,大多数劳动力流动只是发生在省内,迁移者即使迁出本省,其中绝大多数也没有超出本地区内,即东部、中部、西部地区的迁移者分别在该地区内部流动。因此,可以说我国形成了相互分割、规模狭小的众多区域性劳动力市场。此外,如果我们将人口密度视为我国数千年历史发展下的均衡产物,那它很可能也反映了一地区的地理条件和文明程度。从长期看,条件优越的地区人口密度就会较高,大量人类聚居的历史就更为悠久,而偏远山区、沙漠地带人口密度就会较低。较优越的地理环境和较为悠久的历史通常也会意味着较低的交易成本和基建成本,这些都会和较快的贸易发展速度相对。具体的,我们以总人口/总面积代表人口密度 PopSize。

5. 金融发达程度

资金是技术进步的源泉,是基础设施、外贸环境改进的推动力。大量的资金可以更新设备、扩大规模、增强产品的竞争力。西部地区和东部地区相比,GDP总量相对较小,自我积累能力差;资本市场总量规模小,发展程度低;吸引外资能力弱。长期以来东西部地区货币资金失衡状况严重(谢昭琼,2002)。没有企业可以纯靠自身资金发展壮大成一个市场领导者。金融体系的发达对于经济的发展至关重要,可以为企业的成长与竞争力培养提供资金支持。此外,对于出口企业而言,较发达的金融体系还可以为出口提供诸如信用证一类的金融工具,有助于降低很有可能相隔万里的贸易双方间因信息不对称而带来的交易成本。拥有较为完善的金融系统支持,当地企业进行对外贸易的数量也会相应增加。因此我们在这里引入金融发达程度变量 Private,具体计算方法可见金融与地区发展差异一章。

6. 其他虚拟变量

我们还引入了是否濒海虚拟变量 sea。在现实的国际贸易中,一种商品在国际间的转移必将产生运输费用。对于某一种商品来说,它的运输费用可能大于、等于或小于生产费用的差异。如果运输费用超过国际间的生产成本差异,这种商品就不可能成为国际贸易商品。在国际贸易中海运是平均成本最低的运输方式,因此濒海就意味着这一地区的企业可以直接利用低成本的海运来参与国际贸易,比之离海岸线较远的地区,在贸易成本上就会具有先天的优势。因此我们预期濒海与否会显著影响一地区对国际贸易的参与程度。我国东部省份沿海，在对外贸易方面有极大的便利性，而且东部省份与我国大陆的主要贸易伙伴日本、中国香港、中国台湾、东盟、韩国等也较为临近。西部省份与之相比，临近的国家经济发展水平普遍不高，进出口能力较低。高运输成本和远离东部沿海经济中心极大制约了对外贸易的发展。事实上，西部大开发的经验也证明，不考虑运输便利将资金投向边远地区的盲目决策并不能收到良好的成效(张红霞等，2009)。

在所有沿海省区，这个变量均为1，否则为0。此外，北京虽不沿海但离天津、秦皇岛等港口地理距离均很近，到港口的交通也十分发达，可以有效地利用这些港口参与对外贸易，因此北京的sea也被设定为1。

7. 初始贸易发达程度

我们定义初始贸易发达程度即初始年份相应地区的出口占GDP比率ExpRate。我们发现各地区进行国际贸易的起点相差较大，有些区域进行国际贸易的历史较为悠久，而有些区域则较晚参与到国际贸易中，贸易的发达程度有所差异。引入这个变量主要是为了控制一些未能包含在以上变量中的影响贸易的因素。此外，对这个变量系数的观察也可以让我们获知我国贸易发达程度地区差异随时间的变化情况。

二、回归分析

回归分析结果见表4-9。在表4-9中的前两列我们即依前所述以1981—2004年的贸易发达程度变化为被解释变量。而在后两列，我们引入了1994—2004年的贸易发达程度变化量作为被解释变量。之所以选择1994年，是因为以1992年底的邓小平“南巡讲话”为界，我国的改革开放差不多可以分为两个阶段。再滞后一年则是给政策上的变化留出充分的作用时间。不少研究均对此时间点前后做出了区分。对于这个时间点的选择和划分，更详细的讨论可见本书“FDI与东西部发展差距”一章。接下来我们逐一讨论各个变量。

表4-9　回归分析结果

	1981—2004贸易发展度变化	1981—2004贸易发展度变化	1994—2004贸易发展度变化	1994—2004贸易发展度变化
ExpRate	−1.705*** (−5.22)	−1.909*** (−3.57)	0.346*** (4.95)	0.0349*** (4.56)
RealGDPpC	0.00001 (1.69)	0.0002 (1.33)	0.00002 (0.34)	0.00003 (0.31)

续 表

	1981—2004 贸易发展度变化	1981—2004 贸易发展度变化	1994—2004 贸易发展度变化	1994—2004 贸易发展度变化
Private	−0.35** (−2.51)	−0.32* (−2.02)	−0.045 (−0.79)	0.462 (−0.77)
FDIpInvest	97.527*** (12.50)	103.535*** (9.89)	−0.101 (−0.11)	−0.113 (−0.12)
RoadpSize	−0.00003 (−1.68)	−0.00002 (−0.67)	−0.00003* (−1.97)	−0.00003 (−1.20)
sRoad		−0.00005 (−0.65)		$-3.39e^{-6}$ (−0.11)
PopSize	0.0002*** (4.00)	0.0002** (2.20)	0.0002** (2.30)	0.0002* (2.04)
sea	0.287*** (3.59)	0.402* (1.76)	0.083 (1.06)	0.089 (0.83)
Adjust R^2	0.8914	0.8877	0.7599	0.7474
F 检验值	651.37	702.24	60.39	50.55
样本容量	25	25	28	28

注:表格内数值为回归分析所得到的相应变量的系数值,*表示在10%程度上显著,**表示在5%程度上显著,***表示在1%程度上显著。括号内数值为t检验值。本表内报告的t检验值均为异方差稳健统计量。回归分析包含常数项,虽然我们并未在表中报告。

1. 初始人均 GDP

初始人均 GDP 在各个回归中均未表现出任何显著性。也就是说,初始的经济发达程度与此后的贸易发展并无联系。这对一些贸易和经济发展均欠发达,而其他对贸易发展有促进作用的因素相对较好的省区或许是一个好消息。虽然西部省份与东部省份经济差异较大,但有些西部省份也具有一些发展贸易的良好因素。如果在过去的经验中,初始经济发达程度对贸易的影响程度并不大,已具备了一些贸易快速发展条件的西部省份可以进一步优化自身的贸易条件,以缩小与东部省份的差距。这个结果同时也说明,贸易促进经济发展,而经济发展又进一步促进贸易发展进而导致地区发展差异越来越大的死循环至少在过去并不成立。

2. FDI

在1981年的回归分析中,FDI 变量显著为正。这也说明当时进入我国的 FDI 出口的目的十分强烈,符合改革开放后大量外资进入我国发展对外贸易的事实，也印证了进入我国的外资带动了我国进出口贸易的发展。不过在1994年的回归分析中，这个变量的显著性消失，这也说明两个时段的FDI在性质上差异较大。对此更深入的讨论可见本书“FDI与地区发展差异”一章。

3. 基础设施状况

基础设施状况仅在第三个回归分析中表现出了微弱的显著性，其系数的符号还是负的。这可能与我们所用的变量不能代表地区对外的运输成本有关。此外，基础设施变量与濒海变量的交叉项同样未能表现出任何显著性，说明在不同地区间它的表现也没有什么差异。

4. 人口密度

人口密度变量的系数在所有回归中均显著为正。这可能是因为劳动力较丰富的地区更能发展出口，也可能是因为人口密度的地区地理条件同样较为优越，因而有利于贸易的发展。不过考虑到我们已经控制了是否濒海变量，并且在未报告的回归分析中我们尝试着向回归分析中添加过东部虚拟变量、是否沿边虚拟变量等来控制地理条件。然而无论在什么情况下，人口密度变量的显著性均未变。这说明人口密度变量系数的显著性至少有一部分需要用前一个理由来解释，即劳动力丰富有利于出口的发展。

给定我国劳动密集型产品在世界市场上的优势竞争力，这个结果显得十分自然。我国近几十年来的出口以劳动密集型产品为主，这需要将加工企业等分布在劳动资源丰富的地区，人口密度较高的地区无疑是一个好选择。

5. 金融发达程度

金融发达程度变量在1981年的回归分析中表现出了不太强的显著性，而在1994年回归分析中未表现出任何显著性。考虑到我们使用的金融发达程度变量是向私营部门贷款占总贷款的比率，而在20世纪80年代我国外贸尚未放开，经营外贸的仍然大都是国有企业，这个结果也不难理解。金融发达程度在1994年之后对贸易同样没有显著影响，这或许是因为有能力出口的企业相对而言不容易受到融资约束，而与国外企业的联系也有助于它们缓解融资约束(Hericourt & Poncet, 2009)。

6. 其他虚拟变量

是否濒海虚拟变量仅在1981年的回归中表现出了显著，并且当我们引入它与基础设施的交叉项时，显著性降低了。后者可能源于多重共线性问题。而前者，我们认为其原因在于随着时间的推进，内陆省份在政策上的劣势逐渐得到缓解，而基础设施的改善也使得它们的运输成本劣势相对降低，加上一些陆上邻国经济逐步发展，边境省份对这些国家的出口也开始增加，从而进一步降低了出口对海岸线和港口的依赖程度。

7. 初始贸易发达程度

这个变量在1981年和1994年的表现最为泾渭分明:在1981年的两个回归分析中,它均是显著为负的,而在1994年的两个回归分析中,它均显著为正。这实际上是以更严密可靠的方式重述了我们在图4-5中所观察到的现象:改革开放之后,我国地区间贸易发达程度的差异与整体经济的地区间发展的差异一样,经历了先缩小再扩大的一个过程。

总的来说,我们发现对出口的促进作用最显著的变量都是诸如初始条件、FDI、人口和地理条件等难以控制或至少是难以在短期内改变的变量。这对试图通过发展出口产业来改变地区落后现状的政策制定者而言可能并非是个好消息。

第五节 结论性评述

在本章中,我们分析的是国际贸易,尤其是出口在我国地区发展的差异形成中的作用。

贸易的发展是中国经济奇迹不可或缺的一个组成部分。到2010年第一季度,我国的出口额已经超过了德国,成为世界第一出口大国。这个时候距我国在"文革"留下的废墟之上开始恢复经济发展,尝试着改变国策打开国门尚不足32年。在这32年中,我国从一个外汇不足,几乎到了连国家领导人出国访问都凑不出足够外汇的国家,变成了一个外汇储备世界第一、公众整日担心外汇占款过多所带来的通胀压力的国家,而这些新增的外汇,大部分是出口产业的发展所带来的高额顺差所致。贸易对我国经济增长最为显著的例证就是外向型经济主导的东南沿海部分地区的繁荣富庶几乎不让中等发达国家,以至于国内外都不乏其人声称,中国是20世纪90年代以来经济全球化的最大受益者。梅新育(2010)提出中国在国际贸易体系中的目标也由此加快从单纯"赶超"向兼顾"被赶超"转变,中国和其他国家围绕中国"赶超"与"被赶超"的较量也将成为未来十年全球贸易秩序重构的重要内容。

从对国内的影响看,正是靠着出口的高速增长,我国逐渐在国内市场分割严重、国内消费常年不旺的尴尬境地下实现了经济的起飞和资本的积累。当然,出口额占据世界第一本身并不能说明多少问题,我国在外贸上依然问题多多。8亿件衬衫换一架飞机的故事很多人都耳熟能详。这故事的背后就是我国出口产业技术含量和增加值不足,位处微笑曲线最低端,仅靠劳动力赚取微薄收益的现实。

当然这并非是本书所要关心的故事。我们关注的重点在于，出口是如何影响东西部发展差距的。

通过对历年来出口数据的分析可以看到，我国的贸易发展差异和整体经济的发展差异几乎是在同步发展，都经历了一个先缩小后扩大的过程，并且也都呈现出东部远远比西部更发达的景象。我们认为，出口在地区间的这种差异，正是造成东西部发展差异的重要原因之一。

我们进一步分析了贸易发达程度增长的决定因素，发现 FDI 和地理位置上的优势都在 1994 年之前的贸易发展中起到了十分重要的作用，然而在此之后，它们的作用不再重要。这或许说明对于内陆欠发达的省区而言，着力发展对外贸易，以此来促进经济发展似乎也是个可取之道。然而同时我们也发现，政策制定者缺乏促进地区贸易发展的有效工具。这给以贸易促进西部发展的思路蒙上了一层阴影。人力资源是我国东西部过去贸易发展的一个显著影响因子，如何利用人力资本促进地区间经济平衡可以作为政策制定者关注的一个方向。

参考文献

[1] 蔡昉. 劳动力迁移的两个过程及其制度障碍. 社会科学研究，2001(4)：44-51

[2] 蔡昉，王德文，都阳. 劳动力市场扭曲对区域差距的影响. 中国社会科学，2001(2)：4-15

[3] 陈传兴. 对外贸易与经济增长的若干思考. 福建论坛人文社会科学版，2005(12)：12-15

[4] 陈方方. 我国服务贸易出口与货物出口关系研究. 经济视角，2010(6)：73-75

[5] 陈树文，孙彦玲. 我国对外贸易与经济增长的实证分析. 商业研究，2006(9)：27-29

[6] 程大中. 论服务业在国民经济中的“粘合剂”作用. 财贸经济，2004(2)：68-73

[7] 高敬峰. 我国对外贸易乘数效应分析. 国际经贸探索，2000(1)：8-12

[8] 龚锋. 国际服务贸易：我国经济持续高速增长的重要支撑. 改革与战略，2003(2)：61-63

[9] 韩振国，王伶利. 我国服务贸易出口对经济增长的影响研究. 国际贸易问题，2009(3)：78-84

[10] 何莉. 对外贸易与中国地区经济增长差距：机制分析与实证检验. 博士学位论文，浙江大学，2007

[11] 焦军普. 国内市场扭曲和对外贸易利益关系. 北京：知识产权出版社，2008

[12] 赖明勇，许和连等. 出口贸易与经济增长理论、模刑及实证. 上海：上海三联书店，2003

[13] 李丽，杜凌. 我国出口贸易对经济增长的实证分析. 财贸研究，2007(4)：44-49

[14] 李小平，朱钟棣. 国际贸易的技术溢出门槛效应——基于中国各地区面板数据的分

析. 统计研究，2004(10)：27-32

[15] 刘晓鹏. 协整分析与误差修正模型——我国对外贸易与经济增长的实证研究. 南开经济研究，2001(5)：53-56

[16] 刘晓琴. 对外贸易与中国经济增长关系的实证研究. 硕士学位论文，西北大学，2007

[17] 沈坤荣，马俊. 中国经济增长的“俱乐部收敛”特征及其成因研究. 经济研究，2002(1)：33-41

[18] 刘用明. 对外贸易与区域经济发展. 博士学位论文，四川大学，2004

[19] 梅新育. 世界贸易新秩序中的中国：从单纯“赶超”到兼顾防止“被赶超”. 中国经济周刊，2010(1)：47-49

[20] 孟德友. 对外开放区域分异及对我国经济发展格局的影响——基于贸易和外资的综合分析. 南京师范大学，2008

[21] 谢昭琼. 东西部对外贸易的差距——从影响对外贸易的因素角度分析. 上海经济研究，2002(8)：16-21

[22] 徐丽鹤. 贸易方式对中国经济增长影响的比较分析. 技术经济，2010(1)：77-81

[23] 许和连，包群，赖明勇. 贸易开放度与中国经济增长. 中国软科学，2003(5)：40-46

[24] 张红霞，王学真，陈才. 中国大陆地区对外贸易差异的演变、成因与收敛路径. 地理科学，2009(6)：802-808

[25] 张文军，杨勇. 我国东西部地区出口波动与经济波动的关系研究. 重庆邮电大学学报(社会科学版)，2010-22(3)：106-110

[26] 温怀德. 货物贸易、服务贸易与技术贸易发展趋向. 商业研究，2010(6)：208-212

[27] 王博文，刘仓，郭亚军. 对外贸易影响中国经济增长的动态分析. 统计与信息论坛，2010(1)：26-31

[28] 王永齐. 对外贸易结构与中国经济增长——基于因果关系的检验. 世界经济，2004(11)：31-40

[29] 杨全发. 中国地区出口贸易的产出效应分析. 经济研究，1998(7)：22-26

[30] 邹正方，杨涛. 中国的对外贸易与经济增长的实证分析. 经济理论与经济管理，2006(6)：64-69

[31] D Acemoglu. Directed Technical Change. *The Review of Economic Studies*, 2002, 69(4): 781-809

[32] D Acemoglu, Technical Change, Inequality, and the Labor Market. *Journal of Economic Literature*, 2002,40(1): 7-72

[33] D Acemoglu, S Johnson, J Robinson. The Rise of Europe: Atlantic Trade, Institutional Change, and Economic Growth. *The American Economic Review*, 2005, 95(3): 546-579

[34] R E Baldwin. Measurable Dynamic Gains from Trade. *Journal of Political Economy*, 1992,100: 162-174

[35] William R Cline. Trade and Income Distribution. Washington, D.C. Institute for In-

ternational Economics, 1997

[36] P Combes, M Lafourcade. Transport Costs Effects on Core-Periphery Pattern of Market Potential: France, 1978—1998. *Oxford Journals, Social Sciences, Journal of Economic Geography*, 2002,5(3):319-349

[37] J A Frankel, D Romer. Does Trade Cause Growth?. *The American Economic Review*, 1999,89(3): 379-399

[38] G Hanson. North American Economic Integration and Industry Location. *Oxford Review of Economic Policy*, 1998,14(2): 30-44

[39] G H Hanson. Economic Integration, Intraindustry Trade, and Frontier Regions. *European Economic Review*, 1996,40(3-5): 941-949

[40] E Helpman, Paul R Krugman. Market Structure and Foreign Trade. Cambridge: MIT Press, 1985

[41] E Helpman, Paul R Krugman. Innovation and Growth in the Global Economy. Cambridge: MIT Press, 1991

[42] J Hericourt, S Poncet. FDI and Credit Constraints: Firm-level Evidence From China. *Economic Systems*, 2009, 33(1): 1-21

[43] D Hu. Trade, Rural-urban Migration, and Regional Income Disparity In Developing Countries: A Spatial General Equilibrium Model Inspired By the Case of China. *Regional Science and Urban Economics*, 2002, 32(3): 311-338

[44] I Konya. Optimal Immigration, Assimilation and Trade. Boston College Department of Economics, 2001

[45] G Kruger, J F Potgieter. Development Region D: A Comparative Study of Socio-economic/Demographic Features Based on the 1970/1980 Population Censuses. Port Elizabeth: Institute for Planning Research, University of Port Elizabeth, 1985

[46] J W Lee. International Trade, Distortion and Long-Run Economic Growth. *International Monetary Fund Staff Papers*, 1993, 40(2):299-328

[47] R Leichenko, J Silva. International Trade, Employment and Earnings: Evidence from US Rural Counties. *Regional Studies*, 2004,38(4): 355-374

[48] J Mazumdar. Do Static Gain from Trade Lead to Medium-Run Growth?. *Journal of Political Economy*, 2002(2): 1328-1337

[49] E Paluzie. Trade Policy and Regional Inequalities. *Papers in Regional Science*, 2001, 80(1): 67-85

[50] D Puga. European Regional Policies in Light of Recent Location Theories. *Journal of Economic Geography*, 2002, 2(4): 373-406

[51] D H Robertson. The Future of International Trade. *The Economic Journal*, 1938, 48(189): 1-14

[52] D Rodrik. Closing the Technology Gap: Does Trade Liberation Really Help?. NBER

Working Paper, No. W2654, 1988

[53] A Rodriguez-Pose, N Gill. How Does Trade Affect Regional Disparities?. *World Development*, 2006, 34(7): 1201-1222

[54] Paul M Romer. Increasing Returns and Long-Run Growth. *Journal of Political Economy*, 1986,5:1002-1037

[55] Paul M Romer. Endogenous Technological Change. *The Journal of Political Economy*, 1990,98(5):71-102

[56] J D Sachs, A Warner. Economic Reform and the Process of Global Integration. *Brookings Papers on Economic Activity*, 1995,26(1995-1): 1-118

[57] J Sanchez-Reaza, A Rodriguez-Pose. The Impact of Trade Liberalization on Regional Disparities in Mexico. *Growth and Change*, 2002, 33(1): 72-90

[58] J A Silva, R M Leichenko. Regional Income Inequality and International Trade. *Economic Geography*, 2004,80(3): 261-286

[59] M Storper, Y Chen, F De Paolis. Trade and the Location of Industries in the OECD and European Union. *Journal of Economic Geography*, 2002,2(1): 73-107

[60] T Kehoe, D K Levine, P Romer. On Characterizing Equilibria of Economies with Externalities and Taxes as Solutions to Optimization Problems. *Economic Theory*, 1992, 2(1):43-68

[61] R Wacziarg, K H Welch. Trade Liberalization and Growth: New Evidence. *World Bank Economic Reviews*, 2008, 22(2): 187-231

[62] H Yanikkaya. Trade Openness and Economic Growth: A Cross-country Empirical Investigation. *Joumal of Development Economics*, 2003,72: 57-89

[63] X Zhang, K H Zhang. How Does Globalisation Affect Regional Inequality within A Developing Country? Evidence from China. *Journal of Development Studies*, 2003, 39(4): 47-67

第五章

外国直接投资与东西部差距

第一节　问题的提出

外国直接投资(Foreign Direct Investment,FDI)规模的急剧扩大是全球化的重要特征之一。当前,在全球范围内FDI不仅表现出了规模日益扩大、涉及国家越来越广的特征,其流向的目的地也逐渐地从发达国家转向了发展中国家,特别是以中国为典型代表的新兴市场国家。

FDI与本书前一章所述的贸易一样,都于近几十年在全世界范围内发展迅速,也都是当前进行中的经济全球化的重要组成部分。FDI在不同地区间的分布,也像贸易一样一般受到地区地理条件和基础设施建设情况等因素的影响,本书之所以将FDI单独列出来讨论,是因为除了最基本的因其自身规模所带来的经济增长效应之外,FDI对一地区的经济增长还存在强烈的其他方面的影响。近几十年来,吸引FDI最多的两个发展中国家,中国和印度,也正经历着近乎史无前例的高速持续经济增长。FDI对东道国经济增长的正外部性,是近年来研究的一个热点话题之一,尤其对于资本相对稀缺的发展中国家而言,FDI对国内资本还具有额外的重要性。在经历了30年的高速发展之后,随着资本不再成为限制我国经济发展的障碍,随着国家产业安全的话题逐渐走向前台,对FDI,我们也需要一个重新的认识。

在我国改革开放之后的发展历程中,与贸易的发展类似,由于开放时间上的差异,东部地区在吸引FDI上比西部要先走一步,加上东部在地理位置上的天然优势,东西部之间在吸引FDI能力上存在巨大的差距。尤其是与港澳地区相邻而又拥有两个特区的广东省,几乎历来都是出口和FDI最为活跃的省份。考虑到东西部间在吸引FDI上的巨大差距,考虑到FDI在促进经济增长上的作用,分析FDI在东西部差距形成和发展中的作用就是研究者所必须关注的。

本章我们将分析 FDI 在我国东西部发展差距形成中的作用,以及 FDI 本身在不同地区间分布迥异的原因。

第二节 外国直接投资与地区发展差异

一、FDI 及其决定因素

在展开进一步的分析之前,我们需要先对 FDI 的本质和相关决定因素进行理论上的观察。

从根本上说,FDI 是跨国流动的资本。资本追逐的永远是利润的最大化,因此,要理解 FDI,我们首先需要回答为什么资本会选择通过 FDI 而不是出口来进入外国市场?考虑到通常本地企业对当地市场、消费者偏好以及商业环境都会存在信息上的优势,跨国公司选择 FDI 形式而非采用授权专卖等方式与本地厂商合作似乎有些令人难以理解。

对此,Dunning(1988)提出了企业选择实施跨国投资的三个前提条件:一,企业应当具有某种独有的资产或技术,这种资产或技术可能是有形的,也可能是虚拟的。这种独有的资产使企业得以在竞争中占据优势,否则企业势必无法弥补跨国生产所带来的成本劣势。二,对企业而言,自己来使用这种资产或者技术应当比将它授权或租借给当地企业使用更为有利可图,否则企业无需去冒跨国投资所带来的风险。这可能是由于这资产是企业的独有商标,或者技术可能会被模仿。三,将此项资产或技术与某种投资目的国所拥有的生产要素相结合有利于此资产或技术的作用最大化,否则,企业还是会选择通过出口而非 FDI 来参与国际市场。

只有当上述三个条件同时得到满足时,企业选择跨国直接投资而非简单的本地生产再出口才是符合其利润最大化的目标的。

进一步分析,企业选择 FDI 无非出于两种动机:绕开关税等贸易壁垒进入东道国市场,或是利用东道国的某种生产要素,在全球范围内配置生产以最小化生产成本。我们将前一动机推动的 FDI 称为水平型(horizontal)FDI,而将后者称为垂直型(vertical)FDI。当然,具体的一个 FDI 案例很有可能并非出自单纯的市场进入或获取廉价要素的目的。目的可以是混合而多重的。不过我们将会看到,这一分类对我们接下来对 FDI 的决定因素的分析是有帮助的。

我们将 FDI 的决定因素分为七大类。下面我们来逐一分析这七类因素。

（一）运输成本

在前一章讨论贸易时，我们曾经强调过运输成本在贸易发展与分布中的作用。我们的分析也表明，地理位置优越、运输成本较低的地区在参与国际贸易时具有先天的优势。FDI 和运输成本之间也存在密切的联系，不过它们之间的关系并非如此简单。

较低的运输成本无疑会吸引垂直型 FDI 的进入。借助低廉的运输成本，跨国公司可以轻松地将东道国廉价的生产要素整合入它们的全球生产和供应体系中。高昂的运输成本则会抵消东道国在要素成本上的价格优势，使垂直型 FDI 望而却步。

对水平型 FDI 而言，情况恰好相反。较低的运输成本意味着在东道国直接设厂生产比在国外生产再对其出口并不具备多少成本优势，考虑到 FDI 所必需面临的文化、制度上的差异可能带来的较高运营成本，水平型 FDI 此时可能会是无利可图的。相反，当运输成本高昂时，水平型 FDI 节约的运输成本足以抵消一切文化、制度差异所带来的成本上升，从而高的运输成本会吸引水平型 FDI 的进入。具体到我国，这些分析意味着对垂直型 FDI 而言，东部沿海必然会是个比西部内陆更好的落脚之处，而水平型 FDI 就不会因运输成本差异而在东西部之间有强烈的偏好。

总而言之，高昂的运输成本会吸引水平型 FDI，而逼退垂直型 FDI，相对较低的运输成本则恰好与之相反。考虑到我们无法直接通过观察从数据上区分水平型和垂直型 FDI，运输成本对 FDI 的影响无法预测，因此，我们也不难理解为什么在实证研究中运输成本与 FDI 的关系会表现得如此扑朔迷离。比如，Brainard(1997)的研究表明它们直接存在显著的正相关关系，而 Coughlin 和 Segev(2000)却并未在基于中国数据的研究中找到这种显著的相关性。

（二）市场规模

一个广阔的市场无疑就是一块对水平型 FDI 有无限吸引力的磁石。庞大的市场规模意味着以规模效应降低平均成本的可能性，也意味着巨大的利润空间。对垂直型 FDI 而言，市场规模大小影响并不大。因此综合来说，我们预期较大的市场规模有助于吸引更多的 FDI 到来。实证研究结果也证明了这一点(Coughlin & Segev，2000)。

对我们来说，需要注意的是市场规模是与该地区的 GDP 规模和人均值直接相关的变量。经济越发达的地区市场规模也就越大。换句话说，如果给定 FDI 对经济发展的促进作用，那加上经济规模之后，市场规模对 FDI 的促进作用就可能会形成一个正反馈的循环，而在这个循环形成的过程中我们的研究对象即地区发展差异也就会变得越来越大。

(三)集聚效应

所谓集聚效应指的是生产在空间上的大规模集中。我国东南沿海地区诸多的产业集群都是集聚效应的极佳例子。集聚现象也是新经济地理学研究的重点之一。我们预期集聚效应无论对水平型还是垂直型的 FDI 都会有正的效应。这既源于新经济地理学所强调的外部规模经济等因素,也源于跨国投资所带来的信息不对称。投资者很难获得对异国投资环境的准确信息。此时,先行者的任何选择都会被后来者视为强烈的此事可行的信号。我们之前的案例分析很好地说明了这一点:一旦有个先驱者迈出第一步,那么后继者马上就会汹涌而至。实证研究,比如 Wheeler & Mody(1992)对美国数据的研究,以及 Fung 等(2002)针对中国数据所做的研究,都一致地找到了支持这个判断的证据。

(四)要素成本

依照我们之前的分类,低廉的要素成本是吸引垂直型 FDI 进入的先决条件。对于水平型 FDI 而言,情况也是类似的。一国低廉的要素成本意味着如果不进入此国内部投资设厂,分享低廉的要素成本,而仅在国外生产并以出口的形式参与此国市场,成本上的先天不足意味着这种参与几乎必然会以失败告终。要素成本差距会极大地提高对出口而言的市场准入壁垒。不过,在实证研究中对要素成本与 FDI 关系的研究并非完全一致。这可能源于变量选取上的问题。目前对要素成本与 FDI 关系的研究最关注的要素成本无疑是劳动力成本。很多研究都以真实工资率来代替劳动力成本,然而正如 Coughlin 和 Segev(2000)所述,较高的真实工资率可能代表的不仅是较高的劳动力成本,它也意味着较高的劳动力素质,因此,较高的劳动生产率,而高的劳动生产率显然会吸引 FDI 的到来。因此,只有在考虑了劳动生产率之后的真实工资率水平差异才是衡量劳动力成本的合适变量。在控制了一个生产率变量之后,Coughlin 和 Segev(2000)果然发现 FDI 和劳动成本呈显著的负相关关系。然而在实际研究中,劳动生产率是很难观测的,因此要直接观察劳动力成本和 FDI 的关系很多时候都不是很简单的事情。

(五)财政激励

为吸引外资,包括我国在内的很多国家或地区都曾经或者正在向 FDI 提供直接或间接的税收减免甚至财政补贴。理论上说,财政激励必然有助于吸引更多外资的进入。无论是垂直型还是水平型 FDI,财政激励的吸引应当都是有效的。不过,事情并非如此简单。因为任何提供财政激励的政府,都随时可以取消甚至逆转这种财政激励——事实上，没有人会认为仅针对外资的税收优惠会是永久的，并且政府缺乏任何让财政激励长期化的承诺可信的手段。给定财政激励随时可能消失，它对 FDI 的吸引力就会很有限，并且可能会更多地局限于垂直型 FDI 之上：对于垂直型 FDI 而言，当财政激励消失时，将工厂搬到新的地址去寻找新的廉价要素并非不可接受，而对水平型 FDI 而言，搬家意味着进入当地市场的尝试彻底失败。此外，由于一些国家税法的原因，东道国对 FDI 所做的税收减免，最终可能又会被 FDI 的母国政府所征收。以上的这些问题意味着，财政激励对 FDI 的吸引力可能会很微弱以至于难以发现。因此不难理解为什么实证研究会给出一些不太一致的结果。比如，Wheeler 和 Mody(1992)发现在美国制造业中，财政激励的存在与否对 FDI 的多寡无关紧要。

(六)投资环境

投资环境是一个宽泛而模糊的概念。一个国家或地区的政局稳定性、官僚体系的效率、法律体系、对财产权和合同的尊重与执行、劳动法以及各种相关法令规章等都可以被归入投资环境之中。理论上说，一个良好的投资环境无疑可以降低交易成本，从而有助于吸引 FDI 的进入。

正由于投资环境是一个如此宽泛的概念，我们很难对它做出良好清晰的界定和评估，这就给相关的实证研究提出了巨大的挑战。在实践中，不同的研究往往会采用不同的估计方法和变量。那么这些研究常常得到各异的结果也并不出人意料了。

通常而言，基于政局或经济稳定性方面变量的研究大多得到了与预期相符的结果：政局不稳定、高通胀或者是通胀的不确定性都会削弱一个国家对 FDI 的吸引力(Nigh, 1986; Busse & Hefeker, 2007)，然而其他方面的变量却并未表现出类似的稳定性。

(七)贸易壁垒及开放程度

从某种程度上说贸易壁垒是另一种形式的运输成本，因此贸易壁垒对 FDI 的影响也与运输成本有些类似。对水平型 FDI 而言，高的贸易壁垒意味着比以出口形式参与东道国市场，直接投资设厂在东道国进行生产更为有利可图。因此，贸易壁垒的降低会减少水平型 FDI 的流入。对垂直型 FDI 而言，情况则恰好相反。通常而言垂直型 FDI 都需要从东道国之外的市场进口一些中间产品，结合东道国的廉价要素来共同生产用于出口的最终产品。因此无疑贸易壁垒的提高不利于垂直型 FDI 的发展。综合来说，我们难以对贸易壁垒与 FDI 的关系做出明确预测。此外，与投资环境变量类似的是，贸易壁垒或者开放程度也难以精确衡量。现实世界中存在着太多种类的贸易壁垒关税,如贸易配额、各种技术壁垒等。因此实证结果复杂甚至相互矛盾也并不令人意外了。比如,Dees(1998)发现开放程度与 FDI 数量正相关,而 Wheeler 和 Mody(1992)则发现在美国制造业中 FDI 与管制措施正相关。

二、FDI 与经济发展

FDI 构成投资的一部分,增加了东道国的总资本存量,因此 FDI 会直接地增加东道国的总产出和人均产出水平。特别是对资本相对缺乏的发展中国家而言,FDI 的这种作用可能尤为重要。FDI 对国内投资也存在影响:一方面 FDI 与国内投资存在替代关系,FDI 的涌入可能会挤出国内投资从而削弱甚至逆转 FDI 对经济增长的总体影响;另一方面,Borensztein 等(1998)指出,FDI 与国内投资也存在互补性,FDI 的进入会引发对配套投资的需求,从而提高国内投资总量。此外,通常认为 FDI 会带来最先进的技术或管理,换言之,FDI 同样的规模数字背后可能代表的是更有效的投资。

不过,这种直接效应并非是 FDI 对长期经济增长影响的最主要方式。自 Solow 模型以来,经济增长理论一直强调技术进步[①]在长期经济增长中的决定性作用。FDI 对长期经济增长的推动也正是体现在其对技术进步的推动上。早在 1978 年就有研究指出 FDI 通过"接触(contagion)",在实践中将先进的技术和管理方式带到了东道国,促进了东道国的技术进步(Findlay, 1978)。

FDI 对东道国技术进步的推动,首先体现在实施 FDI 的跨国公司与其在东道国的供应商和顾客之间。跨国公司有足够的激励来推动产业链上下游之间共同的技术进步,这有助于整条产业链作为一个整体的竞争力的提高,从而也有利于跨国公司的利润最大化。这种产业链内的技术进步推动作用体现在三个方面:首先,跨国公司会帮助潜在客户获得新的先进的生产设备;然后,来自跨国公司的对产品的高标准要求,会促使本地企业按时、可靠地提供质量可信赖的产品,这使得本地供应商必须在跨国公司的帮助下增强创新能力,改善管理组织;第三,一旦本地企业拥有了满足跨国公司需求的能力,它也就拥有了在国际市场参与竞争的能力,由此,它可以为跨国公司在其他地区的分公司,甚至其他买家提供产品(Lall, 1980)。

FDI 对东道国技术进步的推动,并不仅限于垂直的上下游企业之间,它也

---

① 这里的技术进步不应当理解为狭义的技术或是新的更好的资本品。事实上,更有效的资源配置,更先进的管理安排,一切导致相同投入下产出增加的变化都应当被理解为技术进步。

会出现在水平的同行业企业之间。这可能源于采用新技术、新管理手段的FDI建立企业对其他企业的示范作用上，也可能源于FDI进入所带来的更激烈的竞争环境迫使其他企业改进生产，提高效率。简言之，示范效应和随之而来的看中学(learning by watching)使得东道国企业的技术进步成为可能，而更激烈的竞争环境，则提供了推动这种进步的动力。

此外，FDI要在东道国活动，势必要培养一批能适应东道国经济环境而又具有先进管理能力和经验的人才，这些人如果离开跨国公司，或自主创业或为本国企业所用，都会推动本国企业的发展和技术更新。

墨西哥汽车产业和亚洲电子产业的发展，或许可以为我们以上的论证提供案例支持。

1979年之前，墨西哥的汽车产业规模狭小，其生产也主要用于满足国内市场，在国际市场上毫无竞争力。然而，在美国的通用汽车公司决定在墨西哥设立面向全球市场的生产基地之后，事情开始发生改变。首先，其他的主要汽车生产商亦追随而来在墨西哥纷纷建立了以出口为目的的生产基地。接着在五年之内，就有多达310家为这些厂商提供配套服务的本地企业出现，这些企业的管理者与外国投资者往往关系密切，交流频繁，从接触、观察和直接的交流中学到了先进的技术和管理经验。到1987年，墨西哥汽车产业的面貌即发生了巨大的变化，且在十大汽车出口商中，有六家已经为本国人所拥有(Peres Nunez, 1990)。

亚洲(日本除外)地区的电子产业也经历了类似的发展历程。1968年，为了应对来自日本电器生产商的挑战，美国的通用电气公司首先在亚洲建立了一条电视生产线，随后，美国的德州仪器、国家半导体、摩托罗拉等电子产业巨鳄蜂拥而至。这些企业为了使亚洲工厂的生产能一直紧跟美国市场需求的变化，带来了最新的技术和管理手段，技术溢出亦随之出现。

墨西哥和亚洲国家的案例有力地支持了FDI会通过技术溢出促进东道国经济增长的观点。这种溢出不仅出现在发展中国家。Keller & Yeaple (2009)同样基于美国公司级的数据找到了显著的FDI溢出效应证据，他们的估计表明，1987—1996年间，FDI的溢出效应可以解释大约14%的美国企业技术进步。不过，对于FDI和经济增长的关系，当前的实证研究并非完全一致。虽然很多研究都找到了支持FDI对经济增长有正面促进作用观点的证据(比如，Blomstrom, 1986; Aiken et al., 1997; Imbriani&Reganati,1997)，然而也有研究并不支持这个观点。

持相反观点的研究结果，并不能否定其他研究结果，以说明FDI的技术溢出不存在。这些证据提示我们，FDI所带来的技术溢出可能并非是毫无条件的必然,存在一些其他的外部因素会影响到 FDI 技术溢出的存在和强度。要充分发挥 FDI 的技术溢出效用,发挥其对经济增长的推动作用,有三个前提条件是必不可少的:教育与人力资本的积累、市场自由化的政策以及对技术的学习能力。

首先,教育与人力资本积累:新增长理论强调人力资本积累在经济长期增长中的基础性作用,认为人力资本是干中学(learning by doing)与看中学(learning by watching)的基础,而这两者又是经济获得技术进步,摆脱边际产出递减困境的根本。事实上,当前最大也最成功的两个发展中国家——中国和印度也正是在教育和人力资本积累上做得最好的两个发展中国家(Yao & Zhang, 2003)。Borenzstein 等(1998)也发现,FDI 对技术进步和经济增长的推动作用在人力资本存量较高的经济体中更为显著也更为强大。

其次,市场自由化:自由开放的投资环境在 FDI 技术溢出中起着重要作用。一个相对自由、开放的投资环境会吸引更大、管理更完善、技术更先进、行为也更正规的跨国公司前来投资。这些公司的技术溢出效应会显著地大于封闭而监管严密环境下的跨国公司。同时,更自由的环境也鼓励跨国公司将其在东道国投资建立的企业整合到公司的全球供应网络中,面向全球市场进行生产,这就更加促使跨国公司为满足全球市场需要,将最先进的技术引入到东道国。

第三,东道国对技术的学习能力:这主要由 FDI 东道国与 FDI 之间的技术差距所决定。我们不能指望没有接受过大学教育的人能学会制造汽车。Imbriani 和 Reganati(1997)研究了意大利的技术溢出情况,发现企业间技术差距越小,则技术溢出的规模就越大。相应地,Blomstrom(1986)也发现,在墨西哥 FDI 缩小了产业间的生产率差距,不过,这种现象只在拥有类似技术的产业内比较明显。在宏观层面上,Blomstrom 等(1994)发现,FDI 对经济增长的影响在收入水平相对较高的发展中国家更为明显。他们认为,收入水平高的国家会有相对较高的技术水平,而技术水平的接近有利于学习能力的提高。这个结果说明东道国学习能力的增强有利于 FDI 溢出效应的充分发挥。

综合上面的分析和讨论,我们可以得出的基本明确的结论是:当满足一定条件时,FDI 可以增加东道国资本存量,提高其技术含量,加速技术进步,从而促进东道国的经济增长。在给定 FDI 对经济增长具有正面的条件下,我们下一个需要回答的问题是,是什么决定了 FDI 在不同地区间的分布?或者说,什么样的影响因素能够吸引 FDI?

三、FDI 与地区经济差异

FDI 即外国直接投资是与间接投资相对应的一个概念和一种投资方式。FDI 并不是单纯的资金外投，而是将资金、技术经营管理知识的综合体，由投资国的特定产业部门向东道国的特定产业部门的转移。比较经典的关于 FDI 如何影响经济增长的理论机制有三种：发展经济学的双缺口模型；新古典增长理论的索洛—斯旺模型；内生增长理论的罗默模式和卢卡斯模式。我们可以从新古典增长理论的角度分析一下 FDI 对地区发展差异的影响。

新古典增长理论强调资本积累（包括实物资本和人力资本）对经济增长的作用，在索洛—斯旺模型中，FDI 的进入，增加了资本积累，提高了经济的总产出水平，促进了经济增长，总产出的增加又反过来促进就业、出口和消费等宏观经济变量的增加，从而促进了 FDI 水平的增加。这样就形成了一种因果循环效应，造成了地区经济发展差异的增大。然而，在现实情况下，由于存在资本边际效用递减，外国资本的增加也并不总能对东道国的经济起到促进的作用，一些实行赶超战略的南美国家把吸引 FDI 作为发展经济的首要任务反而导致了经济的持续低迷。

我们还可以从“二元经济”的角度来分析 FDI 与地区经济差异的关系。FDI 在二元经济结构的形成中扮演了关键角色。这种效用可以用瑞典经济学家冈纳·缪尔达尔的累积因果循环原理加以解释。缪尔达尔根据地区间经济发展水平的差异，把一个国家分为发达地区和落后地区，通常称为地理上的二元经济结构。他假设最初一个国家每个地区都处于静止的落后状态，各地区的收入水平和利润率都相差无几。如果其中一个或几个地区因优越的自然条件或历史偶发事件或国家的倾斜政策而开始出现增长，收入和利润率差别开始拉大，那么，一个累积性的因果循环就开始了。一方面，发达地区因工资较高，年轻的、有文化、有技能的劳动者就会从落后停滞的地区流入正在蓬勃发展的地区。资金会竞相从落后地区流入发展迅速的地区，以寻求更高的利润率。企业也会从停滞地区迁移到繁荣地区，因为繁荣地区的创业和获利机会较多。由于新兴地区经济增长快，工资和利润水平持续上升，使得储蓄率和投资率高，市场旺盛，这又进一步促进了繁荣地区更快的发展。先进地区更快的发展使落后地区的人才、资本不断地向繁荣地区转移，导致该地区收入水平进一步提高。这样，发达地区就形成了一个良性的累积因果循环。另一方面，欠发达地区年轻人和具有较高技术的人才以及资本纷纷外流，结果落后地区收入水平、投资水平更低，形成了一个恶性的累积因果循环。由于上述两个循环过程的共同作用，发达地区越来越发达，不发达地区越来越相对落后，经济不平衡状况越来越突出。这就形成了一个国家内地理上的二元经济局面。缪尔达尔称这种情况为"回波效应"。

不过FDI也并非必然会造成地区发展水平差异的扩大。如果落后地区能够有效地改善自身的投资环境,那它相对较低的要素价格和国内市场相对较低的竞争水平同样可以成为吸引FDI的利器。这个时候,资本便会由发达地区向落后地区流动,FDI又成了缩小地区发展差异的工具。

第三节 外国直接投资与我国东西部差距

一、我国东西部FDI概况

在对关于FDI与经济增长的关系和FDI的决定因素的相关文献做了一个总结之后,我们将目光放回到我国。在这一部分,我们将讨论改革开放以来FDI在我国的发展状况,讨论FDI对我国经济增长,特别是对经济增长地区间差异的贡献,以及FDI在东西部之间的分布差异及其原因。

(一)FDI在我国:发展历程

改革开放伊始,我国便在东南沿海地区选择深圳、珠海、厦门、汕头四个城市建立了经济特区(Special Economic Zones, SEZs)。不过,FDI涌入中国的历程,却并非从那个时候就开始的。外资对刚刚打开国门的中国满怀疑虑,在他们眼中,投资中国仍然充满风险。那个时候,我国经济刚刚起步,虽有数目巨大的人口,然而低下的收入水平使得庞大的中国市场依然仅存在于想像中,导致水平型的FDI对投资我国缺乏兴趣;基础设施、技术和合格劳动力等方面的缺陷,以及人民币管制导致的利润汇回等方面的问题也使得垂直型FDI仍然徘徊在国门之外。表现在数据上就是到1983年我国累计实际利用外资总额仍然只有17.69亿美元,尚不及此后的1985年一年,更无法与20世纪90年代之后的数字作比较。

在图5-1中,我们画出了自1983年以来我国历年实际利用外资额变化情况。在这条折线图中可以清楚地看到,我国实际利用外资额在1992年经历了一场剧变:折线在1992年几乎是从水平扭转了90度变成了垂直向上。在此之后,除了亚洲金融危机期间增加的趋势有所下降之外,进入我国的FDI数量一直保持了稳定增长的态势。

根据图5-1,我们可以大致将FDI在我国的发展以1991、1992年为界分为两个阶段,1991年及之前为第一阶段,1992年及之后为第二阶段。除了在

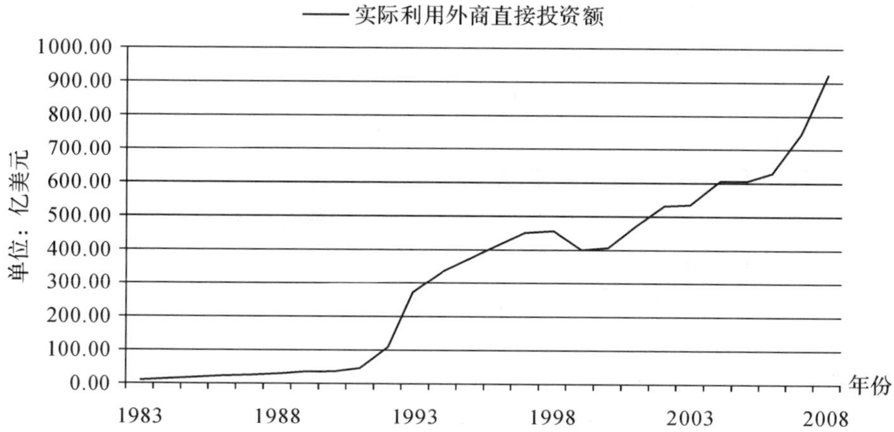

图 5-1　我国各年份实际利用外资额

来源:《新中国 60 年统计资料汇编》。本图中实际利用外资额单位为亿美元,且未经过价格调整,因此可能与本书其他部分出现数据略有差别。

绝对数量上的巨大差异外,在这几十年中,FDI 的其他特征也出现了巨大的变迁。

进入新世纪以来,我国的外商直接投资获得了长足的发展,已经从数量小、范围窄、限制多的试点阶段逐渐发展到全方位、多层次、宽领域的全面开放的格局。外商直接投资为我国的经济发展带来了巨大活力,但由于地域上的差异、社会文化环境和经济发展水平的差异以及国家政策上的倾斜等原因,我国利用外资明显呈现出"东重西轻"的局面。这种东西部两极分化的现象,既与中国非均衡的地区发展战略有关,又离不开东部地区原有的良好社会基础,加之 FDI 本身具有集聚效应,这样东部地区在利用 FDI 和地区经济发展方面,走在了西部地区的前面。

FDI 区域分布的不平衡,不仅拉大了东西部经济发展的差距,而且也加深了经济发展与投资失衡的不良循环。

(二)FDI 在我国:政策变化

1979 年 7 月,我国出台了《中华人民共和国中外合资经营企业法》,宣告我国正式对外资开放。此后几年,并没有出现外资大规模进入中国的态势,大部分跨国企业仍然在犹豫。面对这种情况,我国政府又陆续出台了各种进一步吸引外资的措施。开放的范围逐渐从原有的 4 个经济特区扩大到 14 个沿海开放城市和整个海南岛。1986 年 10 月《关于鼓励外商投资的规定》的出台更是把我国吸引外资的步伐往前推了一大步。

然而,在整个 20 世纪 80 年代,进入我国的外资数额仍然称不上巨大。其中的原因是多方面的。首先,当时我国仍处于外汇稀缺期,通常会要求外资企业在外汇上保证收支平衡,同时我国严格的外汇管制制度又使得人民币缺乏流动性,这给外商投资企业的利润汇回带来了很大的麻烦。

其次,我国的基本制度和西方国家存在较大差异,对西方企业而言,在我国投资会存在较大的产权和政策稳定性上的不确定性。这也不难理解:一个封闭了几十年的国家突然打开国门,不免会有很多人怀疑这种开放是否可以持久。在那个冷战的年代,在很多西方人眼中,社会主义国家仍然是一个未知的、充满了不确定性、私有产权完全得不到尊重的地方。

此外,我国官僚体系的行政效率对此可能也存在影响。据说当时有一些外国企业管理者总结了在和我国官员打交道时经常碰到的四个M:"麻烦(Ma Fan)"、"没有(Mei You)"、"没办法(Mei Ban Fa)"、"没关系(Mei Guan Xi)"(Beijing Review, 1992, 转引自 Chen et al., 1995)。这样的工作态度自然会降低整个官僚体系的行政效率,也影响到外资在我国投资的积极性。

20 世纪 80 年代末到 90 年代初,我国推出了一系列旨在进一步促进改革开放和吸引外资的政策。这些政策的出台,加上随着时间推移带来的投资者疑虑的减少,进入我国的外资在数量上逐渐步入了一条上升通道。

1990 年,全国人大七届三次会议通过了《中华人民共和国中外合资经营企业法》修正案,浦东新区开发亦随之开始。这段时间虽然出现过一些政治上的风波,然而 1992 年邓小平"南巡讲话"之后,几乎所有政治上的顾虑都不复存在。从 1992 年起,进入我国的 FDI 数量开始了一个爆炸性增长。

我们注意到,1988 年以前,全国 FDI 分布差异的主要原因是东西部内部 FDI 分布差距过大,特别是东部地区内部 FDI 分布差距构成了中国 FDI 地区间分布差异形成的主要原因;而 1988 年之后,全国 FDI 地区差异形成的主要原因是东部地区和西部地区的 FDI 分布差距过大。因此以省区为单位的中国 FDI 地区分布差距的总体特点是地区内部 FDI 分布差距缩小,而东西部之间分布差距则呈扩大趋势。

(三)FDI 在我国:分布类型

FDI 在我国的具体运行形式可以分为 4 种:中外合资经营企业(Equity joint Ventures, EJVs)、中外合作经营企业(Cooperative Enterprises, CEs)、外商独资企业(Wholly Foreign-owned Subsidiaries, WFS)以及沿海石油勘探(Offshore oil Exploration Ventures, OSOEVs)。最后一种类型在 FDI 总额中所占的比例很低,一直在 1%以下,因此我们将主要讨论前几种类型所占比例随时间的变化情况。

在改革开放之初,中外合作经营企业是 FDI 的最主要形式。1979 年,以此形式进入我国的FDI占所有FDI的比例高达97.20%。不过随着时间的推移这一比例迅速下降，到1990年，以中外合作经营企业形式存在的FDI占所有FDI的比例已经下降到了10%。此后虽一度略有上升，不过再也未能成为主要的FDI形式。2006年更是下降到仅占3.1%。

与中外合作经营企业形式的相对减少相对应的是中外合资经营企业和外商独资企业形式的兴起。1980年，两者所占比例尚分别仅为12.8%和3.4%，到1990年就已上升到10%和37%，2006年更是分别高达22.8%和73.4%。

我国FDI类型组成的这种变化，正反映了这段时期我国投资环境和外商对我国的信心的变化。一方面我国逐渐放开了对跨国公司在华投资的各种限制；另一方面跨国公司的投资信心也在增强，这使得外商独资和中外合资形式逐渐成为FDI的主流。

表5-1列出了我国FDI类型组成在各主要年份的变化情况。

表5-1 我国FDI类型情况

	1980年	1990年	1995年	2006年
中外合作经营	83.8%	10.0%	19.5%	3.1%
中外合资经营	12.8%	41.0%	43.6%	22.8%
外商独资企业	3.4%	37.0%	36.9%	73.4%

来源：1980—1995年数据来自Coughlin和Segev(2000)，外商直接投资数为合同金额。其余年份数据根据各年中国统计年鉴整理。外商直接投资数为实际利用外资额。

（四）FDI在我国：来源地分布

由于文化语言以及地理位置上的优势，从打开国门开始，港澳台地区就一直是我国最主要的FDI来源国。特别是香港地区，由于较澳门更发达的经济水平和较台湾更少的政治阻力，香港在很长一段时间里一直是我国内地最主要的FDI来源地。在1991年之前，有高达61.8%的FDI来自香港。此后随着西方跨国公司的进入，这个数字有所下降，但即使到了2006年，它仍高达32.1%。1991年之前，由于政治上的阻碍，来自台湾的FDI占FDI总量的比例一直不高，大约仅为2.6%。1991年，台湾正式放开对祖国大陆的投资，这一数字迅速上升，1994年就达到了10%，此后虽然由于民进党上台带来新的政治障碍等原因有所下降，但仍一直高于20世纪80年代的水平。

除了文化上的原因，投资目的也在我国FDI来源地的结构形成中起到了重要作用。在改革开放初期，进入我国的FDI基本都是以加工出口为目的的垂直型FDI，这些FDI往往来自于那些原本就以加工出口为主导产业的国家。

这些国家已经逐步完成了资本积累,劳动力成本开始上升,因而在产业的转型升级中逐渐将劳动密集型的产业转移到中国。来自包括中国香港、中国台湾、新加坡和韩国所谓亚洲四小龙的新型工业化地区的 FDI 一直在我国 FDI 来源地构成中占据极大的份额。1995 年之前,进入我国的 FDI 中有高达 71.6 的比例来自这几个地区。即使在我国经济逐渐发达,水平型 FDI 所占比例逐渐提高之后,来自这几个地区的 FDI 所占比例依然居高不下。2006 年,这一比例仍然高达 45.3%。

表 5-2 列出了 1990 年、1995 年和 2006 年各主要 FDI 来源地占我国 FDI 总额的比例情况。

表 5-2　我国 FDI 来源地情况

	1990 年	1995 年	2006 年
中国香港	54.8%	53.4%	32.1%
日本	14.4%	8.5%	7.3%
美国	13.1%	8.2%	4.5%
新加坡	1.4%	4.9%	3.6%
韩国		2.8%	6.2%
欧洲			9.1%
中国台湾		8.4%	3.4%

来源:1990 年数据来自 Chen 等(1995)。其余年份数据根据各年中国统计年鉴整理。

(五)FDI 在我国:东西部差异

如前所述,我国打开国门的进程并非是全国同步的。沿海地区,特别是分别与港澳、台湾临近的广东、福建两省,在开放上一度走在全国其他地区之前。因此不难理解,在改革之初,大部分外资都直接流向了广东、福建两省,特别是与香港毗邻的广东省。

1983 到 1986 年,有 56%的 FDI 流向了广东,5%的 FDI 流向了福建。与此相对应,作为当时我国经济最发达的两个城市,流向北京和上海的 FDI 仅分别有 8%和 7%。

外资流向集中在寥寥几个省份的情况并没有持续很久。开放政策逐渐由少数省份向全国推进,同时分税制改革也使得各地方政府有了充分的动力去吸引外资。外资流向逐步趋向平均。1995 年,流向广东的 FDI 占全国比例即下降到了 27.6%。当然这种趋向平均的趋势只是相对的,相比西部,东部在吸引外资上仍然占据了很大的优势。

总而言之,无论是 FDI 数量、来源、类型还是目的地,随着时间的流逝,都曾发生过较大的变化。从 20 世纪 90 年代初到中期的几年,则是大部分变化的重要分水岭。

二、FDI 对我国东西部差距的影响

从前文我们可以总结出 FDI 对东道国的经济发展存在着重大影响,并且在我国,FDI 地区间分布并不均衡,流向东部地区的 FDI 要远远多于西部地区。由此我们可以期望 FDI 也会是一个造成我国东西部发展差距的重要原因。

在这一章,我们将主要针对三个方面展开分析。一是 FDI 与出口。如上一章所述,东部地区在贸易,尤其是出口上的优势在东西部差距形成中起到了重要的作用。在这一章,我们将分析 FDI 在这方面所起到的作用。二是 FDI 和国内投资的关系。如本章前文所述,FDI 对国内投资可能兼具挤出和互补效应,考虑到投资长期在我国 GDP 中占据极高的份额,而国内投资又是投资的主要组成部分,要分析 FDI 对我国经济增长的长期影响,FDI 与国内投资的关系不容忽视。三是 FDI 在我国的技术溢出效应。在本章之前的论述中我们可以看到,FDI 对一国经济增长的长期影响主要体现在其技术溢出效应上,因此要充分理解 FDI 对我国经济和东西部差距形成的作用,就必须要分析 FDI 的技术溢出效应。

当然,FDI 对我国经济和我国东西部差距的影响可能远远不止这几个方面。不过,本书认为,上述几个方面是最为重要的,而且在给定本书对各种影响东西部差距的因素的划分方式的情况下,在这一章分析这几个方面也是最为合适的。

(一)FDI 与出口

从之前我们对 FDI 的分类中就可以看到 FDI 和出口之间存在密切联系:垂直型 FDI 的增加,势必会提升东道国的出口竞争力,增加其出口数量。对东道国而言,一方面出口的增加意味着其产品市场的扩展,意味着作为 GDP 组成部分的净出口项的直接提升,另一方面出口的提升对经济的长期增长也存在促进作用,比如有利于发展中国家获得进口中间品或技术所需的外汇,更多更具体的相关论述可见本书前一章。

FDI 对出口的影响可以分为直接效应和间接效应。直接效应很容易理解:以出口为目的的垂直型 FDI 的进入,直接提升了东道国的出口竞争力。以 2007 年为例,外商投资企业出口额占我国总出口额的比例高达 57.1%。与此同时外商投资企业所拥有的总资产占我国总固定资产的比例却远远小于这个数,FDI 对出口的直接效应可见一斑。当然这并不表明 FDI 对出口的净

直接效应就必然为正,FDI 利用东道国比较优势进行的出口,同样可能会对东道国企业的出口存在挤出效应。FDI 对出口影响的间接效应与我们接下来将要讨论的 FDI 技术溢出效应比较相关:FDI 的进入和活动通过各种渠道间接地提升了东道国企业在出口上的竞争力,此外,FDI 的进入也有利于国内外不同生产要素的结合,从而可能会在东道国引发要素配置上更符合其比较优势的重组,增强其在出口上的竞争力。

国内学者对 FDI 与我国出口竞争力关系的研究做得比较充分,也基本已经获得了令人满意的共识。比如在直接效应上,王剑(2005)通过建立向量误差修正模型,对长期和短期进入中国的 FDI 与中国进出口的相互关系进行实证分析,认为在长期和短期内进入中国的外国直接投资与中国的出口都是互补关系。许和连、赖明勇(2002)分别分析了 FDI 对我国出口总额、初级产品出口及工业制成品出口在短期和长期上的影响。结果发现,无论从长期还是短期来看,FDI 都对我国出口贸易存在积极影响,并且对工业制成品出口的影响要显著大于对初级产品出口的影响,这说明 FDI 改善了我国的出口商品结构,增强了我国的出口竞争力。在间接效应上,宋延武等(2007)利用 1985—2004 年数据的分析结果表明,外资在一定程度上促进了中国商品出口结构的优化,但在出口竞争力上的影响则因行业而异。此外,廖力平、刘春雷(2005)和蔡小勇、余子鹏(2005)在分析 FDI 与我国出口的关系之余,也分析了这种关系在我国不同地区间的差异,他们的结果一致认为,FDI 对我国出口的影响在东部和西部地区较高,而在中部地区相对较低。这可能跟东部沿海西部沿边均存在有利于出口的条件有关。具体来说,中部地区的 FDI 企业内销的部分比东部地区大,这会减少 FDI 对出口的带动作用。另外,中部地区受计划体制的影响严重,不利于 FDI 外溢效应发挥作用。西部地区经济发展水平较落后,对外开放起点低,FDI 的外溢效应必然大一些,同时,中央的西部大开发战略也放大了外溢效应。东部地区在我国率先进行改革开放,经济较发达,FDI 的外溢效应有一个递减趋势。另外,东部地区的 FDI 企业对外出口的比例大于西部及中部地区,这两种因素共同作用使东部地区 FDI 的边际效应居于中间位置。

总的来说,现有的研究无论从理论分析还是从实证研究看,都有力地说明了在我国 FDI 促进了出口的增长。实际上我们在上一章的实证结果也说明了 FDI 对出口的促进作用的存在,虽然这种影响在不同时段可能存在着差异。

(二)FDI 与国内投资

对资本稀缺的不发达国家而言,FDI 的进入对缓解资金饥渴、促进经济增长是十分重要的。在改革开放之初，我国面临的正是资金尤其是外汇不足的窘境，吸引外资的重要性几乎是整个社会的共识。当我国经济逐渐走上高速发展的道路，特别是当近年来我国外汇储备连年增加、资金不足早已不再成为制约我国经济发展的因素时，对 FDI 与我国经济发展的再思考开始增加。在这种背景下，研究 FDI 与国内投资之间是互补还是替代的关系便显得重要起来。

从东道国的角度来看，FDI 对国内投资的潜在影响大致可归结为三种：第一种为挤入效应(crowding-in)，即 FDI 的流入带动了国内投资，使国内总投资的增量超过 FDI 本身的增量，或者说 FDI 与国内投资存在互补关系；第二种为挤出效应(crowding-out)，即 FDI 的流入阻碍或抑制了国内投资，从而使国内总投资的增量小于 FDI 流入量；第三种为中性效应，即 FDI 的增量引致国内总投资等量增加，或者说 FDI 对国内投资无数量上影响，国内投资既不增加，也不减少。很显然，这三种效应中哪种效应占主导，对东道国的经济、社会甚至政治将会产生不同影响。

比较静态分析表明，FDI 特征、国内企业特征以及行业特征影响 FDI 产业内挤出(入)效应的强度。一般来说，FDI 外溢效应越明显，外国子公司的生产成本越高，FDI 产业内挤出效应越弱或挤入效应越强；反之亦然。国内企业生产成本越低、初始企业数量越大的行业，FDI 产业内挤出效应越弱或挤入效应越强；反之，则挤出效应越强或挤入效应越弱。从市场特征来看，潜在市场规模越小、需求弹性越大的行业，FDI 产业内挤出效应越小；反之挤出效应越大。

纯粹的理论分析并不能确定 FDI 对东道国国内投资的净效应是正还是负，因此相关的研究一般都强调对实际数据的观察分析。从当前已有的实证研究看，FDI 与我国国内投资研究的关系复杂而且存在争议。杨柳勇、沈国良(2002)较早的实证研究表明，FDI 在短期内对国内投资存在积极的影响，但从长期看，挤出效应较为显著。此后王志鹏、李子奈(2004)对杨柳勇、沈国良(2002)的结果从数据、方法上都提出了一定的质疑。他们改进后的结果则表明，从全国范围看，我国 FDI 和国内投资的关系并不显著；从各地区看，东部存在明显的挤出效应，中部恰好与之相反，西部则介于两者之间。

在比较新的文献中，程培堽等(2009)先通过构建理论模型分析了 FDI 对国内投资的净效应，认为会存在某个临界值，当 FDI 数量超过此临界值时，挤出效应就会占主导地位。此后他们对我国 FDI 和国内投资的数据展开的实证研究表明，我国的 FDI 数量已经超过了此临界值，换句话说，FDI 对我国的国内投资存在净的挤出作用。他们的研究表明，我国 FDI 每增加 1%，就会导致国内投资减少 1.07%。雷辉(2006)则针对我国不同地区分别研究了 FDI 对国内投资的挤出效应,结果略有不同。他认为,FDI 对国内投资的挤出效应在我国不同地区存在差异,在东部和西部地区表现出了净的挤出效应,而在中部地区则与之相反。在中部地区,FDI 的进入不仅没有挤出国内投资,反而吸引了更多的投资进入。在张望(2009)的研究中,FDI 与我国国内投资的关系则呈现出了一副更为复杂的景象:它不仅在不同空间上存在差异,在不同时间上也会变化。他认为,1985—2006 年间,FDI 在全国范围和东部对国内投资都存在净的挤出效应,而在中部则一直是与之相反的净挤入效应。在西部情况更为复杂:以 1998 年为界,之前是显著的挤出效应,之后却出现了逆转。他把这种逆转的原因归结为西部大开发战略的实施。

总的来说,从当前研究看,FDI 与我国国内投资的关系仍然呈现出一副复杂而混沌的模糊景象,过往的研究不能告诉我们明确的答案。不过即使 FDI 对国内投资存在负的基础效用,如果考虑 FDI 的技术溢出,FDI 对我国经济增长的净效应仍然可能是正的。事实上,FDI 可能的技术溢出亦是我国“以市场换技术”吸引外资政策的理论依据所在。因此,本章将不会把此后实证研究的重点放在 FDI 和国内投资的关系上,相反,我们更关注 FDI 的技术溢出情况。

(三)FDI 与技术溢出

FDI 对东道国生产率的影响可分为两个部分,一是 FDI 本身较高的技术水平提高了东道国产业平均的生产率,二是 FDI 的进入,通过与国内企业间的沟通互动、竞争加剧、示范效应以及人员流动等方式促进了国内企业生产率的提高。后者就是我们通常所谓的 FDI 技术溢出。FDI 技术溢出是一种经济外部性的表现。技术溢出可以通过很多不同的途径来实现,如国际贸易、国际合作以及国际间技术援助与技术转移等,但作为发展中国家的东道国来说,FDI 无疑是最有吸引力的途径,通过外商直接投资,东道国可以获得别的途径可能难以获得的技术转移。尽管跨国公司本身希望在公司内部保守秘密,但技术外溢效应仍可能产生。FDI 的技术溢出是决定 FDI 是否对东道国经济发展存在正外部性的关键(王志鹏、李子奈,2004)。因此我们认为,要研究 FDI 对我国经济整体发展和地区发展差异的影响,对 FDI 技术溢出效应的研究应当成为分析的重点。

根据对 FDI 溢出效应实证研究的发展历程,一般认为最早的实证研究者是哈佛大学的 Caves 教授。他证明了澳大利亚制造业的行业生产率与 FDI 吸收值呈正相关关系,该国 FDI 存在正的溢出效应。同时也存在相反的经验研究结论,其发现 FDI 对一国的经济增长产生负面的效应。另外还有一些使用企业面板数据的研究也得出了FDI对经济增长会产生负面影响的结论。近年来，随着跨国公司在华投资份额上升，对我国的FDI溢出效应的研究也成为热点。很多学者认为FDI的溢出效应存在显著的门槛现象，只有经济发展到一定水平后，FDI的溢出效应才会发生显著的跳跃，进入更高的层次。

FDI技术溢出效应形成的内在机制主要有行业内竞争、行业间的链接以及人才培训与流动等。

首先，竞争是FDI产生溢出效应的主要机制。竞争的主体主要包括外国直接投资者、新加入的外国直接投资者和东道国企业，三者之间相互竞争促进溢出效应的产生，竞争体现在外国投资者和国内厂商、外国投资者之间两个层面的竞争。通过竞争，促进了溢出效应的产生。

其次，链接效应也促进FDI溢出效应的产生。链接效应指外资企业进行产业链布局时会将产业链的某一环节放在东道国，这就必须满足东道国的相关要求，在跨国公司实施战略的时候就产生了溢出效应。

再次，人才流动是跨国公司产生溢出效应的重要机制。跨国公司对东道国人才进行培训，把相关技术、理念传递给员工，这样员工在流动的过程中，可以把技术、管理、理念等在东道国传播，达到技术溢出的效果。

以往研究多从外资企业角度出发，近年不少学者开始从东道国角度出发，研究东道国自身的吸收能力对FDI溢出效应的影响作用。吸收能力即赖以实施一项新技术的能力。吸收能力低或者在吸收新技术方面投入少的国家要比投入多的国家的产出低。最早研究企业吸收能力的是Cohen & Levinthal(1990)，他们认为企业研发投入对其技术进步的影响表现在两方面：研发成功直接促进了技术进步；企业研发投入增强了企业对外来技术的吸收、学习、模仿能力，使企业拥有更强的技术能力去吸收外部技术扩散。在此基础上，学者们通过研究东道国的吸收能力与溢出效应之间的关系来解释FDI技术溢出效应假设检验的差异，并且从众多因素，如研发、人力资本、金融市场、知识产权保护等多个角度来诠释吸收能力的概念、内涵和影响作用。

FDI技术溢出无论是有、无，甚至是存在负的技术溢出，我们都可以找到相应的理论解释，因此在实际工作中，研究者通常把目光集中于对现实数据的分析，试图从中找出对FDI技术溢出或肯定或否定的证据。

然而，当前研究给出的证据却多多少少有些复杂，FDI的溢出效应随着时间的变化也在变化。比如赵奇伟、张诚(2006)对针对京津冀都市圈的实证研究结果表明，FDI的溢出效应经历了显著为正、不显著、显著为负三个阶段。他们认为这个结果表明外资的溢出效应存在某种边际递减的规律：当外资数目增加，其边际的溢出效应越来越低，以至于低于对国内资本的挤出效应，使得总效应为负。刘宇(2006)针对全国范围研究的结果与此类似:他发现FDI对我国全要素生产率的影响以1992年为界发生了显著的下降。在微观层面上,Liu(2008)发现,FDI的存在对企业行业生产率的影响在短期内是负面的,而在长期内则是正面的。他认为这反映了企业吸收FDI溢出的技术需要付出一定的成本。Hu & Jefferson(2002)的结果与此类似:他们发现FDI在短期内恶化了我国纺织和电子行业国内企业的生存环境,降低了国内企业的市场占有率,甚至导致了一些企业的破产,然而从长期看,那些能够在激烈的竞争中生存下来的企业最终将会从FDI的进入中学到新的技术和组织,从而提高自身的竞争力。

不同渠道的溢出效应也存在差异。邱斌等(2008)考察了FDI技术溢出在水平(同行业)、前向(上游FDI向下游国内企业)、后向(下游FDI向上游国内企业)上的表现,认为FDI技术溢出在总体上是存在的,但这种溢出在不同条件下表现不一:后向关联对技术进步的作用最大,前向则不明显,水平关联存在技术溢出,但其实现方式又与后向不同。方健雯(2009)的经验研究却得出了不完全相同的结果:她认为,我国FDI的溢出效应,无论在水平、后向还是前向上都是相当显著的。不过她的研究同时也发现FDI的溢出效应存在边际递减的现象,换句话说,可能存在某个溢出效应最大化的FDI量,当FDI超过此量时,溢出效应可能会逆转。袁诚、陆挺(2005)则针对技术溢出中的管理知识溢出进行了研究,发现中国民营企业家在三资企业工作的经历对企业业绩的表现存在一定影响,但这影响并不十分显著,他们也进一步提出了对此的解释和政策建议。Cheung & Lin(2004)发现FDI数量对我国的专利申请量存在显著影响,并且这种影响主要集中在外观专利上。据此,他们认为FDI在我国存在显著的技术溢出,且这种溢出的主要渠道是示范效应。

溢出效应在不同地区间也会不同。张宇(2008)发现,FDI的技术溢出在东南沿海和中西部地区都十分明显,但在东北和西北地区,FDI的流入甚至对这些地区的经济发展和技术进步存在负面作用。这种差异可能是地区发展差异的原因,也可能是它的结果,甚至互为因果,至少我们知道这两者存在相关。

行业特征也会影响FDI的溢出效应。国际上针对外国直接投资对东道国溢出效应的研究已经开展了几十年,进入20世纪90年代以来这一领域的研究成果更是层出不穷。Liu(2002)以深圳企业级的数据发现FDI的溢出效应只在制造业比较明显。黄静(2007)则发现,市场集中度较高,内资企业规模较大的行业FDI溢出效应发挥得较为充分。周燕、齐中英(2005)同样分析了行业特征对FDI溢出效应的影响,发现行业内内外资企业差距较小,同时外资相应的能力水平较高时,溢出效应更易发生。陈涛涛、白晓晴(2004)也到得了类似结果。这个结果并不令人吃惊，我们已经知道学习能力对于 FDI 溢出效应的充分发挥是十分重要的。

FDI 的溢出效应甚至在不同所有制的企业间都存在差异：赵国庆、张中元(2008)研究了我国高技术产业的 FDI 溢出效应，发现整体上而言，FDI 溢出效应十分明显，然而当把研究范围集中到国有企业时，FDI 非但没有技术溢出，反而降低了国有企业的技术进步率。

此外，王永齐(2006)强调金融市场在 FDI 溢出过程中的作用，认为一个发达有效的金融市场会使东道国更充分地利用 FDI 的溢出效应，反之，当金融市场不发达时，FDI 的溢出效应往往会因为融资约束问题而不能得到充分利用。此后，赵奇伟、张诚(2007)特别研究了金融深化程度与 FDI 技术溢出效应的关系，认为我国金融市场发展的滞后使民营企业面临严重的融资约束，也严重制约了 FDI 溢出效应的充分发挥。

此外，跨国公司同东道国经济联系紧密，人才的自由流动，当地教育水平的提高以及基础设施的完善也会对 FDI 技术溢出的发生产生积极的影响。

综合来说，无论这些结果如何变化，我们发现在改革初期 FDI 的技术溢出效应至少在大部分行业是显著存在的，并且在数值上也是不可忽略的。本书的目的并不是细究 FDI 溢出效应的详细微观机理或影响条件，因为我们只是想知道它是否在我国地区发展差异的形成中起到了一定的作用。那么，综合之前对我国 FDI 在时间上的发展和空间上的分布的研究，我们已经可以说，这个问题的答案应当是肯定的。

第四节　我国各地区 FDI 分布影响因素——基于省级数据的实证分析

在这一部分，我们将通过实证的方法研究 FDI 在我国不同地区间分布的决定因素。我们将逻辑链的另外半条——FDI 对我国经济增长的影响放到下一章“人力资本部分”一起分析。

一、变量说明

在之前的理论分析中，我们已经总结出了决定一地区对 FDI 吸引力的七大要素：运输成本、市场规模、集聚效应、要素成本、投资环境、财政激励、开放程度。根据这种分类方法，我们逐一讨论将被纳入到回归分析中的变量。

(一)运输成本

我们无法直接观察运输成本。研究中常用离岸价格和到岸价格的差距来代表运输成本。不过这种方法一般用在双边样本的研究中,并且我们现有的数据也不允许我们采用这种方法。一个替代性的方法是采用交通基础设施变量来控制运输成本,然而我们在这里讨论的运输成本是指一地区对外的运输成本,而交通基础设施更多的是在决定内部运输成本,因而与投资环境更相关。还有一个可行的方法是控制地理环境相关的虚拟变量来控制运输成本,比如是否沿海、是否沿边等,但这些变量随时间不变,不能反映运输成本的变化,也无法引入到固定效应面板数据回归中。因此我们不会在回归分析中直接引入运输成本,而是通过对其他变量的观察来判断运输成本对 FDI 的影响。这些变量主要包括 RoadpSize、公路总里程与省区面积的比以及 East、东部地区虚拟变量。

(二)市场规模

一个自然的市场规模变量便是 GDP。不过当我们使用省级 GDP 变量代表此省区时,我们实际上隐含地假设了不同省区间市场是彼此完全分割的。虽然至少在过去的大部分时间内市场分割在我国的确是个比较严重的问题,因而这个假设可能问题不大,但在一些比较小的省级行政区中,这个假设问题可能会更大。此外,即使在一些比较大的省区中,FDI 看重的可能也并非是此省当地的市场,而是邻近省市的市场。比如江苏的昆山,在很大程度上针对的便是上海。选址于河北的 FDI,其针对的也可能是北京市场。

即使有这些问题,GDP 规模仍然是我们能找到的最好的市场规模变量。因此我们在回归分析中引入了它的对数值 lnGDP。

(三)集聚效应

直观地反映集聚效应的变量便是滞后的累积 FDI。不过如果直接使用累积的话会带来比较严重的多重共线性问题,因此我们使用了一个相对量:累积 FDI/实物资本存量 FDIpCapital。如果集聚效应对 FDI 选址存在显著影响的话,那这个变量的系数应当是显著为正的。

(四)要素成本

最重要的要素成本自然是劳动力成本,也就是工资水平。我们在回归分析中引入了相应省份的平均工资水平的对数值 lnWage。不过如我们之前所述,单一的工资水平反映的不仅仅是更高的劳动力成本,也可能是更高的劳动力素质,因此我们同时还引入了一个人力资本变量 HumanCapital 以控制劳动力素质——每万人在校大学生数。

(五)投资环境

投资环境是个复杂的概念。不过考虑到是针对同一国家数据在做研究，我们有理由认为不同地区间制度上的投资环境差异不大，因此只需要考虑硬件设施不同带来的地区投资环境差异。同时我们也引入了时期虚拟变量以控制投资环境在时间上的变化。对于前者，我们使用的变量是劳均实物资本存量(实物资本存量/职工人数，InvestpWorker)，对于后者，我们引入了一个时期虚拟变量 t1992，在 1991 年及之前，这个变量为 0，反之为 1。

(六)开放程度

进口或出口总额/GDP 是一个常用也方便的开放程度衡量变量。我们使用了出口总额/GDP(ExportpGDP)来衡量开放程度。这个变量衡量的可能不仅仅是开放程度。考虑到我们前一章的分析，较低的运输成本有利于出口的增长。因此这个变量也在一定程度上控制了我们未能直接观察的运输成本差异。

(七)财政激励

如前所述，这个变量并未在实际研究中表现出预期的显著，而且多年来各地通过的吸引外资政策层出不穷，很多政策诸如较低价的土地供应更是很难用具体的数字来衡量。我们难以对这些政策作出遍览和准确的估计，因此没有在回归分析中引入这个变量。

对一些可能有疑惑的变量的详细描述我们统一放在附录中。

我们具体采用的回归方程式如下：

$$\begin{aligned}\text{InFDI}_{it} = {} & \alpha_i + \beta_1 \ln\text{GDP}_{it-1} + \beta_2 \text{HumanCapital}_{it-1} + \beta_3 \text{InWage}_{it-1} \\ & + \beta_4 \text{InRoadpSize}_{it-1} + \beta_5 \text{ExportpGDP}_{it-1} + \beta_6 \text{FDIpCapital}_{it-1} \\ & + \beta_7 \text{InvestpWorker}_{it-1} + \varepsilon_{it} \end{aligned} \tag{5-1}$$

下标的 i 和 t 分表代表时间和地区。$t-1$ 表示滞后一阶。

二、回归分析

我们将回归分析结果统一报告在表 5-3 中。

表 5-3 回归分析结果

被解释变量 $\ln\text{FDI}_{it}$	(1)	(2)	(3)	(4)	(5)
$\ln\text{GDP}_{it-1}$	3.664*** (8.21)	3.264*** (7.09)	1.422*** (2.71)	0.873* (1.66)	0.825*** (5.82)

续 表

被解释变量 $\ln FDI_{it}$	(1)	(2)	(3)	(4)	(5)
$HumanCapital_{it-1}$		−0.018*** (−5.36)	−0.006** (−2.06)	−0.009* (−1.74)	−0.002 (−0.43)
$HumanCapital_{it-1}*t1992$				0.001 (0.19)	−0.0002 (−0.04)
$\ln Wage_{it-1}$	−1.252** (−2.10)	−0.087 (−0.14)	0.736 (1.21)	0.750 (1.31)	0.345 (1.30)
$\ln RoadpSize_{it-1}$	−0.330 (−0.98)	−0.253 (−0.70)	0.022 (0.07)	−0.198 (−0.70)	0.414** (2.46)
$ExportpGDP_{it-1}$	0.462*** (2.87)	0.625*** (3.63)	0.378*** (2.65)	−0.091 (−0.46)	−0.085 (−0.46)
$ExportpGDP_{it-1}*t1992$				0.516*** (2.87)	0.452** (2.50)
$FDIpCapital_{it-1}$	32.278*** (3.11)	37.379*** (3.07)	30.084*** (3.12)	17.924* (1.93)	25.676*** (3.44)
$InvestpWorker_{it-1}$	0.051 (1.33)	0.126*** (2.58)	−0.044 (−1.00)	1.424*** (4.98)	1.277*** (4.59)
$InvestpWorker_{it-1}*t1992$				−1.356*** (−4.94)	−1.267*** (−4.68)
t1992			1.837*** (10.69)	4.738*** (7.42)	4.576*** (6-66)
East					0.399 (1.40)
Within R^2	0.7034	0.7279	0.7887	0.8133	0.8110
F 检验值	137.16	122.75	178.89	151.12	1983.39
观测数	582	566	566	566	566

注:前四列回归方法为面板数据固定效应回归,第五列为面板数据随机效应回归。表格内数值为回归分析所得到的相应变量的系数值,* 表示在10%程度上显著,** 表示在5%程度上显著,*** 表示在1%程度上显著。括号内数值为t检验值。本表内报告的t检验值均为异方差稳健统计量。回归分析包含常数项,虽然我们并未在表中报告。

除第五列外,我们采用的回归方法均为面板数据固定效应回归。Hausman检验支持了我们的做法。之所以在第五列中采用面板数据随机效应回归的方法，只是为了引入一个地区虚拟变量，我们也认为前四列回归结果的参考价值要高于第五列。

我们在第三列开始引入时期虚拟变量t1992。由于第三列和之前回归结果的差异，我们又引入了时期虚拟变量与人力资本、开放度和劳均实物资本的交叉项。

下面我们逐一讨论各个变量的情况。

（一）市场规模

GDP变量在所有回归中都显著为正，但对此是否代表了较大的本地市场对FDI存在较大吸引力我们依然存有疑问。如果较大的市场果真如此重要的话，那么显著降低地区内运输成本的良好交通基础设施也应当能吸引更多FDI，然而我们看到相应变量的系数却在第五列之外的其余回归中均未表现出任何显著性。

在转型期的中国，更高的GDP很有可能也跟更佳的政府工作效率、更成熟的制度环境等我们在回归分析中无法控制的变量有关，我们认为，GDP在回归分析中显著为正可能跟这些因素对FDI的吸引力有关。

（二）劳动力成本

在第一列回归中我们仅将工资水平作为人力成本变量纳入到回归中。在其余各列中我们同时纳入了人力资本变量以控制劳动力素质状况。不出我们所料，当控制劳动力素质之后，工资水平变量不再显著。换言之，工资水平变量系数在第一列回归中所表现出的显著为负更多是来自随工资水平同步变化的劳动力素质情况。

不过出乎我们意料的是，人力资本变量的系数在除第五列外的所有回归中均显著为负，也就是说，FDI更倾向于投向劳动力素质较低的地区。我们认为这或许反映了在我国FDI更多关注低成本简单劳动力，而对较高层次的劳动力兴趣不大。另一方面，劳动力素质较高的地区可能本地企业竞争力也较强，不利于FDI进入。

（三）开放程度

我们采用的开放程度变量——出口额/GDP在各个回归中均表现出了显著。不过当我们引入它与t1992的交叉项时，就只有交叉项的系数仍然是显著的。这意味着开放程度对FDI的影响事实上仅在1992年之后成立。

（四）集聚效应

集聚效应变量在所有回归中均显著为正。这可能是因为FDI会共用一些要素或基础设施,因此会有一些外部规模效应存在,也可能是过去的 FDI 决策对当前和未来 FDI 产生一个强烈的信号:先行者的选择和此后的生存清楚地表明此地在各种环境上的优越性,因此简单地选择模仿是降低搜寻和决策成本的好方法。

集聚效应的存在意味着,在过去吸引 FDI 较多的省份,在未来也会吸引更多的 FDI。如果 FDI 对经济增长的作用在时间上保持稳定,那么它就会带来地区间差异的日益扩大。

(五)投资环境

回归中劳均实物资本量系数尤其令我们惊异:在第四列回归中,劳均资本量和它与 t1992 交叉项的系数在符号上相反,而在绝对值上几乎相等。换言之,在 1992 年之前,劳均实物资本越多的地区会吸引越多的 FDI,然而在 1992 年之后,劳均实物资本对 FDI 毫无吸引力。如果我们认为劳均实物资本也能反映一地区的制度和社会环境,即使对本地投资而言,这些因素也是十分重要的。这或许说明在邓小平"南巡讲话"之后 FDI 对中国的投资环境再无疑虑,因而投资环境差异也不再是 FDI 选择地点时的考虑因素。t1992 系数的显著为正,对我们的这个判断也是一个支持。

(六)运输成本

我们无法在回归中直接引入运输成本要素。不过我们仍然可以做些简单的观察。首先根据我们之前的假设,运输成本的降低有助于一地区出口的增加,因此如果运输成本的降低会提高一地区对 FDI 的吸引力的话,那么我们所用的开放程度变量——出口/GDP 的系数应当显著为正。然而我们已经看到,这个系数实际上只在 1992 年之后显著。此外,如果开放程度变量并非是对运输成本的良好代理变量,那么考虑到东部地区因沿海而相对西部在运输成本上的明显优势,东部虚拟变量也可能是运输成本的良好代理变量。但在控制以上变量之后,当我们在回归中引入东部虚拟变量时,这个变量的系数并不显著。也就是说,即使运输成本在我国 FDI 选择投资地时是重要的决策指标,那这个指标也仅在 1992 年之后重要。

(七)其他

时期虚拟变量 t1992 及其与各其他变量的交叉项系数在回归中的表现或许需要特别关注。首先,t1992 系数显著为正,这说明 1992 年之后我国对 FDI 的吸引力显著增强,这与我们对图 5-1 的观察是一致的。我们认为这主要是源于邓小平南巡讲话之后我国未来发展路线的确立,也说明了政策上的稳定和可预期性对 FDI 来说至关重要。特别是考虑到我国的政治制度与西方国家截然不同,来自西方国家的跨国企业很难在短时间内理解我国政策的决策过程,因此对它们而言任何政策上的不确定性都是十分危险的。

t1992 与开放程度和劳均实物资本量交叉项的系数也在回归中显著为正,这说明在以 1992 年为界的两个不同阶段内,进入我国的 FDI 不仅在绝对数量上发生了很大的变化,在其投资地选择的决策机理上同样发生了极大的变化。1992 年之后进入我国的 FDI 不再关注劳均资本量,而开始关注开放程度。

此外,东西部虚拟变量在回归中未能表现出任何显著性,这说明我们控制的变量已经足以解释东西部过去在对 FDI 吸引力上的差距了。

第五节　结论性评述

在这一章中,我们分析了 FDI 在我国东西部发展差异形成中的作用,首先从理论上概述了 FDI 在不同地区间分布的决定因素、FDI 对一地区经济发展的作用和 FDI 与地区发展差异的关系。此后,我们以实证的方法分析了 FDI 在我国不同地区间分布的决定因素。

虽然在某些细节方面仍存在一些争议,但过往的研究仍然几乎一致地印证了 FDI 对我国经济增长的重要作用。

分析表明,决定 FDI 在我国地区间分布差异的因素包括地区间 GDP 差异、人力资本差异、开放程度差异、劳均实物资本存量差异以及过往 FDI 存量的差异等。人力资本的系数令人吃惊地显著为负,这可能反映了过去进入我国的 FDI 大多只是将我国当成一个生产车间来看待,因而并不关注投资地高教育水准劳动力的供应状况,甚至高教育水准劳动力的存在还会带来本地企业更强的竞争力,从而不利于跨国公司在本地业务的开展。若果真如此,那 FDI 在我国的技术溢出规模或值得怀疑,此外人力资本变量在 1992 年前后的系数也存在变化,这提示我们 FDI 投资的目的,从而 FDI 的溢出效应在不同时期内或许也存在差异。我们在下一章将会对此展开更详细的分析。

GDP 越高、过往 FDI 存量越多的地区对 FDI 吸引力越大。这两条渠道的存在,都意味着 FDI 的进入可能会和 GDP 增长形成一条闭合的逻辑链。经济越发达的地区会吸引越多的 FDI,而较高的 FDI 存量本身就是对更多 FDI 的一个强烈信号,会吸引更多 FDI 追随而来。同时 FDI 对经济增长的促进作用又会抬高 GDP,从而在未来创造更多的 GDP。

由此我们认为,这条闭合逻辑链的存在正是过去我国地区间 FDI 分布和地区发展差异越拉越大的重要原因。要跳出这个死循环,对欠发达地区而言就只有两个选择:要么找到另外的足以吸引 FDI 带来的渠道,要么就在 FDI 之外去寻找其他的经济增长动力。

不少地区使用的都是前一种方法,这也是过去一段时间我国各种地方性的科技园等外资税收优惠政策层出不穷的主要原因之一。然而我们已经知道对试图长期投资的 FDI 而言,财政激励并非是它们选择投资地的最关键因素之一,因此这些税收或其他要素价格上的优惠究竟有多少成效尚值得怀疑,并且即使它们真的有效,也只会造成我国地区间的恶性竞争,带来内外资竞争环境的不公平,而在长期损害到整体经济的发展。因此我国应该避免单一的财政激励政策,而着眼于其他 FDI 影响因素的改进。为了更好地引进外资和有效地利用外资,我们针对东西部 FDI 的引入分别提出几点建议。

一、针对东部地区引入 FDI 的建议

东部地区应把引进重心放在引进外资的质量上,提高引进外资的技术溢出效应,企业应加强行业内的合作,提高国内企业自身技术开发能力。

我国东部地区应该把引进外资的重心放在通过国际分工获得外国公司的先进技术、加强本国企业的国际竞争力上。在合作合资过程中,外资企业凭借其技术实力、资金实力、知识产权和销售网络等经营资源的压倒优势,掌握了经营主导权,控制着核心技术和主要工序,只把劳动密集型部分交给中方。因此中方生产部分的附加价值相对少,利益分配严重失衡,在这种劣势下,中国企业的产品研发能力变得越来越弱。对于与外资企业竞争的内资企业而言,由于政府曾一度在国内税收制度等方面对外资实施一定程度的优惠政策,使其在与外资竞争中更处于劣势。为了保有市场份额,企业往往会利用价格优势吸引顾客,从而挤压利润空间,使技术研发资金进一步紧缺。所以,政府应该在东部地区制定更公平的法律制度,全面废除外资企业的"超国民待遇",使外国企业与国内企业能够公平竞争,还要把工作重点放在引进外资的质量上,而不仅仅是外商对华投资的数量。内资企业则应该加强自身的技术开发能力,在获得资金寻求发展的时候,不能盲目多样化,如彩电企业由于连年价格大战,利润空间受到挤压,又由于本身很少享有关键的核心技术,成本降低的空间小,一味降价最终受伤的还是自己。于是,不少企业后来选择进军小家电、空调、手机等行业,意图通过经营多样化,另辟利润空间。这样做的结果往往于事无补。因为需求并没有扩大很多,而供应量却随着新的投资在猛长,最后的结果只能是使这些行业的竞争更加激烈,导致新的行业内的恶性竞争。因此,在面对这样的困境时,企业应该把资金投入到技术开发中去,努力掌握

核心技术，降低成本。如果一个企业的资金能力不足，则企业间可以通过建立托拉斯型公司，对愿意加盟的企业进行资产评估，使其变成新企业的股份，按股份多少和经营能力的强弱组织董事会和经营管理机构，然后对新的公司做全盘规划。最好是把这种技术研发机构设立在发达国家，这样可以获取发达国家最先进的技术、资料、人才。这是近年来在对外投资方面的一个新的理论创新，认为导致对外投资的一种新的原因，在于获取被投资国的优势资源，尤其是技术资源，这与传统的对外直接投资理论是不同的。

二、针对西部地区引入 FDI 的建议

1. 进一步开放中西部市场，降低服务行业的准入门槛，允许外商在西部地区采用多种投资模式

实证分析已经表明，市场规模是影响外资区位选择的重要因素，因此进一步放宽外商在中西部地区的投资领域对于吸引外资有着积极的引导作用。当前，我国对于外商投资行业以及投资模式仍然存在不少限制，尤其是服务行业市场准入门槛更高。例如，外资进入银行业就面临着较高的注册资本要求、复杂的审批程序、严格的股份比例条款，还有业务范围的限制。在投资模式方面，目前外资在中国仍然以绿地投资为主，尽管每年跨国并购已占全球 FDI 总额的 60% 以上，但在中国，通过并购模式进入中国市场的外商投资占我国 FDI 总额的比重在 2004 年以前一直都徘徊在 3%～7%之间，即使近几年也不过 10% 左右。究其原因，主要是因为对于并购领域的限制较多。例如，在已经出台的《关于外国投资者并购境内企业的规定》和《反垄断法》中，我国规定，凡是外资并购涉及国家经济安全的，都需要经过特别审查，而那些涉及国内重点行业和驰名商标的并购事件，则需要经过商务部的审批。这些法律法规缩小了外商并购的行业领域，抑制了外商的投资热情。为了鼓励外商来中西部地区投资的积极性，笔者建议，能否在西部地区优先开放服务领域，降低投资门槛，允许外商采用多种投资模式进入西部市场。只有市场扩大了，外资来中西部投资的积极性才会提高，尤其是那些寻求市场型的 FDI，他们对于市场规模的扩大反应会更灵敏。

2. 增加西部地区高等教育资金的投入力度，培养高素质的实用型人才，完善对家庭经济困难学生的资助政策

根据前面的实证分析结果，高素质的劳动力是影响外资区位选择的一个显著因素。事实也证明，西部地区高校数量、高校毕业生人数最多的几个省，如陕西、四川，恰恰也是近年来吸引外资较多的省份，这不能不说明劳动力素质对于吸引外资的作用。尽管我国每年的高校毕业生人数达数百万，许多外

资企业仍然抱怨"一将难求"。因此,提高劳动力素质、培养适用型人才、技能型人才和创新型人才是吸引外资的必要条件。另外,当前西部地区贫困生因无力支付学费而辍学的现象仍然较多,所以应该出台完善的贫困生资助政策和措施,逐步加大对家庭经济困难学生的资助力度,鼓励社会团体和公民个人对困难学生进行资助。

3. 进一步改善中西部地区基础设施的质量,为吸引外资创造良好的投资环境

相对于东部沿海地区而言,内陆地区在吸引外资方面有一个先天的劣势,就是地理位置不临海,因而会增加外商投资企业的运输成本。尽管中西部地区有着自然资源丰富、劳动力成本低、工资水平低的优势,但是远离海港、运输成本高仍是中西部地区在吸引外资方面的不利条件。当然,基础设施不仅包含交通运输条件,还包括能源、水电煤气的供应、邮电通讯、给水排水。前面的实证分析已经表明,基础设施是否完善是影响外资区位选择的一个重要因素。因此加大基础设施建设的投资力度,为外资创造更好的投资环境,能够在一定程度上弥补中西部地区在地理位置上的不利。

4. 西部应当优先进行制度创新,改善引进外商直接投资的制度环境。各个地区在经济发展中都应注重制度建设,特别是投资"软"环境的改善

西部地区在投资的硬环境方面大大落后于东部沿海地区,与投资东部沿海地区相比,无疑会额外增加外商的投资成本。因此,要想加快和扩大西部吸收外商投资的速度和规模,必须做到"优势不足,政策补足"。中央政府和地方政府应优先进行制度创新,尽快出台有关外商直接投资的一系列新的政策规定,其中包括土地使用权的相关规定、信贷方面的配套优惠措施、对高新技术项目的优惠政策、税费方面的相关策等。同时,加大对西部地区的政策倾斜力度,仅仅进行一般性的政策倾斜,或给予与沿海地区同等的优惠政策都远远不够,必须加大吸收外商投资的政策倾斜度,以良好的政策环境促使其内在的潜力和优势得以充分发挥。制定政策优惠力度所应遵循的基本原则是外商投资于西部的平均成本应低于同等资金投资于东部地区的平均成本。这样,外商投资的利润回报才会增加,才会对外商投资形成一种真正强大的吸引力。

5. 充分发挥西部地区的劳动力和自然资源丰富的比较优势

一般来讲,拥有丰富的低成本劳动力并建立出口导向贸易体制的国家或地区可以通过吸引出口导向型投资活动显著地推动就业与经济的增长。在未来相当长的时期内,西部地区低廉劳动力的成本优势依然存在。因此,根据要素禀赋决定的比较优势原则,应把握我国产业由东部向中西部转移的浪潮,大力引导 FDI 投向那些具有劳动密集倾向的产业,以充分利用西部地区低廉的

劳动力，从而增加就业和促进经济增长。西部应充分利用国际分工带来的各种机遇，参加国际分工并享受其带来的利益，实现经济的快速增长和社会全面发展。

6. 拓展外资投资领域和方式，利用 FDI 推动西部产业结构的优化和升级

西部地区要利用服务贸易领域进一步扩大对外开放的新机遇，努力发展银行、保险、电信、物流、旅游等服务贸易，使货物贸易和服务贸易相互促进、共同发展。应逐步放开和允许外资进入金融、电信、旅游、航空、运输、卫生等行业，增强市场的有效竞争，促进整体的发展。对高新技术产业投资实行特殊优惠，鼓励外资投向高新技术产业，从而提高引进 FDI 的质量。进而，一方面用高新技术直接推动西部地区经济的发展，另一方面重视利用高新技术和先进适用技术去改造传统产业，增强对产品的深加工和精加工能力，提高商品的档次、质量、技术含量，优化产品结构，从而推动产业升级与技术进步。

通过前文实证分析可以看出，我国的东西部地区对外商直接投资的产出效应有明显不同，东部地区存在一定的外商直接投资的挤出效应，西部地区存在一定的外商直接投资的挤入效应。因此，东西部地区在中国入世后的今天，必须结合本地区的实际情况调整利用外商直接投资的具体产业政策和产品政策，才能更好地发展本地区的经济。

而后一种方法——寻找 FDI 之外的经济增长推动力是否可行，这需要我们首先对 FDI 在过去对我国经济增长的推动做出观测才能判断，因此我们将这个话题留待后文。

参考文献

[1] 蔡小勇，余子鹏. FDI 对我国出口及地区差异影响的实证研究. 国际贸易问题，2005(11)：93-96

[2] 陈涛涛，白晓晴. 外商直接投资溢出效应与内外资企业能力差距. 金融研究，2004(8)：59-70

[3] 程培埕，周应恒，殷志扬. FDI 对国内投资的挤出(入)效应：产业组织视角. 经济学(季刊)，2009(7)：1527-1548

[4] 方健雯. 我国制造业 FDI 溢出途径的实证分析. 科学学研究，2009(2)：354-360

[5] 黄静. 吸收能力对 FDI 技术外溢的影响——基于工业层面及生产力非参数估计方法的研究. 财贸经济，2007(5)：26-32

[6] 黄凌云，范艳霞，刘夏明. 基于东道国吸收能力的 FDI 技术溢出效应. 中国软科学，2007(3)：30-34

[7] 雷辉. 我国东、中、西部外商直接投资(FDI)对国内投资的挤入挤出效应——基于 Panel Data 模型的分析. 中国软科学，2006(2)：111-117

[8] 廖力平,刘春雷. 外商直接投资与中国进出口贸易额互动关系. 工业技术经济,2005(8):48-50,78

[9] 刘宇. 外商直接投资技术外溢效应下降之谜. 财贸经济,2006(4):9-12

[10] 邱斌,杨帅,辛培江. FDI技术溢出渠道与中国制造业生产率增长研究:基于面板数据的分析. 世界经济,2008(8):20-31

[11] 宋延武,王虹,邓小英. 外国直接投资与我国出口结构和出口竞争力的关系研究——基于SPSS回归模型的实证分析与检验. 国际贸易问题,2007(5):16-22

[12] 王俭,李雪松. 外商直接投资与中国出口关系的面板数据分析. 北京交通大学学报(社会科学版),2005(3):1-5

[13] 王剑. FDI与中国对外贸易的向量误差修正模型. 数理统计与管理, 2005(5):6-9

[14] 王永齐. FDI溢出、金融市场与经济增长. 数量经济技术经济研究,2006(1):59-68

[15] 王志鹏,李子奈. 外商直接投资对国内投资挤出挤入效应的重新检验. 统计研究,2004(7):37-43

[16] 萧政,沈艳. 外国直接投资与经济增长的关系及其影响. 经济理论与经济管理,2002(1):11-16

[17] 许和连,赖明勇. 外商直接投资对中国出口贸易影响的实证分析. 预测, 2002(2):10-13

[18] 杨柳勇,沈国良. 外商直接投资对国内投资的挤出计入效应分析. 统计研究, 2002(3):6-8

[19] 袁诚,陆挺. 外商直接投资于管理知识溢出效应:来自中国民营企业家的证据. 经济研究,2005(3): 69-79

[20] 张望. FDI对国内投资的挤入挤出效应的重新检验——基于全国与东、中、西部地区分析. 技术经济与管理研究,2009(6):96-99

[21] 张宇. FDI技术外溢的地区差异与吸收能力的门限特征——基于中国省际面板数据的门限回归分析. 数量经济技术经济研究, 2008(1):28-39

[22] 赵国庆,张中元. FDI溢出效应、创新活动与技术进步——基于中国高技术产业的实证分析. 经济理论与经济管理,2008(11):25-30

[23] 赵奇伟,张诚. 区域经济增长与FDI技术溢出:以京津冀都市圈为例. 数量经济技术经济研究. 2006(3):111-120

[24] 赵奇伟,张诚. 金融深化、FDI溢出效应与区域经济增长:基于1997—2004年省级面板数据分析. 数量经济技术经济研究, 2007(6):74-82

[25] 赵奇伟. 东道国制度安排、市场分割与FDI溢出效应:来自中国的证据. 经济学(季刊),2009(4):891-924

[26] 赵伟,张萃. FDI与中国制造业区域集聚:基于20个行业的实证分析. 经济研究,2007(11):82-90

[27] 郑秀君. 我国外商直接投资(FDI)技术溢出效应实证研究述评:1994—2005. 数量经济技术经济研究, 2006(9):58—68

[28] 周燕,齐中英. 基于行业特征的外商直接投资溢出效应分析. 中国软科学, 2005(9): 142-147

[29] B Aitken, G H Hanson, A E Harrison. Spillovers, Foreign investment, and Export Behavior. *Journal of International Economics*, 1997, 43(1-2): 103-132

[30] B Aitken, A E Harrison. Do Domestic Firms Benefit from Direct Foreign Investment? Evidence From Venezuela. *American Economic Review*, 1999, 89(3): 605-618

[31] V N Balasubramanyam, M Salisu, D Sapsford. Foreign Direct Investment and Growth in EP and is Countries. *The Economic Journal*, 1996, 106(434): 92-105

[32] A Bhalla, S J Yao, Z Y Zhang. Regional Economic Performance in China. *Economic of Transition*, 2003, 11(1): 25-39

[33] M Blomstrom. Foreign Investment and Productive Efficiency: The Case of Mexico. *The Journal of Industrial Economics*, 1986, 35(1): 97-110

[34] E Borensztein, J De Gregorio, J-W Lee. How Does Foreign Direct Investment Affect Economic Growth?. *Journal of International Economics*, 1998, 45(1): 115-135

[35] S L Brainard. An Empirical Assessment of the Proximity-Concentration Trade-off between Multinational Sales and Trade. *The American Economic Review*, 1997, 87(4): 520-544

[36] M Busse, C Hefeker. Political Risk, Institutions and Foreign Direct Investment. *European Journal of Political Economy*, 2007, 23(2): 397-415

[37] C Chen, L Chang, Y Zhang. The Role of Foreign Direct Investment in China's Post-1978 Economic Development. *World Development*, 1995, 23(4): 691-703

[38] K-Y Cheung, P Lin. Spillover Effects of FDI on Innovation in China: Evidence from the Provincial Data. *China Economic Review*, 2004, 15(1): 25-44

[39] W Cohen, D Levinthal. Absorptive Capacity: A New Perspective on Learning and Innovation. *Administrative Science Quarterly*, 1990, 35(1): 128-152

[40] C C Coughlin, E Segev. Foreign Direct Investment in China: A Spatial Econometric Study. *The World Economy*, 2000, 23(1): 1-23

[41] S Dees. Foreign Direct Investment in China: Determinants and Effects. *Economics of Planning*, 1998, 31(2): 175-194

[42] J Du, Y Lu, Z Tao. FDI Location Choice: Agglomeration Vs Institutions. *International Journal of Finance & Economics*, 2008, 13(1): 92-107

[43] J H Dunning. The Eclectic Paradigm of International Production: A Restatement and Some Possible Extensions. *Journal of International Business Studies*, 1988, 19(1): 1-31

[44] R Findlay. Relative Backwardness, Direct Foreign Investment, and the Transfer of Technology: A Simple Dynamic Model. *The Quarterly Journal of Economics*, 1978, 92(1): 1-16

[45] K C Fung, H Iizaka, S Parker. Determinants of US and Japanese Direct Investment in China. *Journal of Comparative Economics*, 2002,30(3): 567-578

[46] J Hericourt, and S Poncet. FDI and Credit Constraints: Firm-level Evidence from China. *Economic Systems*, 2009,33(1): 1-21

[47] A G Z Hu, G H Jefferson. FDI Impact and Spillover: Evidence from China's Electronic and Textile Industries. *The World Economy*, 2002,25(8): 1063-1076

[48] C Imbriani, F Reganati. International Efficiency Spillovers into the Italian Manufacturing Sector-English Summary. *Economia Internazionle*, 1997,50: 583-595

[49] W. Keller, S R Yeaple. Multinational Enterprises, International Trade, and Productivity Growth: Firm-Level Evidence from the United States. *Review of Economics and Statistics*,2009,91(4): 821-831

[50] S Lall. Vertical Inter-Firm Linkages in LDCs: An Empirical Study. *Oxford Bulletin of Economics and Statistics*, 1980, 42(3): 203-226

[51] Z Liu. Foreign Direct Investment and Technology Spillover: Evidence from China. *Journal of Comparative Economics*, 2002, 30(3): 579-602

[52] Z Liu. Foreign Direct Investment and Technology Spillovers: Theory and Evidence. *Journal of Development Economics*, 2008, 85(1-2): 176-193

[53] D Nigh. Political Events and the Foreign Direct Investment Decision: An Empirical Examination. *Managerial and Decision Economics*, 1986, 7(2): 99-106

[54] M Wen. Foreign Direct investment, Regional Market Conditions and Regional Development. *Economics of Transition*, 2007, 15(1): 125-151

[55] D Wheeler, A Mody. International Investment Location Decisions: The Case of U. S. Firms. *Journal of International Economics*, 1992, 33(1-2): 57-76

[56] S Yao, Z Zhang. Openness and Economic Performance: A Comparative Study of China and the Asian NIEs. *Journal of Chinese Economic and Business Studies*, 2003, 1(1): 71-95

第六章

人力资本、人口流动障碍与东西部差距

第一节　问题的提出

人类社会的发展伴随着知识经济时代的到来，与此同时，经济学家们逐渐发现以土地、实物资本和劳动力数量为代表的生产要素对经济增长的贡献似乎越来越小，它们已经不足以解释20世纪以来经济的迅猛发展，于是，经济学家们认为知识和技术的进步在这一过程中起到了至关重要的作用，而人天生作为知识和技术的载体，自然引起了经济学家们的广泛关注，人力资本的概念由此诞生。

人力资本(human capital)亦称非物力资本，是拥有良好教育水平、健康状况和劳动技能的生产者的总和，是物化的技术。这种物化的技术可以为其所有者带来工资报酬等收益，因而形成一种特定的资本——人力资本。不同于实物资本的是，人力资本可以发挥主观能动性，在现实中表现为自主创新，对市场环境的应变能力或是通过自由流动达到资源的最优配置等等，因而人力资本往往具有更大的增长潜力和更宽的升值空间。

早期的Solow模型中并未将人力资本放入生产函数之中，不过从Lucas(1988)、Romer(1990)的模型开始，人力资本受到重视，并逐渐被引入到经济增长理论中。随后，诸多经验研究也证实了人力资本在经济增长中的重要地位。当前，人力资本已经被认为是最主要的投入要素之一，也是促进经济增长最重要的因素之一。

与一般的实物资本最大的不同是，人力资本的主观能动性决定了其在不存在外界约束的条件下是可以自由流动的。如果假设边际报酬递减，那这种流动性可能意味着会出现从发达国家向发展中国家的人力资本流动，也意味着人均收入趋同的速度将会远远高于不存在流动时的速度。不过我们并未观察到这种现象在实际中出现。相反，在现实中，高质量的人力资本往往和高水平的物质资本存量互补。换言之,高质量的人力资本只有在人均物质资本存量较高的地区才能实现高的边际产出和边际回报,于是人力资本非但没出现从发达国家向发展中国家流动,相反地,高技术人才从发展中国家向发达国家的流动反倒成为了常态,这种现象在英文中被称作是 brain drain,直译为脑力流失。

在本章,我们的目标是分析人力资本以及人口流动障碍在我国东西部地区发展差异形成中的作用。

第二节　人力资本与经济增长

一、人力资本与经济增长:理论贡献

(一)古典经济增长理论中的人力资本

经济学在诞生的同时也伴随着人力资本思想的萌芽。古典政治经济学创始人之一 William Petty 在其《政治算术》一书中开创性地提出"土地是财富之母,劳动是财富之父"的重要论断。他采用生产成本法计算英国人口的货币价值,被认为是人力资本思想最初的源头。

另一位古典经济学家 Adam Smith 在其《国富论》中较为系统地论述了人力资本的思想并提出"人的才能和其他任何类型的资本同样是生产的重要手段"和"一个国家全体居民的后天所获得的所有的有用的能力都是资本的重要组成部分"。他认为,国家通过兴办学校和推广教育可以提高居民的技术水平,增加劳动力的熟练程度。这是一种固化在劳动者身上的才能。因此,可以将人的才能视为资本的一个重要组成部分。

18 世纪后期,相继有许多经济学家将人的知识与才能视为一种重要的资本,比如,Liszt 提出了"物质资本"和"精神资本"的概念。"精神资本"就是所谓的人力资本。他特别强调了精神资本对经济增长的促进作用。Irving Fisher 也曾在《资本和收入》一书中详细阐述了人力资本的相关理论。

美籍奥地利经济学家 Scumplter(1939)独具一格地使用创新的概念来诠释经济增长的源泉。他认为,经济增长是通过经济的循环周期运动而实现的,经济从原有的均衡状态增长到新的均衡状态主要依靠技术的进步和创新。往往是企业家带动了技术的变革,因为企业家出于对超额利润的追求和为了展现自己的才华和能力,会进行一轮又一轮的技术创新。企业家的这种创新精神被誉为"企业家精神"。从广义上说,"企业家精神"也是人力资本的一种

体现。

由于当时所处的时代环境的限制，人力资本并未成为古典经济增长理论探讨的核心。他们所提出的人力资本思想与今天我们所说的人力资本也大相径庭。除了 Scumplter(1939)独树一帜的观点之外，古典经济学家们倡导的人力资本理念大多偏重于对劳动力数量的简单叠加，以及对其掌握技能的熟练程度的比较，却忽视了至关重要的知识和创新的因素。

（二）新古典经济增长理论中的人力资本

Solow 提出了新古典增长理论，并在利用全要素生产率（广义的技术进步）检验新古典经济增长理论时提出了 Solow 剩余（Solow Residual）的概念，其基本公式可以表示如下：

$$\Delta Y=\alpha\Delta K+(1-\alpha)\Delta L+\Delta A$$

其中：ΔY 是产出变化量；ΔK 是资本存量变化量；ΔL 则是劳动投入变化量；α 和 $(1-\alpha)$ 分别是资本和劳动在产出中所占的份额；ΔA 是不能被资本和劳动投入变化量所解释的产出变化量。

Solow 认为 ΔA 代表了技术进步，但在最初的新增长理论模型中，Solow 并未将人力资本纳入到生产函数中。经典的 Solow 生产函数 $Y=AF(K,L)$ 仅包含实物资本投入 K、劳动力投入 L 和外生的 A。劳动投入被视为是无差异的投入，因而人力资本方面的进步实际上也被纳入到了 Solow 剩余 ΔA 中。这个模型在实证研究中取得了巨大的成功，可以说是整个现代增长理论的基石。然而，此后研究者逐渐发现了 Solow 模型的一些问题。比如，Solow 模型将人均产出差异归因于人均资本的差异，而实证研究却发现，各国间人均资本的差异，离能够解释人均产出差异的量相距甚远。Mankiw 等(1992)指出，要以人均资本差异解释全部人均产出差异的话，那资本收益应当占总产出的 80%左右，而实际上大部分实证研究显示，这个数字仅有大约 1/3。对于这个问题，一个自然的解决思路就是认为一部分的资本收益被包含到了劳动收益中。换句话说，劳动者本身也包含着一部分资本，这部分资本，就是我们通常所谓的人力资本。

20 世纪中叶，人力资本的概念在 Mincer(1958)的模型中有了体现。在 Mincer 的模型中，他将代表性个体所接受的教育水平和他所拥有的人力资本联系起来，将受教育导致的收入推迟视为教育成本，将人力资本增加带来的未来预期收入增加视为教育收益，在个人收益最大化的基础上寻找最优的受教育年限。如果我们将这个年限推广到整个社会，就可以获得整个社会的人力资本存量。不过，Mincer(1958)当时用这个概念研究的是微观上教育水平不同带来的收入差异，而非宏观上的生产率差异。虽然所有的理论和经验研究都一致地证实了教育或者说人力资本差异会带来收入差异,但这对于人力资本差异是否意味着生产率差异既非必要条件也非充分条件:一方面,Spence(1973)指出,教育即使不带来任何生产率差异,也可以作为一个与生俱来能力的信号存在。若如此,在实验研究中我们就可以观察到教育差异带来收入差异,即使教育并不带来能力差异。另一方面,如果人力资本对生产力的影响主要体现在正外部性上,那人力资本的生产率效应就可以与零收入差异并存。

后来,美国经济学家 T. W. Schultz(1961)开始对人力资本理论进行深入研究,连续发表了多篇著作。1960 年,他在美国经济学年会上的一场题为"人力资本投资"(Investment in Human Capital)的演说奠定了人力资本理论的基石。他认为,资本可以分为常规资本和人力资本两种,同常规资本一样,人力资本的形成也需要依靠大量的前期投资。投资的结果表现为人的体力、智力和知识水平的提高。由于人力资本的投资收益率是递增的,对人力资本的投资往往要优于对常规资本的投资,因此,人力资本是促进经济增长的最主要因素。尤其对于发展中国家来说,经济增长的关键因素不在于人口的数量的增加,而在于人口的质量、对教育的投入等方面的增加。

同时期,芝加哥学派的代表人物之一 Becker(1961)也极大地推动了人力资本理论的发展。他的突出贡献主要在于对人力资本的微观分析上,弥补了 Schultz(1961)仅仅分析人力资本对宏观经济增长作用的局限。Becker(1961)以家庭为研究对象,通过构建人力资本投资与收益的均衡模型考察了人力资本投资与经济增长之间的关系。他指出人力资本投资的目的是为了保证自身效用的最大化,既要考虑当前的收益,又要考虑未来的收益。因此,家庭收入的增长会增加其对于闲暇的追求,人们生育的子女会因而减少,对子女的投资也会相应地减少,于是,一国人力资本的总量会进而降低。这种现象会一直持续形成恶性循环,这也是发展中国家长期低收入水平的根源所在。

随后,美国经济学家 Denison(1962)在用传统经济方法估计资本和劳动对经济增长的贡献程度时,发现了大量不能由资本和劳动解释的余值,他利用人力资本因素对此做出了充分的解释,并通过经济增长因素分析方法,得出美国在 1909—1929 年期间实物资本对经济增长的贡献是教育对经济增长贡献的两倍的结论。当他使用 1929—1957 年间的数据进行定量分析后却发现,美国经济增长中教育已经大大超过实物资本对经济增长的贡献,经济增长中有将近五分之一是来自于教育的贡献。这也在一定程度上支持了 Schultz(1961)的观点。

相比于古典经济增长理论,新古典经济增长理论在解释经济增长时的一个突出的贡献在于将人力资本视为经济增长的重要源泉之一,但是对于真正解释经济增长却并没有很大的改观，他们所作的仅仅是将人力资本作为一个类似于实物资本的解释变量而已，这也导致经济增长理论的发展一度陷入了停滞阶段。

（三）内生增长理论中的人力资本

自从 20 世纪 80 年代开始，经济增长理论的研究发生了深层次的变化，也给人力资本理论的发展注入了活力。这一时期兴起的增长理论被称为“内生增长理论”，其核心在于修正了古典模型中的生产函数，将技术进步内生化，在此基础上纳入了人力资本的因素。我们将重点介绍 Arrow、Lucas 和 Romer 的主要理论。

Arrow(1962)最早将技术进步内生化，并提出了“干中学”理论(learning by doing)。其理论以 C-D 生产函数为基础，重新构建了一个规模报酬递增的生产函数。Arrow(1962)认为，技术是通过不断的学习获得的，而学习又来源于实践活动的经验，于是，通过学习获得一定的知识后，又可以带动技术的进步与发展，因此，技术的进步往往来源于实践经验的不断积累。Arrow 的生产函数与 Solow 的类似：

$$Y=F(K,AL) \tag{6-1}$$

其中：Y 代表总产出；K 是资本存量；L 是劳动力数量；A 是技术水平。

在这个模型中，影响经济增长的因素主要分为两类，分别是有形的要素投入和无形的要素投入。前面的分析表示，实践活动的经验带动了技术的进步，而在 Arrow 的模型中，技术进步已经被内生化，于是，实践活动的经验可以表示为有形的要素投入，人力资本也以有形的要素纳入到模型中，从而促进经济的发展。Arrow 的干中学模型最大的贡献在于将技术进步内生化，但是却没有明确指出人力资本影响经济增长的路径。随后发展的 Lucas 和 Romer 的内生经济增长理论相继弥补了 Arrow 模型的不足。

基于 Lucas 和 Romer 的经济增长理论，我们可以将人力资本对总产出的影响路径主要分为两类。一类以 Lucas(1988)为代表，把 Solow 模型的生产函数扩充为 $Y=F(K,L,H)$，将人力资本视为直接的生产投入。在这个模型中，人力资本实际上仅仅被视为一种特殊形式的实物资本。实物资本会折旧，人会死亡，于是在数学处理上人力资本和实物资本之间的差异也不大。唯一的区别就是模型内生决定的教育时间将会决定均衡时的人力资本存量，而人力资本存量和实物资本存量最终一起决定产出水平。可以看出，在这样的框架下，只有人力资本的增加才能带来产出水平的增加。换句话说，经济增长率与人力资本的增长率而非人力资本存量相关。除此之外，Mankiw 等(1992)直接在 Solow 模型的基础上加入人力资本投入变量，得到的结果也和 Lucas

模型类似。实际上,Mankiw 等(1992)最终数值模拟得出的模型是 $Y=K^{\frac{1}{3}}H^{\frac{1}{3}}L^{\frac{1}{3}}$。这和 Solow 模型并无本质差异,经济增长率仍然仅由外生的参数决定。对于人力资本而言,也是人力资本的增长而非存量会影响到经济增长率。

在另一类内生增长模型——Romer(1990)模型中,生产函数被设定为

$$Y = H_y^{\alpha}L^{\beta}\int_0^A X(i)^{1-\alpha-\beta}\mathrm{d}i \tag{6-2}$$

其中:Y 为产出;H_y 表示投入到直接生产中的人力资本;A 是中间品种类;$\int_0^A X(i)^{1-\alpha-\beta}\mathrm{d}i$ 则是经过加权的实物资本总和。

Romer 认为更丰富的中间品种类意味着更充分的分工和更高的技术水准,也就意味着更高的生产率。上述模型中,A 的增长率还满足

$$\frac{\dot{A}}{A}=\delta H_A \tag{6-3}$$

其中:H_A 是投入到研发活动中的人力资本总量。

均衡时投入到直接生产中的人力资本和投入到研发中的人力资本所获得的边际回报必然相等,由此人力资本的投入结构就可被内生决定。从(6-3)式我们还可以看到,人力资本存量将会决定技术进步率,进而决定产出的增长率。实际上,这个模型最后的产出增长率是:

$$g=\frac{\alpha H-\rho}{\alpha+\theta} \tag{6-4}$$

其中:ρ 是经济中代表性消费者的主观贴现率;θ 则是代表性消费者的相对风险厌恶程度;H 是经济中总的人力资本量。

显然,在这一模型中经济增长率将由人力资本存量而非人力资本的增长决定。

在内生经济增长理论中,Lucas 模型和 Romer 模型都在增长经济学领域存在着巨大影响力。两篇原始的论文,也都是当前增长理论相关文献中引用率最高的文献之一。它们的出现一方面从理论角度确认了人力资本在经济增长中的地位,另一方面也为接下来的实证检验指明了方向。

二、人力资本与经济增长:影响渠道

上文的两种模型实际上已经提出了两条人力资本对经济增长的影响渠道:Lucas 模型指出更多的人力资本直接带来更高的产出;Romer 模型指出更高的人力资本将会加速技术进步,从而提高产出增长率。不过一方面一些比较新的文献也提出了一些新的影响渠道,而另一方面我们还可以将这些渠道分得更细,于是,我们将主要从六个方面论述人力资本对经济增长的影响

渠道。

第一，人力资本存量本身就是一种生产要素，同物质资本存量一样，它们都是生产过程中所必需的。众多学者将人力资本界定为用于生产过程中，由于人的使用而推动生产过程的进行，从而实现产量最大化的目标。在当代的经济发展过程中，人力资本的这种生产要素功能显得尤其重要。首先，与物质资本相比，人力资本拥有更高的边际生产率，人力资本存量的增加更有利于生产效率的提高。其次，随着人力资本存量的增加，人力资本的规模报酬不仅不下降甚至是提高的。因为规模报酬递减规律的前提假设是技术水平不变，但是人力资本存量的增加不仅指人力资本的数量的增加，还意味着人力资本质量的提高，也就是通常所说的技术进步，因此，随着人力资本存量的增加，人力资本的收益率将会提高，而不是下降(Becker, et al.,1962)。换言之，更高的人力资本存量会导致更高的生产率和更多的最终产出。再次，人力资本存量的增加，也有利于劳动力在不同部门间更有效地配置：显然相比缺乏基本教育的劳动者，接受过良好教育的工人更能在不同工作岗位间切换。

第二，人力资本存量的增加，将会加速技术进步，加快技术前沿的前进步伐，从而间接地影响经济的增长。技术的进步过程主要包括技术的创造发明、技术的扩散和技术的应用三个阶段。人力资本与这三个阶段都存在着密切的关系。在第一阶段中，人力资本存量的增加，意味着创造发明出新的技术变得更为可能，因为人力资本区别于物质资本的一个重要特征是具有主观能动性，拥有自主创新能力，而新技术的创造无疑是经济增长的源泉。第二阶段技术的扩散过程在现实中更多地表现为企业对员工的专业培训和技能训练，因此，技术的扩散过程相当于人力资本的投资和形成过程。在这一过程中，对两方面的人力资本需求必不可少：一是推广新技术所需的人力资本；二是接受新技术所需的人力资本。因此，人力资本存量的增加将会满足这种需求，从而加大技术扩散的深度和广度。Nelson R. 和 Phelps(1997)通过研究指出，人力资本存量对一国的技术的扩散的范围和速度具有重要的影响。一国的人力资本存量越大，技术扩散的范围越广，技术扩散的速度越快。在第三阶段中，技术的应用是需要相应数量的人力资本与其互补的，没有足够多的人力资本存量，任何技术的应用将失去依托的载体，无法得到充分有效的利用，换言之，人力资本存量是新技术应用的基础。

如果我们考虑内生技术进步，在 Acemoglu(2002a,2002b, 2003)的模型中，对于推动技术进步的发达国家而言，更高的人力资本存量将会推动技术沿着有利于高技术人才的方向进步，这种偏向不会改变经济的增长率，却会改变低技术工人和高技术工人间的收入差距。在以引进外来技术为主的发展中国家,较低的人力资本存量将意味着引进的技术和本国人力资本存量的不相适应,从而会扩大国内收入差距。

第三,人力资本存量将会影响技术溢出的实现。任何技术的实现与推广,总是需要相应的有足够智力和教育水平的人来实现。这一类拥有较高人力资本的人往往会对周围的人产生正的外部性影响,带动周围的人的生产效率的提高。他们自己虽然不能够因此而获得额外的收益,但是整体的生产效率却得到了有效的提高。Mincer(1958)通过研究发现,人力资本的投资可以促进物质资本边际生产率的提高,从而促进整个社会的生产效率。Lucas(1988)构建的人力资本的溢出模型表明,人力资本的溢出效应引致了全经济范围内的外部性,全社会人力资本的平均水平可以用来衡量这种外部性的大小。简言之,人力资本的溢出效应会拉动其他生产要素的边际产出的增加,提高单位要素的边际生产率,从而促进经济的增长。在FDI与东西部差距一章中,我们也曾经谈到过一国的人力资本存量将会影响FDI在此国技术溢出的实现程度。

第四,人力资本存量甚至会产生收入引致效应。人力资本的收入引致效应是指人力资本往往具有较高的收益性,可以带来个人收入水平的大幅度提高,从而在一定程度上刺激消费水平,转变消费结构,从而带动经济的增长。美国20世纪50年代的数据有力地论证了个人收入水平和人力资本存量之间的正相关关系。在当时,美国工人的工资水平普遍得到了提高,与此同时,工时却大大缩短了,这恰恰得益于人力资本的贡献。于是,更高的收入水平也带来了更高的消费水平,消费结构也由生活必需品向奢侈型商品转变,这无疑促进了美国当时的经济增长。Becker(1962)也曾做过类似的研究,结果表明,如果用机会成本和显性成本来衡量,个人对中等和高等教育投资的收益率为15%,如果不考虑人力资本对自身的投资成本,其收益率仍然高达11%。

第五,人力资本存量还可能会影响产业结构进而影响经济增长。经济的增长过程实质上是一种产业结构由低级到高级、由原始到现代、由不合理到合理的转变与调整过程,而人力资本在这种转变过程中发挥了至关重要的作用。不合理的产业结构往往表现为生产要素的配置不合理、生产效率低下,人力资本作为一种特殊的生产要素,其自身的流动性可以使分配不合理的生产要素得以重新配置,当人力资本的产业间流动与产业的发展规律相一致时,能够促进生产效率的提高,有利于产业的优化和升级,促进经济的增长。Ciccone和Papaioannou(2009)通过实证研究发现,与人力资本存量带来的偏向型技术进步类似,人力资本充裕的国家,在开放环境下产业结构会转向高附加值、高技术含量的产业,从而有利于国家的长期经济增长。

第六，人力资本拥有对实物资本的高互补效应。人力资本的高互补效应是指人力资本对实物资本具有较高的互补弹性(Griliches，1980)，这种特性内在地促进了一国经济的发展。因为在劳动节约型的社会，对实物资本投资的增加，并不一定会带来对劳动力需求的增加，甚至会使这种需求有下降的趋势，但是在技术进步的环境中，实物资本的投资却能够引致对人力资本需求的大幅度上涨，反过来，人力资本的增加又会促进实物资本的积累，因为人力资本存量越高，实物资本的边际收益率也就越高，而高的边际收益率有助于吸引更多的投资，从而增加实物资本的积累(比如 Chi(2008))。Caballe 和 Santos(1993)的研究也表明，实物资本与人力资本比率越高的国家，其实物资本的积累率将越低，而物质资本与人力资本比率越低的国家，总是倾向于积累实物资本，因而实物资本的积累率越高。在新技术日新月异的今天，这种高互补弹性也具有上升的趋势，表现为一国工业产品结构的发展往往是先从劳动密集型向资本密集型转变，最后是人力资本密集型。人力资本与实物资本的这种高互补效应也在一定程度上促使了一国经济的迅速发展。

三、人力资本与经济增长：经验证据

包含人力资本的内生增长模型一经提出即迅速在增长经济学领域占据了主导地位，人力资本在经济增长中的地位也得到了公认，对人力资本与经济增长的实证研究至今仍是个比较前沿的研究方向，每年在这个领域都会有不少新的文献发表。与理论上的一致公认不同的是，在人力资本与经济增长的实证研究中，结果并不像理论预期的那么完美而一致。

Barro(1991)研究了 1960—1985 年 98 个国家的经济增长和人力资本存量，发现 1960 年人力资本存量较高的国家，在此后 25 年将会经历相对较高的经济增长速度。Islam(1995)利用 Barro(1991)的数据，将人力资本的代理指标改为超过 25 岁的人口平均受教育的年限，并没有发现人力资本对经济增长的显著贡献。后来，Cohen 和 Soto(2007)也并未找到期间存在显著的联系。

Mankiw 等(1992)利用入学率指标衡量人力资本，回归结果表明，人力资本对经济增长具有显著的促进作用。另一方面，Nonneman 和 Vanhoudt(1996)将科技的积累纳入到 Mankiw 等(1992)模型中后，利用教育支出占 GDP 的比重作为衡量人力资本的代理指标，结果却发现两者并不存在显著的关系。

Benhabib 和 Spiege(1994)使用 Kyriaeou(1991)的人力资本代理指标以及 Sulnlners 和 Heston 的 78 个国家的 GDP、劳动力和物质资本的数据，研究结果表明：一方面，较高的人力资本存量可以使受教育人群吸收技术创新和科

技进步,进而促进经济的发展;另一方面,物质资本和产量的增长与人力资本的存量也存在着显著的正相关关系。

Chien 和 Murthy(1997)使用初等教育、中等教育、高等教育的入学人数进行加权平均,以此作为衡量人力资本的代理指标,研究发现,人力资本对经济增长具有直接且显著的作用。

Lopez 等(1998)研究了 1970—1995 年 12 个亚洲和拉丁美洲国家的人力资本积累、人力资本结构状况和两者对人均收入以及经济增长的影响,发现人均资本结构指标和人均收入以及经济增长存在负相关的关系。

De la Fuente 和 Domenech(2006)和 Cohen 和 Soto(2007)都发现了经济增长和人力资本存量增长间的显著而正向的关系,然而 Pritchett(2001)却并未找到这种联系。不过,Pritchett(2001)对此还提出了一些解释。他认为:首先,一些制度和政府因素可能会导致教育资本的积累反倒伤害经济增长;其次,当高技术劳动力供给增加,教育的边际回报可能会迅速下降;再次,教育质量和受教育时间之间可能存在一些联系,使得人力资本并不如我们之前想的那样会随教育时间的增长而稳定增长。他认为这三种原因综合起来可能导致了在人力资本存量增长和经济增长之间不显著的联系。

Krueger 和 Lindahl(2001)的研究以及 Cohen 和 Soto(2007)的部分回归结果还发现人力资本存量和增量同时都对经济增长存在显著而正面的影响。Fleisher 等(2009)在对中国数据的研究中,先将人力资本存量引入一般的新增长理论生产函数,再以回归得到的 Solow 余值,也就是所谓的全要素生产率(Total Factor Productivity, TFP)对人力资本存量做回归。在两个回归中,人力资本变量均保持显著为正,这实际上也证明了人力资本存量和增量都对经济增长存在贡献。

此外,也有不少学者致力于研究人力资本与经济增长的双向因果关系。Bils 和 Klenow(2000)在研究学校教育与经济增长的关系时,发现人力资本存量与经济增长存在双向因果关系。Robertson 和 Toya(2004)利用 1960—1990 年的登记入学人数和平均受教育年限作为人力资本存量的衡量指标,加入了自然灾害作为结构变量指标,使用了修正的 C-D 生产函数估计人力资本存量与经济增长的关系。研究结果不仅验证了 Bils 和 Klenow(2000)的观点,而且他们发现,加入结构变量后人力资本存量的估计系数比单纯使用普通最小二乘(OLS)得到的估计系数要大,同时他们也找到了一些人力资本由内生决定的证据。Glewwe 和 Hanan(2004)的研究表明,受教育的需求与家庭的财富数量的增加存在显著的正相关关系,从而得出人力资本存量和经济增长存在双向因果关系。

经验研究上的这种不一致一般都被认为是统计方法和数据估计上的问题。首先，人力资本的概念很多时候并没有被一致而明确地界定。比如在Mankiw等(1992)中，人力资本和实物资本在运动上并不存在太大的差异。在那篇文章中，人力资本也被认为是投资的产物，对人力资本进行投资，也只是推迟当前消费以提高消费长期路径的方法。换句话说，在那篇文章中，人力资本不过是又一种实物资本而已。目前大部分文献都遵循Mincer的观点，认为人力资本和受教育年限相关。除此之外，干中学(learning by doing)、健康状况和教育质量在人力资本形成和积累中的作用也逐渐受到重视。Mushkin(1962)最早将健康和教育视为人力资本的两大组成部分。Li和Huang(2009)的研究也把健康提到了和教育同等的高度，并发现卫生投资在我国的人力资本形成中作用显著而巨大。在实证研究中，由于健康方面的数据，比如卫生投资、死亡率等往往更容易获得，也更少有定义上的争议，所以最终得到的回归结果也往往更少争议。

其次，人力资本存量或者教育水平是个很难准确估计的变量。当前最常用的表征教育水平的量还是Mincer模型中使用过的受教育时间。如果说在一国内部，在同样的教育系统下人力资本和受教育时间还可能遵循某种稳定函数关系的话，那在不同国家之间，比如撒哈拉以南非洲和欧美同样长度的受教育时间，我们就很难认为其背后代表的含义是类似的。Steedman(1996)认为，受教育时间在OECD国家之间不具有可比性，因为登记入学率和受教育程度是随着时间和国别的不同而发生改变的。Mulligan和Sala (1995)也曾指出，利用受教育时间作为表征人力资本的指标，有可能存在严重误导的嫌疑。我们甚至可以说，在对教育水平的估计过程中，有可能产生测量误差的问题。Krueger和Lindahl(1999)曾针对测量误差问题进行了专门的研究，他们认为，大多数学者企图建立一个用受教育程度的变化来解释经济增长的生产函数模型，但这是相当困难的，因为对受教育程度的一阶差分会大大削弱该解释变量对模型的解释能力。Krueger和Lindahl(1999)通过考察受教育年限的一阶差分的相关性发现，自变量之间的相关系数很低，这也在一定程度上支持了他们的猜测——用受教育年限的变化解释经济增长时显然会低估它们的影响。更为严重的是，在实际回归时，不同研究经常会使用不同的回归方程，比如有些研究将收入水平和人力资本变量同取对数再做回归(比如，Pritchett, 2001)，有些研究则仅将收入水平变量取对数而不对人力资本变量做同样操作(比如，Krueger & Lindahl , 2001)。

最后，正因为人力资本在概念上难以界定，在估计上很难准确，所以研究者在实际研究时经常会碰到数据不足的困境，这更给最终的回归结果带来了更多的质疑。Krueger 和 Lindahl(2001)、De la Fuente 和 Domenech(2006)都专门讨论并比较过已有研究在数据估计上所存在的问题。

四、人才流失与人口流动障碍

所谓人才流失,通常指的是一国或一地区受过较多教育、拥有较高边际生产率的人群以移民等方式流向其他国家的现象。就如我们在本章开篇所说的那样,人力资本存量相比实物资本存量的最大的不同在于其流动性。我们早已不再身处野蛮的殖民和强盗的时代,大多数人都不必担心对实物资本的投资会不翼而飞。然而正因为我们身处文明年代,奴隶制在这个年代不再被允许,我们才无法保证人力资本上的投资将来会收到回报。没有企业能保证经过培训的员工不会跳槽,也没有国家能保证国内一流大学培养出的人才不会出国不复归。我们很容易就能理解高级人才向发达国家流动的原因所在:只有那里才有最能发挥他们所学所长的设备和环境,那里也有更多可以和他们交流的同行业专家。在那里他们能最大限度地发挥自身所学,也能获得最高的收入。用经济学的语言说,发达国家拥有和高技术人才互补性最强的实物资本积累,也拥有最多的高技术人才数量,这两者都保证了高技术人才在发达国家能拥有最高的边际产出,相应地也获得最高的边际收入。

全球化的趋势更加剧了这种现象,一方面,大量在过去阻碍移民的因素都不复存在。2000 年,在经济合作和发展组织(Organization for Economic Co-operation and Development, OECD)成员国中生活着超过 2000 万国外出生的高技术移民。这些移民多半来自发展中国家。比之十年前,这一数据增长了大约 63.7%。作为对比,在同一段时间内,低技术移民数量仅仅增加了 14.4%(Beine et al., 2006)。另一方面,从 20 世纪 80 年代的澳大利亚和加拿大开始,几乎所有的发达国家都在试图吸引更多的高技术人才的移民,无论是美国的 H-1B 签证计划,还是德国的绿卡计划、韩国的金卡工程等一系列移民政策,都暗示着发达国家在全球范围内搜寻人才的竞争已然变得越来越激烈,一场 21 世纪的人力资本争夺大战正在上演。在美国,根据美国国家基金科学委员会的不完全统计,外国留学生在学成后约有 25%选择定居美国,被纳入美国的国家人才储备库,而且美国高达五分之一的科学院院士来自于海外移民。即使是处于经济转轨时期的我国,虽然户籍制度的存在严重阻碍了人力资本的地区间的流动和劳动力资源的最优配置,但更高的收入水平和生活档次的诱惑总是在吸引着优秀的人才自西向东流动。

人才流失降低了人才流出国的人力资本存量,也意味着人才流出国为培养人才所花费的时间和金钱付诸东流。因此早期的观点通常都认为人才流失对流出国的经济会造成巨大的负面影响。国际理论界也将人力资本的流失尤其是高技术人才的国际流动称为“智力外流”（brain drain）。20 世纪 60 年的研究表明，由于人力资本的流失会伴随着智力的外流，人才流失国会因此丧失诸多高技术的人才，特别是对发展中国家而言，由于发达国家充足的物质资本存量会吸引和集聚大量发展中国家的高技术人才，因此，人力资本流动尤其会对发展中国家产生不利的影响。世界银行甚至曾在 1995 年关于世界发展的报告中特别指出，需要采取措施以阻止熟练劳动力从贫穷国家和地区大量外流。

20 世纪 90 年代后，发展中国家对发达国家的人才流失已不再单纯是早期的“智力外流”，逐渐出现了“智力回流”的现象，诸多学者对人才流失的观点也开始发生了改变，企图寻找其有利的一面。Stark 等（1997）指出，开放的经济体系是人力资本流动的前提，相对于封闭的经济体系，它不仅在于流动性人才所面临的工作机会，而且还包括投资激励。通过构建人才流出所考虑的一系列因素，智力外流也可以为人才输出国带来增智效应。Mountford（1997）也通过研究表明，人才流失可以增加人才输出国的平均生产力和分配的公平性，在长期内可以增加一国的生产力水平和促进经济增长。然而，同一时期的 Wong 和 Yip（1999）却提出了截然不同的观点。他通过构建两部门内生增长模型考察人才流失与经济增长之间的关系。研究结果表明，人才流失仅仅可以改善技术工人的收入水平，却对大量非技术工人的收入产生了损害。因此，他指出人才流失最终不利于人才输出国的经济增长。

21 世纪以来，诸多学者将人才流失的效应划分为增智效应和泻出效应。增智效应是指发达国家的工作机会能够增强人才输出国的教育激励，从而增加人才输出国整体的人力资本水平，而且流失的人才也会回来，导致人才输出国之间会产生人才的交换和技术进步的相互溢出，从而可以带动人才输出国的经济发展。泻出效应是指发达国家优越的物质资本会吸引发展中国家人才的大规模迁入，给人才输出国带来的后果是人力资本的严重流失，而且这些流失的人才大多是一去不复返的。他们认为，人才流失对经济增长的影响在各个国家的状况是不一样的，更多地取决于何种效应处于支配地位。比如，当发达国家与不发达国家拥有良好的国际间协调政策时，所有人都可以从人口流动障碍的解除中获得收益，然而，这个假设在不同国家之间具有强烈反差，足以受到质疑（Bucovetsky，2003）。

正是因为人才流失现象的存在，人口流动障碍对地区间经济发展差异的影响才显得如此扑朔迷离而富有争议：一方面人口流动障碍的存在妨碍了作为重要生产要素之一的劳动力的跨地区流动，使劳动力的配置难以达到最优状态,既使发达地区陷入到劳动力供给不足、边际成本日益提高的困境中,也使不发达地区的剩余劳动力无从安置,劳动工资无法上升;另一方面人口流动障碍的存在阻碍了人才流失现象的出现,似乎可以防止高技术人才向发达地区的快速集中,避免地区发展差距过分扩大。

然而,我们认为,只要不是彻底的令人口完全无法流动的障碍,人口流动障碍对高技术人才的作用总是要小于低技术劳动力:前者无疑会比后者有更高的收入和更多的积蓄,可以借此翻越经济上的障碍,更有利于实现跨地区和跨国别的迁移,因为人口的跨地区乃至跨国别的迁移是需要付出昂贵的机会成本的;前者更高的受教育水平也会使他们往往能比后者更快地学会新的语言,适应新的环境,融入新的社区,结交新的朋友,从而克服文化和交流上的障碍,而且,新的地区和国度往往也愿意接受具有较高教育人口的流入,因为他们可以带动当地的技术进步和经济增长,产生正外部性效应;甚至对于法律上的障碍,前者也会有更多的知识和能力来借以规避,有关人口流动障碍的法律大多排斥的是低技术劳动力而对高技术人才却并未有太多阻碍。换言之,人口流动障碍对阻止人才流失的作用,可能要远远小于它对要素配置达致最优的阻碍,因为大多数人口流动障碍阻碍的仅仅是低技术劳动力,而无法阻止高技术劳动力的人才流失。

此外,甚至人才流失对于发展中国家或地区而言,都可能并非必然是一件坏事。移民海外的高技术人才并非从此一去不归,或者从此与故国再无关系。对很多发展中国家而言,在海外工作的人员所汇回的收入往往会构成国家外汇流入的重要组成部分,而身在海外的高科技人才也可以为尚在国内的科研工作者提供一条接触最前沿技术知识的渠道(Agrawal et al., 2008)。当国内经济建设逐渐步入新的台阶,开始拥有了较好的与高技术人才相适应的基础设施建设时,那些移民海外的人才也可能会循着以往出国的故道,带着在海外学到的新的技术重新归来报效。特别是对我国而言,无论是钱学森等老一辈科学家的归国故事,还是当代学者邹恒甫从哈佛读博归来后创办高级研究中心的传奇,都一直是人们津津乐道的焦点,而且来自海外华侨的FDI,也一直是我国FDI流入的重要组成部分。

对高技术人才而言,移民发达国家往往意味着相比留在国内更高的预期收入和消费水平,因此移民可能性的存在,会提高发展中国家人力资本投资的预期收益,从而增加发展中国家的人力资本投资。虽然人才流失的同时会减少人力资本存量,但是其综合效应却未必是负的(Beine et al., 2001, 2008; Stark, 2004)。Beine等(2008)认为,虽然撒哈拉以南非洲和中美洲地区国家可能因为人才流失而蒙受了较大的损失,但是对以中国、巴西、印度为代表的几个在全球化中表现最好的发展中国家来说，人才流失对人力资本的净效用很可能是正的。

考虑到以上这些因素，人口流动壁垒对于降低地区发展差距的作用十分令人生疑。特别是对于一国内部而言，我们认为，通过在国家内部高筑人口流动障碍来避免高技术人才大量涌入较发达地区的措施，即使不考虑其对个人自由的伤害，也很有可能是无效而得不偿失的。

不过，这并不意味着我们应当对人才流失视若无睹。除了杀敌一千自损八百的僵硬的人口流动障碍，我们还存在其他的方法来遏制人才的流失。Docquier 等(2007)分析了人才流失的决定因素，认为那些在地理上离 OECD 国家更近的发展中小国和前殖民地国家最容易发生严重的人才流失。这意味着，我们需要用优厚的待遇来留住人才、吸引人才。首先，企业可以用高薪来聘请人才，在逐步取消原先国有企业的“铁饭碗”、“大锅饭”制度的基础上，将绩效考评制度纳入其中，为各种人才设立不同的奖励制度，从而激发人才的创新性，推动科技进步。其次，政府需要为人力资本的发展创造良好甚至说是优越的外部环境。据调查统计，国内优秀人才选择海外移民的一个重要原因就是认为在国内缺乏良好的科研环境，缺乏配套的仪器设备，甚至科研的经费也是相当的匮乏，在国内想要从事科研首先需要解决的就是资金紧张的问题。相比而言，在作为技术推动型国度的美国，总统奥巴马曾多次表示，美国政府将把 3%的 GDP 用于科研创新和技术进步领域。国内外的鲜明对比也在警示我们，对国内科研环境的深层次改革已是刻不容缓。此外，政局不稳、分化严重、人力资本积累薄弱都会加剧人才的流失。换句话说，我们必须保证国家地区形势稳定，加强教育，促进人力资本积累。总之，我们只有做好这些该做的，方可防止人才的过度流失。

第三节 人力资本与我国东西部差距①

一、我国教育与人力资本概况

我国传统的教育体制与当前在各国流行的现代教育体制差异甚大。一直到满清末季，教授四书五经的私塾仍然是我国主要的教育机构。从满清末年一直到民国，虽有不少有识之士竭力推广新式教育，但当时我国战乱不断，教

① 本节及此后回归中所用入学率、文盲率等数据均来自历年《中国人口统计年鉴》。

育推广的范围和成效也就可以想像。到解放战争结束的1949年,我国仍有大约70%的人未接受过任何正式教育。新中国成立伊始,政府就开始着力推广教育,消灭文盲。到20世纪60年代,我国的初等教育入学率就已经接近百分之百。不过在那个年代由于生活压力和频繁的政治动乱等种种原因,辍学率仍然居高不下。改革开放之后,发达的东部地区辍学率逐年下降,然而在发展相对滞后的西部地区,辍学率甚至有上升趋势。1986年建立从小学直到初中的9年制义务教育制度。1989年之后,希望工程在全国逐渐展开,贫困地区的辍学情况有所好转,但辍学仍然是一个普遍而十分严重的问题。世界银行一份2001年的调查声称,在中国初等教育入学儿童中有三分之一最终会先后辍学而无法完成全部学业。

表6-1所示是1997和2004年我国全国和各省的文盲、半文盲率情况。从中我们可以看出,1997—2004年,我国文盲半文盲率从14.16%下降到了10.37%,下降了将近4个百分点,有了较大幅度的改善。这一方面得益于我国对基础教育的日益重视和投资,另一方面越来越多的人意识到了知识和教育的重要性,愿意主动接受教育,学习知识。但是,我国东西部地区在文盲半文盲人口上的差距依旧存在。以2004年的数据为例,除陕西和新疆之外,西部其余地区文盲半文盲率均高于全国平均水平,而东部地区文盲半文盲率均低于全国平均水平。

表6-1 1997年和2004年我国各地区文盲半文盲率情况(单位:%)

地区	1997年	2004年	地区	1997年	2004年
全国	14.16	10.37	河南	12.83	8.86
北京	6.78	3.93	湖北	12.40	10.94
天津	8.96	5.00	湖南	9.64	8.10
河北	12.41	6.90	广东	8.99	5.87
山西	8.63	5.19	广西	13.25	8.06
内蒙古	14.59	10.58	海南	12.51	8.63
辽宁	7.67	4.79	重庆	14.87	10.77
吉林	7.75	5.94	四川	16.12	14.88
黑龙江	8.59	6.24	贵州	22.49	18.60
上海	9.03	5.50	云南	22.18	17.98
江苏	16.98	10.23	西藏	45.96	45.54
浙江	16.47	11.72	陕西	14.51	19.52

续 表

地区	1997 年	2004 年	地区	1997 年	2004 年
安徽	17.38	16.63	甘肃	23.46	18.48
福建	15.02	11.98	青海	41.24	22.64
江西	10.88	9.43	宁夏	23.07	16.17
山东	19.32	12.22	新疆	10.50	8.08

来源：李韵怡(2007)。

同样的，我们也可以用文盲人口占我国15岁以上人口的比率来考察我国的人力资本现状以及东西部现存人力资本的差距。到2003年，文盲人口占我国15岁以上人口的比率已经只剩下11.63%，东部文盲占15岁以上人口比率为9.75%，而西部则是12.99%。事实上，由于人口通常在较发达地区更为密集，而较发达地区在教育上的投入会更多，因贫因病辍学的情况也更少，因此平均的数据往往会掩盖少数不发达地区严重的教育短缺现状。比如同样在2003年，隐藏在西部地区12.99%文盲率背后的是西藏高达43.82%的文盲率，这个数字堪称可怕：接近一半的人口无法完成最基本的阅读，而阅读能力是从外界获取信息、掌握更多技能的基本要求。同样地，农村的高文盲率也被掩盖在了简单的平均数之下，在2003年，即使是在上海，农村文盲率都高达21.35%。农村人口的高文盲率会直接影响农村向城市、农业向工业的人口转移，影响我国现在和未来的城市化进程。文盲率的差异不仅仅体现在不同地区间，不同性别间的文盲率差异甚至更大。我国落后地区尤其是农村和西部地区仍然广泛地存在性别歧视的现象。在2003年，我国男性人口文盲率仅为6.43%，而女性人口则高达16.92%。同样是在东部，男、女性文盲率分别为4.82%和14.73%，而西部则分别为7.58%和18.50%。无论是在东部还是在西部，不同性别间的文盲率差异都是比不同地区间文盲率差异更严重的问题。

文盲率等指标可以反映出一个国家或地区长期以来对教育的投资和重视情况，而反映当前教育投资情况的指标则是教育支出。近年来，随着我国经济的快速发展，我国的教育支出的绝对总额呈现出大幅度上升的趋势，1978年改革开放时，我国的教育支出的总量仅为75.05亿元，到2007年已经达到了7122.32亿元，将近是1978年的95倍左右，但是就教育支出占GDP的比重而言，我国远远没有达到要求。国际经验表明，欲使一国的人力资本满足其经济增长的需求，教育支出一般需要占到GDP的比重大约为6%，同时，教育支出的增速要快于GDP的增速。现实情况却是，我国每年教育支出占GDP的比重大约都在2%～3%左右。20世纪末21世纪初这一比率虽一度上升至超过3%,但此后又开始下降,2007年我国教育支出占GDP比重仅为2.8%。与国际经验相比较,这些数字对我国而言是严重偏低的,已经不足以适应我国经济持续增长的态势。根据2006年联合国教科文组织的数据统计,2003年世界平均公共教育经费支出占国民生产总值的比重为5.1%,其中发达国家的比重为5.3%,发展中国家的比重为4.1%,最不发达国家的比重为3.3%,而中国却只有2.79%,相比于世界上其他国家甚至是最不发达国家,我国对教育投资的支出依旧是明显不足的。表6-1列出了1995年各国教育支出占当年GNP比重的情况。从表中我们不难发现,我国教育支出占GNP的比率比绝大部分国家,更比世界平均值要低。在表中仅有土耳其教育支出比率比我国还低,甚至连菲律宾、印度这些发展中国家的教育支出比率都比我国更高。Heckman(2005)曾指出我国教育投资的收益率大约在30%～40%,而实物投资的收益率大约仅有20%,因此我国的教育投资相比实物投资是严重偏少的,而且我国政府投资占教育投资的大部分[①],因此即使考虑个人对教育的投资之后,整体教育投资仍然是偏少的。

我国的教育投资不仅偏少,而且地区不平等的情况远较文盲率这些数据更为严重。陈钊、陆铭、金煜(2004)运用中国1987—2001年度各个地区的面板数据进行回归拟合后发现,中国各个省份的教育投入存在严重的不平衡性。王广深(2008)指出,我国政府对中西部地区的教育投资偏少,对地区的教育投入不平衡。王铮、申来津(2008)认为政府应该改善教育支出的地区不平衡现状,加大对我国中西部地区的教育投资政策倾斜力度,努力改变中西部地区教育落后的现状。张继珍(2008)基于对数据的实证检验认为,我国教育投资在总量和结构方面都存在问题,教育支出在区域间存在极大的不平衡,严重影响了我国区域间的协调发展。回顾历史,1979—2001年间我国东部和西部地区对GDP的贡献率分别是57.8%和14.3%。由于西部地区的经济状况明显落后于东部地区,经济增长速度明显慢于东部地区,导致其对GDP的贡献率呈现出不断下降的趋势,而东部地区则呈现出上升趋势。1978年改革开放之初,东部地区和西部地区占全国GDP的比重分别为52.5%和16.8%,到2001年时的差距更是加大,东部地区和西部地区占全国GDP的比重已经变为59.5%和13.6%。与此同时,地区间教育投资的不平等状况也在加剧,特别是20世纪80年代中期,教育管理权限下放给地方后,由于在财政体制改革

① 即便是在鼓励对教育的投资之后,2002年,政府投资占教育总投资的比率仍然高达63.7%(Heckman, 2005)。

的过程中，并未在划分政府间教育财政职责的基础上相应建立规范的教育财政转移支付制度，国家财政缺乏必要的教育财政平衡能力与协调机制，教育经费支出的地区差异更显突出（邬滋，2005）。换言之，由于我国大量教育投资都依靠地方政府完成，而发达地区与落后地区的地方政府在财力水平上显然不可同日而语，这就造成了不同地区间在教育投资上的巨大差异，经济水平发展较低的地区，往往也是教育支出相对较少的地区。

表 6-2 1995 年各国教育支出占 GNP 比重情况

国家或地区	1995 年教育支出占 GNP 比重(单位:%)
世界	5.2
中国	2.5
菲律宾	3.0
泰国	4.1
印度	3.3
马来西亚	4.7
新加坡	3.0
巴基斯坦	2.8
土耳其	2.2
韩国	3.7
埃及	4.8
墨西哥	4.9
巴西	5.1
阿根廷	3.8
美国	5.4
日本	3.6
加拿大	6.9
德国	4.8
俄国	3.5
波兰	5.2
匈牙利	5.3

注：其中阿根廷、美国、日本、加拿大为教育支出占 1994 年 GNP 比率数据。
来源：Heckman(2005)。

教育作为人力资本投资的主要形式，其收益的主体是多元化的，这也决定了人力资本的投资同时具有私人物品和公共物品的特征，我们通常称其为"准公共物品"。一方面，人力资本作为私人物品，不仅可以使受教育者接受高层次的文化熏陶和享受学习的乐趣，还能给其带来更高的收入水平和更好的工作机遇;另一方面,作为公共物品,人力资本的投资往往具有正的外部性,因为创新和配置效率的提高都是对整个社会而不仅是个人有利的事情,换句话说人力资本的投资者和所有者无法获得这种投资所能带来的所有社会收益,因此需要政府的介入。

考虑到人力资本的准公共物品的性质,如果没有政府的投入,完全由市场来提供,从个人角度出发的人力资本投资将会小于社会最优值。这就意味着政府的教育支出应当在人力资本投资中占据重要的地位,尽量保证每一个人都可以获得受教育机会,避免因为教育机会的不均等造成贫富差距的扩大乃至地区经济发展的差距。从这个角度思考,政府教育支出上的地区差异甚至可能比单纯的GDP差异更为危险:发达地区有钱,因而会在教育上投入更多,于是发达地区会有更高的人力资本存量,进而形成发达地区愈发达而落后地区愈落后的恶性循环。

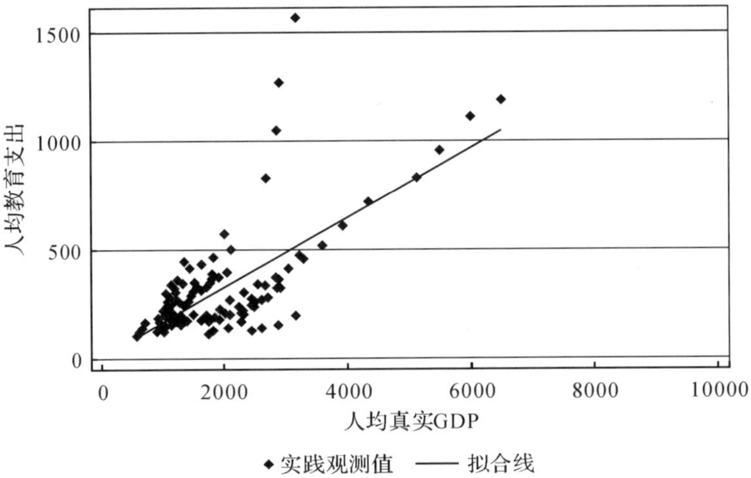

图 6-1 1998—2001 年各省人均真实 GDP 与教育支出关系

来源:Heckman(2005)。拟合图与 Heckman(2005)存在差异,因为我们对数据做了价格调整。

我们在图 6-1 中画出了 1998—2001 年 4 年间各省人均真实 GDP 与平均每学生教育支出的关系。斜线是对两者做回归所得到的拟合线。从图中我们可以看到,各省的教育支出和经济发展状况存在强烈的相关。一元回归系数十分显著,调整 R^2 也有接近 0.5。如果去除中央拨款较多的北京,那调整 R^2 还会继续上升到超过 0.6 的水平。此外,根据杨俊、李雪松(2007)的研究,那些相对不发达、教育投入较少、人均受教育年限较低的省份,同时也会是教育不平等程度较大的省份,而教育不平等程度的增加,会显著降低产出水平。

给定教育在人力资本形成上的关键地位,加上人力资本存量和增速对经济增长的作用，那么再考虑经济水平和教育支出之间的密切联系，我们就观察到了一个闭合的逻辑循环。对于不发达地区而言，这是一个陷阱般的恶性循环：经济欠发达财政能力有限，于是教育支出捉襟见肘，于是人力资本投资不足存量见底增速低下，于是经济增长缓慢。恶性循环的结果，便是贫者愈贫而富者愈富，便是日益拉大而毫无逆转希望的地区发展差异。

二、人力资本与我国经济增长

上一部分我们讨论的是我国人力资本和教育投资地区间差异的现状。要补齐人力资本差异在地区发展差距中作用逻辑链的最后一环，我们必须研究人力资本对我国经济增长的作用。这正是这一部分我们将讨论的内容。

一方面，近年来许多研究都表明人力资本对我国经济增长具有重要的推动作用。比如，李春波(2001)曾运用预期受教育年限和实际受教育年限两种方法来估计我国1949—2000年的人力资本现状。结果表明，人力资本可以促进我国的经济增长，受教育年限每增加1年，人均GDP的增长率将增长0.14～0.2个百分点。周天勇(1994)在《劳动与经济增长》一书中，运用教育收益率法估算了1953—1990年人力资本对我国经济增长的贡献。实证结果表明，我国人力资本的年平均增长速度是13.43%，对经济增长的贡献高达22%。吉彩红等(2006)运用协整、误差修正模型(ECM)和Granger因果检验方法考察了人力资本与我国经济增长的关系后发现，人力资本与我国的经济增长存在长期稳定的动态均衡关系。

另一方面，我们也可以通过进一步细分来考察人力资本在经济增长中的作用。我们曾提到，人力资本对经济增长主要包括两方面的渠道：一是其自身作为一种生产要素对经济增长的直接作用；二是其通过转化为技术进步对经济增长的间接作用。人力资本作为直接生产投入要素的作用并无多少争议可言，因此当前的研究也多半愿意把精力集中于人力资本对技术进步的作用，换句话说，便是人力资本和全要素生产率之间的关系。

胡鞍钢(2002)指出，改革开放以来，中国的经济增长依托于全要素生产率(TFP)的大幅度增长，TFP大约为29.4，其中，资本对其的贡献为55%左右，人力资本大约占到5.4%。岳书敬和刘朝明(2006)运用Malmquist指数分析了我国30个省1996—2003年的全要素增长率。实证结果显示，我国30个省的经济增长效率的差距正在逐年扩大，在纳入人力资本因素后发现，区域全要素增长率有利于技术进步。如果忽视人力资本存量，则会低估同期的效率提高程度，高估技术进步的指数。王志刚等(2006)对我国各省市自1978年以来的地区间的生产效率进行估计，进而分解出全要素生产率增长率，结果显示人力资本对生产效率的提高所做的贡献最大,并且初始的人力资本存量越高,生产效率增长率越大。许和连等(2006)和魏下海等(2008)也都分别用各自的方法,从不用的角度分析了我国历年来全要素生产率增长的决定因素,他们的结果也十分一致:人力资本初始存量是全要素生产率增长率的显著而重要的决定因素。

与实物资本相比,人力资本在实际衡量上存在较大的困难,并且人力资本内部还存在着不小的异质性:你不能指望名牌大学毕业生和中专技校的毕业生会对经济增长存在类似的贡献。因此检验人力资本的不同成分分别对经济增长的贡献,也是当前研究的一个重点。周坤(1997)最早将人力资本划分为初级和高级两个不同的成分,初级是指人的体力、经验、生产知识和技能,高级是指人的天赋、才能和资源被发掘出来的潜能的集中体现,也就是我们通常所说的智慧。丁栋虹(1999)也曾提出关于同质性人力资本和异质性人力资本的概念。她指出,前者是指在特定时期中拥有边际报酬递增的生产力形态的人力资本,后者则是在特定时期中拥有边际报酬递减的生产力形态的人力资本。诸多学者也基于不同类型的人力资本对我国的经济增长的贡献相继作出了实证分析,比如刘智勇等(2008)检验了不同人力资本对我国经济增长的作用机制后发现,初等教育程度的人力资本主要通过直接参与生产来影响产出增长,而高等教育程度的人力资本则更多是通过促进技术进步的方式来促进经济增长。他们还发现我国人力资本在地区间的溢出作用不显著,这或许是源于我国目前尚较严重的国内市场分割现象。彭国华(2007)的研究也得到了类似的结果。他指出,只有高等教育程度的人力资本对我国 TFP 的增长存在显著的正面作用,而中等、初等教育的人力资本反倒对 TFP 的增长存在显著负面影响。不过杨俊等(2007)的结果却刚好与之相反。他们发现中等教育程度的人力资本存量对我国省级地区经济增长率的影响最为显著,而高等教育程度人力资本的影响反倒是不显著的。这种差异可能源于计量方法上的问题。大部分文献在研究人力资本对经济增长影响时都是做两次回归,将全要素生产率作为人力资本回归的被解释变量,而杨俊等(2007)则是直接将 GDP 增长率作为被解释变量。这相当于将人力资本直接作为生产函数的投入要素在做回归,且杨俊等(2007)文中回归的调整 R 平方也不大,或许也说明他们的结果参考价值有限。

人力资本的作用,不仅因其本身的性质不同而不同,也因其所在岗位的不同而不同。同样的人,拥有同样的教育水平和文化程度,但是选择做公务员还是做企业经理,显然就会对经济增长或者是技术进步作用不同。承袭 Schumpeter(1939)的传统,研究中最受关注的往往是企业家人力资本。企业家才能在当代已经被公认为是一种的确可以促进经济增长的重要因素，而企业的存在仅仅是一组契约而已，目的是为了降低原先市场昂贵的交易成本(Coase，1937)。在现实中，企业经理作为企业的最高层，是企业的一个核心所在，由其来组织企业的形成乃至后续的各种运作，无疑可以起到类似于市场的资源配置功能。于是，一个优秀的企业经理，为了使企业利润实现最大化，往往愿意而且能够带动企业的技术研发和资源的最有效的利用，甚至也会寻找其他的人力资本加入，实现人力资本的吸收和集聚，这都可以促进一国技术的进步乃至经济的增长。比如吴延兵等(2009)发现，企业高层管理人员的人力资本水平越高，企业拥有独立研发机构的可能性便越大。换言之，企业家人力资本的增加，会对技术进步有特殊重要的作用。张小蒂、赵榄(2009)也发现企业家人力资本对企业干中学的效率影响显著。

无论如何，当前的研究都近乎一致地表明了人力资本因素在我国经济增长中的重要地位，我们的逻辑链也可以补充完整：由于人力资本有益于经济增长，人力资本初始存量的差异会带来地区经济增长差距，而地区经济实力的差距，意味着地方政府对教育支出的不同，又进一步会影响到随后的人力资本投资的差异，造成人力资本存量差异的扩大化以及更大 的地区经济发展差距，最终形成一个恶性循环。要打破这个恶性循环，中央政府的作用必不可少。

三、人口流动与我国经济增长

改革开放以来，随着我国不同区域呈现出的经济发展水平和物质存量的巨大差异，我国地区间出现了大规模的人口流动。据 1990 年第四次全国人口普查数据显示，我国迁移人口总量为 3412.76 万，占我国人口总量的 0.65%。2000 年第五次全国人口普查数据显示，我国迁移人口总量达到了 12466.25 万人，占我国人口总量的 9.86%，相比第四次人口普查时的 3412.76 万人增长了近 2.65 倍。目前，根据最新的抽样统计结果显示，2009 年我国迁移人口总量已经达到 1.8 亿，超过人口总数的 10%，相比第五次人口普查时的 1.25 亿增长了 0.44 倍。

我国的流动人口不仅规模巨大，而且随着东部地区的快速发展，我国的人口流动带有明显的区域性特点，呈现出自农村向城市，自内地向沿海，自西部向东部的迁移。从宏观表现上来说，福建、四川、江西、广西、湖北、重庆、甘肃、河北、安徽和吉林作为我国十大流动人口流出省市，其中有 8 个位于中西部地区，而广东、浙江、上海、江苏、北京和福建挤占了我国流动人口流入省市的前六位，竟然全部位于东部地区。从局部表现上来说，人口流动在我国各省市之间也存在着巨大的差异。四川省长期位居人口流出的前列，流出人口高达

1753万,占我国跨省流动人口总数的36.16%。同期位居人口流入首位的广东省的流入人口也占到我国跨省流动总量的四分之一以上(杨炯,2010)。目前,珠江三角洲地区、长江三角洲地区、环渤海地区都正在经历着规模巨大的人口迁入。还有不少研究发现,东部不少城市甚至出现了外来人口远远多于本地人口的现象,而每年春节前后返乡的民工潮也是我们这个时代的一大特征。

给定不同地区之间巨大的发展差距,以及随之而来的劳动边际效率和劳动者工资差距,人口自西部向东部的大规模流动并不令人吃惊。相反,在很多研究者看来,我国的人口流动规模不是太大,而是太小了。他们认为我国长期以来存在的户口制度等因素,极大地限制了人口在地区间的流动,限制了劳动力作为一种重要生产要素在不同地区间的合理有效配置和不同地区间劳动边际生产率的趋同,从而阻碍了我国经济整体效率的提高,扩大了地区发展差距。比如,王小鲁、樊纲(2004)认为:一方面,西部地区劳动力的外流可以缓和这些地区农村人口对土地和就业的压力;另一方面,流出的人口也可以为西部地区带来大量的汇款,对西部地区的经济增长起到促进的作用,这些都是有利于缩短东西部地区发展不平衡的。刘传江、段平忠(2005)认为,中国经济增长的地区差距与中国人口流动地区分布的差距之间存在高度的相关性,人口流动有利于对地区经济增长差距的收敛。类似地,姚枝仲、周素芳(2003)指出,人力资本的跨地区流动有助于平衡地区间的要素禀赋和实现地区间的要素收益率相等,最终的结果是不同地区的均衡发展。林毅夫等(Lin et al.,2004)通过实证分析,估计出迁移者对收入差距的反应弹性,提出迁移机制的确是一种缩小差距的手段,但由于现存的户籍制度和东部沿海地区的过快发展,当前的迁移规模似乎仍不足以缩小现存的发展差距。

当然这个观点并非没有争议。有些研究者(比如李玉江,2005)认为,虽然与西部相比,东部在人力资本的投资力度上明显较强,但是西部地区人力资本的流失是导致西部地区与东部地区在人力资本存量上出现显著差异的一个更深层次的原因。从欠发达地区流向发达地区的不仅仅是普通劳动力,更多的是大量受过高等教育、拥有较高生产技能的高技术劳动力,这实际上构成了自欠发达地区向发达地区的人才流失现象,从而降低了不发达地区的人力资本存量,甚至还会制约这些地区的人力资本增量,无疑扩大了地区发展差距。与之相对应,他们就认为人口流动障碍在一定程度上可以避免人力资本从西部向东部的大规模转移,从而有助于防止地区发展差距过大。

如果说人口流动障碍对地区发展差距的影响尚存在争议的话,那么它对我国经济整体运行效率的负面影响则基本上是没有争议的。许召元、李善同

(2008)以一个可计算一般均衡的(Computable General Equilibrium, CGE)模型分析了我国地区间人口流动的影响,认为人口流动虽然对人均GDP地区差距影响较小,但在考虑区域间转移支付的情况下,人口流动可以有效缩小人均消费的地区差距。同时,人口流动也可以提高劳动力的配置效率,显著加快总体经济增长速度。此外,Au和Henderson(2006)也认为,我国当前存在的人口流动障碍事实上正在阻碍经济的发展。他们指出,由于人口流动障碍的存在,我国城市化水平大大低于最优值,这影响了人口集中带来的规模效应和集聚效应的出现,从而降低了产出水平。

换句话说,即使人口流动障碍在一定程度上降低了地区发展差距,或者是阻止了它的继续扩大,那么这也是建立在对个人自由的侵犯和对经济整体运行效率损害的基础上的,伴随而来的必然是不同地区间同工不同酬现象的存在,换言之,个人的所得与付出的比例会存在巨大的差异。这种现象在短期内或许会缓解地区间发展差距,但是从长期看,只会造成更严重的社会不平等现象以及更大的地区发展差距。比如李实、王亚柯(2005)就发现,现今,我国东西部地区间高技术人员存在巨大的收入差距,并且这差距还在越拉越大。蔡昉、王德文(2002)也发现在地区间实物资本边际报酬趋同的同时,人力资本的边际报酬在地区间差异相反地还存在着扩大的趋势。

因此我们认为,从长期来看,阻碍经济效益进一步提高的人口流动障碍的降低甚至消除是必然的。换句话说,以人口流动障碍来限制地区发展差异不可能是长久之计,最终只会损害国家经济的发展。事实上,姜守明(2002)就曾在研究人才的社会保障问题的基础上,提出可以通过完善社会保障制度逐步促进人才的有序流动,进而达到资源的有序配置。后来又有不少学者认为,必须使人口的流动遵循市场的规律,如同物质资本一样,通过市场的自动调节机制达到优化的配置。基于这方面的考虑,他们(比如李晓春、马轶群,2004)大多提出了对户籍制度的改革建议,比如在逐步取消户口制度与利益挂钩的规定的基础上,恢复户口的本来面目,不再由户口迁移决定人口流动,而是由自由的人口流动来决定户口的迁移。另外,需要取消"农转非"的审批制度,或者适当增加"农转非"指标,为那些对经济发展做出贡献的人才提供"农转非"户口,因为"农转非"制度本身就是一种对市场优化资源配置功能的严重遏制。

就如我们之前所说的那样,人才流失对一地区人力资本存量的具体影响并非确定是负的。事实上,近几年来的研究正在越来越多地关注人才流失对地区人力资本存量的正面影响。如果考虑到这个,那地区间人口流动障碍更加不再有存在的必要。

第四节　出口、FDI、人力资本与我国地区经济增长——基于省级数据的实证分析

在这一部分,我们将做一些简单的回归,并通过展示回归结果来帮助我们更好地理解我国地区发展差异的形成。我们将此前提到过的出口、FDI、人力资本都纳入到这一部分的回归中。

我们的回归分析可以分为两步,分别研究各要素作为直接的生产投入要素的作用和间接地对技术进步的促进作用。

我们首先引入简单的包含人力资本的科布道格拉斯(C-D)生产函数:

$$Y_{it}=AK_{it}^{\alpha}L_{it}^{\beta}e^{\gamma H_{it}} \tag{6-5}$$

两边取对数可得

$$\ln Y_{it}=\ln A_t+\alpha\ln K_{it}+\beta\ln L_{it}+\gamma H_{it} \tag{6-6}$$

式(6-6)就是我们第一步回归所用的方程,其中:i、t 分别代表各个省份和年份;A 代表技术;K 代表资本存量;L 是劳动投入量;H 则是人力资本。我们以《60 年》中的就业人员总数代表劳动投入,以《60 年》中的每万人在校大学生数代表人力资本。更具体的变量描述统一放在本书的附录中。根据 Cohen & Soto(2007),我们的设定中人力资本在生产函数中的参与方式与资本及劳动存在不同。

将式(6-6)略作调整就可以得到式(6-7):

$$\ln A_t=\ln Y_{it}-\alpha\ln K_{it}-\beta\ln L_{it}-\gamma H_{it} \tag{6-7}$$

式(6-7)中的所有参数我们都可以从(6-6)式所做的回归中得到。它便是著名的 Solow 剩余,也就是全要素生产率(TFP)。$\ln A_t-\ln A_{t-1}$ 为全要素生产率的增长率。通常认为全要素生产率的水平代表了技术水平,而它的增长则代表了技术进步,因此以全要素生产率或其增长率为被解释变量的回归便相当于是在研究技术水平或进步的决定因素。

一、生产函数回归

在表 6-3 中我们分别报告了固定效应面板回归、随机效应面板回归和混合 OLS 三种方法所得到的结果。

我们同时做了 Hausman 检验,得到的 p 值是 0.037。在 5%的置信水平上拒绝了原假设。因此我们认为固定效应的回归结果是更可信的。我们之后回归中所用的 TFP 值也由固定效应回归得出。报告随机效应和混合 OLS 回

归结果，只是作为一个参考和稳健性检验。

表 6-3 第一步回归结果

被解释变量：ln(GDP_{it})	固定效应	随机效应	混合 OLS
ln(Labor)	0.326*** (2.73)	0.565*** (11.53)	0.700*** (48.14)
ln(CapitalStock)	0.408*** (20.65)	0.371*** (37.47)	0.344*** (28.21)
Human Capital	0.002*** (5.70)	0.002*** (7.77)	0.004*** (10.78)
观测数	739	739	739
Within R^2	0.9533	0.9528	0.9192
F 检验值	3273.61	9058.34	3467.81

注：表中被解释变量为经过价格调整的地区真实 GDP 自然对数值，各解释变量分别为资本存量的自然对数值和劳动投入量的自然对数值，以及人力资本变量。表格内数值为回归所得到的相应变量的系数值，* 表示在 10％程度上显著，** 表示在 5％程度上显著，*** 表示在 1％程度上显著。括号内数值为 t 检验值。本表内报告的 t 检验值均为异方差稳健统计量。回归包含常数项，虽然我们并未在表中报告。

从表 6-3 中的结果看，所有的变量均十分显著，R^2 也很高，充分表明了我们回归结果的有效性。值得注意的一点是，除了混合 OLS 结果外，资本和劳动的弹性之和均小于 1，这表明了规模报酬递减的存在，而规模报酬递减意味着单纯依靠增加投入来获得产出增加的方法是不可持续的，换句话说，增长方式的集约化转变势在必行。

除了这些，表 6-3 还能告诉我们更多。回忆式(6-5)，我们对资本和劳动分别求其边际产出可得：

$$\frac{\partial Y_{it}}{\partial K_{it}}=\alpha AK_{it}^{\alpha-1}L_{it}^{\beta}e^{\gamma H_{it}}=\alpha\frac{Y_{it}}{K_{it}} \tag{6-8}$$

$$\frac{\partial Y_{it}}{\partial L_{it}}=\alpha AK_{it}^{\alpha}L_{it}^{\beta-1}e^{\gamma H_{it}}=\alpha\frac{Y_{it}}{K_{it}} \tag{6-9}$$

α、β 的值我们都可以在表 6-3 中找到，因此，我们可以简单地求出资本和劳动的边际产出，从而可以得到资本和劳动边际产出随时间变动的情况。

在图 6-2 中我们画出了全国平均的资本边际产出和劳动边际产出的变量情况。在图中我们可以清楚地看到资本边际产出随时间在稳定下降，而劳动边际产出却在稳定上升。这与我国多年来资本逐渐由稀缺变得富余，甚至经常处于所谓过度投资状态是一致的。这个结果也在提示我们思考,新的投资是否仍然有利可图?

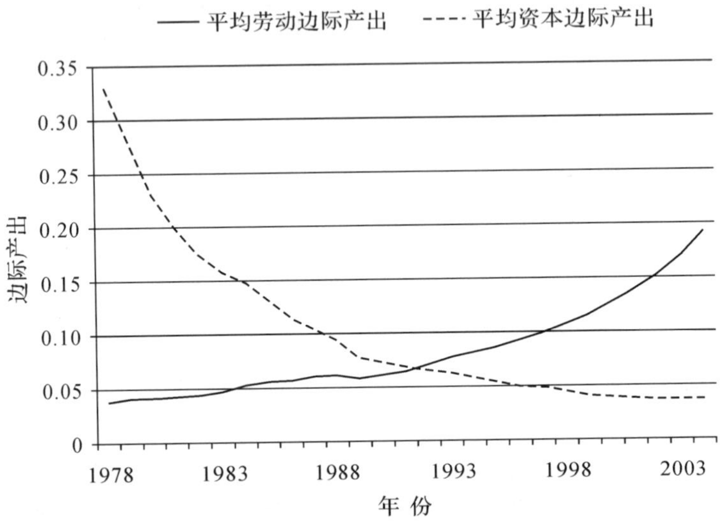

图 6-2 我国各年份平均资本和劳动边际产出变动情况

注:图中平均边际产出为各省边际产出的算术平均值。需要注意的是,由于资本和劳动投入的单位并不相同,因此资本边际产出和劳动边际产出实际上并不存在对比的意义。将它们画在一起纯粹出于方便考虑。

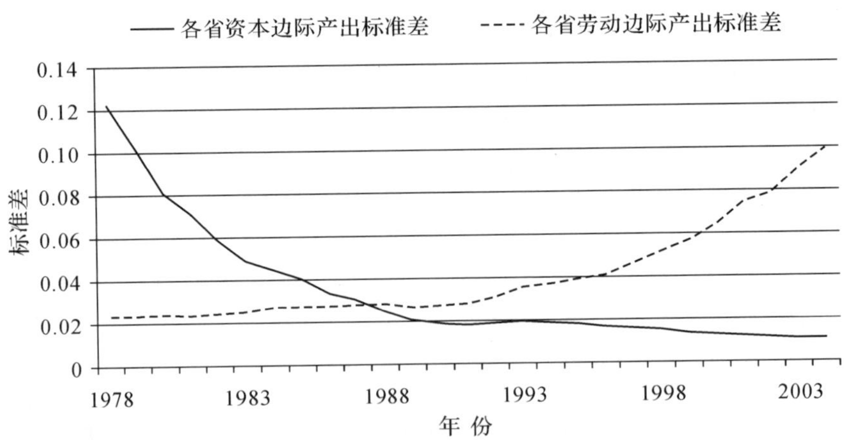

图 6-3 我国各年份各省资本和劳动边际产出标准差变动情况

在图 6-3 中,我们进一步画出了各年份资本和劳动边际产出的标准差情况。标准差反映了同一时间内不同省份间同一要素边际产出差异的情况。依照标准的经济学理论，如果不存在要素流动障碍，那不同地区间要素边际产出应当趋同，换句话说，要素边际产出的标准差应当为0，或者至少应当存在随时间下降的现象。我们的确在资本边际产出标准差上发现了这种现象。这反映了资本在我国不同地区间较高的流动性。考虑到四大国有银行等拥有在全国范围内调配资金的金融机构的存在，资本的高流动性并不令人吃惊。

我们同时却发现劳动边际产出随着时间的推进非但没有趋同，其标准差甚至还在飞速扩大。我们认为，造成这种现象的根本原因必然是较高的人口流动障碍的持续存在。这种人口流动障碍，包含但绝不仅限于我们之前提过的户口制度。大城市的高房价和廉租房的缺失、子女高昂的择校成本，甚至不同地区间生活习惯、文化风俗的差异都可能会构成人口流动障碍。这也提示我们，要在全国范围内改善要素配置，设法降低人口流动障碍，促进人口在全国范围内的良性流动是必需的。

二、TFP决定因素回归

在这一部分，我们将上一部分的固定效应面板数据回归所得到的TFP作为被解释变量，将滞后一年的累积FDI、出口、人力资本和基础设施状况作为解释变量来研究不同变量在TFP决定中的作用。此外，考虑到大量研究都认为FDI对我国TFP的影响在不同时期存在差异，因此我们仿照Fleisher等(2009)，在回归中引入了一个代表时期的虚拟变量time，在1994年之前，time为0，在1994年及之后，它等于1。具体地，我们的回归方程为：

$$\begin{aligned} gTFP_{it}(TFP_{it}) = {} & \alpha + \beta_1 \ln CFDI_{it-1} + \beta_2 \ln CFDI_{it-1} \cdot time_t + \beta_3 \ln Export_{it-1} \\ & + \beta_4 \ln Export_{it-1} \cdot time_t + \beta_5 H_{it-1} + \beta_6 H_{it-1} \cdot time_t \\ & + \beta_7 \ln CFDI_{it-1} \cdot H_{it-1} + \beta_8 \ln CFDI_{it-1} \cdot H_{it-1} \cdot time_t \\ & + \beta_9 \ln Export_{it-1} \cdot H_{it-1} + \beta_9 \ln Export_{it-1} \cdot H_{it-1} \cdot time_t \\ & + \beta_{10} RoadpSize_{it-1} + \mu_{it} \end{aligned} \tag{6-10}$$

其中：gTFP为上一部分回归得到的TFP增长率；CFDI、Export、H分别为累积FDI、出口和人力资本；RoadpSize则是一省公路总长度/总面积，代表此省的基础设施状况。

我们还在回归中引入了出口、FDI与人力资本的交叉项。这是为了研究人力资本在出口和FDI技术溢出中的作用，根据我们之前的论述，这种作用应当是显著而不可忽视的。RoadpSize则是相应省份的公路总长度除以其面积，我们以此变量来表征基础设施状况。之所以将所有解释变量滞后一阶，一方面是源于排除内生性的考虑，另一方面，认为这些变量对TFP的影响存在之后也是个很自然的假设。我们采用的回归方法是面板数据固定效应回归。

与之前的回归类似,Hausman 检验支持了我们的做法。

我们将回归的结果报告在表 6-4 中。结果很值得我们回味。第一列回归的被解释变量是 TFP,也就是技术水平,而第二列与第三列则是 TFP 的增长率,也就是技术进步的速度。三列回归采用的回归方法都是面板数据的固定效应模型。跟前文一致,Hausman 检验支持了我们的做法。

在对技术水平所做的回归中,我们引入的所有变量均很显著,无论是 FDI、出口、人力资本还是基础设施状况,这些变量的提高,都会带来技术水平的提升。也就是说,给定生产投入不变,在这些方面的改善都至少会对产出有一个正面的短时冲击。这种冲击能否长久,这些变量的提高能否改善经济的长期增长状况,则取决于它们对技术进步的影响。

在第二第三列的回归中,基础设施变量系数的显著性消失,换句话说,基础设施状况的改善虽然能够在短时间内改善经济的效率,提升技术水平,然而在长期内它对技术进步却并不存在明显的促进作用。

出口变量的表现颇有些出人意料。在第二列回归中,$Export_{it-1}$ 的系数显著为正,不过它与人力资本交叉项的系数却显著为负。我们样本中人力资本变量的均值不到 40,最大值亦不过 300 出头,因此出口的增长对技术进步仍然存在显著的促进作用,然而交叉项系数显著却意味着人力资本越充足的地区出口的技术溢出越是微弱。这与我们在第二章中所做的理论分析并不一致。我们原本预期更高的人力资本存量更有助于一地区充分吸收出口带来的技术溢出。当我们将出口和出口与人力资本的交叉项分别与时期虚拟变量 time 的交叉项引入回归之后,结果变得更为微妙。1994 年之前的出口及出口与人力资本交叉项的表现与之前差异不大。然而,$Export_{it-1}$ 和 $Export_{it-1} \cdot time_t$ 的系数在绝对值上差别不大而在符号上刚好相反,$Export_{it-1} \cdot H_{it-1}$ 则无论在哪个时期均未表现出任何显著性。换句话说,在 1994 年之前出口对技术增长存在明显的促进作用,而在 1994 年之后出口的技术溢出即告消失,出口的增长虽仍然有利于技术水平的提高,却不会对技术增长有促进作用。我们认为,出口技术溢出在 1994 年之后的消失,以及它与人力资本交叉项系数的不显著都在说明同一个问题,即出口的技术溢出并非十分重要,人力资本较多的地区可能早就已经掌握了出口所能教给他们的东西,而在 1994 年之后,10 余年的开放经历也使得大部分地区都已经学会出口所能教的东西,因此出口的技术溢出不再显著。

表 6-4 第二步回归结果

被解释变量	(1)TFP_{it}	(2)$gTFP_{it}$	(3)$gTFP_{it}$
$CFDI_{it-1}$	0.009** (2.15)	0.0006 (0.29)	0.002 (0.83)
$CFDI_{it-1}\cdot time_t$			0.023*** (3.08)
$CFDI_{it-1}\cdot H_{it-1}$	−0.001* (−7.61)	0.0001* (1.65)	0.0001 (1.39)
$CFDI_{it-1}\cdot H_{it-1}\cdot time_t$			−0.0004*** (−3.32)
$Export_{it-1}$	0.0548＊＊＊、(3.69)	0.0134** (2.20)	0.0167*** (2.41)
$Export_{it-1}\cdot time_t$			−0.0234*** (−3.31)
$Export_{it-1}\cdot H_{it-1}$	0.0004** (2.04)	−0.002** (−2.59)	0.0003 (0.18)
$Export_{it-1}\cdot H_{it-1}\cdot time_t$			0.0001 (0.71)
H_{it-1}	0.008*** (4.71)	0.002** (2.24)	−0.002 (−0.83)
$H_{it-1}\cdot time_t$			0.004** (2.06)
RoadpSize	$2.03e^{-5}$ (2.75)	$1.68e^{-6}$ (0.56)	0.012 (0.88)
样本容量	547	547	546
Within R^2	0.3210	0.1147	0.1433
F 检验值	36.02	14.00	9.57

注：回归方法为面板数据固定效应回归。表格内数值为回归所得到的相应变量的系数值，*表示在10%程度上显著，**表示在5%程度上显著，***表示在1%程度上显著。括号内数值为t检验值。本表内报告的t检验值均为异方差稳健统计量。回归包含常数项，虽然我们并未在表中报告。

相对而言FDI在回归中的表现更易于理解。在第二列的回归中FDI相关变量中只有FDI和人力资本的交叉项显示出了一点微弱的显著性，似乎FDI并不存在显著的技术溢出，然而一旦我们在回归中引入时期虚拟变量，真相马上呼之欲出。FDI的溢出效应在1994年之前依然不显著，然而在1994

年之后,却十分显著①。回忆我们在第二章中所做的回归,FDI 在 1994 年之前对出口有显著的促进作用,而在 1994 年之后这种促进作用却不复存在。综合本章的结果,我们基本可以确定地说,1994 年之前和之后的 FDI 存在本质上的区别。前者更注重出口,其投资中国的目的就在于利用我国低廉的人力成本,而在 1994 年之后,随着我国本土市场的扩大和本地企业接受 FDI 技术溢出能力的提高,FDI 本身也发生了变化,它们变得更为重视本地市场,于是 FDI 对出口的促进逐渐降低,而其技术溢出作用却逐渐加强。

FDI 与人力资本的交叉项亦是如此,它的系数在 1994 年之前不显著,而在此后显著为负。考虑到人力资本变量的数值,FDI 与人力资本交叉项显著为负的系数并不改变 FDI 溢出效应为正的事实,不过它却意味着在人力资本相对充足的省份,FDI 的溢出效应相对较弱。人力资本似乎阻碍了 FDI 技术溢出效应的充分发挥。

我们在本章主要的研究对象——人力资本在回归中的表现相较而言是最符合预期的,在前两个回归中,它的系数均显著为正,而在最后一个回归中,它仅在 1994 年之后表现出显著为正。换言之,人力资本的提高能在短期内提高技术水平,在 1994 年之前,人力资本对技术进步的促进作用并不显著,而在 1994 年之后,人力资本的增加则显著地促进了技术进步,从而促进了经济的长期增长。

难以解释的则是它与 FDI 交叉项显著为负的系数。我们在回归中引入的人力资本变量本身可能也是一个原因。我们引入的人力资本变量是每万人在校大学生数,这个变量忽略了大学生之外的所有受教育人群,这可能是交叉项系数为负的一个原因。FDI 的技术溢出并不需要如此高层次的人力资本,对加工贸易企业而言,或许一个技校毕业的工人都比一个名牌大学的毕业生更为有用,也更能充分利用生产中可能发生的技术溢出。此外,对 FDI 而言,技术溢出并非他们的目的,一个大学生人数较多的地区可能会引发他们保护专利技术的警惕,从而反倒带来技术溢出的减少。

无论真实原因如何,我们至少可以知道的是,人力资本看来并未在出口和 FDI 的技术溢出中扮演重要的作用。当然,这并不妨碍人力资本本身的重要性,它依然是技术水平和技术进步的决定因素。

---

① 这个结果和 Fleisher 等(2009)的刚好相反。他们的结果表明 FDI 的溢出效应仅在 1994 年之后显著。我们的回归存在一些不同,然而这些不同似乎都不会带来如此彻底的差异。在未报告的回归中,我们也模仿他们的方法做了一些尝试,结果却与本书中报告的并无二致。我们无法解释这种差异。

第五节 结论性评述

人力资本在经济的长期增长中扮演着重要的角色：人力资本直接参与生产，提高了生产者的边际生产率，也提高了与之匹配的资本的边际收益率，还有助于改善劳动者在不同产业间分布的效率；人力资本也间接地通过促进技术进步来促进经济增长，人力资本存量的提高有助于FDI和出口技术溢出效应的发挥，也有助于直接的技术创新；人力资本存量的大小，甚至会对技术进步和产业布局产生深远的影响，而这些都会在长期内改变经济的增长。

本章的分析则表明，人力资本在我国地区发展差距形成中也扮演了重要的角色。虽然自共和国成立以来，我国在教育上取得了巨大的进步，在全国范围内文盲率都出现了大幅下降的现象，然而我国依然存在着教育投资不足的问题。我国教育投资占GDP或者GNP的比率要远远低于发达国家，甚至比很多发展中国家都要低。在我国，很大一部分教育投资依靠地方政府完成，于是地区经济发展水平就成了教育投资的重要决定变量：富裕地区投资多，而贫困地区投资少。这种局面如果持续下去，就会形成贫者愈贫、富者愈富的恶性循环。

此后，在本章中我们还将此前分析过的出口、FDI等因素和人力资本对我国TFP的影响放在统一的框架下做了一个回归分析。我们的分析首先确认了各因素在我国TFP历史差距形成中的作用。出口、FDI、基础设施建设和人力资本都对技术水平有着显著的正面影响，但它们对技术进步的影响却各不相同。基础设施建设对技术进步不存在明显的影响，而其余三个变量都至少在某一个时期内是十分显著的。在不同时期三者的影响却存在明显变化。出口在1994年之前存在显著的技术溢出，而在1994年之后，这种技术溢出戛然而止。FDI和人力资本则刚好与之相反，它们对技术进步的影响在1994年之前并不显著，却在1994年之后变得重要而显著。出口和FDI与人力资本的交叉项则令人意外地要么从未表现出任何显著性，要么显著为负，这至少说明人力资本并未在出口和FDI的技术溢出中扮演十分重要的角色。

以上的结果表明，出口、FDI、基础设施建设和人力资本上的差异都是过去我国地区发展差异形成的原因，然而对于未来，这些因素的重要性却并不一致。出口对经济增长的影响随时间的推进和其本身的发展，出现了明显的边际效益递减，而FDI的总效果虽然依然显著，但它与人力资本交叉项系数的减少，意味着FDI的技术溢出正在减少。人力资本对经济增长的影响却刚好相反,它的影响非但没有减弱,反而还在增强之中。这也与我国经济发展逐渐步入转型期,对高技术劳动力需求增加有关。

这意味着对欠发达地区而言,简单地模仿较发达地区过去的做法,试图通过发展开放型经济促进出口来推动地区发展可能并不会那么有效;相反,对西部地区来说,一方面吸引外资,另一方面将政策重点放在教育上,促进人力资本投资和积累在新的时期内都会是更有效的做法。

相比实物资本,人力资本具有可流动的特点。正是人力资本的流动性才带来了人才流失的概念。我国当前仍然存在着较高的人口流动障碍,因此是否应当降低人口流动障碍,以及人口流动障碍的降低甚至消失对我国地区发展差距存在什么影响便成了研究者经常讨论的话题。过去的研究大都表明了人口流动障碍对经济效益的提高存在负面影响(比如 Au & Henderson, 2006)。我们本章中的分析也发现人口流动障碍的存在严重影响了地区间劳动边际产出的趋同,而劳动边际产出的差异一方面将会直接转化成劳动者工资差异,在地区间造成严重的同工不同酬现象,另一方面也意味着劳动力的地区分布远未达到社会最优点。考虑到目前对人才流失的最新研究大都在重新思考人才流失对人力资本的影响,并且我国当前的人口流动障碍对低收入劳动者的限制要远远高于高收入人群,我们认为继续保持高的人口流动障碍即使的确有助于保证地区发展差距不再扩大,也是得不偿失的。

因此,本章的研究可以总结成三个结论:首先,出口、FDI、基础设施建设和人力资本在我国地区发展差距的形成中有其作用;其次,对欠发达地区而言,在新的时期内加强人力资本投资和吸引 FDI 是比强化出口产业更为有效的发展政策;再次,我们认为人口流动障碍在降低地区发展差距上作用有限,而却极大地影响了全国范围内要素的有效配置和经济效益的提升。

对于第二点,中央政府或者希望工程之类的组织必须在其间扮演重要角色,弥补欠发达地区在资金上的不足,只有这样才能摆脱贫者愈贫富者愈富的尴尬境地。此外,虽然我们并未在本章中给予太多关注,但教育的质量以及卫生投资在人力资本形成中的重要作用已为很多研究所确认(比如 Li & Huang, 2009),因此欠发达地区在人力资本投资上势必要注意这两方面措施。前者要求教育投资不能仅仅追求数量,简单的扩招意义不大;后者要求我们要重视劳动者的健康和生命安全。过去几年间,煤矿安全事故和职业病问题逐渐成为整个社会关注的焦点之一,而我们也认为,对这方面的投资和关注应当成为人力资本投资的重点之一。

在第三点上,事实上当前我国人口流动在制度上的障碍正在降低。在很多地区,户口制度对人口流动的限制都在放开。我国地区间人口流动的速度也在加快。Lin 等(2004)计算了我国省区间的人口流动状况，发现 1995—2000 年间我国跨省人口流动率大约为 2.35，高于 1985—1990 年间的 1.11。同期人口流动相对收入差距的弹性也在增加。这些都反映了我国人口流动速度的增加和人口流动障碍的降低，然而其他方面的因素，比如高房价、医保、下一代的教育开支这些方面的因素正在成为新的人口流动障碍。与原来的户口制度不同，这方面的人口流动障碍对低收入人群的限制远远高于高收入人群，其对经济效益的负面效应也就更大。这些新的障碍和原有制度障碍的残留限制了人口在我国省区间的流动。与美国相比，我国在地区间收入差距上远远大于美国，而在人口流动上却远远小于美国，这只能由地区发展差距的存在来解释(Johnson, 2003)。我们认为，要改善经济的整体运行效率，政府必须在这方面采取措施。对于发达地区而言，除了吸引高素质劳动力，通过廉租房、民工子弟学校等方式降低人口特别是低收入人群的流动障碍也是提高资本收益率进而促进投资提高经济增长的必要措施；欠发达地区则应一方面以各种手段吸引高技术人才，提高人力资本存量，另一方面也应该在一定程度上鼓励人口的流动，这既可以解决劳动力过剩的问题，减少的人口也会在一定程度上提高人均收入和人均 GDP。

参考文献

[1] 蔡昉，王德文. 比较优势差异、变化及其对地区差距的影响. 中国社会科学，2002(5)：41-54

[2] 陈钊，陆铭，金煜. 中国人力资本和教育发展的区域差异：对于面板数据的估算. 世界经济，2004(12)：25-31

[3] 丁栋虹. 从人力资本到异质型人力资本. 生产力研究，1999(3)：7-9

[4] 胡鞍钢. 从人口大国到人力资本大国：1980—2000 年. 中国人口科学，2002(5)

[5] 吉彩红，佟仁城，张媛媛. 基于 ECM 方法的人力资本与中国经济增长关系研究. 数学的实践与认识，2006(4)：91-97

[6] 姜守明. 论人力资源流动与社会保障制度. 陕西经贸学院学报，2002(6)：9-14

[7] 李春波. 中国各地区人力资本与经济发展差距研究. 硕士学位论文，清华大学，2001

[8] 李玲. 人力资本运动与中国经济增长. 北京：中国计划出版社，2003

[9] 李实，王亚柯. 中国东西部地区企业职工收入差距的实证分析. 管理世界，2005(6)：16-26

[10] 李晓春，马轶群. 我国户籍制度下的劳动力转移. 管理世界，2004(11)：47-53

[11] 李玉江. 区域人力资本研究. 北京：科学出版社，2005

[12] 李韵怡. 中国人力资本与经济增长关系分析. 硕士学位论文，暨南大学，2007

[13] 林毅夫. 贫困、增长与平等：中国的经验和挑战. 价格与市场，2004(9)：28-29

[14] 刘传江,段平忠. 人口流动对经济增长地区差异的影响. [EB/OL]http://cedr.whu.edu.cn/emagazine/200577103644.pdf,2005

[15] 刘智勇,胡永远,易先忠. 异质性人力资本对经济增长的作用机制检验. 数量经济技术经济研究,2008(4):86-96

[16] 彭国华. 我国地区全要素生产率与人力资本构成. 中国工业经济,2007(2):52-59

[17] 王广深,王金秀. 我国教育财政支出结构分析及政策调整. 改革与战略,2008(1):154-160

[18] 王小鲁,樊纲. 中国地区差距:20 年变化趋势和影响因素. 北京:经济科学出版社,2004

[19] 王铮,申来津. 我国教育支出的结构分析. 当代经济,2008(3):114-116

[20] 王志刚,龚六堂,陈玉宇. 地区间生产效率与全要素生产率增长率分解(1978—2003). 中国社会科学,2006(2):55-67

[21] 魏下海. 贸易开放、人力资本与中国全要素生产率——基于分位数回归方法的经验研究. 数量经济技术经济研究,2009(7):61-72

[22] 邬滋. 人力资本投资对经济增长的绩效研究. 硕士学位论文,暨南大学,2005

[23] 吴延兵,刘霞辉. 人力资本与研发行为——基于民营企业调研数据的分析. 经济学(季刊),2009(7):1567-1590

[24] 徐涛. 人力资本与经济增长关系研究. 硕士学位论文,贵州大学,2008

[25] 许和连,亓朋,祝树金. 贸易开放度、人力资本与全要素生产率. 世界经济,2006(12):3-11

[26] 许召元,李善同. 区域间劳动力迁移对经济增长和地区差距的影响. 数量经济技术经济研究,2008(2):38-52

[27] 杨炯. 人口流动视角下区域经济差异研究. 硕士学位论文,浙江大学,2010

[28] 杨俊,李晓羽,杨尘. 技术模仿、人力资本积累与自主创新——基于中国省际面板数据的实证分析. 财经研究,2007(5):18-28

[29] 杨俊,李雪松. 教育不平等、人力资本积累与经济增长:基于中国的实证研究. 数量经济技术经济研究, 2007(2):37-45

[30] 姚枝仲,周素芳. 劳动力流动与地区差距. 世界经济,2003(4):35-44

[31] 岳书敬,刘朝明. 人力资本与区域全要素生产率. 经济研究,2006(4):90-96

[32] 张继珍. 当前教育投资对区域经济发展的影响分析. 商场现代化,2008(5):220

[33] 张小蒂,赵榄."干中学"、企业家人力资本和我国动态比较优势增进. 浙江大学学报(人文社会科学版),2009(5):14-22

[34] 周坤. 论人力资本的特征及其价值实现. 中国科技论坛,1997(3):20-23

[35] 周天勇. 劳动与经济增长. 上海:上海人民出版社,1994

[36] Acemoglu, D., 2002a. "Directed Technical Change". *The Review of Economic Studies*, 69(4): 781-809

[37] D Acemoglu. Technical Change, Inequality, and the Labor Market. *Journal of Eco-*

nomic Literature, 2002, 40(1): 7-72

[38] D Acemoglu. Patterns of Skill Premia. *The Review of Economic Studies*, 2003,70(2): 199-230

[39] A Agrawal, D Kapur, J McHale. Brain Drain or Brain Bank? The Impact of Skilled Emigration on Poor-Country Innovation. NBER Working Paper No. 14592, 2008

[40]Andrew Mountford. Can a Brain Drain be Good for Growth in the Source Economy?. *Journal of Development Economics*, 1997 (53): 287-303

[41] K J Arrow. The Economic Implication of Learning by Doing. *Review of Economic Studies*, 1962, 29:155-173

[42] C-C Au, J V Henderson. How Migration Restrictions Limit Agglomeration and Productivity in China. *Journal of Development Economics*, 2006,80(2): 350-388

[43] R J Barro. Economic Growth in a Cross Section of Countries. *The Quarterly Journal of Economics*, 1991, 106(2): 407-443

[44] Gary S Becker. Human Capital. Chicago: University of Chicago Press, 1964

[45] Gary S Becker. Investment in Human Capital: A Theoretical Analysis. *Joumal of Political Economy*, 1962 , 70(2): 9-49

[46] M Beine, F Docquier, H Rapoport. Brain Drain and Economic Growth: Theory and Evidence. *Journal of Development Economics*, 2001,64(1): 275-289

[47] M Beine, F Docquier, H Rapoport. Brain Drain and Human Capital Formation in Developing Countries: Winners and Losers. *The Economic Journal*, 2008, 118(528): 631-652

[48] J Benhabib, M Spiegel. The Role of Human Capital in Economic Development: Evidence from Aggregate Cross Country Data. *Journal of Monetary Economics*, ? 34(2): 143-174

[49] M Bils, P Klenow. Does Schooling Cause Growth?. *American Economic Review*, 2000,90(5): 1160-1183

[50] S Bucovetsky. Efficient Migration and Redistribution. *Journal of Public Economics*, 2003 ,87: 2459-2474

[51] Jordi Caballe, Manuel S Santos. On Endogenous Growth with Physical and Human Capital. *Journal of Political of Economy*, 1993,101(6): 1042-1067

[52] I S Chien, N R V Murthy. The Empirics of Economic Growth for OECD Countries: Some New Findings. *Economics Letters*, 1997,55: 425-429

[53] A Ciccone, E Papaioannou. Human Capital, the Structure of Production, and Growth. *Review of Economics and Statistics*, 2009, 91(1): 66-82

[54] R H Coase. The Nature of the Firm. *Economica*, 1937,4(16): 386-405

[55] D Cohen, M Soto. Growth and Human Capital: Good Data, Good Results. *Journal of Economic Growth*, 2007,12(1): 51-76

[56] A De la Fuente, R Domenech. Human Capital in Growth Regressions: How Much Difference Does Data Quality Make?. *Journal of the European Economic Association*, 2006,4(1): 1-36

[57] F F Denison. The Sources of Economic Growth in the United States and the Altrenatives Before US. New York: Committee for Economic Development,1962

[58] F Docquier, O Lohest, A Marfouk. Brain Drain in Developing Countries. *World Bank Economic Review*, 2007,21(2): 193-218

[59] B Fleisher, H Li, M Q Zhao. Human Capital, Economic Growth, and Regional Inequality in China. *Journal of Development Economics*, In Press, Corrected Proof, 2009

[60] P Glewwe, J Hanan. Economic Growth and the Demand for Education: Is There a Wealth Effect?. *Journal of Development Economics*, 2004,74(l): 33-51

[61] Z Griliches. R&D and the Productivity slow down. *The American Economic Review*, 1980, 70(2): 343-348

[62] J J Heckman. China's Human Capital Investment. *China Economic Review*, 2005,16(1): 50-70

[63] N Islam. Growth Empirics: A Panel Data Approach. *Quarterly Journal of Economics*, 1995, 110: 1127-1170

[64] D G Johnson. Provincial Migration in China in the 1990s. *China Economic Review*, 2003,4(1): 22-31

[65] A B Krueger, M Lindahl. Education for Growth in Sweden and the World. *Swedish Economic Policy Review*, 1999(6): 289-339

[66] A B Krueger, M Lindahl. Education for Growth: Why and For Whom?. *Journal of Economic Literature*, 2001,39(4): 1101-1136

[67] H Li, L Huang. Health, Education, and Economic Growth in China: Empirical Findings and Implications. *China Economic Review*, 2009,20(3): 374-387

[68] J Lin, G Wang , Y H Zhao. Regional Inequality and Labor Transfers in China. *Economic Development and Cultural Change*, 2004,52(3): 587-603

[69] R Lopez, V Thomas, Y Wang. Addressing the Education Puzzle: The Distribution of Education and Economic Reforms. World Bank Working Papers, No. 2031, 1998

[70] R E Lucas. On the Mechanics of Economic Development. *Journal of Monetary Economics*, 1988,22(1): 3-42

[71] N G Mankiw, D Romer, D N Weil. A Contribution to the Empirics of Economic Growth. *The Quarterly Journal of Economics*, 1992,107(2): 407-437

[72] J Mincer. Investment in Human Capital and Personal Income Distribution. *The Journal of Political Economy*, 1958,66(4): 281-302

[73] C B Mulligan, Xavier Sala-i-Martin. Measuring Aggregate Human Capital. NBER

Working Paper, No. 5016, 1995

[74] S J Mushkin. Health as an Investment. *Journal of Political Economy*, 1962, 70: 129-157

[75] R Nelson, Phelps. Investment in Human Technological Diffusion and Economic Growth. *American Economic Review*, 1997, 19(3): 28

[76] W Nonneman, P Vanhoudt. A Further Augmentation of the Solow Model and the Empirics of Economic Growth for OECD Countries. *Quarterly Journal of Economics*, 1996, 111: 943-953

[77] L Pritchett. Where Has All the Education Gone?. *World Bank Economic Review*, 2001, 15(3): 367-391

[78] R Robertson, M Skidmore, H Toya. A Reevaluation of the Effect of Human Capital Accumulation on Economic Growth: Using Natural Disasters as An Instrument. University of Wisconsin - Whitewater Working Paper, No. 05-08, 2004

[79] D Romer. Endogenous Technical Change. *Journal of Political Economy*, 1990, 98(5): 71-102

[80] T Schultz. Investment in Human Capital. *American Economic Review*, 1961, 51(1): 1-17

[81] Joseph A Schumpeter. Business Cycles: A Theoretical, Historical and Statistical Analysis of the Capitalist Process. New York: McGraw-Hill, 1939

[82] M Spence. Job Market Signaling. *The Quarterly Journal of Economics*, 1973, 87(3): 355-374

[83] O Stark. Rethinking the Brain Drain. *World Development*, 2004, 32(1): 15-22

[84] O Stark, Christian Helmenstein, Alexia Prskawetz. A Brain Gain with a Brain Drain. *Economics Letters*, 1997, 55: 227-234

[85] H Steedman. Measuring the Quality of Educational Outputs: A Note. Center for Economic Performance Discussion Papers, No. 0302, 1996

[86] Wong , Kee Yip Chong. Education, Economic Growth, and Brain Drain. *Journal of Economic Dynamics and Control*, 1999, 23: 699-726

第七章

金融发展与东西部差距

第一节 问题的提出

在金融体系高度发达的今天，金融发展与经济增长的关系是一个看起来颇有些复杂的话题。一方面所有人都承认，银行等金融机构的发展有利于提高资金的配置效率，缓解企业的融资约束，促进专业化分工。资本市场的形成意味着企业可以通过股权融资直接从居民手中获得闲散资金，不仅可以进一步减轻企业的融资压力，而且有利于储蓄向投资的转化。自20世纪80年代以来，金融工程的崛起使人们愈发相信市场是完美的，可以自发完成资源的最优配置。远期、期权、期货、互换等金融衍生产品的出现不仅增加了市场的流动性，丰富了原有的投资工具，而且其自由组合甚至可以在时间和空间上实现资源的双重优化配置，的确使市场变得更为有效了。这些都是有利于经济增长的。另一方面，又总有一种观点认为，过度发达的金融市场会导致投机横行，套利滋生，市场风险集聚，人为地给经济带来不必要的波动性，因为无论是何种金融衍生工具或是金融创新产品都无法做到真正化解市场风险，它们的存在仅仅是转移了风险，换言之，使得风险更加隐蔽，更加不易被察觉。2008年开始的世界性金融危机似乎是一种有力的诠释。许多投资银行利用资产证券化技术精心打造的次级债券，将巨大的违约风险完美地包装起来并将其出售，次级债券精致的外衣甚至蒙蔽了穆迪、标准普尔等国际一流评级公司。然而，在风险暴露的时刻，它不仅摧毁了美国的金融体系，还引发了次贷危机，而且也使得这些投资银行或是破产、或是在严密的监管下向商业银行控股公司转变。对于发展中国家来说，初生的金融机构往往难以跟发达国家的金融大鳄们抗衡，开放的金融环境虽然是金融体系发展的必要前提，但可能会使发展中国家的经济被控制于发达国家之手，比如汇率的自由化会促使国际热钱毫无忌惮地从该国经济体中大进大出，对发展中国家脆弱的货币体系乃至实体经济造成巨大的冲击，不利于经济的增长。

在我国，同样有很多研究者认为金融发展的差距是地区发展差距的重要原因。事实上我国东部地区在金融发展度上也的确领先西部很多。在回归金融发展与经济增长文献的基础上，本章将着力研究金融发展在我国地区发展中的作用。

第二节　金融发展与经济增长

一、金融体系与经济增长

金融发展的同时伴随着金融体系结构的演化。一个多世纪以来，在金融发展与经济增长之间的联系逐渐得到公认的同时，关于金融体系结构的争论却甚嚣尘上，甚至连罗斯等人经典的《公司理财（*Corporate Finance*）》教科书中都特地专门辟出一节的篇幅来讨论银行与市场孰优孰劣的问题。因此，我们在讨论金融发展与经济增长的联系之前，有必要先探讨不同的金融体系结构对经济增长的作用。

（一）金融体系与经济增长：理论贡献

一般我们把金融体系的结构分成两类：一类是像日本、德国那样，以大银行为主导，市场作用相对较小的银行主导型（bank-based financial system）；另一类则是以英美为代表的相反的市场主导型（market-based financial system）。无疑市场主导和银行主导的金融体系都能完成金融体系的最基本职能，然而同样无疑的是，它们使用的方法并不完全一致，由此两者孰优孰劣就成了一直纠缠在研究者心头的问题。与其他方面的理论争论比如市场与计划孰优孰劣不同的是，这两类金融体系多年以来一直并存发展，从未表现出某者将被对方取代的迹象。

我们在之前的分析中就提到过银行在监督上的作用要大于市场。过于分散的股权结构会降低中小股东监督管理层的激励，并助长搭便车的心理。这也是持银行优于市场论者的重要论据之一，甚至股票市场最大的优点之一——资产的高流动性在一些人看来都是缺点，因为这意味着投资者随时可以以较低的成本退出，导致投资者监督管理层的激励较低，不行了就拍拍屁股走人，而银行显然不存在以上这些缺点。银行有足够的能力和激励在事前收集足够信息，在事后保持对管理层的足够监督，从而可以轻而易举地实施对公司的控制，提高资源配置的效率。

在持市场优于银行论者看来,银行的这种能力某种程度上也是缺点。银行虽然有能力监督管理层,但如果银行和管理层勾结,那就没有人能监督他们。他们还指出,银行往往和现有的企业过从甚密,因而在推动技术进步上就会缺乏足够激励。开创性的新技术无疑会损害到市场中原有参与者的利益,从而也就会损害到银行的利益。庞大的银行就会拥有庞大的市场势力,于是在银行与急需资金的企业家的交易中,银行就会占据不对称的有利地位,并可以借此攫取绝大部分的利润。当绝大部分利润都落入银行之手时,企业家投资和创新的激励就会受到严重的损害。

在这两派观点之外,还存在一些从其他角度思考的第三方观点。比如Levine(1997)提出了金融服务论(financial service view)。他认为,对金融体系而言,最重要的问题并非银行主导还是市场主导,而是金融体系能否有效地降低信息和交易成本。不管白猫黑猫,能抓老鼠就是好猫。法律主导论(law view)的倡导者La Porta等(2000)认为是金融体系背后的法律传统而非金融体系的结构决定了其效率。他们指出,无论是银行还是市场主导,金融体系的核心与基础都是一系列合同,而这些合同能否顺利执行,或者说法律是否能够有效地保护外部投资者,才是金融体系是否有效的根本保证①。

(二)金融体系与经济增长:经验证据

理论研究的争论与矛盾,促使许多学者尝试从实证的角度探讨金融体系结构与经济增长之间的关系。

一些学者(Hoshi et al.,1991;Mork & Nakkamura,1999;Weinstein & Yafeh,1998)基于英国、美国的金融体系属于市场主导型,日本、德国的金融体系属于银行主导型进行分析,他们的研究结果表明,金融体系结构的不同会对经济增长产生不同的影响,然而Goldsmith(1969)却对结果的可靠性提出了质疑。他指出,由于选取的这些国家在历史上的增长率极为相似,因而不适宜作为样本纳入模型之中,因为样本的误差往往会导致结论的谬误。

另外一些学者(Demirguc-Kunt & Levine,1996;Beck & Levine,2002;Levine,2002,2003)基于跨国的面板数据的研究表明,金融体系结构与经济增长不存在显著的相关关系,无论是银行主导还是市场主导都无法解释经济增长,而一国的金融服务水平和法律体系却成为解释经济增长的显著性因素。例如,Levine(2000)发现经济增长有赖于发达的金融体系,但是金融体系结构的差异却不会对经济增长造成显著的影响。Demirguc-Kunt和Maksimovic

① 法与金融的交叉实际上是现在十分流行的一个研究领域。对这方面感兴趣的读者可以通过La Porta等(1997,1998,1999,2000)对这个领域有个初步了解。

(2002)也都认为金融结构与增长不存在显著的关系。Beck 和 Levine(2002)从产业、新企业的产生和动态的角度分析，指出对总体经济增长率和各行业的增长存在显著影响的是综合的金融发达程度而非金融结构。这些学者的实证研究的结果无疑是在支持第三种观点，也就是所谓的金融结构无关论。

特别地，Arestis 和 Luintel(2004)运用发展中国家的数据进行分析。他们使用的估计方法是时间序列和动态异类面板方法。然而实证得出的结果却与金融结构无关论完全背道而驰。他们发现，对大多数发展中国家来说，金融体系结构是解释经济增长的一个很重要的因素。

也有诸多学者(Quah，1993；Pesaran & Smith，1995；Levine & Zervos，1996；Caseli et al.，1996；Luintel & Khan，2002)提出，许多基于面板数据的实证研究可能存在相当大的谬误，因为他们往往忽视了不同的国家并非具有同质性，因此得出的相关结论有可能会偏离事实。

关于银行和市场孰优孰劣的争论并未终结，甚至在最近的这次金融危机之后，也出现了两种截然不同的观点：银行的支持者认为这场危机的根源是市场带来的波动性；而市场的支持者则反驳说波动本身不是问题，是某些金融企业规模过大以致于稍有不稳就会给整体经济带来无法承受的波动才是问题的根本。

所幸在本书的研究范围内，我们不必去过多地关注这个问题：无论是银行主导还是市场主导，都不会对地区发展差距带来显著影响，毕竟在一国内部，不同地区间的金融体系的结构是相似的。

二、金融发展与经济增长：理论贡献

Schumpeter(1939)最早提出了金融发展促进经济增长的理论。他认为，经济体中的银行家和企业家对经济增长至关重要，因为企业家拥有创新的技术项目，往往可以促进经济的增长，而银行家则可以提供融资服务以帮助企业家进行创新技术项目的投资。同时他还强调，金融中介对投资项目优劣性的审查存在至关重要的作用，换言之，金融中介对资本的边际生产力具有一个正的影响。

(一)20 世纪 60 年代：早期的理论贡献

20 世纪 60 年代，Gurley(1955)和 Shaw(1960)指出了金融体系对经济增长的重要作用。他们认为，金融体系通过吸收储蓄和发放信贷增加了可用于投资的资本数量，金融体系功能的有效发挥，可以使投资扩张，从而促进经济的增长。

Gerschenkon(1962)通过研究发现，一国的生产力水平与其生产增长率水平成反向关系,即一国的生产力水平越落后,其追赶其他高生产力水平国家的速度越快,在这一追赶过程中,银行与企业家的密切关系起到了巨大的作用,这无疑是对 Schumpeter(1939)创新理论的一个很好的拓展。

Patrick(1966)认为,金融发展与经济增长的关系包含"需求跟随"和"供给引导"两种类型。"需求跟随"更多地出现于发达国家,它指的是金融部门的出现是为了满足实体部门发展的需求,因为实体部门的扩张往往伴随着风险的扩大和融资的约束,而金融体系恰恰可以解决实体部门陷入的困境;"供给引导"指的是金融部门先于实体经济的发展,其存在的目的是为了调动实体经济中尚未被利用的资源,将其转移至能够促进经济发展的部门,这在发展中国家较为普遍。

Cameron(1967)在给出工业化过程中金融发展与经济增长之间互动关系的案例的基础上指出,金融体系的本质特征是作为一种媒介资金的机制,一方面,金融体系引导经济增长,但另一方面,它又有可能受经济增长的引导,这是一个双向的过程。

(二)20 世纪 70 年代:麦金农—肖学派理论

20 世纪 70 年代,针对发展中国家的贫困现象,发展经济学家 Mckinnon 和 Shaw(1973)更多地将其归因于资本利用效率低下的金融抑制(financial repression)。Mckinnon 和 Shaw(1973)认为,金融抑制政策比如利率控制政策,会导致信贷配给的产生,不利于资源充分有效的配置,阻碍了经济的长期发展,因此政府不应该过多地干预金融体系,而应该通过金融自由化以求达到金融深化,从而促进经济增长。金融抑制——非歧视性金融资产价格扭曲(包括利率、汇率)会降低实体经济增长率。通俗地说,由于人为地对金融市场的不恰当干预,使得资金的价格被扭曲,降低了实际利率。一方面,这导致国内储蓄水平下降,造成资金供给不足;另一方面,许多企业无法通过银行贷到资金进行投资,银行也往往无法通过衡量企业的真实风险来制定合理资金的价格,较低的实际利率促使信贷市场产生了过剩的贷款需求,信贷市场的供需失衡使政府无奈之下只有采取信贷配给政策,强制实现供需平衡,结果是寻租行为的滋生,同时,有选择的信贷分配也不能引导资金更多地流向生产力较高的投资项目,这会危及资本边际生产力,无疑导致了经济增长速度的放缓。据此,Mckinnon & Shaw 开始倡导金融自由化,他们认为,只有放宽对金融体系的各种限制和不必要的监督,才能提高金融体系的效率,并充分发挥其对经济增长的促进作用。

(三)20 世纪 80 年代:新结构主义和后凯恩斯主义理论

20 世纪 80 年代出现的新结构主义和后凯恩斯主义,对 Mckinnon 和

Shaw 所倡导的金融自由化理论提出诸多的批判。在许多发展中国家，非正式的制度安排似乎起了相当大的作用，有时甚至超过正式的金融市场的作用，并进而提高了资源配置的效率(Taylor，1983；Van Wijnbergen，1982，1983)。我国的金融现状似乎很好地诠释了这个解释，因为研究发现，我国在正规制度安排的背后，也存在相当大一部分非正式的制度安排，并对我国的经济增长起到了意想不到的作用。

后凯恩斯主义者的批评往往基于信息不对称的角度看待金融自由化。由于信息不对称，金融市场中存在逆向选择和道德风险等市场失灵现象，因此，在推行金融自由化的过程中，弱势的金融结构会应运而生，其最终带来的是较低的经济增长率(Grabel，1995)。Stiglitz 和 Weiss(1981)指出，信贷配给的不均衡往往并不是由于政府的金融抑制政策导致的，其内在的根源建立在金融市场失灵的基础之上。

(四)20 世纪 90 年代：内生经济增长理论

20 世纪 90 年代，关于金融发展与经济增长之间的关系在有关内生增长的研究中找到了新的框架。Romer(1986)认为这些研究大多是基于 AK 增长模型，同时假设每类资本的回报是一个常数。

Bencivenga 和 Smith(1991)构建了一个投资者可以自由调节其资产组合的模型。资产组合中包括两类资产：一类是不具有生产性的流动性资产；另外一类是具有生产性的非流动性资产。非流动性资产较流动性资产具有更大的风险。金融体系的存在降低了生产性非流动性资产的风险，促使个人投资者加大对其的投资，从而加大了生产，促进了经济的增长。

Greenwood 和 Jovanovic(1990)创建了另外一个有关金融中介和经济增长的内生模型，认为金融机构为了寻找具有最高回报的投资机会而收集并分析信息，他们会将资金导向最具生产力的部门，因而金融发展和经济增长存在互为因果的正相关关系。

Berthelemy 和 Varoudakis(1996)将金融体系与实体经济之间的互为外部性关系纳入到干中学(learning by doing)的内生经济增长模型中。他们认为，金融体系对资本的边际效率存在一个正的外部性影响，可以促进实体经济的增长，而实体经济反过来通过储蓄促进金融体系的发展。

三、金融体系与经济增长：影响渠道

除了通过经验数据的实证分析来检验金融发展与经济增长之间的关系，另一种研究方法可以是考察金融发展促进经济增长的重要机制或者是具体的渠道(Rajan & Zingales，1998)。实际上，这种渠道恰恰也是从另一种角度对金融体系功能的描述与刻画。

在经济增长理论中,很多情况下都会假设个人不存在信贷约束,于是个人可以无成本地在整个生命周期内平滑其消费,企业也不存在信贷约束,于是一切收益大于成本的投资项目都会最终得到实施。然而在真实世界中这并不是事实。真实世界是存在交易成本和不确定性的,投资者在事前不知道项目确切的收益率,会有逆向选择(adverse selection)问题,事后投资者无法获取项目真实收益的足够信息,会出现道德风险(moral hazard)问题。金融体系的出现,从根本上说,就是为了解决这些问题。

一般认为金融发展对经济增长的促进作用体现在以下五个方面:一,在事前,发达的金融体系可以改善投资的信息不对称,从而改善投资分配,提高投资效率;二,在事后,金融体系可以提供对企业的完善监督,来自金融体系的监督,是现代公司治理的重要组成部分;三,发达的金融市场有助于风险的分散、管理和交易;四,金融体系可以集中分配储蓄和投资,有助于提高全社会范围内的资金利用效率;五,发达的金融体系可以降低交易成本,有助于经济效益的提高。我们将逐一分析这五个方面。

(一)事前信息不对称

如果市场是完美的,信息是对称的,那么利率或者说是资金的价格,也就应当跟其他市场上的商品价格一样,会自动调整到使市场正好出清的点:当储蓄过多贷款过少资金供给过剩时,利率就会自动下调使储蓄减少,贷款增加;反之当储蓄过少贷款过多资金供应不足时,利率就会自动上升使储蓄增加,贷款减少。然而在真实世界中,信贷配给(credit rationing)却是常态,总会有个人或者企业愿意支付市场利率以获得贷款却未获得。Stiglitz 和 Weiss (1981)将信贷配给归咎于逆向选择和道德风险。给定有限责任,逆向选择意味着高利率将会逼走低风险低收益企业而只有那些高风险的企业才会选择接受高利率。道德风险则出现在事后,接受了高利率贷款的企业将更倾向于投资高风险项目。逆向选择和道德风险的存在意味着当银行提高利率时,其收回贷款的风险也将随之迅速提高,从而使银行不愿意把利率提到使市场出清的点上。在这个点上,银行的贷款供给将会小于需求,换言之,出现了信贷配给。

信贷配给的模型指出了资金供需双方间存在的两类信息不对称,以及应对此类不对称所需要的成本:事前的鉴别成本以及事后的监督成本。如果不存在金融中介,那么交易双方每次都必须自己付出这两类成本,如大银行一类的金融中介在其间的作用便是将鉴别和监督所需的成本集中到金融机构中,这一方面减少了需要付出成本的次数,另一方面专业化也有助于平均成本的降低。金融体系当然不能完全消除信贷配给现象，但它至少可以缓解信贷配给，使得更多有利可图的项目可以获得急需的资金，从而有利于投资效率的改善和经济的增长。

股票市场也具有类似的作用，不过是通过另外的渠道。一方面，发达的股票市场对上市企业具有严格的要求，比如强行信息披露制度、最低市盈率要求、最小市值要求等，这些繁琐的初步筛选规则将大部分不具备上市资质的企业挡在门槛之外。最低市盈率要求、最小市值要求使得上市的企业往往具备较强的赢利能力或是具有较好的市场发展前景。强行信息披露制度又能够保证投资者随时获得充分有效的信息，减少事前搜寻信息而获利的动机，提高了资源配置的效率。这些繁琐的初步筛选规则在一定程度上可以缓解事前的信息不对称。另一方面，发达的股票市场也提高了各类资产的流动性，降低了从各种企业质量相关信息中获利的成本。即使你有比别人更多的信息，可是发达的股票市场意味着你虽然可以从中获利，但是一旦凭借这些信息参与了市场，那你掌握的信息马上就会沿着价格工具传递给所有投资者，你所拥有的信息优势也将荡然无存。

除此之外，创新往往是最有风险的投资。类似于创业投资公司的金融体系的存在，在一定程度上可以缓解对创新投资的事前信息不对称，因为创业投资公司往往更擅长也更愿意鉴别创新项目前景的优劣，他们具有一系列专业化的项目评估手段与评估准则。资料显示，松涛创业投资公司对创新项目的评审程序包括 7 个步骤，分别是初步接洽、资料审阅、项目调研复核、初评结论、专家评议、编制项目可行性报告和风险分析报告、董事会决策。Aylward 关于创业项目的评估准则也相当复杂，从行业的赢利能力分析到创新技术的检验再到管理人员素质的考察等，共细分为 15 个准则。这些繁杂的鉴别手段有助于消除事前的信息不对称，筛选出有良好发展前景的创新项目。除了对创新项目的鉴别之外，创业投资公司更注重对创业者的事前甄别，因为一个好的创业者往往胜过一个好的创新项目，对拥有不同能力和品质的创业者进行事前甄别的一个重要的手段是设计不同的薪酬合同，优秀的创业者更愿意选择效益薪酬而非“旱涝保收”的固定薪酬。对个人而言，无论是对创新项目还是创业者的事前鉴别，成本都是极其昂贵的，而这类金融体系的存在，有助于从各种创新项目中鉴别出最可能成功者，从而加速技术进步，而我们知道，技术进步是经济增长的源泉。

最后，金融体系在人力资本投资上也会扮演重要角色。理论上个人教育投资应当使边际成本等于边际收益，然而教育的边际收益却只是可能增加的未来收入，要把未来的收入转化成当前的投资，金融体系在此间至关重要。

（二）事后监督

事后的道德风险也是信贷配给形成的重要原因。要解决道德风险，事后的监督是必不可少的。对以银行为主的金融体系来说，缓解道德风险和缓解逆向选择的机制和作用都是类似的，而以股票市场为主的金融体系在其间的作用就显得有些扑朔迷离。

在成熟的股市之上，很多公司的股权都是极其分散的。这就给股东对管理层的监督带来了麻烦。小股东往往缺乏监督管理层所需要的技能和激励。股东数目的增加，会加剧搭便车现象（free-ride），从而使得没人愿意付出监督成本。如果缺乏有效的监督，经理层就可能会挟持公司，让企业按其而非股东的意愿来行动。然而集中的股权也未必是件好事，如果存在唯一的控股股东，那控股股东通过控制公司转移利润的隧道行为（tunneling）对小股东的掠夺又会成为新的问题。在很多有关投资者保护的法律相对不完善的国家，比如我国，大股东的隧道行为经常十分严重。公司金融上通常认为公司价值和股权集中度存在一个倒U型的曲线关系，过于分散和过于集中的股权结构都对公司价值存在负面影响。在现实中，鲜有企业的股权结构会刚好达到这个最优点。当然如果股权完全集中在某个经济实体手中那又是另外一回事了。以股票市场为主的金融体系在这方面的缺陷，也是以银行主导金融体系观点支持者的重要论据。不过股票市场同样具有一些大银行体系无法具有的优点，比如股票市场的存在意味着如果经理们不能最大限度地利用企业资产创造价值，那么估价就会下跌，而投资者就可以通过股票市场来强行收购企业，通过改变经营策略来提升公司价值，以从中获利。发达的股票市场还是期权激励等公司治理手段的基石。

在对创新的投资过程中，事后监督机制的存在似乎显得尤为重要。对创新的投资在西方更为普遍地被称作创业投资（venture capital）。在创业投资过程中往往涉及三方当事人，分别是创业投资者，即出资人；创业投资公司，其任务是向创业投资者募集创业投资基金，将其投资于创新项目，并对其投资项目进行专业化管理；创业者，亦称为创业团队，是一批拥有高新技术（即所谓的创新）却苦于没有资金的人。现实中大多数的情况是，创业者在获得创业投资公司的资金支持后，可能会不努力工作，也可能将资金挪作他用以实现自身效用的最大化。这种事后信息不对称导致了创业者更倾向于在和创业投资公司签约后采取隐藏行动或是偷懒行为。因此，为避免创业者的道德风险，创业投资公司扮演了一个异常重要的角色。它接受创业投资者的委托，由其来代替创业投资者实施对创业者的约束与激励机制。在现实生活中，创业投资公司解决道德风险的手段主要包括控制配置、分阶段投资和证券设计，其中，分阶段注资还起到了分散风险的效果。

（三）分散风险

对个人而言，由于资金是有限的，个人很难做到充分地分散风险。当大量个人的资金集中到金融机构中，风险的分散就成为了可能。金融中介可以将资金同时分别投入到经济的各个不同部门而不会因为其中一两个项目的失败就蒙受无法接受的损失。

股票市场是最简单的风险分散市场，股票作为一种有价证券，可以把上市企业的市值分成众多的等份，这意味着投资者们并不需要冒险把资金全部投资于同一个上市企业，而只需通过购买股票对不同的上市企业进行投资。投资者们往往倾向于选择构建多样化的投资组合来分散风险，理论研究指出，当投资者持有的投资组合中包含的股票数接近于市场证券的总数时，其构造完全的市场投资组合系统性风险将被完全分散。当然，我们并不可能拥有如此巨大的投资组合以分散风险，现实情况是，我们更愿意将手中的资金用于购买各行各业的股票，在分散风险的同时期望获得收益的最大化。

风险的分散对于高风险的创新项目也显得相当重要。司春林(2003)曾指出，对创新项目投资的成功率平均只有30%左右。如此低的成功率使得个人资本根本无法涉足，唯一可行的办法是集聚个人资本，形成创业资本(venture capital)，由创业投资公司统一运营，以股权形式对创新项目进行投资。创业投资公司甚至会身体力行地融入到创新企业的管理中。在这个过程中，创业投资公司往往通过组合投资的手段分散风险。组合投资最简单的方式是将创业资本分散投资于各个不同的行业，有点类似于个人将手中的资金投资于不同行业的股票，但在现实中，创业投资公司很少这样做，因为投资对象的多样化与复杂性会加大项目管理的难度，创业投资公司并非由各行各业的专家所组成，有可能对某些行业的管理知之甚少，这反而在一定程度上加剧了风险。于是，他们更愿意采取的组合投资方式是联合投资和阶段性投资。联合投资意味着一家创业投资公司联合多家创业投资公司对多个创新项目进行投资，这可以借助合作者的管理经验缓解项目管理难度，同时也避免了投资于单一项目或是高难度的项目管理所带来的巨大风险。如果说联合投资是空间上的风险分散。阶段性投资则可以认为是在时间上的风险分散，创业投资公司会将创业资本投资于同一创新项目的不同发展时期，由于创新企业在其成长的各个阶段伴随的风险是迥然不同的，因此创业投资公司不仅可以针对同一个创新项目，集中精力，充分发挥自身的专业管理能力，而且又能够实现时间上的风险分散。总之，发达金融市场尤其是创业投资公司的存在会增加对创新的投资，促进高新技术的进步和经济增长。

另外,发达的金融体系还通过增加资产的流动性来降低风险。资产的流动性反映了这项资产转化成完全流动资产或者说货币,所需要的成本和时间。资产的高流动性意味着投资者可以随时从这项投资中撤出,也就降低了投资的风险。对于一些长期的投资来说,流动性更是至关重要。发达金融体系的存在意味着投资者不必等到项目完全完成才能收回投资,这鼓励了投资者做出长期投资的决策。

风险的分散同样有助于人力资本投资。银行可以同时资助多个个人,而不会因为其中少数个体的失败就承受亏损。

(四)资金的集中与分配

金融体系对资金的集中和分配功能或许是很多人大脑里第一个想到的金融体系职能。资金的集中与分配,使大型项目的建设成为可能,使小投资者不必承担信息鉴定和事后监督的成本。无论是银行还是股票市场,这都是最基本的职能。

在银行市场的众多资产业务中,项目贷款(project loan)是资金的集中与分配功能的完美体现。项目贷款是指以某一个特定的项目为对象的贷款,换言之,贷款是具有特定用途的,只能投资于特定的项目。由于大型项目的建设往往需要巨额的投资,这是项目发起人无法独自承担的,通过借助金融体系,项目发起人就能以该项目的未来收益作为担保获得一笔为数不小的项目贷款,于是,大型项目的建设成为可能,民间闲散的资金也得到了充分而有效的利用。

在股票市场中,也存在着众多类似的制度安排。有一种奇异的制度似乎也体现出资金的集中与分配功能,这种制度往往是基于股票市场中的收购兼并行为,从而提高资金的使用效率的。股票市场中某家上市公司经营业绩的下滑,意味着其资金利用的无效率,而这笔资金的最初的提供者,也就是众多小投资者,将不再看好这家上市公司,纷纷选择“用脚投票”,将手中持有的股票大量抛售,此时,一旦某一收购者收购了大部分被抛售的股票,他就会立刻拥有这家上市公司的大部分股权,当其持股比例超过50%时,他就会成为新的大股东,可以撤销原有管理层中无能的高管,组成一个新的领导团队,使资金重新回归到高效利用的状态。

总之,金融体系的存在完成了资金的集中与分配,可以使资金的使用效率得到提高,当然会有利于经济的增长。

(五)交易成本

自Coase(1937)以来,交易成本的概念及其在经济效率提高中的作用就深入人心，特别是在新制度经济学兴起之后，大批学者甚至言必称交易成本。

金融体系的存在，正是一个可以有效降低交易成本的制度安排。根据早期的阿罗—德布鲁体系的一般均衡理论，金融体系是不被经济体所需要的，货币仅仅作为一般等价物出现在经济体中，然而 Gurley 和 Shaw(1960)继 Coase(1937)之后，开创性地运用交易成本理论来研究金融体系。他们指出，现实市场中交易成本是高昂的。金融体系的出现，通过行业分工产生纵向的规模经济和横向的范围经济，从而使交易成本大大降低。Beniston George(1976)认为由于金融资产交易技术中的不可分性和非凸性，阿罗—德布鲁体系的一般均衡理论不再满足假设条件。他通过构建模型，将交易成本因素纳入其中，最终得到的结论是，倘若现实的市场是一个没有交易成本的完美市场，则金融体系将不复存在，但是现实市场却处处充斥着交易成本，于是金融体系的存在，可以通过技术上的规模经济和范围经济克服一部分交易成本。Townsend(1978,1983)也基于交易成本的视角指出，金融体系能够有效地降低交易费用。他构建了一个资源分配的合作博弈模型，在模型中，两两交易是存在成本与资源消耗的，而金融体系的出现恰恰成为这一模型的均衡解，促使资源得到更有效的利用与分配。金融中介还可通过协调借贷双方不同的金融需求而进一步降低金融交易的成本，并且依靠中介过程创造出各种受到借贷双方欢迎的新型金融资产，这被称之为“中介技术”(孙杰，1998；张杰，2001)。

将这一系列模型纳入到现实中似乎变得相当容易理解，交易双方不必随身携带现金，也不必担心假币，通过银行体系交易即可；投资者不必去鉴定项目的优劣，不必去监督经理人员，他们只需要观察价格——证券的价格或者是利率，然后做出个人的投资决策；远期、期货、期权、互换条约等一系列金融衍生产品的诞生为交易双方提供了相当多的金融便利，交易一方不再需要与其交易对手打交道，他们只需直接与金融机构签订协议即可，避免了违约风险；券商在一级市场的发行与承销业务使企业在资本市场上市后的直接融资变得容易许多，在二级市场的经纪业务为中小投资者买卖证券提供了多样化的渠道。这些都是金融体系降低交易成本的具体例子。

交易成本的降低，无疑会改善资源在经济体系内的配置效率，促进专业化分工，从而有利于经济的长期增长。

四、金融体系与经济增长：经验证据

在理论上我们可以将金融发展与经济增长之间的作用渠道逐一列出逐一分析，然而在实证研究中却很难这样做。很多时候理论上不同的渠道牵涉的变量并无多少差异，很难在实证研究中区分开来。

与之前我们讨论的基础设施变量、人力资本变量一样，金融发展程度或是金融体系发达程度的变量在定义上也遇到了不少麻烦。金融体系是个由大量实体组成的统一体，没有一个变量可以同时描述银行和股市的发达程度。金融体系也并非只包含银行和股市，企业彼此间互相提供的商业信用(trade credit)、金融抑制国家的地下钱庄等都会是金融体系的重要组成部分。就像我们讨论的那样，有些国家比如德国、日本的金融体系是由大银行主导的，而另外一些国家比如美国、英国的金融体系则是由市场主导的。我们不能确定类似的变量在不同的金融体系内是否含义也是类似的。虽然有这些困难，但在实证研究中金融与发展之间的关系并未遇到多少争论，因为看起来几乎所有变量都是显著的。

在实际研究中，通常用流动性总量/GDP(比如，King & Levine，1993)，或者用向私营部门的贷款总量/GDP之类的变量表示银行系统的发达程度(比如，Beck et al.，2000)，而以股市交易总额/总市值表示股票市场的发达程度(比如，Levine & Zervos，1998)。股市总市值/GDP之类的变量在研究中通常不太显著，而交易总额/总市值变量则一般很显著，这也符合理论预期：对股市而言，提供流动性是其影响经济增长的主要渠道。

在实际的研究中，这些变量的表现几乎都是一致的。一个发达的银行体系或者市场体系，对人均GDP、人均资本存量和全要素生产率的增长都存在显著的影响，而且这种影响不能用反向的因果关系来解释。比如Goldsmith(1969)首先实证研究了金融发展与经济增长之间的关系，它选取的指标是资产价格与GNP的比率代表一国的金融发达程度。通过检验35个国家在1860—1963年的数据发现，金融发展与经济增长几乎是同时发生的，但是未能判断出存在的因果关系。Jung(1986)使用56个国家的年度数据进行实证研究。他采取两个变量来衡量一国的金融发达水平，分别是M0/M1、M2/GDP。就短期而言，其研究结果在一定程度上支持了Patrick(1966)的假说。在发展中国家，“供给引导”是较为普遍的现象。King和Levine(1993)研究了1960年的金融发展程度变量对此后30年增长的影响。他们同样发现，在控制了收入、教育、货币、贸易和财政政策变量之后，金融发展对未来30年人均GDP、人均资本存量和TFP的影响依然是显著的。Odedokun(1996)运用时间序列的方法，研究了71个发展中国家在20世纪60年代到80年代的面板数据，得到的结果有力地支持了“金融发展促进经济增长”的结论。在85%左右的国家中，金融机构促进了经济增长，而且金融机构发挥的作用和资本形成、出口扩张是同等重要的。Rousseau和Wachtel(1998)使用5个工业化国家的数据进行研究，结果表明，在1870至1929年期间，美国、加拿大等国家都历经了一场由金融体系不断演变而推进的工业化脚步。也就是说，金融体系对实体部门的发展产生了很强的引导作用。此后，更深入的研究将更多的国家加入回归，或是使用了更新更可靠的计量技术，然而结果依然没有改变：金融的确会影响增长。

这些研究结果依然不能确定金融发展与经济增长之间存在因果联系，并且也没有指出金融影响增长的可能渠道，但此后 Rajan 和 Zingales(1998)和 Demirguc-Kunt 和 Maksimovic(1998)分别在行业级和企业级数据上所做的研究足以回答这些质疑。

Rajan 和 Zingales(1998)假设不同的行业对外部资金的依赖程度即对发达金融体系的依赖程度不同，那么当一国金融深化程度提高时，对不同产业的影响也必然存在差异，金融深化程度的提高，对更依赖外部资金的行业促进作用必定更大。他们进一步假设美国金融体系最发达，并且不同国家间产业对外部资金依赖程度的相对状况是相同的。基于这些假设，他们用美国某产业对外部资金的依赖状况来代表其他国家相应产业情况，再以一个对跨国数据的回归研究金融发展对不同产业的影响。他们的样本包含 41 个国家中的 36 个行业。如预计的那样，他们发现对外部资金依赖更大的行业，在金融深化程度提高时发展速度的增加也越多。

Rajan 和 Zingales(1998)的研究不仅确认了金融和发展之间的联系，也找到了一条明确的金融影响发展的渠道：发达的金融体系缓解了企业所面临的融资约束，有利于那些需要大量投资的行业的发展。

Demirguc-Kunt 和 Maksimovic(1998)的思路与之略有些类似，不过他们放松了在不同国家相同行业对外部资金依赖程度相同的假设，而且他们的研究基于的是更为微观的企业级数据。他们首先计算出了企业在不依赖外部资金时可能取得的增长速度，认为企业要使增长速度超过这个值，就必须借助外部资金的帮助，也就是借助金融体系。对一个国家而言，金融体系越发达，就会有越多的企业超过这个增长速度。他们的实证研究证实了这一点：在土耳其、南非、巴基斯坦，只有 30％的企业能超过这个速度，而在日本、韩国、新加坡和泰国，则有超过 50％的企业可以达到这样的增长速度。比 Rajan 和 Zingales(1998)更进一步的是，他们同时考虑了银行和股市两类主要的金融中介在期间的作用。他们的发现表明，银行和股市主导的金融体系都可以在其间发挥显著的正面作用。

总的来说，已有的实证和理论文献十分有力地论证了金融与发展间的密切联系。在现代经济中，金融产业已经成为核心的产业之一，而金融体系效率的提高，对几乎所有行业的发展都会有直接的促进作用。

五、政府干预与金融发展

前面关于金融发展与经济增长之间的研究，似乎一直都在强调政府干预不利于金融市场功能的发挥，其中以 Mckinnon 和 Shaw(1973)最为激烈。他们主张实施金融自由化，反对政府对金融市场的干预政策，认为政府干预往往会削弱金融市场的作用，无法达到储蓄和投资的最优配置，甚至还会导致寻租行为的滋生，进一步弱化市场的资源配置功能。金融自由化的观点是建立在金融市场是完美市场，不存在诸如外部性、信息不对称、交易成本等前提下的市场失灵现象。然而，现实的金融市场是以市场失灵为特点的，也就无法完成资源的最优配置，这成为政府干预市场论者的一个重要的论据。

Stiglitz(1994)曾指出："金融市场自由化的许多理由，既不是建立在对这些市场是如何运作的基础上，也不是建立在对政府干预的潜在边界上，而且也经常缺乏对历史事件以及导致政府发挥目前作用的政治力量的理解。相反，它是建立在对一个被理想化的市场概念的观念上的承诺，然而这个承诺却是与现实不相符的。"

政府干预论者认为，信息是金融市场的一个核心资产，也就是说，金融市场是一个信息密集型市场，充分的信息能帮助投资者更好地进行决策，在达到利润最大化的同时以求尽可能降低风险。金融中介的存在，使信息的买卖交易成为可能。金融中介通过出售信息以求获取利润，而投资者通过购买信息以求规避风险。但是，一个重要的问题是，信息是一种公共物品，具有非排他性和非竞用性的特点，这意味着一旦有人知道了这种信息，其他人也会知道，而且信息的价值不会因为知情人数量的增加而下降。公共物品的特点会导致信息的生产不足，从而使得以信息为依托的金融市场出现无效率的情形，从而导致经济以较低的速度增长。其中，Levine(1991)曾指出，金融市场的外部性包括破产的外部性和投资者监督金融中介的外部性。

金融中介的破产会对经济造成巨大的负的外部性。比如一家银行的破产意味着存款人的资金无法收回，这会引起市场的极度恐慌和存款人的信心不足，于是出现银行的挤兑浪潮，在其他银行的存款也会被大量提取，而银行作为一类高负债经营的特殊的金融企业，存款的一次大量提取往往会对其产生巨大的影响，这种影响甚至是类似于多米诺骨牌效应的大批银行的倒闭。随着金融市场的一体化，银行业的动荡还会蔓延到其他金融机构，诸如证券、保险行业，银行所持有的股票被大量抛售，导致股市大跌、保险机构对银行进行大额的索赔而出现资产不足等。政府可以通过干预市场来降低银行的破产风险，比如建立存款保险制度，规定最低充足率要求来抑制银行的冒险行为，从而降低银行的破产风险，通过对某种行业企业在金融市场的融资加以鼓励或限制来支持或抑制某一领域的发展。这些都是政府干预金融市场的行为。

通过监督金融机构，投资者可以获得关于金融机构安全性、赢利性、稳健性等一系列信息。公众的监督也会促使金融机构选择审慎经营以获取投资者的青睐。然而，监督意味着信息的收集，信息作为一种公共物品，收集的成本是昂贵的，收集的信息却能被其他投资者所共享，这就会产生信息的稀缺，没有人愿意收集信息，人们更愿意免费使用他人收集的信息，也就是产生"搭便车"行为。为了解决监管不足的问题，需要政府对金融市场进行干预。比如，政府创建评级机构，以更好地监督金融机构，通过建立行业规则使金融机构能够达到自律，同时加强对金融机构信息披露的要求以降低投资者监督的成本，使公众对金融机构的监督成为可能。

在政府对金融市场干预促进经济增长的众多模式中，最具影响力的一种观点认为，政府通过对一国幼稚产业的扶持可以促进一国的工业化，进而促进经济的高速增长。因为在一些具有动态规模经济的产业领域，诸如基于干中学产生的规模效应或是投资于知识所产生的规模效应，私人企业往往不愿涉足，这些领域在短期内一般无法获得收益，但是长期来看，是具有较大的比较优势的，所以政府可以在这些幼稚行业的早期给予适当的暂时性的扶持以帮助其成长，缓解市场失灵，引导资源流入这些行业，从而促进经济的长期发展。

在 20 世纪 50 年代和 60 年代之间又出现了一种新的模式，似乎凌驾于扶持幼稚产业这一模式之上，并曾在当时一度流行。许多学者认为，大多数发展中国家陷入了一个低水平均衡的陷阱之中。一方面，金融市场的资源分配功能对于那些具有重要外部效应和比较优势的项目是无能为力的；另一方面，对出口持悲观主义态度的人们预期初级产品的长期出口，其收益会不断下滑，最终会阻碍经济的发展。只有政府出台干预措施，并对经济采取不断的刺激行为才能使国家摆脱低水平均衡的陷阱。

新古典主义学者(Krueger，1978；Lal，1983)却对政府干预论者的观点提出了批判。他们认为，政府干预论者过度强调了金融市场的种种失灵，却理想化地将政府视为具有完美效率和信息且不具有自身特殊利益的经济参与者。然而事实上，政府不仅只能获得有限的信息和有限的效率，甚至其本身往往还会具有某些特定而与社会最优不相匹配的利益导向。新古典主义者就此认为，政府对金融市场的过多干预很多时候非但不能缓解市场失灵，反而会导致新的政府失灵(government failure)现象。

在发展中国家的实证检验似乎使这场争论变得更为复杂了。在 20 世纪五六十年代，发展中国家的政府对各种市场，包括金融市场实行了强有力的监管干预,然而自20世纪70年代以来,这些国家的经济似乎开始停滞不前了,特别是拉丁美洲、非洲等国家的政府干预造成了市场的极度扭曲,严重影响了资源配置的效率。这种现象支持了金融自由化的理论观点。

20世纪80年代至90年代的经验数据却站在了政府干预论者这一边。日本、韩国、中国台湾、中国香港、马来西亚、印度尼西亚等东亚国家和地区创造了令人惊异的经济增长奇迹。世界银行曾在一份解释东亚奇迹的报告中指出,政府干预市场政策,尤其是干预金融市场的政策,对经济增长可能起到了正向的作用,在经济增长奇迹的背后是低通货膨胀率和少的财政预算赤字。此后,也有诸多学者对东亚奇迹做了研究,结果都表明政府干预对经济增长奇迹起到了至关重要的作用,也就是说,政府对经济的干预可以在一定程度上缓解金融市场失灵,有助于经济的健康发展。

我们不难发现,政府干预对金融市场的作用是不明确的。政府在干预金融市场时,必须考虑是否能够获得比市场更多的信息以弥补市场失灵,同时要考虑执行干预市场政策的交易成本的大小,这些成本应该在合理的范围之内。这些往往随着国别和地区的不同而存在差异。对于我国而言,东西部地区的政府对金融市场的干预程度显然是不同的,但是这种干预是否足以弥补金融市场的失灵,还是会导致更大的失灵现象,想通过理论研究来解释似乎是无能为力的。

第三节　金融发展与我国东西部差距

金融发展与经济增长的关系虽然在很多经验研究中都获得了数据的支持,但是我国却似乎刚好是金融发展促进经济增长理论的一个特例:即使到现在,我国的利率和汇率仍然处于政府的控制之下而并未市场化;我国国有银行的贷款也经常被人指责过多地流向受政府支持但效率更低的国有企业;我国的股票市场在飞速发展的同时,规模仍然很小,配置资金的能力很弱,市场的有效性也常受人怀疑。就是在这种金融不发达的情况下,我国却取得了堪称奇迹的经济发展速度。因此在讨论金融发展与我国地区发展的关系之前,我们必须先讨论这种奇异的不对称性。只有理解了这种不对称,我们才能对金融在我国地区发展差异中起到的作用做有意义的分析。

一、我国金融发展概况

(一)奇异的不对称性

毫无疑问,我国的金融体系仍然很不发达。在改革开放以前是深度的金融抑制，不仅存在“弱金融、强财政”的格局，政府的财政收支在很大程度上替代了金融中介的作用，而且存贷款利率和金融市场准入也存在着硬性限制。改革开放后，金融抑制的程度有所放松，财政在货币资源配置中的作用逐步下降，金融中介的作用不断加强，形成了“强金融、弱财政”的格局，同时，在一定程度上也松动了利率管制和金融市场准入的限制（赵明勋，2003）。不可否认的是，我国现在仍然处于金融抑制状态，我们的利率依然是由政府而非市场确定的。循计划经济时代的传统，为鼓励投资，官方制定的利率通常都会低于市场均衡值（Yao & Yueh，2009）。与过低的利率相对应的必然是贷款的供不应求以及信贷配给。考虑到我国规模最大的几家银行在过去数十年间一直是国有控股，它们往往背负着来自各级政府的各种要求，加上它们自身也是国有体系的一员，来自它们的贷款主要流向国有部门也并不令人吃惊。在整个20世纪90年代，创造了我国超过一半GDP的私有企业却只获得了不到20%的银行贷款（Garnaut，et al.，2001），中小企业所受到的融资约束甚至更为严重。

2005年，我国全部企业中大约有99.6%是中小企业，工业总产值和利税分别占60%和40%，每年出口创汇占60%。这些企业创造了60%的GDP、75%的城市工作岗位和70%的进出口额。然而与此同时，在2006年，有超过98%的中小企业无法通过正式渠道获得外部资金（Lin，2007）。外部资金的获得包括直接融资和间接融资两种方式。在直接融资渠道方面，截至2010年7月2日，我国已发行股票上市企业1845家，只占全国企业总数的万分之一，直接融资额不足企业总融资的10%，远低于发达国家50%的比例，中小企业直接融资的“短板”效应已严重制约了自身的发展（韩煜达等，2010）。在间接融资渠道上，银行信贷融资往往被认为是首选的正式渠道，但现实情况是，2003年大约只有12%的银行贷款流向中小企业（Yao & Yueh，2009）。郭斌、刘曼路（2002）在对温州中小企业所做的研究中发现，年销售额100万元以下的企业中仅有11.5%的企业曾经获得过银行贷款，年销售额100万～500万的企业则有23.4%获得过银行贷款，500万～1000万的是43.6%，年销售额超过1000万的企业则有82.6%曾获得过银行贷款。

这一系列数据清晰地说明了中小企业在获取外部资金上所面临的窘境以及我国的金融抑制现状。我们也可以进一步得出，中小企业的融资窘境与其对我国经济增长做出的巨大贡献是严重地不对称的。

另一方面，令人惊异的不对称性不仅存在于金融体系对中小企业的融资抑制和中小企业对经济增长的巨大贡献之间，也存在于金融体系的内部。相比其他转型经济体，我国的股票市场，无论是股市总市值/GDP，还是交易总额/总市值，甚至IPO总数、融资总额，虽然依然落后于美国和西欧等发达地区,但却远远领先于中东欧的转型经济体(Pistor & Xu, 2005)。然而,我国股票市场在飞速发展的同时似乎未能对经济的增长作出合理的解释,其背后隐藏着的却是资源配置的低效率以及投机而非投资行为。

表 7-1 我国历年股票市场主要指标 (单位:%,亿元)

年份	筹资额	市价总值	资本化率	成交金额	交易比率	换手率
1991				81.3	0.4	
1992	94.1	1048.1	3.9	762.4	2.9	265
1993	375.5	3531	10.2	3667	10.6	341
1994	326.8	3690	7.9	8128	17.4	787
1995	150.3	3474	5.9	4396	7.5	396
1996	425.1	9842.4	14.5	21332	31.4	591
1997	1293.8	17529.3	23.4	30721.8	41.1	760
1998	841.5	19505.6	24.5	23544.2	29.6	535
1999	941	26471.2	32.3	31319.5	38.2	355

资料来源:郭为(2004)。

我们可以简单地从表 7-1 考察我国股票市场的发展状况。Ross Levine 和 Sara Zervos(1998)认为,资本化率[①]和流动性[②]可以用来衡量一国股票市场的发展水平。首先,从资本化率分析,我国股票市场规模虽然较小,却发展迅速,特别是自 1992 年以来保持了持续快速的增长,但是郭为(2004)指出,在我国,进入股票市场进行融资的大部分都是国有企业,绩效良好的非国有企业的进入受到了严格的限制。这样做不利于甚至会阻碍我国经济的增长。其次,高换手率表明了我国股票市场投机行为的程度。数据显示,在 1992—1999 年间,我国股票市场的年平均换手率竟然高达 504 次,这足以证明我国的股票市场并非类似于西方股票市场的投资型市场,而是一个投机型市场,投机行为的泛滥只会加剧经济的波动,对经济显然会造成不利的影响。最后,我们也可以结合股票市场的效率来度量其资源配置的有效性,Fama 曾根据股票价格所包含的信息量将股票市场分为弱效率市场、半强型市场和强型市场。事实是,中国的股票市场尚未达到弱型效率市场。上海股票价格的信息含量只有 40%,而美国证券交易所股票价格的信息含量则达到 88%(许小年,

① 资本化率是衡量股票市场发展规模的指标,等于国内上市公司的总市值与 GDP 的比率。

② 流动性包括换手率和交易比率。换手率等于国内股票市场的交易量与市价总值之比;交易比率是国内股票的交易量对 GDP 的比率。

1996)。因此,我们可以这样认为,我国股票市场迅速发展的背后是投机行为的泛滥以及资源配置的低效率。股市的迅速发展对于解释我国的经济增长是无能为力的,必然存在一种非正式渠道带来的我国股市的低效而高速的发展。

（二）非正式的制度安排

如果我们接受法律、金融和发展之间的关系的论断,那么我们就不得不认为在我国必然存在一些非正式的制度安排缓解了金融不发达背景下企业受到的融资约束,也替代性地缓解了法律不完善可能带来的一些问题。

这些渠道可能是民营企业家之间的互相帮助,也可能是在某些地区广泛存在的地下钱庄。郭斌、刘曼路(2002)发现,来自亲友和非银行借贷的资金在温州中小企业的资金来源中占据了重要的地位,并且很多企业都表现出了对外部资金的饥渴和对民间资金的依赖。2010 年 4 月,中国人民银行温州市中心支行就温州民间借贷问题发放调查问卷显示,温州本地民间借贷容量达到 560 亿元,有 89%的家庭个人和 56.67%的企业参与民间借贷(香港大公报,2010-5-19),民间借贷显然已经成为中小企业融资的重要组成部分。温州市政府金融办《金融改革创新调研报告(2009 年度)》的调研结果也显示,温州中小企业融资主要由自有资金、银行贷款、民间借贷三部分构成(三者具体比重如表 7-2 所示),其资金来源更多依靠的是非正式的内源性融资和民间借贷的融资渠道。

表 7-2 温州中小企业融资来源 (单位:%)

年份	自有资金比重	银行贷款比重	民间借贷比重
2005	59	30	11
2006	56	30	14
2007	54	18	28
2008	64	30	6
2009	50	35	15

来源:韩煜达等(2010)。

其次,虽然来自银行的大部分资金都流向了国有部门,不过可能存在一些自国有部门向私营部门输送资金的渠道。

这种渠道可能是商业信用(trade credit)。商业信用是指企业间互相提供的信用,卖方给予买方以延期支付,表现形式为应付账款、商品的赊销、应付票据等,其实质是一种短期的商业借贷行为。通常来说,更容易获取外部资金的企业会更多地提供商业信用,而更少地获得商业信用(Peterson & Rajan,

1997)。在我国,国有部门可以较轻松地自银行获得低成本的资金而以商业信用的形式将资金提供给受到融资约束的私有部门(Allen et al., 2005; Ge & Qiu, 2007; Cull et al., 2009)。很多研究都指出,商业信用在我国工业化过程中对企业融资约束的缓解具有重要作用(比如,Ruan & Zhang, 2008)。傅建华(2001)的调查显示,在我国,商业信用形式的融资占中小企业全部外源性融资(包括资本性融资和债务融资)的12.4%。从整体情况来看,商业信贷的规模甚至和银行贷款的规模相当。若将企业分为不同规模进行分析,问题就更加明显:小型企业的商业信贷比例甚至大大超过银行信贷的比例。另有调查显示,50人以下的小企业银行信贷的比例仅占总资产的6.2%,而商业信贷却占了15.4%。在抽样统计中,商业信贷的比重甚至超过银行贷款的份额(李扬等,2000)。我国传统的关系网可能也在商业信用网络的形成中扮演了重要角色(苏汝劼、冯晗,2009)。Lu和Yao(2009)发现,2001年时我国企业间商业信用总额高达1.5万亿人民币。许多企业往往更愿意通过商业信用满足自身的融资需求,而不愿意通过银行贷款,除非是大额的融资,通过商业信用的渠道已无法满足。这很有可能是由于中国的企业家们往往有着广泛的社交渠道,更注重周围的人脉关系,以及深受传统的文化比如人情的影响。不过此后Cull等(2009)在确认了商业信用渠道的存在的同时,也认为商业信用渠道尚不足以完全解释我国过去的金融不发达与经济高速发展的矛盾。

这种渠道甚至可能是某种非法的利益输送。国有企业经理控制企业,并通过一些灰色渠道将企业利益输送到其他私营企业中借此牟利的案例在过去很长一段时间内都并不罕见。国企改制过程中企业管理层将资产全部挪至私营企业中只给国企留下一个空壳与债务的例子也屡见不鲜。与商业信用相比,这种渠道的规模和影响更难估计。不过,Lu & Yao(2009)研究了一个我国20世纪90年代省级面板数据的样本,发现随着我国法制的完善,在私营部门获得贷款占总贷款比重上升的同时,私人投资却在显著下降。他们认为这足以说明我国存在一些由国有部门向私有部门输送资金和利益的灰色渠道。

除了来自国有部门的资金,企业也可能通过其他一些非正式渠道缓解融资约束。比如,一方面,Hericourt和Poncet(2009)认为,和境外企业的良好关系有助于我国国内企业缓解融资约束,甚至是资金不足之外的其他发展障碍。另一方面,中国作为新兴市场,GDP一直保持着持续高速的增长,被众多西方发达国家所看好,再加上多年来人民币的升值预期,使得大量国外资本涌入国内市场,其中有一部分资本流入了股市,但大部分却通过非正式渠道流入了企业之中,为渴求资金的企业输入了新鲜的血液,缓解了其融资的压力。

我国股票市场发展的背后也可能存在这种类似的非正式渠道,这似乎可以为我们解释金融体系内部——股票市场的不对称性提供一个很好的依据。Du 和 Xu(2009)就认为在监管尚不成熟的情况下，地方政府对上市企业的甄选和鼓励在我国股市迅速发展中起到了重要作用。

在这些非正式渠道中流动的资金数目可能十分庞大。郭斌、刘曼路(2002)估计，2001 年末温州中小企业从民间金融中所借贷的资金保守估计为 235 亿元，而同期温州中小企业贷款余额仅为 400 亿元。温铁军(2001)在对 15 个省 24 个地区进行的调查发现，非正式渠道的金融活动的发生率高达 95%。Richard Agenor 等(1994)估计，中国的非正式渠道融资占借款总量的 33%～70%。钱小安(2003)估计中国的非正式渠道的资金数量大约有 3 万亿元左右。中国人民银行(2005)估计中国非正式渠道的融资规模为 9500 亿元，占 2004 年当年 GDP 的 6.96%。中央财经大学课题组(2004)测算出 2003 年非正规金融规模介于 7400 亿～8300 亿元之间。同时，该课题组的研究表明，全国中小企业约有三分之一的融资来自非正规金融渠道，有的省份中小企业依靠非正规渠道的融资的比例甚至接近 70%。花旗银行(2004)通过测算认为中国非正规资本市场的资金大约有 9000 亿元。

不过，对我国金融体系内这些非正式制度安排的研究目前尚是研究的前沿。受困于正式资料和数据的缺失，这方面的研究进展十分缓慢。我们还不能确定目前辨认出的非正式制度安排是否足以解释我国金融和发展之间的矛盾现象，同样不能确认的是，这些非正式的制度安排是否是可持续的。

虽然这些非正式的制度在我国金融体系尚不发达的前提下对中小企业融资约束的缓解，对我国经济的发展可能在事实上起到了十分重要的作用。然而其中一些渠道，比如我们之前讨论的灰色渠道，从长期和社会公平的角度来看势必不能持久。对这些非正式制度安排的研究和思考并非是要为这些非法的行为做辩护，而是在提示我们在设计下一步的改革路径时要做出更全面的思考，特别是要将法律制度的健全和金融发展结合起来。不然，一些看似合理看似理所当然的改革或许会对效率、对经济增长存在始料未及的负面影响。

对本书而言，这些非正式渠道的存在，一方面给我们评估金融在我国过去地区发展差异形成中的作用带来了困难，另一方面也提示我们在研究正式渠道之余，不可忘掉这些非正式渠道的重要性。

二、金融发展对我国东西部差距的影响

如果假设我国金融体系中除了正式的制度安排之外，还存在一些非正式的、难以观察到的制度安排的话，那如果只关注正式制度安排，在实证研究中就会显著错估我国的金融发展程度，错估地区金融发展差异，并带来严重的遗

漏变量问题。因为在前面我们就曾指出:一方面,由于非正式渠道可以缓解我国中小企业的融资压力,带来经济的迅速增长,如果我们忽略这种非正式渠道,显然会低估我国的金融发展程度;另一方面,由于非正式渠道带来的股票市场的迅猛发展,对解释我国的经济增长奇迹是无能为力的,隐藏在股市发展背后的往往是低效率的资源配置和投机行为,如果用常用的金融发展指标来度量我国的股市发展状况,显然会高估我国的金融发展程度。李广众、陈平(2002)也指出,当前常用的金融发展指标对我国金融发展程度都存在不同程度的高估、错估现象,因而此类研究结果往往差异很大。比如范大良、王学思(2006)采用 M2/GDP 来衡量我国的金融发展程度,通过多元向量自回归(VAR)的方法,发现了金融发展和经济增长间的双向因果关系。Liang & Teng(2006)分别以贷款总量/GDP 和流动性总量/GDP 代表金融发展程度,同样使用 VAR 的方法,却发现我国经济增长和金融发展仅存在从经济增长到金融发展的单项因果关系,换句话说,在我国只有经济增长促进金融发展,而不存在相反的促进关系。张兵、胡俊伟(2003)以江苏省为例,运用货币化程度(M2/GDP)和证券化程度(S/GDP)两个指标对金融发展与经济增长的关系进行了检验,他们模型的结论却与前者是完全相反的,江苏省货币化程度与经济增长竟然呈现出负相关的关系。如果我们假设这些变量遗漏了非正式渠道因而错误估计了我国金融发展程度的话,那这些结果并不令人意外。

虽然这些非正式的制度安排难以直接观察,不过对这些因素的忽略尽管会带来对金融系统的规模的较大错估,但对金融效率估计的影响会相对较小。李广众、陈平(2002)就发现经济增长与他们使用的金融中介规模指标之间不存在任何的因果关系,然而金融中介效率的提高却可以通过促进投资规模的增长来促进经济增长。他们用的金融中介规模指标是贷款占 GDP 的比重,而效率指标则是非国有经济获得银行贷款占 GDP 的比重。Jalil 等(2010)同样采用这个指标来衡量金融系统效率,也发现了在我国金融发展促进经济增长的证据。类似地,王志强、孙刚(2003)也纳入了金融系统效率指标对我国金融发展与经济增长之间的关系进行实证研究。他们利用格兰杰因果检验方法和带有控制变量的向量误差修正模型,得出自 20 世纪 90 年代以来中国金融发展与经济增长之间存在显著的双向因果关系的结论。非国有经济获得银行贷款占 GDP 的比例也是最常被研究者采用的金融效率指标,然而这个指标并非是研究通常采用的统计年鉴等数据来源上会直接报告的数据,很多时候研究者并不能直接获得这个指标,因此一些研究者就会采用一些间接的方法先估计出这个指标。

比如张军、金煜(2005)通过间接的手段,先估计出对非国有部门贷款占

GDP 的比率，再以此比率来代表我国的金融发展程度。他们发现金融发展程度在东西部地区间存在明显而持续扩大的差距，并且金融发展和生产率增长之间呈现出显著为正的关系。换言之，金融发展程度的差异可以在一定程度上解释我国的地区经济增长的差距。赵奇伟、张诚(2007)以类似的间接手段估计了我国的金融发展程度，分析了金融发展与 FDI 溢出效应的影响，发现金融发展程度是 FDI 溢出效应的决定因素之一。

综合来说，虽然由于现实条件的限制，现有的研究仍然难以评估非正式的制度安排对我国经济发展和地区差距的影响，不过通过采用金融效率变量，而非过去国际研究中一度十分流行的规模变量来衡量我国金融发展程度，实证研究可以在很大程度上规避遗漏变量的风险，而这些研究也大多确认了金融发展在我国整体或地区经济增长中的作用。

金融发展与经济增长之间的关系也并非单向，发达地区的经济会给金融中介更大的操作和发展空间，而发达地区的成熟大企业对世界市场的参与程度较高，也会自发地要求更规范更成熟的金融体系(Yao & Yueh,2009)。我们之前提到的实证结果也大多确认了我国经济增长对金融发展的反向因果作用。

行文至此，我们可以确认出金融发展对我国东西部地区形成巨大发展差距这一过程的影响：金融发展对经济增长存在促进作用，因此地区间金融发展程度的差异会转化成地区经济增长的差异，而经济增长反过来又会促进地区金融发展程度的提高，于是一个正反馈的恶性循环形成，地区经济增长差距和金融发展差距越来越大。我国近年来发展的现实也证明了这一点：新成立的股份制银行、新进入中国的外资银行大多坐落在东部地区，而旧有的国有商业银行大部分的利润也来自东部地区，东部地区在上市公司数量上也要远远领先于西部地区，甚至每次金融改革的试点都会放在东部地区。

第四节 金融发展与我国地区经济增长——基于省级数据的实证分析

一、变量说明

要分析金融在我国地区发展中的作用，我们首先要做的是找到恰当的变量来评估不同时间、不同地区间的金融发展差距。

正如我们之前所说的那样，这是个十分困难的任务。我国的利率水平一直处于严格的管制状态中,而官定利率在大部分时候低于非正式的地下市场形成的市场利率,更低于实际的投资收益率,这就加剧了信贷配给现象。利率手段的丧失,也把寻找资金配置的最佳方式、提高资金利用效率的重担都压在了银行等金融中介的身上。我国大部分金融资源仍然控制在国有商业银行手中,而国有商业银行作为国有企业其固有的预算软约束问题和各级政府对其决策的影响都限制了它们资金配置能力的提高。对于这一点,过去我国四大国有商业银行规模巨大的坏账数量就是一个有力的注解。

即使是在各大银行普遍推行股份制改革、引进外部战略投资者以改进组织结构、改善运营效率之后的今天,我们仍然可以看到政府在银行决策背后的身影:2009 年全年各银行贷款的扩张过程背后,中央和各级地方政府的意志一直若隐若现。

我国的证券市场也存在不少问题。对中小投资者利益缺乏保护、上市公司信息透明度不足、内幕交易横行,这一切都阻碍了我国证券市场的进一步发展。上市审批的高门槛与低效率,也将大批的优质潜在上市企业逼到了海外市场。当然证券市场正在走向成熟,刚刚过去不久的股改、融资融券业务的放开等都将对我国证券市场最终走向成熟起到正面的作用。然而无论未来如何,至少在过去的大部分时间内,证券市场的效率是低下的。

给定包含银行和证券市场在内的金融体系在资金配置效率上的低下,以规模变量来描述我国金融发达程度必然会带来高估。

与此同时,在我国的金融体系中,非正式的制度安排作用显著而无法忽略。虽然大部分中小企业无法通过传统的正式渠道获得外部资金支持,然而在现实中却存在着不少非正式的制度安排可以让它们赖以获得对生存和发展至关重要的资金。我们已经看到,商业信用、与外资企业的良好关系、在沿海地区民间流行的抬会和地下钱庄,甚至一些违法的渠道都可能是一些中小企业赖以获取资金的有效方式。我们难以直接获得关于这些非正式渠道的信息。因此如果我们模仿法与金融学(law and finance)的思路,以金融市场背后的法律体系状况来描述我国的金融发达程度,那我们必然会忽略掉这些非正式的渠道,低估将不可避免。

给定规模变量和制度变量的不可行,我们只能尝试使用效率变量来评估我国不同时间与地区内的金融发达程度。

如果我们能有效地评估金融系统的效率,那以此效率变量来评估金融发达程度应当是恰当的。我国金融系统在规模上从来不是问题,无论是存贷款总量/GDP,还是 M2/GDP,我国都要优于大部分发展中国家甚至发达国家。因此对我国而言,金融系统在配置资金上的效率正是金融系统这个木桶最短的一块木板。

当前最常用也最有效的我国金融发达程度指标正是一个效率指标：向私营部门的贷款/GDP。由于我国大银行的国有制背景和政府对银行决策的高度影响力，在过去的数十年间，国有部门一直在获取银行贷款上占据了先天的优势地位，因此向私营部门贷款的多寡可能反映了银行在抗衡政府意志上的能力与意愿，从而可以有效地评估金融体系的效率。需要注意的是虽然一些国外文献，比如 Beck 等(2000)同样采用了向私营部门贷款总额/GDP 来衡量一国金融发达程度，然而我们认为他们采用的指标和我们在背后的含义上存在本质区别。

在金融发达、管制放开的西方国家，银行体系在资金配置的效率上差异并不显著，银行向国有部门的贷款也不多，这个指标更多的是在衡量金融体系的规模。给定效率不变，规模上的变化就会决定金融发达程度。

当然我们选取的指标也会存在一些问题。首先是私营部门的定义问题。在我国企业并非只有国有和私营两种存在形式，中间还会有各种形式的集体所有制。在过去，为了规避政治风险私营企业戴“红帽子”现象的广泛存在也给这个指标的统计和使用带来了困难。

此外，国家统计局历年发布的统计年鉴等全国性的公开统计资料上并没有公布关于各省份历年这个数据的情况。虽然有一些研究，比如卢锋、姚洋(2004)采用过这个指标，然而他们却并未说明数据来源。张军等(2005)猜测他们的数据可能源自各年份的地区统计年鉴，然而其同时又指出，不同省份的统计年鉴在统计口径上会存在问题。因此他们采用了一种间接的方式来推算这个指标。

具体地，他们假设只存在国有和私营两个部门，换言之银行贷款流向只存在国有和私营两个可能。同时他们假设国有企业贷款比重由国有企业产出占总产出的比重决定，然后通过一个一阶自回归的过程来得到国有企业获得贷款的估计值，进而算出分配给私营企业的贷款占 GDP 的比重。

对我们而言，张军等(2005)的做法仍然是难以模仿的：他们的样本时间仅包含 1987—2001，而较早年份的省级国有部门产出数据难以获得。鉴于此，我们采用了类似赵奇伟、张诚(2007)的做法，假设各省分配到国有企业的贷款和该省国有企业的固定资产投资额成正比。

二、回归分析

除了金融发达程度变量之外，我们还在回归中引入了 FDI、出口、人力资本和政府支出变量作为控制变量。其中之所以引入政府支出变量，是考虑到过去几十年内地方政府干预经济比较普遍,地方政府干预经济的行为和地方的金融发达程度又直接相关。很多时候,地方政府干预经济都是通过对金融体系的干涉实现的,因此我们特别在回归中加入此变量。

具体来说,我们引入回归的变量包含金融发达程度变量 Private,以私营部门获得的贷款占 GDP 比重来表示;FDI 变量 FDIpCapital,以累积 FDI 存量在实物资本存量中所占比率来表示;人力资本变量 HumanCapital,以每万人在校大学生数来表示;出口变量 ExportpGDP,以出口占 GDP 比重来表示;政府干预变量 GovpGDP,以政府支出占 GDP 的比率来表示;基础设施变量 RoadpSize,以公路总长度/省区面积来表示。我们采用的被解释变量则是之前计算所得 TFP 的增长率 gTFP。此外,我们将所有解释变量滞后一阶处理,这一方面是为了减少内生性的影响,另一方面也是强调这些变量对未来增长的作用。这一章的回归分析在被解释变量上和前几章相同,不过我们引入了几乎是全新的一组解释变量,这不仅仅是源于研究目的的差异。用不同的解释变量来做回归,某种程度上说也是对我们之前结果的一个稳健性检验。

由于我们的被解释变量是 TFP 的增长率,因此我们研究的实际上是金融发达程度对技术进步的推进作用。我们之前的理论分析表明,金融体系对经济增长的作用主要体现在效率的改善和投资机会的充分利用上,我们认为这些作用实际上都会体现在 TFP 的增长中,因此,我们选用 TFP 的增长率作为被解释变量。

我们将回归结果报告在表 7-3 中。表 7-3 的第一列是简单地包含上述变量的回归。在第二列中我们不仅加入了直接的金融发达程度变量,也加入了它与 FDI、人力资本变量的交叉项,以从中辨认出金融发展促进技术进步的具体渠道。

一个发达的金融体系之所以可以促进技术进步,很大程度上在于它在资金上对掌握技术者的支持,在外部观察者看来,就在于它对原有技术进步渠道的加强。在第一列的回归中我们确认了两条主要的技术进步促进渠道:FDI 的溢出效应和人力资本。因此我们在第二列中分别引入了 FDI 和人力资本与金融发达程度变量的交叉项。如果交叉项的系数显著为正,那就说明发达的金融体系对相应的技术进步渠道存在显著的正面影响。

在第一列回归中,我们的金融发达程度变量 Private 显著为正。这与过往的研究是一致的,也证实了我们之前的理论分析:发达的地区金融体系有助于地区 TFP 增长率的提高,从而有助于地区经济增长。

表 7-3 回归结果

被解释变量:$gTFP_{it}$	(1)	(2)
$Private_{it-1}$	0.098***	0.114***
	(3.05)	(2.80)
$FDIpCapital_{it-1}$	0.75**	−0.222
	(2.35)	(−0.27)
$FDIpCapital_{it-1} \cdot Private_{it-1}$		13.118
		(1.25)
H_{it-1}	0.0003***	0.0003***
	(3.46)	(2.67)
$H_{it-1} \cdot Private_{it-1}$		−0.0003
		(0.69)
$ExportpGDP_{it-1}$	0.005*	0.005
	(1.65)	(1.49)
$GovpGDP_{it-1}$	−0.122*	−0.137***
	(−1.78)	(−1.98)
$RoadpSize_{it-1}$	0.014	0.014
	(1.17)	(1.19)
Within R^2	0.1100	0.1121
F 检验值	17.06	13.57
样本容量	668	668

注:回归方法为面板数据固定效应回归。表格内数值为回归所得到的相应变量的系数值,* 表示在 10%程度上显著,** 表示在 5%程度上显著,*** 表示在 1%程度上显著。括号内数值为 t 检验值。本表内报告的 t 检验值均为异方差稳健统计量。回归包含常数项,虽然我们并未在表中报告。我们也进行了 Hausman 检验,结果支持固定效应回归的方法。

此外,FDI、出口、人力资本和基础设施建设变量的表现均在意料之中。虽然我们使用的解释变量和被解释变量都与前几章的回归不完全相同,不过这仍然只是在重复我们之前的结论:基础设施建设对技术进步作用有限,出口、FDI 和人力资本则都存在一定的作用,我们没有像前几章那样引入时期虚拟变量做更详细的回归,因为那样不会对结果有显著的影响,而只会冲淡我们在这一章的主题。

需要特别注意的是我们的政府干预变量 GovpGDP。它的系数符号为负,并且在 10%的程度上显著。在第二列回归中其显著性也没有削弱反倒进一步加强。这相当于是在说政府的干预的加强显著延缓了技术进步的步伐。这不难理解:相比于市场的直接参与者,政府在分配资源的效率上显然是要逊一筹的。当政府过于积极地参与到市场中时,它实际上就是在降低市场配置资源的效率,损害市场的激励机制,从而降低技术进步率。

在未报告的回归中,我们使用随机效应模型将东西部虚拟变量引入回归。我们发现它的符号并不显著。也就是说,在我们当前回归中包含的变量之外,其他因素对东西部 TFP 增长率差异不存在显著的影响。

相比较而言,第二列回归的结果更让人吃惊。金融发达程度变量系数的显著性依然,符号上没有改变,在数值上甚至增长了不少,然而我们却并没有在结果中找到任何金融发达程度提升技术进步率的渠道:它与 FDI 以及人力资本的交叉项的系数均不显著①。交叉项引入之后甚至使得 FDI 本身的系数变得不再显著。我们猜测这是源于变量间严重的多重共线性问题。这意味着我们难以从这个回归中获得金融对 FDI 溢出效应影响的有效信息。

其他一些研究也曾研究过金融发达程度对 FDI 溢出效应的影响。比如王永齐(2006)用向量自回归(Vector Auto Regression, VAR)的方法得了金融发达程度的提高对 FDI 溢出效应的充分发挥具有促进作用的结论。赵奇伟、张诚(2007)的研究结果则表明金融体系对 FDI 溢出效应的影响比较复杂:在 1997—1999 年,FDI 水平和他们所用的金融发达程度变量的交叉项系数是正的,而在 2000—2004 年则是负的或者不显著的。他们对此的解释是在 2004 年之后,随着外资的不断涌入,我国金融体系的发展日益滞后,不再能满足 FDI 溢出效应的需要。我们的结果或许对他们的结论是一个支持:本章的回归结果表明虽然金融体系显著提高了技术进步的速度,然而金融体系对 FDI、出口的技术溢出,以及对人力资本在技术促进上作用的发挥都没有起到任何显著的促进作用。这只能由我国金融体系依然严重落后来解释。给定我国金融压制的现实,这个结果看起来很自然。

第五节 结论性评述

本章的任务是分析和验证金融发展在我国过去经济增长中,从而在我国当前地区发展差异形成中的作用。

① 我们并未在这个回归中加入金融发达程度变量和出口的交叉项,这是因为出口变量的显著程度在前一个回归中就十分有限,并且引入这个交叉项会加剧多重共线性。不过即使我们将它引入,回归结果也没有什么变化,而且这个变量本身系数也并不显著。

我们以理论分析的方式,在对众多理论贡献进行整理的基础上,阐述了一个发达而成熟的金融体系促进技术进步和经济发展的五条主要渠道:改善事前信息不对称、提供事后监督、管理并分散风险、资金的集中与分配以及降低交易成本。我们也对金融发展与经济增长的实证研究做了简单的概述。

此后我们将目光集中到国内。中国是金融与发展之间关系的一个重要反例:一个处于金融压制之下的国家,居然在过去几十年内发生了全世界最快最稳定的增长故事。

我们认为,要解释这种矛盾,就必须考虑隐藏在我国正式的金融体系制度安排内的一些非正式甚至非法的渠道。这种渠道可能是民间资本之间的互相帮助,可能是商业信用之类在发达市场中显得次要的金融工具,也可能是抬会、地下钱庄一类灰色的金融中介,甚至可能是国有企业管理层对国有资产的非法侵夺行为以及国外资本的流入。当前的数据尚不允许对这些渠道的重要性做出一一辨认。我们甚至无从得知已被列出的渠道是否已经足以解释中国经济过去的增长。不过至少其中部分渠道的重要性,比如商业信用,业已得到过往研究的确认。

对本书研究的对象——东西部发展差距而言,对我国金融体系内非正式制度安排的分析和确认意味着仅考虑正式制度安排的数据将不足以解释我国地区金融发达程度的差异。同时由于我国利率管制和各级政府对银行决策的诸多干涉,关于金融体系的规模指标很可能会高估我国的金融发达程度。李广众、陈平(2002)对比了各国金融体系的规模指标,发现如果仅以规模指标来衡量的话,会高估我国的金融发达程度。他们最终建议采用的指标是对私有部门贷款总额/GDP。我们的分析同样认为,这个指标可以说明地区金融体系特别是银行的运行效率,相对而言,不会造成规模指标那样严重而明显的错估现象。在实际研究中,这个指标也是当前运用较多的指标。

在此后的实证分析中,我们确认了金融体系在我国TFP增长中的作用。我们同时也找到了政府干预正在阻碍技术进步的证据。此外,我们同样发现了我国金融体系依然落后的证据。无论是FDI的技术溢出效应还是人力资本对技术进步的促进作用,金融体系在其间都未能发挥出本应有的促进作用。

简言之,在理论分析之余,我们也以实证的方式确认了金融对我国技术进步的推动作用。因此我们认为,金融体系的发展同样在我国地区发展差距的形成中起到了重要的作用。虽然这种作用可能不如直接的要素投入那般显而易见,金融体系效率的提高,对GDP的影响可能也不像投资那般立竿见影,然而金融体系却对技术进步存在重要影响。从长期看技术进步是经济增长避开要素边际产出递减陷阱的唯一途径,因而金融的发展对经济的长期增长会有着比直接的要素投入更为重要更为深远的影响。

对于政府而言,我们的研究结果意味着从长期来看,金融将是经济增长最重要的发动机之一。因此从长期看对金融体系的进一步改革、利率管制的放开、各个市场准入机制的改革等,都是保证经济的稳步增长所必需的。如果考虑法与金融学的观点,那么作为金融体系根本的法律体系的改革,特别是私有财产保护相关法律的制定和实施、对中小投资者的保护、证券市场信息公开透明化要求的推行都势在必行。此外,中央政府应当尤为注意欠发达地区金融体系的发展。对农村金融机构发展的支持在2006年诺贝尔和平奖被授予孟加拉国农村银行创始人尤努斯之后早已成为决策者和公众关注的焦点。我们同样应当注意到,即使在城市地区,西部的金融发展较东部仍然是落后的。对于地方政府来说,虽然对金融体系绝大部分规则的制定都并非是职权范围内的事,但这也并不意味着地方政府在金融改革上无事可做。李敬等(2007)评估了各因素在我国区域金融发展差异形成中的作用,发现模型未能反映的各省市之间的固有差异在区域金融发展的行程中是最重要的因素,我们有理由认为,地方政府行为上的差异,在其间会扮演重要角色。

我们认为,总的来说,长期的改革和规划之外,首先,各级政府需要减少对经济运行尤其是银行决策的干涉。这种干涉降低了银行对资金的配置效率,导致了银行潜在坏账的累积,也软化了一些国有企业的预算约束,不利于国有企业效率的提高,同时还恶化了其他企业的竞争环境。资金向政府支持部门的集中,也不利于经济中更有效率、更活跃的部门获得它们发展所急需的外部资金,将会降低技术进步的速度和经济的长期增长率。我们的实证结果已经说明了这一点。

其次,政府应当重视对研发投入和创业,特别是高技术行业创业者的金融支持。FDI技术溢出效应和人力资本对技术进步促进作用的发挥都依赖于外部资金的支持,金融体系在其间的作用不可或缺。我们的实证结果清楚地表明金融体系在此处还存在极大的改善与进步的空间和必要。

第三,对于一些自发性的非正式金融制度安排或金融中介的出现,只要其不违反法律,政府应当持容忍而非取缔的态度。在我国金融压制的背景下,它们会是金融体系中正式制度安排的良好而不可或缺的补充。在未来,随着我国金融发达程度的提高它们可能会自动消失,或者转型成正式的金融中介,然而现在,它们的作用仍然无可取代。因此,如果政府仅以无法可依为由去取缔它们,最终受到伤害的将是经济的长期增长。

参考文献

[1] 范大良,王学思.中国转轨时期金融深化与经济增长关系实证分析.华东经济管理,2006(4):142-144

[2] 郭斌,刘曼路.民间金融与中小企业发展:对温州的实证分析.经济研究,2002(10):40-46

[3] 郭为.中国的金融抑制与经济增长.博士学位论文,复旦大学,2004

[4] 韩煜达,唐志刚,柯晓微.中小企业融资现状分析及对策——基于温州地区.浙江金融,2010(9):41-43

[5] 李广众,陈平.金融中介发展与经济增长:多变量 VAR 系统研究.管理世界,2002(3):52-59

[6] 李敬,冉光和,万广华.中国区域金融发展差异的解释——基于劳动分工与 Shapley 值分解方法.经济研究,2007(5):42-54

[7] 李志赟.银行结构与中小企业融资.经济研究,2002(6):38-45

[8] 林毅夫,李永军.中小企业金融机构的发展与中小企业融资.经济研究,2001(1):10-18,53

[9] 刘民权,徐忠,赵英涛.商业信用研究综述.世界经济,2004(1):66-80

[10] 柳絮.企业商业信用管理方法与策略研究.北京:中国财政经济出版社,2007

[11] 卢锋,姚洋.金融压抑下的法制、金融发展和经济增长.中国社会科学,2004(1):42-55

[12] 钱小安.金融民营化与金融基础设施建设一兼论发展民营金融的定位与对策.金融研究,2003(2):1-11

[13] 史晋川,孙福国,严谷军.市场深化中民间金融业的兴起——以浙江路桥城市信用社为例.经济研究,1997(12):45-50

[14] 司春林.创业投资.上海:上海财经大学出版社,2003

[15] 苏汝劼,冯晗.商业信用与企业规模的负相关关系——基于关系网络的理论分析与实证检验.经济理论与经济管理,2009(3):66-71

[16] 孙杰.货币与金融:金融制度的国际比较.北京:社会科学文献出版社,1998

[17] 田霖.金融地理学视角下的区域金融成长差异研究.博士学位论文,浙江大学,2005

[18] 王永齐.FDI 溢出、金融市场与经济增长.数量经济技术经济研究,2006(1):59-68

[19] 王志强,孙刚.中国金融发展规模、结构、效率与经济增长关系的经验分析.管理世界,2003(7):16-18

[20] 温铁军.农户信用与民间借贷研究——农户信用与民间借贷课题主报告.EB/OL] http://www.50forum.org.cn,2001-06-07.59

[21] 许小年.信息、企业控制与流动性.改革,1996(4):34-35

[22] 翟立宏,赵立荣,刘嘉汉.论西部地区金融体系的现状与发展.经济体制改革,2007(4):110-113

[23] 张兵,胡俊伟.江苏省金融发展与经济增长关系的实证分析.江苏社会科学,2003(3):

200-203

[24] 张杰. 金融中介理论发展述评. 中国社会科学,2001(6):74-84

[25] 张军,金煜. 中国的金融深化和生产率关系的再检测:1987—2001. 经济研究,2005(11):34-45

[26] 张伟,郭金龙,张许颖等. 中国保险业发展的影响因素与地区差异分析. 数量经济技术经济研究,2005(7):108-117

[27] 赵明勋. 中国金融抑制与经济增长问题研究. 博士学位论文,湘潭大学,2003

[28] 赵奇伟,张诚. 金融深化、FDI 溢出效应与区域经济增长:基于 1997—2004 年省级面板数据分析. 数量经济技术经济研究,2007(6):74-82

[29] 中国人民银行. 中国金融市场发展报告 2005. 2006

[30] 中国人民银行阜阳市中心支行课题组. 转型中的融资便利:非正规金融的比较优势及经济效应——基于经济欠发达地区民间融资问题的实证研究. 金融研究,2005(12):152-160

[31] 中国人民银行货币政策分析小组. 2006 区域金融运行报告. 2007

[32] 中国人民银行西安分行金融研究处. 2004 西北五省区经济金融运行分析. 西安金融,2005(3):4

[33] 中央财经大学课题组. 中国地下金融已近一万亿之巨东北成为新灾区. [EB/OL] http. //news. cnf01. corn/ 050120/101

[34] F Allen, J Qian, M Qian. Law, Finance, and Economic Growth in China. *Journal of Financial Economic*, 2005, 77(1): 57-116

[35] P Arestis, P Demetriades, K Luintel. Does Financial Structure Matter. The Levy Economics Institute Working Paper, No. 339, 2004

[36] T Beck, R Levine. Stock Markets, Banks and Growth: Panel Evidence. NBER Working Paper Series, No. 9082, 2002

[37] T Beck, R Levine. Industry Growth and Capital Allocation: Does Having a Market-based or Bank-based System Matter?. *Journal of Financial Economics*, 2002, 64(2): 147-180

[38] T Beck, R Levine, L Norman. Finance and the sources of growth. *Journal of Financial Economics*, 2000,58(1-2): 261-300

[39] Valerie R Bencivenga, D Smith Bruce. Financial Intermediation and Endogenous Growth. *Review of Economic Studies*, 1991,58(2): 195-209

[40] George Benston. A Transaction Cost Approach to the Theory of Financial Intermediation. *Journal of Finance*, 1976,31(2): 215-231

[41] Jean-Claude Berthelemy, Varoudakis Aristomene. Economic Growth, Convergence Clubs, and the Role of Financial Development. *Oxford Economic Papers*, 1996,48(2): 300-328

[42] Rondo Cameron. Banking in the Early Stages of Industrialization. New York: Oxford

University Press, 1967

[43] F Caselli, G Esquivel, F Lefort. Reopening the Convergence Debate: A New Look at Cross-Country Growth Empirics. *Journal of Economic Growth*, 1996,1(3): 363-390

[44] R H Coase. The Nature of the Firm. *Economica*, 1937,4(16): 386-405

[45] R Cull, L C Xu, T Zhu. Formal finance and trade credit during China's transition. *Journal of Financial Intermediation*, 2009,18(2): 173-192

[46] A Demirguc-Kunt, R Levine. Stock Markets, Corporate Finance and Economic Growth: An Overview. *World Bank Economic Review*, 1996,10(2): 223-239

[47] A Demirguc-Kunt, V Maksimovic. Law, Finance, and Firm Growth. *The Journal of Finance*, 1998,53(6): 2107-2137

[48] Y Ge, J Qiu. Financial development, bank discrimination and trade credit. *Journal of Banking & Finance*, 2007, 31(2): 513-530

[49] Alexander Gerschenkron. Economic Backwardness in Historical Perspective: A Book of Essays. Cambridge, Msaa: Harvard University Press, 1962

[50] Raymond W Goldsmith. Financial Structure and Development. New Haven, CT.: Yale University Press,1969

[51] I Grabel. Speculation-led Economic Development: A Post Keynesian Interpretation of Financial Liberalization Programmes in the Third World. *International Review of Applied Economics*, 1995,9(2): 127-149

[52] Jeremy Greenwood, Jovanovic Boyan. Financial Development, Growth and the Distribution of Income. *Journal of Political Economy*, 1990,98(5): 1076-1107

[53] J G Gurley, E S Shaw, Financial Aspects of Economic Development. *American Economic Review*, 1955,45(4): 515-538

[54] J G Gurley, E S Shaw. Money in a Theory of Finance. Washington, DC: Brookings Institution, 1960

[55] J Hericourt, S Poncet. FDI and credit constraints: Firm-level evidence from China. *Economic Systems*, 2009, 33(1): 1-21

[56] T Hoshi, A Kashyap, D Scharfstein. Corporate Structure, Liquidity and Investment: Evidence from Japanese Industrial Groups. *Quarterly Journal of Economics*, 1991, 106: 678-709

[57] A Jalil, M Feridun, Y Ma. Finance-growth Nexus in China Revisited: New Evidence from Principal Components and ARDL Bounds Tests. *International Review of Economics & Finance*, 2010,19(2): 189-195

[58] Woo S Jung. Financial Development and Economic Growth: International Evidence. *Economic Development and Cultural Change*, 1986,34: 333-346

[59] R G King, R Levine. Finance, entrepreneurship and growth. *Journal of Monetary Economics*, 1993, 32(3): 513-542

[60] A O Krueger. Foreign Trade Regimes and Economic Development: Liberalization Attempts and Consequences. New York: National Bureau of Economic Research, 1978

[61] R La Porta, F Lopez-De-Silanes, A Shleifer, et al. Investor Protection and Corporate Governance. *Journal of Financial Economics*, 2000, 58(1-2): 3-27

[62] D Lal. The Poverty of Development Economics. Hobart Paperback, No. 16, 1983

[63] R Levine, S Zervos. Stock Markets, Banks, and Economic Growth. *American Economic Growth*, 1998, 88(3): 537-558

[64] R Levine, S Zervos. Stock Market Development and Long-Run Growth. *World Bank Economic Review*, 1996, 10(2): 323-339

[65] R Levine. Financial Development and Economic Growth: Views and Agenda. *Journal of Economic Literature*, 1997, 35(2): 688-726

[66] R Levine. Bank-based or Market-Based Financial Systems: Which is Better?. *Journal of Financial Intermediation*, 2002, 1(4): 398-428

[67] R Levine. More on Finance and Growth: More Finance More Growth?. *Federal Reserve Bank of St. Louis Review*, 2003, 85(4): 31-46

[68] Ross Levine, N Loyaza, T Beck. Financial Intermediation and Growth: Causality and Causes. *Journal of Monetary Economics*, 2000, 46: 31-71

[69] Ross Levine. Stock Markets, Growth, and Tax Policy. *The Journal of Finance*, 1991, XLVI(4): 1445-1465

[70] S F Lu, Y Yao. The Effectiveness of Law, Financial Development and Economic Growth in an Economy of Financial Repression: Evidence from China. *World Development*, 2009, 37(4): 763-777

[71] K B Luintel, M Khan. Are International R&D Spillovers Costly for the US. Discussion Paper, No. 220, 2002

[72] Ronald I McKinnon. . Money and Capital in Economic Development. Washington DC: Brookings Institution, 1973

[73] R Mock, M Nakkamura. Banks and Corporate Control in Japan. *Journal of Finance*, 1999, 54: 319-340

[74] Richard Agenor Montiel. Informal Financial Markets in Developing Countries. IMF and Blackwell Publisher, 1994

[75] M O Odedokun. Alternative Economic Approaches for Analysing the Role of the Financial Sector in Economic Growth: Time Series Evidence from LDCs. *Journal of development Economics*, 1996, 50(1): 119-146

[76] Hugh T Patrick. Financial Markets and Growth: An Overview. *European Economic Review*, 1966, 37: 613-622

[77] M H Pesaran. R Smith. Estimating Long-Run Relationships from Dynamic Heterogeneous Panels. *Journal of Econometrics*, 1995, 68: 79-113

[78] K Pistor, C Xu. Governing Stock Markets in Transition Economies: Lessons from China. *American Law and Economics Review*, 2005,7(1): 184-210

[79] D Quah, Empirical Cross-Section Dynamics in Economic Growth. *European Economic Review*, 1993, 37: 426-434

[80] R G Rajan, L Zingales. Financial Dependence and Growth. *The American Economic Review*, 1998,88(3): 559-586

[81] R G Rajan, L Zingales. Power in a Theory of the Firm. *Quarterly Journal of Economics*, 1998,108: 387-432

[82] Paul Romer. Increasing Returns and Long-Run Growth. *Journal of Political Economy*, 1986,94:1002-1037

[83] Peter L Rousseau, Paul Wachtel. Financial Intermediation and Economic Performance: Historical Evidence from Five Industrialized Countries. *Journal of Money, Credit, and Banking*, 1998,30(4):657-678

[84] J Ruan, X Zhang. Finance and Cluster-Based Industrial Development in China. IFPDRI Discussion Paper, No. 00768, 2008

[85] Joseph A Schumpeter. Business Cycles: A Theoretical, Historical and Statistical Analysis of the Capitalist Process. New York: McGraw-Hill, 1939

[86] Edward S Shaw. Financial Deepening in Economic Development. New York: Oxford University Press, 1973

[87] J E Stiglitz, Jaime Jaramillo-Vallejo, Chal Park Yung. The Role of the State in Financial Market. *World Bank Research Observer*, Annual Conference on Development Economics Supplement: 19-61, 1993

[88] J E Stiglitz, A Weiss. Credit Rationing in Markets with Imperfect Information. *The American Economic Review*, 1981,71(3): 393-410

[89] Lance Taylor. Structuralist Macroeconomics: Applicable Models for the Third World. New York: Basic Books, 1983

[90] Robert M Townsend. In Term Edition with Costly Bilateral Exchange. *The Review of Economic Studies*, 1978, 45(3): 417-425

[91] Robert M Townsend. Financial Structure and Economic Activity. *The American Economic Review*, 1983,73(5): 895-911

[92] Sweder Van Wijnbergen. Stagflationary Effects of Monetary Stabilization Policies: A Quantitative Analysis of South-Korea. *Journal of Development Economics*, 1982, 10(2): 133-169

[93] Sweder Van Wijnbergen. Interest Rate Management in LDCs. *Journal of Monetary Economics*, 1983,12(3): 433-452

[94] Sweder Van Wijnbergen. Credit Policy, Inflation and Growth in a Financially Repressed Economy. *Journal of Development Economics*, 1983, 13(1-2): 45-65

[95] D E Weinstein, Y Yafeh. On the Costs of a Bank-Centered Financial System: Evidence from the Changing Bank Relations in Japan. *Journal of Finance*, 1998, 53: 635-672

[96] Y Yao, L Yueh. Law, Finance and Economic Growth in China: An Introduction. *World Development*, 2009, 37(4): 753-762

第八章

集聚效应与东西部发展差距

第一节 问题的提出

正如我们在本书的第一章所说的那样，不同地区间在经济发达程度和经济增长速度上持续数十年甚至越拉越大的差距，直接威胁到了我们在经济学研究中经常采用的要素边际产出递减假设。因此，在这越拉越大的差距背后，必然存在某种使得要素边际产出不变甚至递增的因素在起作用。这种作用不可能发生在微观层面中——否则我们现在必然能观察到一个或者数个超级巨大的经济实体自发出现，而当这种作用出现在宏观层面，出现在同一地区内、不同企业间，我们通常将它们称为生产的正外部性或者外部规模效应，并且我们知道，伴随外部规模效应而来的，必然是生产在空间上的集聚（clusters）现象。

这并非是本书第一次提到集聚效应这个名词，此前在出口和 FDI 决定的分析中，我们都曾经研究并确认过集聚效应在其中所扮演的角色，然而集聚效应并非仅存在于 FDI 和出口企业中。集聚效应对我国地区间发展差异的影响，也不仅仅是对 FDI 和出口企业布局的影响。我们特意为集聚效应专门辟出一章，试图强调它过去在我国地区发展差异形成中的重要性，和它未来在地区间均衡发展目标的实现中所扮演的重要角色。

生产在空间上的集聚意味着在同一地区集中大量类似的企业，这些企业彼此共用某些资源共同发展。这些企业一面互相竞争，一面又互相抱团，在正外部性和外部规模经济的作用下，将彼此的生产效率提高到地区外企业无法企及的高度。在更大的视角中，我们就会看到生产日益在少数地区集中，在地区内形成人口密集的大城市，而在发展上将其余的地区远远抛离。随之而来的，就是地区间发展的巨大差异。

在现实世界中我们可以轻易地发现集聚现象。最简单的例子是全国各地大小不同的城市,城市中各个不同类型的生产型企业聚集在一起,形成所谓的“块状”分布。在高科技领域,中国最为典型的例子当属被形象地称为“中国的硅谷”的北京中关村。作为中国的高科技中心,中关村拥有中国众多顶尖的高科技公司,同时与中国最著名的北京大学、清华大学毗邻,周围还有中国人民大学等 39 所高等院校,聚集了大量优秀科研机构和优秀人才。作为国务院批准建立的我国第一个国家级高新科技园区,在过去的几十年里,中关村技术园区保持了远远高于全国经济平均增长速度的发展速度,目前拥有 41 个国家工程中心、42 个重点实验室和 10 个国家级企业技术中心。中关村俨然已成为中国的创新中心。

集聚还是一种普遍的世界性的经济现象。在隔洋相望的美国西部,有世界上最发达的影视娱乐中心好莱坞,成就了无数电影人的梦想;还有全球的 IT 中心硅谷,汇聚了世界无数个中小型高科技企业和全球顶尖的 IT 巨头,孕育了十几个世界性跨国公司,像英特尔公司、惠普公司、Google 公司、苹果公司、甲骨文公司、思科公司等。2008 年,硅谷的人口接近 250 万,不到美国总人口(3 亿多)的 1%,创造的 GDP 总额却高达全美经济总额的 6%,人均 GDP 更是高达 83000 美元。集聚产生的神奇经济力量可见一斑。

在中国的区域经济发展中,东部沿海地区聚集了全国制造业的大部分制造商、零售商、批发商和供应商,以及服务业的多数超市、连锁店、批发零售企业和住宿餐饮企业等,同时拥有不计其数的中小民营企业和外商投资企业。这些集聚不仅创造了众多的就业岗位,也促进了地方化的经济增长。另一方面,这种集聚仿佛具有内在的向心力,吸引着外商来华直接投资企业和全国中小民营企业继续在东部地区集聚。如此这般的正反馈机制就如《圣经》中的“马太效应”[①]一样使东西部差距越拉越大。

然而集聚机制与经济发展之间的关系并没有上述那么简单。正如常常就许多宏观经济问题争论不休一样,经济学家对集聚的看法也存在“三个学者,四种观点”的现象。本章的目的在于揭示集聚对经济增长发挥作用的机制,进而分析集聚效应在我国东西部差距形成中的“贡献”大小。我们分别从经济学家和地理学家等不同的学者对集聚的解释出发探讨集聚形成的原因,在此基础上分析集聚对地区产业结构、创新体系、专业化等为代表的地区竞争力的影响,接着考察我国地区产业集中度的变化情况,最后对我国经济增长中的集聚效应进行实证检验并给出本章的结论性评述。

---

① 出自《新约・马太福音》,指好的越好,坏的越坏,多的越多,少的越少,差距越拉越大的一种现象。

第二节 集聚的经济学解释

所谓的集聚，本质上是生产在空间中集中分布的一种现象。二战之后随着一些发展中国家的崛起，在这些国家内部出现了不少生产和人口密集的超大型城市。至少从人口上看，这些城市的规模往往要比发达国家中的大城市更大。从1960—2000年，全世界范围内人口超过1200万的城市从1个增加到了11个，超过400万的城市从18个增加到了53个，而人口超过100万的城市也从115个增加到了416个(Henderson & Wang，2007)。生产和人口如此程度的密集给经典的经济地理学带来了挑战，也催生了新经济地理学的诞生。

长期以来空间维度并没有进入主流经济学的研究范围，并且一直受到经济学家的冷落。大部分涉及空间维度的经济学问题是由地理学家或者城市学家在研究，而经济问题的空间分布长时间被经济学家假定为外生的，即一切经济问题在空间上都是同质的。时至今日，主流经济学教材也并不热衷于介绍经济地理学。正如安虎森(2009)在《新经济地理学原理》中所说："尽管区域经济学、城市经济学、经济地理学等学科始终关注和研究经济活动的空间维度，也不乏经典的空间分析范式，如杜能、韦伯、克里斯泰勒、廖什、霍特林、胡佛、艾萨德、阿郎索等在经济活动区位研究领域里进行了大量的研究并获得了一些突破性进展，但空间维度却长期游离于主流经济学之外，难以登上主流经济学的'大雅之堂'。"

Hoover和Giarratani(1984)认为经济学家长期将空间维度排除在主流经济学之外主要有两个原因，一是主流经济学家认为地理学对经济活动的研究还停留在"描述和画图"阶段，而空间分布与地理学密切联系，于是经济学家不屑于研究此类问题；二是主流经济学缺乏处理规模报酬递增和不完全竞争的技术工具，使经济学家无法研究涉及空间维度的经济学问题。当然，第二个是更重要的原因。

为什么会出现城市？为什么会出现产业分布的空间聚集现象？为什么集聚会带动当地经济的巨大发展？这可能是地理学家和经济学家们最初研究空间维度时提出的最基本的问题。长期以来，地理学家、经济学家乃至政治学家围绕这些问题进行了不懈的探索，给出了众多的解释。由此产生了解释"马歇尔难题"的产业组织理论、韦伯的区位理论、以克鲁德曼为代表的新经济地理学、新产业区理论等，还有学者利用网络外部性解释集聚的形成机制(符正平，

2002),可谓"仁者见仁,智者见智"。

本节主要介绍理论界对产业聚集的不同解释。

一、马歇尔的外部经济理论

阿尔弗雷德·马歇尔(1890)将集中于某些地方的工业称为地方性工业,并在《经济学原理》的第十章考察了专门工业集中于特定地方的原因。他指出,工业的地区分布是由许多不同的原因引起的,主要原因是自然条件,如气候和土壤的性质,在附近地方的矿山和石坑,或是水陆交通的便利。因此,"金属工业一般是在矿山附近或是在燃料便宜的地方"。他举出了几个例子。一个是英国的炼铁工业,先寻求木炭丰富的区域,后来又迁到煤矿附近。第二个是斯塔福德郡因本地拥有烧制陶器所需的优良黏土而聚集了生产陶器的企业。此外,还举出了贝德弗德郡拥有麦秆而聚集了制草帽企业、白金汉郡因榉树而集聚了椅子生产企业等例子。另一个主要原因是宫廷的奖掖。宫廷的富人鼓励熟练工人远道而来制造高级质量的货物来满足其需要。

对于地方性工业的利益,马歇尔认为,当一个工业选择集聚在一个地方并长久设在那里后,从事同样技能的人会从临近的地方得到很大的利益。孩子们会因为产业的秘密不再保密而学到很多东西;优良的工作受到重视,人们会迅速研究机械上以及制造方法上和企业的一般组织上的发明创造之处。思想会从一个人迅速传递到其他人并和其他人的想法结合在一起,成为创新的思想源泉。同时,辅助产业也会在在周围地方产生,供应地方性集聚工业所需的各种原料和工具,并为其组织运输。这些都会促进当地的经济发展。

地方性工业的集聚还会提高当地集聚要素的使用效率。因为辅助性生产企业即使花费很大的资本购买设备和原材料,并且具有很高的折旧率,仍然可以通过向当地众多的集聚企业提供服务,不断地重复使用高度专业性质的机械,从而降低平均使用成本。这有点类似"内部规模经济"。此外,地方性工业还会提供广阔的劳动市场从而给地方经济带来更大的经济利益。

马歇尔认为产业集聚会带来外部经济,包括外部规模经济和外部范围经济。外部规模经济是指整个产业规模的扩大带来的随着产出的增加产业内各个厂商的长期平均成本不断下降、平均收益不断增加的现象。整个产业规模的扩大会带来更细致的劳动分工和更专业化的生产,结果导致产业内各个企业的劳动生产率的不断提高和长期平均成本的下降。外部规模经济可以通过产业的空间集中直接产生,也可以通过阿罗(Arrow,1962)提出的在产业集聚中干中学(learning by doing)效应即产业中每个企业从产业的规模扩大中获得更多的知识积累间接产生。干中学效应即学习效应是引起企业长期平均成本下降的重要原因之一。朱善利(2007)的微观经济学教科书将学习效应定义为,在长期的生产过程中,企业的工人、技术人员、经理人员等可以积累起产品生产、产品的技术设计以及管理方面的经验,从而使长期平均成本下降。当学习效应充分实现后,企业的长期平均成本就会达到较低的水平,对产业内的企业是有利可图的。同时,如果集聚产业的生产过程中存在学习效应,从长期来看,向前看的、利润最大化的企业不会被产品生产初始阶段较高的生产成本吓到,而会选择进入该产业,从而带动当地产业更大的集聚。外部范围经济是指,一个地区的企业数量增加后,生产的范围增加,在纵向上可以加深生产商、供应商、零售商和客户的联系,横向上可以加强同类企业之间的联系。外部范围经济也是企业的长期平均成本下降的重要原因之一。

综上可见,马歇尔从集聚带来的外部性解释了产业集聚形成的原因。他认为产业在地方集聚主要源自三个方面的原因:一是产业在地区上的集中有利于管理、信息、技术、秘密和思想在集聚企业之间的普及和应用,因为信息近距离传播更容易,这有利于地区协同创新环境的建立,进而有助于地区创新性生产活动的形成;二是地方性工业还会提供广阔的劳动市场,在这个劳动市场中包括专业技术工人和高技能人员在内的各种各样的劳动者拥有地方性产业需要的能力,能够迅速与当地企业匹配,降低失业率和企业搜寻人才的成本,这对厂商和劳动者都是有利的;三是集聚产业带动的辅助性企业会产生外部规模经济和外部范围经济,从而提高当地集聚要素的使用效率。这三个方面导致了集聚的产生,作为一种既定的事实,集聚反过来又会带动当地产业的进一步集聚,促进地方经济快速发展。

二、韦伯的工业区位论

阿尔弗雷德·韦伯(1909)的工业区位理论是系统研究工业的空间布局和工厂选址的理论,正如韦伯所说:“前人所做的努力都没有突破仅仅对工业区位起部分决定作用的各种要素列举出来的范围。”毋庸置疑,韦伯在制造业区位分布方面做出了开创性贡献。他在《工业区位论》中建立了关于工业区位分布的完整的理论体系。韦伯的区位因子包括适用于所有工业部门的一般区位因子和仅适用于某些特定工业的特定区位因子。他认为前者比后者更重要,并最终提炼出三个最重要的一般区位因子:运输成本、劳动成本和聚集,也因此形成了主要的三个理论:运费指向论、劳动指向论和聚集论。

他首先考察了运输成本对工业区位的影响。正如韦伯所说,“工业被吸引到何处呢?显然,工业被吸引到那些具有最低运输成本的地方,既要顾及到消费地,又要顾及到原料地”,运输成本对于工业的区位分布具有重大影响。为了分析的简单,韦伯假设区位和各种生产的消费地规模是已知的;可用的原料产地的区位也是已知的;假设在每个生产阶段中生产一种产品,是在某个单独的地方原料转化成成品的。在这些假设的基础上,韦伯建立了一个关于运输成本对工业区位影响的数学模型。根据推导,韦伯得到了一个最小生产费用地点和最大节约费用的地点,他认为区位因子决定生产场所,那么这就是工业的最佳区位分布点。就运输指向来说,工业倾向于集聚在运输成本最小的原料产地。韦伯指出,"从理论上说就运输而言,工业区位选择所依赖的唯一因素是工业原料指数以及该指数的构成。应该强调的事实是除了这个因素再没有其他因素可以决定或改变指向的基本运输网络,并且该要素完全由各种生产部门的暂时的技术状况所决定。"各种工业的"原料指数"(确定原料之间关系的理论表达)取决于两个因素:一是生产过程中地方原料的失重大小;二是所使用广布原料的重量。其中,原料指数与生产中重量损失成正比,与广布原料成反比。这两个因素确定了一个工业对原料产地的依赖程度。因此,这两者的关系决定了工业是配置在消费地还是原料地。

然后韦伯考察了劳动成本即工资对工业区位的影响。韦伯认为一种工业的劳动力成本差异或许出于两种截然相反的原因:一是由于不同效率水平和劳动力工资水平,即由于或多或少的主观因素;二是由于不同的组织效率水平和被劳动力用于工作的机器设备水平,即或多或少是由于客观原因。韦伯仅讨论了由个人效率水平和工人工资水平的地区差异产生的那部分劳动力成本差异。同样,为了利用数学工具进行讨论,韦伯做了两个假定,一是将劳动力成本差异看做一种"可能",进而考察这种可能的结果;二是成本差异是按"地方"来的,而地方与特定城市有关,因此差异是按可看作"一个城市"的地方来的,据此可将一个城市视为数学上的一个点。接下来韦伯借助构建等运费线来说明劳动力成本差异的基础是怎样通过劳动力成本水平的区位影响工业指向的。偏离运费最小值点会产生成本,连接围绕运输成本最小点成本相等的点形成等成本线,这个曲线随原料指数的变化而变化,是追加运输成本的等高线并形成运输成本最小点和代表劳动力区位的偏离点之间概念上的连接环,韦伯将其称为等运费线。韦伯将劳动力区位的吸引力称为临界等运费线。吸引力具体指区位配置于该等运费线区内的节约比偏差成本更大,同时向那里迁移引起的节约比由此造成的成本多,那么劳动力区位吸引工业;反之,配置于该等运费线之外的区位节约比偏差成本小,则此类区位就不能吸引工业,也不能引起工业迁移。据此,韦伯认为,不管劳动力区位落在等运费线的哪一侧,劳动力区位与临界等运费线的关系都决定着该劳动力区位是否吸引生产。

最后韦伯考察了集聚对工业区位的影响。他建立了一个集聚经济函数的概念来讨论节约指数。集聚经济函数可简单理解为一个工业的经济函数。“经济函数由每单位产品的节约指数即单个节约指数构成。单个节约指数对应于集中化的每一阶段。如果集中化过程存在若干阶段，每一阶段存在单位产品成本的附加节约，那么这个工业就具有一个真正的经济函数。另一方面，如果节约是由特定的集中化规模产生的，并且是在进步的集中化过程中不连续地增长，那么这种工业就具有一个固定的集聚经济指数。”按照韦伯的分析，集聚分为两个阶段：第一个阶段是简单地通过企业扩张使工业集中化，这是积聚的低级阶段；第二个阶段是每个大企业以其完善的组织而集中于地方，这是集聚的高级阶段。韦伯认为：“同小规模生产相比，大规模生产显著的经济优势就是有效的地方性集聚因素。”大规模生产存在一个最小有效规模，即微量的集聚使企业进入一种低廉的批量购买、低廉信用等成为可能的经济关系中。高级阶段的集聚受三个主要因素的影响：技术设备发展、劳动力组织发展和整体经济组织良好的适用性。技术设备在发展到高度专业化的程度后必须同时为若干单独大工厂服务，并使专业化机器独立出来变成独立的辅助工业基地，因此技术设备的发展就是一种集聚因素。劳动力组织带来社会集聚的机制与技术设备的发展相类似。整体经济的适用性包括两部分：市场化因素和经常性开支成本。对于市场化因素带来的集聚，韦伯认为“孤立的大规模工厂比小规模工厂更有效力，因为前者能够大批量购买和出售，因而也就消灭了中间人。”而且大规模工厂还可以得到更多的投资安全，在购买原材料时拥有更大的市场势力进而可以压低成本，取代采购员亲临生产地直接购买从而产生社会节约等利益。经常性开支成本带来社会集聚主要因为共用的煤气、自来水管道、街道等整个“基础设施”使单个企业节约成本变得可能。

三、克鲁格曼所代表的新经济地理学

马歇尔从外部性的角度研究了产业集聚的发生机制，韦伯则从集聚经济的角度考察了工业集中于一定区位的原因。他们都在集聚方面做出了突出贡献，但是他们研究集聚的角度不同，侧重点也存在差异，同时他们的解释也都具有不足之处。马歇尔基于新古典经济学的假设，而韦伯运用数学模型对工业的区位选择进行了严密的逻辑推导和定量分析。周文(1999)认为：“马歇尔通过研究工业组织这种生产要素，间接表明了企业为追求外部规模经济而集聚；韦伯则从微观企业的区位选择角度，阐明了企业是否相互靠近取决于集聚的好处与成本的对比。马歇尔与韦伯的著述均出现于本世纪 30 年代凯恩斯宏观经济理论诞生之前，传统的古典理论仍然占据着上风，政府干预尚不如日后那样盛行，因此，自发形成集聚的机制是主流。与韦伯相比，马歇尔从经济学的角度出发,探讨产业集聚的原因,站的角度更高,所得结论更贴近实际。”他认为韦伯的不足之处在于:“韦伯对集聚的研究同其区位理论中的其他内容一样,是一种‘纯理论’,脱离了一切制度、社会、文化、历史因素,单纯从资源、能源的角度加以考察,结论缺乏一定的现实性。在实际经济生活中,产业集聚的形成相当程度上决定于地区的社会文化因素,韦伯却将其抽象掉了,不能不说是一大缺憾。”李小建、李二玲(2002)认为“由于韦伯的工业区位论是以古典经济学为基础、以成本分析为依据来研究自由竞争资本主义的工业地域结构,所以他没有考虑垄断价格给企业带来的超额利润,也没有考虑政府的作用、当地社会文化的影响,他只从资源禀赋的角度考虑资源型产业的集聚,所以不具有一般性。”

标准的国际贸易经济理论以传统的新古典主义假设为基础。由于在数学上缺乏处理规模报酬和不完全竞争等一些相悖于新古典经济学假设的工具,贸易理论长期以来避开经济活动的空间差异,正如克鲁格曼所说:“……但在实践中选择数学上最省事的做法这种可以理解的趋势,使贸易理论偏向静态、完全竞争和不变报酬的研究……所以,国际贸易理论过去的做法是避开地理问题——大部分模型构建将世界想像为没有运输成本的世界,更不用说城市了——而地理学的传统有时是基于被贸易理论家视为‘半拉子’模型的,而且经常完全抛弃形式主义。”

20 世纪 80 年代新贸易理论将规模报酬递增和不完全竞争假设引入主流经济学,并随之产生了不同于阿罗—德布鲁一般均衡模型的多重均衡模型。新经济地理学就是在这样的背景下产生和发展的。新经济地理学的主要代表人物是保罗·克鲁格曼(Paul Krugman)。为了表彰克鲁格曼在贸易模式和区位经济活动方面做出的突出贡献,瑞典皇家科学院将 2008 年的诺贝尔经济学奖授予了这位著名的美国经济学家。克鲁格曼在贸易领域开创了新贸易理论,在区位经济活动方面则开创了新经济地理学。

新经济地理学能够将空间维度纳入主流经济学的分析范围中的决定性技术工具是 Dixit 和 Stiglitz(1977)将张伯伦的论断竞争模型进行数学处理后形成的 D-S 模型。这是关于如何在规模经济和多样化消费之间达成稳定均衡的模型,它可以方便地处理规模报酬递增和不完全竞争假设。按照 D-S 模型的假设,对单个厂商来说,商品生产存在内部规模经济,即单个厂商生产大量商品比多个厂商同时生产同样数量的商品要节约成本。同时因为商品之间存在微小差异,单个厂商对自身生产的商品存在相当程度的垄断势力,因此单个厂商争夺更多的市场份额进而生产大量商品是有利可图的,且单个厂商仅生产一种商品可以更好地利用规模经济。也就是说规模经济的存在促使厂商倾向于生产尽量少种类、大批量的商品，这样可以降低生产成本。另一方面，虽然商品在很大的程度上是可以相互替代的，但是商品之间还是存在差异的，对于消费者来说，商品多样性会增加其效用，因此理性的消费者倾向于拥有更多的商品种类。这样，在有限资源的约束下，存在一个规模经济和商品多样化之间的权衡取舍。这个模型突破了传统的比较优势和要素禀赋来解释贸易基础的局限，论证了规模经济和不完全竞争也可以解释贸易的发生。

为了使分析更切合实际，克鲁格曼(1980)将运输成本引入其分析框架中，萨缪尔森提出的“冰山运输成本”概念内生于上述模型中①，“用严密的数学解析方法讨论了‘本地市场效应’，即在大市场中，企业聚集规模会超越市场扩大其规模之速度，其直观意义很简单：由于规模收益递增和运输成本的存在，接近大市场区进行生产是有利可图的，因为在接近市场区的某个区位集中生产，可以实现规模经济，同时又接近大市场区，可以降低运输成本。”因此，如果一开始一个产业由于历史原因分布于某一区位，那么由于规模经济和运输成本的作用，新进入的企业也会选择同一个区位，这会导致要素向集聚区位流动，结果导致集聚的进一步加强。这被称为集聚的“循环累积效应”，即产业集聚一旦由于历史偶然(克鲁格曼认为这是产业集聚最初形成的重要原因之一)形成，这种集聚就会逐步自我增强并不断持续下去。在这个过程中存在“路径依赖”，产业集聚就会放大而被“锁定”。按照这样的逻辑，与其说产业集聚是“路径依赖”，倒不如说是“历史依赖”。即使这样，克鲁格曼认为产业集聚还是有条件的：在贸易成本接近零的情况下，产业配置在哪个地方是无差异的；当贸易成本高到各个地区不能进行贸易时，地区之间的要素不会流动，集聚也不会发生；只有贸易成本在一定范围内且具有投入产出关系的厂商之间的前后向关联很强时，处于中间产品种类丰富地区的厂商才具有较低的生产成本，这种前向联系会使外部厂商进入；同时，本地区众多厂商也会增大对中间产品的需求，提供巨大的本地市场，这种后向关联也会吸引集聚企业的到来。这样，在前后向关联的共同作用下，产业集聚得以发生。

考虑到农业部门的人口转移，克鲁格曼在1991年建立了新经济地理学中具有里程碑意义的核心—边缘模型，奠定了经济活动空间分析的微观理论基础。核心—边缘模型有力地解释了现代城市的爆发性集聚、大城市的快速成长和农村地区人口锐减等现实经济现象。核心—边缘模型假定经济体系仅涉及两地区、两部门和两要素，分别指城市和农村、工业部门和农业部门、工人和

---

①　即假定商品的运输成本是商品运输量的一个比例，商品在抵达目的地时像“冰山”一样“融化”掉一部分(安虎森，2009)。

农民(双方都可以是消费者和生产者)。农业部门生产的商品都是同质的,农业生产过程中存在规模报酬不变,而且农业部门是完全竞争的;工业部门生产的商品是有差别的,但有一定的可替代性,而且替代弹性相同。生产过程中存在规模报酬递增,这样对城市中的每个企业来说生产一种商品并生产尽可能多的数量是最优的选择。工业部门是垄断竞争的。工人可以在城市和农村之间无成本地迁移,农民则完全不能在城市和农村之间流动。农产品可以在城市和农村之间无成本地进行贸易,工业品贸易则以“冰山运输成本”的方式进行。除此之外,工人和农民具有相同的多样化偏好,即农民不仅偏好农产品而且偏好工业品,工人也是这样。工人和农民的偏好是农产品和工业品的柯布—道格拉斯函数。基于以上假设,核心—边缘的核心结论是:“在贸易自由度很低的初始条件下,生产和人口呈稳定的分散分布格局。随着运输成本开始下降,人口和生产的区位在初期不会立即受到影响,当运输成本下降到某个临界值以下时,工业人口向某个区域迁移和工业生产随之集聚并不断加强的累积过程则会一触即发。”

综上可知,克鲁格曼认为产业集聚是企业内部规模经济、不完全竞争和要素的市场流动共同作用的结果。他对产业集聚的解释更加充分、贴近实际,弥补了马歇尔和韦伯的不足,但克鲁格曼的理论依然存在一些局限性。李小建、李二玲(2002)认为“克鲁格曼将贸易理论和区位理论相结合,用模型化的方法通过严密的数学论证从深层次上揭示了产业集聚发生的机制,弥补了马歇尔和韦伯观点的不足,但是他比较强调大型公司的内部增长和组织间能量化的市场联系,而忽视了公司活动所产生的难以量化的非物质联系(如信息、技术联系)和非正式联系(如人际关系间基于信任的联系)。再者,企业层面上的规模收益递增应该指的是企业内部的规模经济,它是一个涉及企业规模大小的有度的概念,只有在企业节约的交易费用大于其内部组织成本时,企业规模才会扩大。”

四、迈克尔·波特的观点

美国哈佛大学工商管理学院教授迈克尔·波特(1998)将集聚定义为特定领域相互关联的公司和机构在地理上的集中。集聚包括一系列对竞争至关重要的相互联合的产业和其他实体,例如组件、机械和服务等专业化重点投入的供应商和专业基础设施提供者。集聚还经常向下延伸到通道和消费者,横向延伸到配套产品的制造企业,也延伸到通过技能、技术和共同投入相连产业的公司。最后,许多集聚包括政府机构和其他提供专门培训、教育、信息、研究和技术支持的像大学、标准制订机构、智囊团、职业培训机构和贸易协会等机构。

波特在论文中提到的关于集聚的一个很好的例子是美国加利福尼亚州的葡萄酒集聚。加州的葡萄酒集聚包括680个商业酒厂和几千个独立的酿酒葡萄种植者。支持葡萄酒酿造和种植的产业存在一个广泛的前后相关联企业，包括葡萄砧木、灌溉、收获等机具、桶和标签的供应商，专门的公共关系和广告公司，以及众多面向消费者和贸易观众的葡萄酒出版物。众多的当地机构都与葡萄酒有关，例如加州大学戴维斯分校、葡萄酒学院及加州参议院和议会专门委员会等都拥有世界知名的葡萄栽培技术和酿酒项目。加州的农业、食品和餐馆及葡萄酒乡村旅游业都存在集聚现象。

波特认为，集聚首先可以促进产业的地区专业化分工，降低交易成本，从而提高企业的劳动生产率；其次可以通过企业合作、产业交流促进地区创新体系的形成和发展；第三可以通过提供众多的客户和广阔的市场，带动新企业的形成从而导致集聚的进一步加强。随后波特利用“钻石”模型分析了某个国家特定产业具有较强的国际竞争力的原因。他认为四个因素对一个国家产业的竞争力具有决定性影响：需求条件、投入要素、相关及支持性产业和企业战略及同业竞争。需求条件主要指存在本地市场的巨大需求，投入要素包括人力资本、实物资本、基础设施、知识、自然资源等，包括上下游企业在内的相关及支持性产业要优秀，具有国际竞争力的企业还要具有强大的国内竞争对手。

五、新产业区理论

马歇尔在1920年提出产业区的概念并认为产业区是一个大量中小企业集聚的地区。这个地区具有非常浓厚的创新环境，新工艺和新思想被开发后可以得到快速传播，产业区内相邻企业之间形成一个竞争与合作的创新网络。新产业区与马歇尔的产业区理论具有很大的相似之处，它们都是以中小企业为主体的产业活动集聚体，企业之间具有分工协作关系，但也有典型的不同，其中最为重要的不同是新产业区的结网和根植性（安虎森，1998）。新产业区一般是指以特定的地方劳动力市场为基础的由社会劳动分工紧密联系在一起的企业所组成的具有地区创新活力、创新动力和地区竞争力的本地化创新网络，比较典型的例子是高新技术开发区。

20世纪七八十年代，西方国家的经济波动较大，先后经历了滞涨、石油危机、财政赤字和经济危机等一系列经济问题，资本主义国家的经济一片萧条，然而美国硅谷以及欧洲一些国家如德国、意大利、法国等的某些地区却出现了相反的经济繁荣，引起了经济学者的广泛关注。仔细分析就会发现，这些地区大多是由大量中小企业集聚而成的。这些中小企业在专业化分工的基础上通过战略联盟、协议契约等正式或面谈、沟通交流等非正式的联系相互合作，同时又互相竞争。它们之间形成一种有效的具有强大集聚力的合作网络,促使地区经济快速发展。

新产业区从开始形成到成熟大体可以分为三个阶段,分别是初期形成阶段、成长阶段和成熟阶段。在不同的阶段,新产业区表现出不同的特征。对于新产业区形成和发展的机制,学术界有两种颇具代表性的观点,一种是柔性专业化观点,一种是区域创新环境与区域创新网络观点。前者强调大量中小企业在特定地方的集聚,认为区域经济发展的动力来自产业区内劳动分工的细化和专业化程度的提高。后者认为区域创新环境和区域创新网络在新产业区的发展中起着至关重要的作用,创新环境的形成有利于企业的地方化集聚,地方化集聚反过来又促进区域创新环境的发展,二者相互促进、有机互动,共同形成地区创新系统。无论哪种观点,新产业区的形成都仿佛具有这样一个过程:"首先是由于建立了较为优良的区域创新环境,一定数量的中小企业开始在区域内集聚,它们或是集中于某一专项产品的生产,或是围绕在区内某些大企业周围。在激烈的市场竞争中,企业之间分工不断细化,专业化水平不断提高,形成较为密切的竞争与合作关系。不仅如此,区内各行为主体之间也建立起各种正式或非正式的关系,区域创新网络由此形成。区域创新网络的形成和发展,进一步促进了区域创新环境的改善。区域创新网络的有效互动,推动区域创新网络和新产业区形成和发展。"(张华,2003)。

由马歇尔的外部经济理论可知,马歇尔将工业区位的产业集聚机制解释为外部规模经济。与之不同,在要素更充分流动的现今世界下,新产业区理论将工业的区位分布集聚机制主要归结为以下四点:第一,与传统产业区理论一样,新产业区理论认为产业集聚的主要动力来自近距离节约运输成本与信息密集交流降低交易费用,来自产业企业数的增加带来的外部规模经济和伴随着整个产业产品种类的增多所产生的外部范围经济;第二,企业的地方联系,包括企业的前后向关联、横向联系以及纵向联系,这种联系可以通过成本降低、知识和技术溢出效应来放大无数单个企业独立加总产生的生产率之和,是形成产业的地方集聚的重要原因之一;第三,高新技术开发区因为独特的创新性更具集聚的动力;第四,本地结网和根植性成为新的动力机制,前者指各个高度专业化的企业追求利润最大化的一种具有长期稳定合作关系的组织形式,既可以通过共享基础设施、基础信息和技术溢出而降低交易成本,又可以活化资源、扩大信息交流、增强柔性、减少不确定性,后者指企业的竞争力更多地取决于企业所在的区域和地方环境(安虎森,1998)。

总之,新产业区理论通过对区域创新网络和创新环境形成机制的分析从另一个角度阐述了产业集聚的形成机制。

六、网络正外部性

符正平(2002)利用网络外部性原理解释集聚形成的过程。外部性是指市场参与者的行为结果没有在市场上反映出来,从而导致市场失灵。网络外部性,也称作网络效应,是产业组织学者在20世纪80年代提出的概念,主要用来解释“新经济”中出现的一些现象。当一种产品对用户带来的效用随着使用相同产品或类似产品的用户增多而增大时,就出现了网络效应。根据梅特卡夫准则,网络的价值依据网络节点数平方的速度增长。根据产生效用的方式,网络外部性可分为直接网络外部性和间接网络外部性。前者主要指直接通过消费相同产品的市场主体的数量增加导致的直接物理效果所产生的外部性,如电话、电邮、网络游戏等;后者是随着一种产品网络节点的增加,该产品的互补性产品也会随之增加,进而价格下降,给消费者带来更大的效用,如互联网和网站、IBM与微软等。网络外部性的大小与网络节点数密切相关,新用户的增加将对其他用户的效用产生影响。网络外部性与其他外部性一样也会导致市场失灵,包括实际产出偏离有效产出、形成垄断导致次优技术充斥市场空间损害消费者的利益等。符正平认为:“企业集群的形成过程,其实质也是一个网络外部化的过程。只不过这里的网络外部化不是体现在产品需求上,而是体现在企业的区位决策上。”

利用网络外部性解释集聚形成的机制有一定的合理性,但这是假定集聚就在那里,先验地将集聚视为一种既定的事实,仅是一种“集聚的自我强化”机制而已。因此它虽然可以解释集聚,却不能预测集聚将在什么时候、什么地点形成。

七、自发形成还是政府主导

生产的空间分布,归根结底取决于企业的决策。在市场中,一切企业行为的最终目的都是为了利润的最大化。换言之,企业在最大化利润目标的驱使下决定自身的生产布局,而大量企业的决策则一起决定了从宏观视角观察所得的生产空间分布。很多因素都会影响生产的空间分布。随着产业特征的不同,影响相应产业生产空间分布的因素也会不同。从上面的分析中可以看出,自然条件、运输成本和集中的自我增强对企业选址具有重要影响。

(一)自然条件:First Nature

自然条件对生产分布的影响十分直观并显而易见,也早就为人所认识:只要给定运输成本严格大于零,那对企业而言选址于对生产至关重要的自然资源附近以最小化运输成本就是个必然的选择。

特别是对一些比较依赖资源的产业而言,在资源附近集聚就是最佳的选择。类似地,靠近人口聚集区域对消费工业来说也是降低运输成本的理性决策。优良的基础设施状况或邻近港口等条件,都是对生产者的有力吸引。

我们在现实中的观察也可以作为这些分析的佐证:但凡工业密集,人口众多的大城市,几乎无不拥有某项优越的自然条件。它们或是如大庆、鞍山般靠近某项资源,以资源为基础吸引相应工业并进而发展成一个大城市,或是如上海、香港般拥有便利的交通条件,虽然资源贫乏,然而便利的交通却足以使生产有利可图。

在外文文献中,这些自然条件上的差异通常被称为 first nature,而与之相对应的因人类活动所带来的条件差异就被称为 second nature。

(二)集中的自我增强

单纯的自然条件差异并不能完全解释所有的生产集聚现象。比如克鲁格曼(1993)就曾经提到过芝加哥的例子。芝加哥在 19 世纪崛起成为美国最大的几个城市之一,然而芝加哥却几乎并不存在任何自然条件上的优势:流经芝加哥的天然河流几乎无法通航,五大湖边的港口不仅条件一般还极易淤塞,甚至当芝加哥建成连接密西西比河和五大湖的运河后不久,席卷美国的铁路建设浪潮就使得运河不再在运输中扮演重要角色。然而芝加哥现在却是全美第三大城市,仅次于分别位于美国东西海岸边的纽约和洛杉矶。

在制度经济学家看来芝加哥的崛起体现的是路径依赖:虽然在其他地方建设城市会更有效,然而业已存在的芝加哥和业已投入的资产使得后继投资不得不硬着头皮继续这个错误。

然而在克鲁格曼(1993)看来,这体现的是生产集中的自我强化:生产集中带来了人口的集中,而密集的人口意味着广阔的本地市场,这又会吸引更多厂商的到来。克鲁格曼(1993)随后以模型证明,一方面生产的集聚是一个 Nash 均衡,另一方面,即便位置不在平均运输成本最低的地理中心,集聚本身的自我强化也足以使其成为 Nash 均衡。

生产集中的这种自我增强也不仅仅是因为人口密集所带来的市场效应。上游企业在某一地区的密集会降低下游企业的采购成本,而下游企业的密集对上游企业而言又意味着广阔的市场和到达市场的低廉运输成本,这就是所谓的前向关联(forward linkage)和后向关联(backward linkage)。此外生产的集中还会带来一些正的外部性,这些正外部性的存在会提高所有集聚参与企业的生产效率,也吸引新的企业到来。这种正外部性可能源于我们此前已经提过多次的技术和知识的溢出,先进企业的先进经验不断地被其他企业所吸收和学习,从而促进了产业整体的技术进步;它还可能源于劳动市场的外部性，给定劳动力的异质性，某种产业在某个地区的密集会吸引相应类型人才的流入，也会鼓励当地在相应类似人力资本上的投入，硅谷和斯坦福的共生或许就是一个最好的例子。此外，企业对员工的培训和员工此后的流动也会增强这一外部性。

当然集中并非总会带来更多的集中，否则我们就会看到全世界所有的生产仅集中于少数甚至一两个地区。生产的过分密集也会带来一些不利因素。首先，过分的密集会加剧竞争的激烈程度。对落后的小企业而言这意味着生存压力的加大，而对领先的大企业而言这意味着自身的创新不断被模仿，降低了创新所能带来的垄断收益。其次，生产集聚带来的拥挤会抬高各种在地区内供给有限的要素的价格。我们可以很轻松地在不同地区观察到差异极大的土地价格。如果给定人口流动障碍，那劳动力成本也会随之快速上升。此外，拥挤还会体现在一些公共服务上。当车流量变大时道路就会变得拥挤，当工厂越来越多时电力和水的供应就可能会不足，大量工厂的污水排放对城市污水处理系统也是个很大的考验。

总而言之，生产的密集也可能会带来生产成本的上升，这使得生产的集聚不可能无限制地持续。生产的集聚可能存在一个最优规模，而现实中的生产集聚与这个规模的差距也是当前文献关注的方面之一。特别是考虑到集聚对生产效率的正外部性不能完全被外部性的生产者完全获得，单纯市场力量均衡下的集聚规模很可能会小于理论上的最优规模（Venables，2005），那政府在其间应当扮演什么角色，如何让集聚规模趋向最优就成了一个很有意思的话题。

（三）运输成本

在前面的分析中几乎随处可见运输成本的身影。运输成本在生产集中度的决定中的确起着十分核心的作用。

假设运输成本足够大，以至于跨地区的贸易完全无利可图。那各个不同地区必然都会发展出某种自给自足的工业体系，生产因此也将是完全平均分布在不同地区。这正是我们在技术和经济不发达的古代农耕社会所观察到的现象：高昂的运输成本限制了物资在地区间的流动和跨地区贸易的存在，在这种背景之下，男耕女织自给自足的自然经济成了最有效的生产分布方案。

随着运输成本逐渐降低，地区间贸易逐渐变得有利可图。随着地区间贸易的开展，地区间的专业分工也慢慢形成。如果同时允许人口和资本的流动，那生产向某些地区的集中也就会随之而来。我们已经看到，这种集中的出现既有可能是因为优越的自然条件、丰沛的自然资源，也有可能只是因为集中本身的自我强化。

如果运输成本继续降低,情况又会有所不同。给定零运输成本,那生产的选址实际上是无差异的。如果考虑到生产过度集中带来的租金上升,此时选址上的集中反而会带来生产成本的上升。即使考虑到外部规模经济等因素带来的效率提升,综合效应也可能是负的。换句话说,当运输成本降低到一定程度,生产的集中度反倒可能会下降。从某种意义上说,当前生产在全球范围内配置的发展趋势或许反映的正是低运输成本背景下生产分散的过程:在各种通讯手段高速发展的情况下,一些服务和软件产品的运输成本几乎是零,这就给软件和服务上的外包提供了可能,也给跨国公司将不同的部门配置在相隔千里的不同地区提供了可能。

不过如果仅考虑传统的制造业,那当前的运输成本离阻碍生产集中的程度仍然相距甚远,在这种情况下,我们可以近似地认为运输成本越低,生产集中度就会越高。

以上对集聚产生机制的解释各有侧重。马歇尔侧重外部经济,韦伯侧重集聚经济,克鲁格曼侧重规模报酬递增、不完全竞争和要素的自由流动,波特则从集聚带来的生产率、交易成本、创新体系和市场进行分析,还有学者利用网络外部性进行分析等。虽然侧重点不同,但是他们的分析都有一个共同点,就是为了说明集聚是自发产生的,没有引入政府的作用。从集聚的产生到集聚的循环累积和自我强化都存在动力使得集聚这么发生。集聚是一个普遍的世界性经济现象,是一种独特的空间经济组织结构,具有自身特有的运行机制和演化规律。同时集聚可以显著提高地区劳动生产率,提升所在地的区域竞争力。其中一个关键的问题就是,政府可以做什么吗?当地政府怎样才能使得产业集聚在本地呢?如果政府可以做到使产业集聚发生在特定地区,那么政府的作用就会显著超越斯密"看不见的手"规定的范围。事实是这样吗?我们不得而知。但政府确实可以做很多事,比如现实中存在的产业园区、初始创新环境的建立和中小企业的扶持等。我们将在本章结论性评述中具体阐述对政府的政策建议。

第三节　产业集聚与地区经济增长

在本书研究的范围之内,我们需要关心的是生产和人口的集中是否会对地区经济发展存在影响?生产在空间上的集中并非必然带来地区发展差异。至少对于本书最为关注的人均GDP指标而言,只要给定要素的完全流动和生产的规模报酬不变,那无论生产如何在地区间分布,不同地区的人均GDP都不会有任何差异。

然而在现实中这两个前提却并不成立。在之前的章节中,我们已经关注过人口的流动障碍,它的存在必然会导致地区间劳动边际产出和边际回报的差异。给定生产在地区间的不均衡分布,那地区间人均GDP的差异就会随之出现。生产的规模报酬不变也并非是一个足够符合现实的假设,前文讨论过的技术溢出就是生产正外部性的具体例子,而生产的正外部性及其所带来的外部规模经济的存在,正是生产集聚的内在动因。

在本节中我们将首先分析生产在空间中分布的决定因素,然后再分析生产的不均衡分布对地区发展差距的影响,特别是产业的空间集聚对地区竞争力和经济增长的影响。产业集聚不仅表现在空间上的集中,更重要的是对地区劳动生产率、创新体系、产业结构和地区专业化的影响。本节分为三个层次阐述这个问题,分别是产业集聚与地区产业机构、产业集聚与地区创新体系和产业集聚与地方专业化。

一、产业集聚与地区产业结构

生产在地区间分布的不均衡首先会在地区产业结构上影响地区间发展的平衡。不同产业在不同地区上的集聚会造成不同地区的不同产业结构。一些产业的集中所带来的前后向关联和技术知识溢出都只会针对特定产业,而拥挤效应却是针对所有产业的。这带来的结果就是不同产业可能会在不同的地区分别集聚,从而在地区间带来产业结构上的巨大差异。相对于边缘地区,产业集聚地拥有众多的中小企业和配套的基础设施、大型科研机构、零售企业等其他相配套的服务业。产业发展更加迅速,产业升级更加便利,产业机构更加完善。

产业结构的差异可能会带来技术进步率乃至地区长期经济增长率上的差异。我们在资源诅咒的论述中早已见过这种效果的具体例子:资源丰沛的地区由于大量资金涌入资源产业,抬高了本地的租金和价格水平,挤出了其他产业的投资,影响了对一些产业尤其是创新产业的投资,从而拖慢了技术进步率,也延缓了经济的长期增长。此外,在产业更替之时,不同地区的不同产业结构也会带来经济发展在地区间的差异。当产业处于兴盛期时,此产业密集的地区经济就会高速发展,而当产业逐步步入夕阳期走向衰退时,如果不能及时调整产业结构,那这个地区也会同步地进入衰退。夕阳产业的过分密集带来的大量专用型资产投入、在衰退到来之前依然高昂的租金和工资水平以及产业密集带来的人力资本结构单一,都会给产业结构的调整带来麻烦。美国的汽车城底特律在汽车产业辉煌时期经历巨大的发展,而当汽车产业面临调整，美国三大汽车生产商先后陷入危机之时，底特律昔日的辉煌也就随雨打风吹而去。

二、产业集聚与地区创新体系

作为一种组织形式，产业集聚可以带来地方技术创新和制度创新，而创新是一个地区经济发展的关键驱动因素。产业集聚有利于地区创新体系的形成，许继琴在《产业集群与区域创新系统》中将产业集群创新系统定义为"企业技术创新过程模型发展到集成网络模型后出现的创新组织形式。产业集群创新系统是产业集群创新网络与产业集群创新环境的叠加，是以产业集群为载体的创新系统"。对于单个企业来说，创新所需的关键创新资源是远远不够的，而集聚可以使多个甚至几十个企业互相补充，为企业提供充足的创新资源。"创新资源的竞争在相当长时期能够有效地缩小企业在技术创新资源中的'缺口'，弥补企业自身资源的不足"（吴翔阳，2006）。产业集聚中同时存在着主导企业和辅助企业，主导企业主要在产品上竞争，而辅助企业则主要在产品的零部件上竞争。相互分开的竞争层次降低了过度竞争的可能性，同时主导企业和辅助企业既感受到来自自身层次的竞争压力，又受到相对层次竞争压力的激励，促使其不断提高自身劳动生产率和生产技术水平。产业集群会形成一个巨大的创新网络。第五代系统集成网络模型认为，企业技术创新不仅与企业内部因素有关，而且与企业的外部环境密切相关。这些外部环境包括政府、金融机构、大学等科研机构、零售商和客户等。产业区内集聚企业之间较密切合作、经常性交往和较低的交易成本使得技术创新后可以迅速传播、交流。

在产业集聚区，知识溢出效应会进一步促进地区创新体系的发展。与单个或零星分布的企业相比，产业集聚使技术创新模式从"线性模式"转向了"网络模式"，形成区域创新网络，不仅拓展了创新的空间范围，也延伸了创新的时间范围；产业集聚更加有利于形成区域创新体系，带动地区经济增长。产业集聚区内的企业可实现资源共享、互利多赢、竞合激励以及风险共担。产业集聚作为一个系统，集聚内的企业可实现基础设施、生产要素等资源的共享，共同成长、壮大，实现互利共赢，还可以在竞争与合作的关系中获取更多的知识和信息，激励企业不断创新。同时由于大量企业集聚在一起，形成一个庞大的系统，降低了单个企业的非系统性风险。

三、产业集聚与地区专业化

地区专业化，就是某个地区专业化生产某种商品，有时只是一类商品甚至是商品的某一部分。这种地区专业化是生产专业化的空间表现形式，是劳动地域分工不断深化的结果(任光辉，2008)。地区专业化程度是一个比较难以度量的变量，而且地区专业化对经济发展不完全是促进作用，至少已有实证证据指出产业结构单一不利于产业的进一步发展(比如林秀丽，2007)。

产业集聚可以促进地区专业化分工。关于分工对劳动生产率的作用，斯密在1776年就进行了透彻、精辟的分析。斯密认为，国家财富取决于两个因素：首先是这个国家总体上使用劳动技巧的熟练程度和判断力；其次是从事有用劳动人数和那些不从事有用劳动人数的比例。分工是导致劳动生产力得到重大改进的重要原因。“劳动生产力上最大的改进，以及在劳动生产力指向或应用的任何地方所体现的技能、熟练性和判断力的情况，似乎都是分工的结果”。为了阐述分工对劳动生产率的作用，斯密举了一个非常经典的例子——制针业。“第一个人抽铁丝，第二个人将其拉直，第三个人将其截断，第四个人将其一端削尖，第五个人磨光另一端以便装上针头……这样，制针这个重要的职业被分成大约18种不同的工序……我见过一个类似的小厂，那里只雇了10个工人，在这个小工厂里，有几个工人从事两三种不同的操作。尽管他们很穷，尽管他们连必要的机器设备都很差，但是如果他们勤力工作，一天也能生产出12磅针。以每磅中等型号针有4000枚计，这10个人每人每天就可以制造出48000枚针，这样，每人每天都能制造出48000枚针的十分之一，即4800枚针。如果他们都各自独立地工作，谁也不学做一种专门的业务，那么他们之中不论是谁都绝对不能一天制造20枚针的，也许连一枚针也制造不出来……”斯密将分工使得生产力得到巨大提高的原因归结为三个方面：第一，由于每一个特定工人熟练程度的提高；第二，由于节约了从一种工作转向另一种工作通常需要损失的时间；最后，由于发明了大量的机器，方便和简化了劳动，使一个人能干许多人的活。

产业在地区上的集聚首先会扩大市场范围，而市场范围的扩大必然引起分工水平的提高和深化(Young，1928)。地区专业化程度的度量是一件复杂的工作。为了测度“义乌商圈”专业化程度，任光辉(2008)采用学术界常用的“区位商”来确定某个产业部门是否是区域的专业化部门及其专业化水平。他根据地方专业化指数所要求的数据，测得了“义乌商圈”各个地区部分产业的地方专业化指数。他的研究发现，金华市区、义乌、武义、浦江和磐安等县的产业地区分工格局已经形成与现代空间经济学中的“核心—外围”模型相吻合的区域分工结构。各个地区专业化产业的形成促进了地区经济的快速发展。“区域共享的大规模市场主导之下的区域间分工不仅是生产力的一种布局方式，更是一种组织方式和合作机制。”林秀丽(2007)从产业内与产业间的外部性对地区经济发展的影响争论入手,利用31个省区24个产业的面板数据,构造了地区专业化和产业集聚的指标,对数据进行实证及稳健性检验。计量结果显示:产业结构单一化与产业发展负相关,专业化非常不利于落后省区的产业发展,产业集聚与产业发展正相关,产业集聚对产业发展的正向作用程度要大于产业专业化的负向作用。据此看来,由产业集聚引起的地区专业化在短期中可以促进劳动生产率的提高,然而在长期中对产业发展的影响却存在争议,在这个方面政府应该处理好这个问题。本文稍后也会给出我国地区产业集中程度变化的实证证据。

产业集聚通过提升地区产业结构、形成地区创新体系和促进地区专业化提高地区竞争力和劳动生产率,进而带动地区经济快速发展。生产的外部规模效应意味着产业集聚本身就会带来生产效率的提升。换言之,产业集聚程度不一的地区,生产效率也会存在差异。生产效率的提升,意味着生产密集的地区可以以相同数量的生产要素生产出比其他地区更多的产出,也就比其他地区有了更多的人均产出。Ciccone 和 Hall(1996)发现在美国,生产的集中与劳动生产率存在显著的相关,大约一半的地区间劳动生产率差异可以由劳动力分布的集中来解释。Ciccone(2002)对欧洲五国(德国、意大利、法国、西班牙和英国)的研究发现了同样的现象:生产集聚提高了生产率。Cingano 和 Schivardi(2004)转而关注生产集聚对 TFP 增长率的影响,发现生产集聚带来的规模扩大和专业化都显著提高了相应产业的 TFP 增长率。

产业集聚并非是一个静态的过程。特别是对经济仍处于高速发展中的我国,产业集聚的规模也会随着基础设施的改善和运输成本的降低而持续扩大。给定产业集聚的持续发展,生产就会日益向少数地区集中,而随着同时外部规模效应的日益显现,地区间在生产效率上的差异也就越来越大,本章开头所说的,正是这样的现象。Krugman 和 Venables(1995)也曾用模型描绘了类似的景象:随着最初足够大以至于使得贸易完全无利可图的运输成本的下降,在前向和后向关联的作用下,生产逐渐向发达地区集中,随之而来的就是南北差距的拉大。不过他们的模型同时也指出,当运输成本继续降低时,生产将从发达地区逐渐向欠发达地区转移,南北差距也将随之缩小。这看起来像是全球化背景下我们正在经历的事情:生产正在持续地从欧美转向东亚。然而,一方面生产的这种转移在范围上是有限的,并非所有的发展中国家都在经历生产的转入,也并非是所有的产业都会经历这样的转移;另一方面类似的事情是否会在我国一国内部发生也是个未知数。这正是本章接下来将要分析的内容。

第四节 产业集聚与我国东西部差距

在本书前文对FDI决定因素的实证分析中，我们就曾经引入并证实了集聚效应在FDI选址决策上的显著影响。不过我们也曾说过，FDI存量系数的显著同样可以用示范效应而非集聚效应来解释。在本章接下来的部分，我们将进一步分析集聚效应在我国的存在、发展和对我国地区发展差距的影响。

一、我国东西部生产分布概况

1949年之前，我国是个工业极度不发达的半殖民地国家。仅有的工业也大都集中在沿海的一些前通商口岸城市，以及长期被日本占领的东北地区。在1949年之后，直到改革开放的1978年之前，我国实行计划经济，此时决定生产布局和地区产业结构的并非是企业利润最大化的经济因素，而更多是出于政治和国防安全上的考虑。1978年之后，由于改革开放并加上国际形势的变化，这方面的考虑不再成为决定我国产业分布的主要因素，取而代之的是经济因素。林毅夫、刘培林(2003)认为，1978年之前我国的产业布局不仅在地区配置上偏离最优值，在产业结构上也偏离了要素禀赋所要求的最优结构。他们进一步认为，这种偏离使得在西部地区建立的大量重工业企业非但未能成为地区发展的推动力量，反倒使得政府不得不年复一年地人为地扶持这些因为对要素禀赋结构的偏离而缺乏自生能力的企业，而这些扶持措施影响了市场的正常运转，延缓了西部地区的资本积累和技术进步的速度。同时，扶持措施甚至对这些企业本身也没有好处，它只会恶化企业的预算软约束问题，使企业越发缺乏自生能力而成为整个地区经济的负担。

决定因素的变化，再加上1978年之后制度变迁和基础设施条件改善所带来的运输成本下降，与地区发展差异的变化同步，这段时间内我国的生产布局也发生了极大的变化。原本布局在中西部的工业并不能适应新的要求，尚存的旧计划经济体制也使这些国有企业对上下游企业的前后向关联效应十分有限，加上改革开放初期对东部沿海地区的优惠政策，新涌入的FDI多数选择了东部沿海。此外，这段时间也是这些地区乡镇企业等非国有经济大发展的时期，较少较小的国有企业反倒使东部地区历史负担较小，易于在新形势下获得高速发展。这些因素的汇总，带来了1978年之后我国产业布局的巨大变化。

我们先来对比两张图。图8-1和图8-2表示的分别是我国1978年和

2001年的工业生产在各省的分布比重。对比这两张图,我们可以很直观地看出改革开放30年来工业生产向东南沿海特别是长三角和珠三角地区转移的趋势。1978年,我国大部分的工业生产集中于东北三省、环渤海地区和三个直辖市,西部地区在其中也占有相当比重。经过改革开放后二十多年的发展,到2001年,除四川外几乎所有西部省份所占的比重都有所下降,而东南沿海的广东、浙江两省则快速崛起为新的工业重镇。

在改革开放之初的1981年,占全国工业比重最高的四个省市分别是上海、辽宁、江苏和山东,而到了2001年则变成了广东、江苏、山东和浙江(金煜等,2006)。

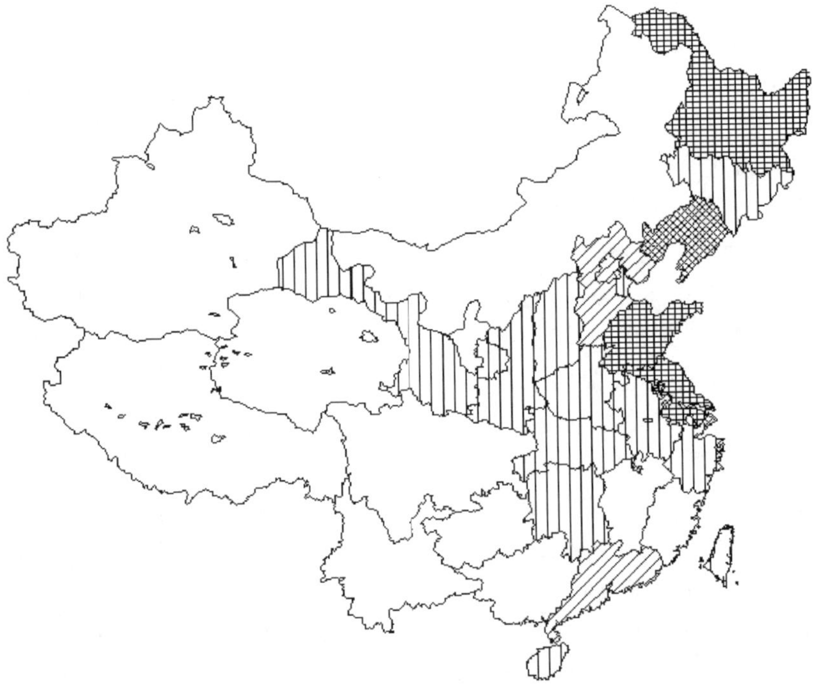

图 8-1　1978 年我国工业生产分布图

来源:金煜等(2006)。台湾地区和西藏的数据未计入统计。

如果把目光深入到产业内部,我们同样可以观察到类似的景象。仿照Wen(2004),我们构建一个Gini系数来衡量产业在地区上的集中度:

$$G_1 = \frac{1}{2n^2\,\overline{s_1}\sum_{k=1}^{n}\sum_{j=1}^{n}\mid s_{ij} - s_{ik}\mid} \tag{8-1}$$

其中：s_{ij}是j省在i产业中所占的比重；n是省级行政区数；$\overline{s_1}$则是平均比重。

与地区人均GDP差异的Gini系数类似，这实际上衡量的是洛伦茨曲线(Lorenz curve)与45°线之间区域的面积。一个产业如果在各省区间的分布是完全均匀的，那这个指数就会等于0，如果产业完全集中于单个省份，它就等于1。产业分布越不均匀，这个指数就会越大。

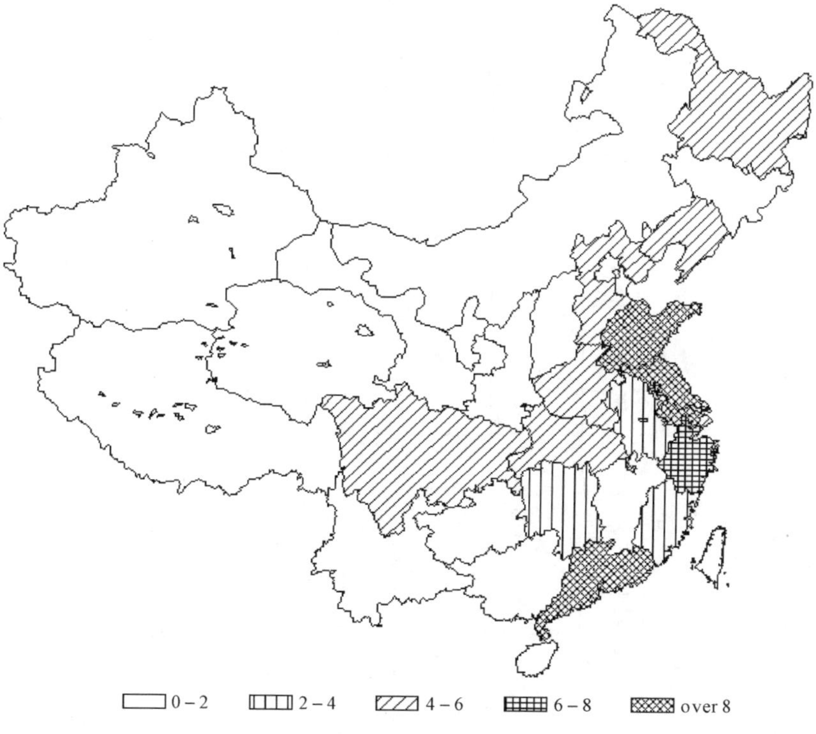

图8-2　2001年我国工业生产分布图

来源：金煜等(2006)。台湾地区和西藏的数据未计入统计。重庆被并入四川。

在表8-1中，我们列出了1980、1985、1990、2003年以总产出计算所得的各产业Gini系数。

表 8-1　我国主要年份产业地区集聚程度情况

产业	1980 年 Gini 系数	主导省份	1985 年 Gini 系数	主导省份	1995 年 Gini 系数	主导省份	2003 年 Gini 系数	主导省份	Gini 系数增加值
皮革、毛皮、羽毛(绒)及其制品业	0.405	山东 上海	0.405	江苏 上海	0.666	广东 浙江			0.261
服装及纤维制品制造业	0.446	上海 江苏	0.473	上海 江苏	0.692	广东 江苏			0.246
造纸及纸制品业	0.411	辽宁 上海	0.407	辽宁 上海	0.493	广东 山东	0.653	山东 广东	0.242
金属制品业	0.477	上海 江苏	0.479	上海 江苏	0.596	江苏 广东	0.718	广东 江苏	0.241
电气机械及器材制造业	0.509	上海 辽宁	0.525	上海 江苏	0.644	广东 江苏	0.720	广东 浙江	0.211
仪器仪表及文化、办公用机械制造业	0.553	上海 江苏	0.549	上海 江苏	0.629	广东 上海	0.753	广东 浙江	0.2
食品制造业	0.362	江苏 广东	0.376	江苏 四川	0.472	山东 广东	0.544	山东 广东	0.182
电子及通信设备制造业	0.593	上海 江苏	0.584	江苏 上海	0.701	广东 江苏	0.770	广东 上海	0.177
纺织业	0.555	上海 江苏	0.554	江苏 上海	0.641	江苏 浙江	0.730	浙江 江苏	0.175
家具制造业	0.388	广东 山东	0.414	广东 江苏	0.547	广东 山东			0.159
非金属矿采选业	0.415	江苏 辽宁	0.413	江苏 辽宁	0.513	江苏 广东	0.567	山东 广东	0.152
塑料制品业	0.513	江苏 上海	0.526	江苏 浙江	0.63	广东 江苏			0.117

续 表

产业	1980年Gini系数	主导省份	1985年Gini系数	主导省份	1995年Gini系数	主导省份	2003年Gini系数	主导省份	Gini系数增加值
化学原料及化学制品制造业	0.459	上海 江苏	0.451	江苏 上海	0.492	江苏 广东	0.569	江苏 广东	0.11
交通运输设备制造业	0.477	辽宁 湖北	0.473	湖北 辽宁	0.534	上海 江苏	0.577	上海 吉林	0.1
印刷业和记录媒介的复制	0.393	北京 上海	0.413	北京 上海	0.49	广东 江苏			0.097
橡胶制品业	0.469	上海 山东	0.447	上海 山东	0.536	山东 上海			0.067
化学纤维制造业	0.72	上海 江苏	0.667	上海 江苏	0.684	江苏 上海	0.778	浙江 江苏	0.058
饮料制造业	0.429	浙江 山东	0.423	四川 浙江	0.475	广东 山东	0.485	浙江、 广东	0.056
文教体育用品制造业	0.712	上海 北京	0.696	上海 广东	0.756	广东 江苏			0.044
木材及竹材采运业	0.75	黑龙江、 吉林	0.777	黑龙江、 吉林	0.793	黑龙江、 吉林			0.043
医药制造业	0.461	上海 江苏	0.448	上海 江苏	0.485	江苏 广东	0.498	浙江 广东	0.037
木材加工及木、竹、藤、棕、草制品业	0.485	黑龙江、 上海	0.461	黑龙江、 上海	0.495	广东 江苏			0.01
烟草制造业	0.483	河南 山东	0.485	河南 云南	0.542	云南 湖南	0.475	云南 贵州	−0.008
黑色金属冶炼及压延加工业	0.579	辽宁 上海	0.473	湖北 辽宁	0.534	上海、 江苏	0.527	江苏 河北	−0.052

续 表

产业	1980年Gini系数	主导省份	1985年Gini系数	主导省份	1995年Gini系数	主导省份	2003年Gini系数	主导省份	Gini系数增加值
有色金属冶炼及压延加工业	0.532	上海 辽宁	0.476	上海 辽宁	0.433	江苏 广东	0.433	广东 浙江	−0.099

注:1980—1995年数据来自Wen(2004)。2003年数据系笔者根据2004年《中国工业统计年鉴》1990年不变价各省相应产业总产值数据计算所得。如Wen(2004)所言,计算产业集聚程度所用指标目前有总产值、增加值、就业人数等多种,并且这多种指标的使用均有其理由。Wen(2004)因数据所限使用了基于总产值的Gini系数,为保证数据的可对比性,我们在计算2003年Gini系数时同样是基于总产值。此外,由于产业分类方法在时间上的变化,Wen(2004)中所计算的一些产业在2003年工业统计年鉴中已不可觅,而年鉴中有的产业Wen(2004)并未计算。同样为保证可比性,我们只计算了在两处均有的产业数据。

几乎所有的产业都经历了堪称剧烈的地理集中度提升。在总共25个产业中,有11个产业的Gini系数增加值超过了0.15,仅有烟草、黑色金属冶炼及压延加工业和有色金属冶炼及压延加工业的产业集中度没有增加,而这三个产业中烟草业是国家严格管制的产业,另外两者则对资源的要求较高。其他未受严格管制且对资源依赖相对较轻的产业,即文献中常称作footless的产业,其产业地理集中度均在改革开放后二十多年时间内有不小的提升。虽然部分产业集中度一度出现下降,不过这更应该被视为生产地理分布调整过程中的暂时下降:那些出现过集中度下降的产业,其主导省份均发生了变化。

除了Gini系数的显著增加之外,另外一个值得注意的明显变化就是产业主导省份的变化。在表8-1数据开始的1980年,上海在多达18个产业中占据主导地位,而在表8-1结束的1995或2003年,同样在多达18个产业中占据主导地位的却变成了广东。此时上海占据主导地位的产业仅剩下了3个,而广东1980年同样仅在2个产业中占据主导地位。在全国工业产出中地位快速上升的还有浙江,浙江主导的产业从1个增加到了8个,并且在表8-1数据结束的1995或2003年,所有主导了至少一个产业的省区中,只有吉林、云南、贵州不在我们所划定的东部地区之中,而云南、贵州主导的产业均是烟草业——一个处于高度管制之下,并且由国企主导的产业。吉林主导的产业则是木材及竹材采运业和交通运输设备制造业,前者是资源型产业,得益于东北地区丰沛的林木资源,而后者则是因为巨型国企一汽的存在。换句话说,所有由市场主导并且相对而言不那么依赖资源、比较灵活的产业,其主导地位都把持在东部省区手中。

Wen(2004)还列出了用更细分产业规模以上企业增加值计算所得的产业集中度Gini系数,得到的Gini系数甚至更大,并且也同样强烈地集中于东部沿海省份。其他学者也曾经对我国产业集聚程度的变化展开过研究。文玫(2004)利用我国第二、三次工业的普查数据考察了工业在区域上的集中程度。研究发现，中国的许多制造业在1995年之前都是集中在几个沿海省份，比如广东、江苏和山东等。他比较了1980、1985和1995年的产业集中度，发现改革开放以后中国的工业在区域上变得更集中了，且实证检验显示，1993—1994年中国工业依然处于倒U曲线的左方，即交易成本和运费的进一步降低可能会促进制造业在地域上的进一步集聚。罗勇、曹丽莉(2005)发现我国产业集聚程度在1993—1997年间有所下降，然而在1997—2003年间却呈现出快速增长的趋势，且产业分布在地区间很不均衡，江苏、广东、山东、浙江和上海五省市是产业集聚的主要地区，而西部地区则被远远抛开。他们的研究还发现制造业的集聚程度和工业增长表现出较强的正相关。当然，这并不能证明其中存在因果性。路江涌、陶志刚(2006)则进一步使用企业级的数据做了更详细的研究，他们也同样发现了我国制造业集聚程度的上升趋势。他们同时还发现与西方国家相比，我国产业区域聚集程度仍然处于较低的水平，据此，他们认为我国未来制造业区域聚集程度仍然会在一定时期内持续上升。此外，范剑勇(2006)、Ge(2006)、赵果庆、罗宏翔(2009)等人的研究也通过各自不同的角度、数据和方法分别确认了我国产业地区集聚程度在时间上的上升趋势。

虽然我国的产业地区集聚程度正在持续上升，然而与发达国家相比，仍然是很低的。表8-2中列出了我国与英美法三个国家的产业集聚程度比较，从表中我们不难看出，我国的产业集聚仍然存在极大的发展空间。换言之，在未来，随着我国经济的继续发展，随着地区间运输成本的降低和全国统一大市场的形成，我国的产业集聚程度很有可能会继续保持上升势头。给定当前绝大部分产业东部远远领先于西部的事实，伴随产业整体集聚程度的上升很有可能将是产业向东部地区的持续集中。也就是说，集聚效应和随之而来的产业布局不仅在过去，也会在未来持续地成为阻碍东西部差距缩小的因素之一。

表8-2　我国与发达国家产业集聚程度比较

国家	时间	集聚程度较低产业比例	集聚程度中等产业比例	集聚程度较高产业比例
美国	1987	10.00%	65.00%	25.00%
英国	1992	65.00%	19.00%	16.00%
法国	1993	50.00%	23.00%	27.00%
我国	2005	75.98%	16.2%	7.82%

注：产业地区集聚程度划分指标为 Ellison-Glaeser 指数。这个指标低于0.02的产业视为集聚程度较低，在0.02～0.05之间的视为集聚程度中等，高于0.05的视为集聚程度较高。

来源：Lu & Tao(2009)。

二、生产分布与我国产业集聚

单纯的产业地区布局调整和生产集中不足以证明集聚效应的存在。如果没有集聚效应,没有外部规模效应所带来的边际产出递增,那生产集中就可能仅仅源于地区地理特征的差异,或仅仅是地区间贸易和要素禀赋差异带来的地区分工,生产的集中也可能就不会对地区发展差异带来深远影响。要寻找集聚效应存在的证据,我们就必须将目光深入,去深究产业地区分布的决定因素和生产集中对生产率的影响。

要证明集聚效应的存在性,最简单的思路就是分析生产分布的决定因素,然后在这些因素中寻找集聚效应存在的证据。循着这个思路,不少学者都研究了生产分布的决定因素。他们也找到了集聚效应存在的有力证据。Gao(2004)发现交通基础设施的改善和本地竞争的加剧都会有助于地区工业的快速发展。这正是集聚效应的有力支持性证据。此后,金煜等(2006)分析了经济地理因素、新经济地理因素和经济政策对中国工业集聚的综合作用。他们的研究有力地证实新经济地理因素,包括产业的正外部性、地区消费者购买力等因素对地区产业集聚均存在显著的正向影响。新经济地理因素的重要性,实际上就是在说集聚效应在我国产业分布决定中作用明显。赵伟、张萃(2007)以产业分布的空间 Gini 系数为被解释变量分析了制造业区域集聚的决定因素,认为 FDI 的进入和规模经济是制造业区域集聚的最主要原因。规模经济,自然是集聚效应存在的证据。

或者我们也可以换一个思路来寻找集聚效应:如果集聚效应果然存在,那不仅外部规模效应会带来生产集聚,生产集聚本身的存在也必然会伴随着外部规模经济。也就是说,生产集聚程度的提高将会伴随生产率的提高。根据这个思路,陈良文等(2008)以北京市的微观数据研究了经济密度和劳动生产率的关系,发现生产集中带来的经济密度增加会显著提升地区劳动生产率。

集聚效应虽然对市场的所有部分都应该是存在的,不过它对市场的某些特定部分或许更加显著。FDI 决定中的集聚效应就是经常被研究的一个话题。我们在 FDI 相关章节中就曾经引入集聚效应变量来分析它在 FDI 决定中的作用,而我们的结果也的确证实了集聚效应的存在。Du 等(2008)针对企业级 FDI 数据所做的研究,不仅找到了 FDI 选址决策中集聚效应的显著存在,还发现集聚效应的存在甚至能在一定程度上抵消不利于吸引 FDI 的制度上的劣势。

不仅集聚效应的存在会吸引 FDI,FDI 的涌入本身也会加强集聚效应。Wen(2004)发现 FDI 在我国产业集聚中起着重要的作用。此后 Ge(2006)在一个更详尽的研究中仔细检查了我国产业集聚的决定因素，在回归中同时引入了地区特征与产业特征及其交叉项，发现要素禀赋和对外贸易或FDI情况在产业集聚规模的决定上起了重要的作用。与Midelfart-Knarvik等(2000)对欧盟各国的研究不同，Ge(2006)发现市场潜力、本地市场依赖和中间品需求等方面的特征对产业集聚都不存在显著的影响。

对于我国，在知道集聚效应对生产率的推进作用之后，我们还需要知道的是我国当前的生产集聚程度刚好，还是偏高或偏低？如果不是刚好，那造成这种偏差的原因又是什么？

Lu和Tao(2009)在确认我国工业集聚规模的增长趋势之余也将其与发达国家做了比较，发现我国工业集聚的规模相比英美法之类的发达国家仍然存在不小差距。他们进一步指出，地方保护主义的存在是我国工业集聚发展的主要障碍。赵伟、张萃(2009)的研究结果可与此互相呼应。他们将目光集中于国内市场一体化与生产集聚之间的关系，认为市场一体化将会先有利于而后再阻碍生产集聚的进程。他们的实证研究则表明我国市场一体化的进程正在推动生产的集聚。据此他们认为，我国市场的一体化程度仍然较低，区域间开放程度不高，阻碍了产业集聚的发展。

除了集聚带来的生产率提升，我们知道集聚带来的地区产业结构差异也是地区发展差异的重要来源。Ge(2006)将我国分成东、中、西三大地区，分别计算了三个地区专业化指数的演变情况，发现东部和中西部之间在产业结构上存在相当大的差异，并且这差异还在日益拉大。相比较而言，中部与西部之间在产业结构上差异不大。这种产业结构上的差异，可能也是东部地区与其他地区间巨大发展差距的重要原因。

将这一部分的内容做个小结，过往的研究已经证明集聚效应在我国生产的地区分布决定中起到了重要的作用。也就是说，之前我们所看到的生产向东部的集中，集聚效应扮演的角色不可忽略。同时我们也知道伴随着集聚效应，生产的集中会提高生产率。已有的研究证实了这一点。因此我们有理由说集聚效应是东西部在生产率上差距形成的决定因素之一。此外，通过之前的总结我们还知道在市场经济条件下我们无法阻止生产自发地向东部的集中，人为地通过地方保护主义之类的方法来组织生产集聚，只会扭曲市场，让整体经济丧失集聚效应原本可以带来的生产率提升。

第五节　产业集聚与我国地区经济增长
——基于产业数据的实证分析

在这一部分,我们沿袭之前各章的传统,展示一个简单的回归,来证明和分析生产集聚对产业 TFP 增长的促进作用。

一、变量说明

(一)被解释变量的选取

循前文惯例,我们以 TFP 代表技术水平,则 TFP 的增长率即是技术进步率,也就是我们这章回归的被解释变量。

在生产集聚对生产率作用的回归中采用 TFP 增长率作为被解释变量并非是一致的做法,具体变量的采用与研究目的有关。一些研究,比如陈良文等(2008),更关注劳动生产率,因而他们选择工资作为被解释变量。给定劳动边际产出和边际收益相等的假设,工资就是劳动生产率的良好变量。

本书研究的对象是东西部差距,具体来说,是东西部间人均 GDP 的差距。就这个目的来说,TFP 所代表的技术水平是比劳动生产率更为关键的变量。因此,我们模仿 Cingano 和 Schlvardi(2004)的做法,选取 TFP 增长率作为被解释变量。

此外,在此部分中的 TFP 和前文有所不同。前文中我们关注的是整个区域的技术水平,因而 TFP 也是以整个区域的产出、资本和劳动投入计算所得。在此处我们更关心某一具体产业的集聚对生产效率的影响,因此我们使用的也是产业的 TFP。

具体地,我们以产业增加值作为产出、净固定资产作为资本投入、平均职工人数作为劳动投入来计算此产业当年的 TFP 水平。我们在回归中使用的产业数据均来自历年《中国工业经济统计年鉴》。回归中使用的变量均是对数形式。

此外,因产业的不同 TFP 可能会千差万别,而这些差别很难用我们所能观察到的数据化的产业特征差异来完全解释。因此我们选择同时仅在回归中纳入一个产业的数据。我们选择纺织业作为研究的目标,这个产业从 1980—2003 年产业地区分布的 Gini 系数增加了 0.175。与我国产业聚集程度增加的总体趋势一致,且这个产业的外资、国有企业比例均不算高,由于数据问题,我们无法在回归中引入外资占比变量,因此选择一个外资比例较低的产业是有必要的。当然必须声明的是，虽然我们只报告了纺织业回归的结果，但在未报告的结果中，除了少数或是受到严格管制或是资源依赖强烈的产业之外，大部分产业的结果并无显著差异。换句话说，我们报告的结果是具有充分代表性的。

根据之前的分析，我国产业的地区集聚程度仍然处于持续提高的过程中而并未达到一个稳定的均衡值，并且在改革开放之后的 30 多年间，在国退民进的大背景下，我国工业生产的地区布局变化很大。如果我们使用过早时间的工业分布数据，那可能既不能得到我们想要的结果，也不会对当前有多大的借鉴意义，并且在这么长的时间段内，我国产业划分的标准也发生了不小的变化。这同样迫使我们缩短回归时间，采用更近期的数据。

具体地说，我们在回归中采用的被解释变量是 2003 年 TFP 水平相比 2000 年 TFP 水平的增长率，而我们在回归中采用的解释变量均是 2000 年数据。

表 8-3　纺织业 TFP 计算回归结果

被解释变量:产业增加值	2000 年	2003 年
资本投入	0.678***	0.690**
	(3.10)	(2.14)
劳动投入	0.650**	0.310
	(2.67)	(0.85)
调整 R^2	0.9652	0.8795
F 检验值	346.28	97.20
样本容量	28	28

注:表中被解释变量为经过价格调整的纺织业增加值自然对数值，各解释变量分别为资本存量的自然对数值和劳动投入量的自然对数值。表格内数值为回归所得到的相应变量的系数值，* 表示在 10%程度上显著，** 表示在 5%程度上显著，*** 表示在 1%程度上显著。括号内数值为 t 检验值。本表内报告的 t 检验值均为异方差稳健统计量。回归包含常数项，虽然我们并未在表中报告。

在表 8-3 中，我们报告了用以计算 TFP 的第一步回归结果。无论是哪一年份的回归，调整 R^2 都相高。需要注意的是在 2003 年的回归中，劳动投入的系数并不显著，这可能反映了此时不同地区的劳动生产率已经出现的较大差异。不过回归的调整 R^2 和 F 统计量表现均较好，因此我们有理由认为这种不显著不会给 TFP 的计算带来太大误差，也不会给接下来的分析带来大的问题。

（二）解释变量

我们在回归中引入的主要解释变量是一个代表集聚程度的变量 Agg：

$$\mathrm{Agg}=\frac{L_{ik}/L_k}{L_i/L} \tag{8-2}$$

其中:L_{ik} 代表 k 地区中 i 产业的就业人数;L_k 代表 k 地区就业总人数;L_i 代表全国 i 产业就业总人数;L 代表全国就业总人数。

表 8-4 各省 2000—2003 年纺织业 TFP 增长率及集聚程度情况

东部省区	TFP 增长率	Agg	西部省区	TFP 增长率	Agg
北京	0.730	1.106	安徽	0.995	0.724
福建	0.870	0.703	甘肃	0.472	0.262
广东	1.215	0.987	广西	0.564	0.221
河北	1.126	1.031	贵州	−0.584	0.123
黑龙江	0.754	0.634	河南	1.144	0.728
江苏	1.559	2.538	湖北	1.216	1.205
辽宁	1.140	0.876	湖南	0.935	0.356
山东	1.504	1.575	吉林	0.891	0.621
上海	1.024	2.593	江西	0.747	0.537
天津	0.625	2.222	内蒙古	0.631	0.780
浙江	1.428	2.558	宁夏	2.850	0.127
			青海	1.856	0.359
			陕西	0.850	0.809
			山西	0.493	0.626
			四川	1.219	0.625
			新疆	0.546	1.871
			云南	−0.309	0.130
东部平均	1.089	1.529	西部平均	0.854	0.594

在表 8-4 中我们列出了计算所得的各省 2000—2003 年纺织业 TFP 增长率和集聚程度情况。回忆前文,我们知道江苏和浙江是纺织业的主导省份。我们在表 8-4 中列出的结果与此略有区别:上海的 Agg 是最高的。不过我们此处所用的 Agg 变量与其说代表了一个省区在某个产业产出中所占的地位,倒不如说是代表了此省区在此产业上的专业化程度,并且此处所用的 Agg 变量是基于劳动投入计算所得,与前文基于总产出的计算结果有所差异也在情理之中,并且浙江与江苏虽然在 Agg 上未能占据前两位,但至少仍然身处前三。

从表 8-4 中我们就可以大致观察到 Agg 变量与 TFP 增长率的密切联系:仅有的两个 TFP 增长率为负的省区,云南和贵州的 Agg 也几乎是最低的,而大部分 Agg 较高的省份其 TFP 增长率也都较高。

我们同时还计算了东西部的 Agg 和 TFP 增长率的算术平均值。无论在哪个变量上,东西部之间都出现了显著的差距。

除了 Agg,我们也会在回归中放入前文中经常出现的 RoadpSize 变量以控制基础设施水平、Private 变量以控制不同地区的金融发达程度、H 以控制不同地区的人力资本禀赋、East 以控制其他方面的东西部差异所带来的 TFP 增长率差异。

此外，由于我们的数据是产业级而非企业级的，设想在某个产业垄断程度很高，仅存在少数大企业，那如果我们仅从产业级数据去观察的话，我们就会在某个大企业所在地观察到极高的集聚程度，然而这肯定不是本章所要讨论的集聚效应。因此我们还应当控制企业规模。我们以当地本产业企业平均增加值 Scale 来控制企业规模。

二、回归分析

我们在表 8-5 中报告了回归结果。Agg 的符号显著地符合我们的预期：这表明集聚显著地提高了集聚地此产业的 TFP 增长率。也就是说，集聚不仅仅通过改变生产的布局来影响地区发展差异，它同时也带来了不同地区在生产率上的差异。

表 8-5　纺织业 TFP 计算回归结果

被解释变量	TFP 增长率
Agg	0.478***
	(3.17)
H	−0.002
	(−0.92)
Private	9.114***
	(3.17)
RoadpSize	−0.0001
	(−1.66)
Scale	−0.426**
	(−2.13)
East	0.143
	(0.77)
调整 R^2	0.4516
F 检验值	4.47
样本容量	28

注：表中被解释变量为纺织业 2000—2003 年 TFP 增长率。表格内数值为回归所得到的相应变量的系数值，* 表示在 10%程度上显著，** 表示在 5%程度上显著，*** 表示在 1%程度上显著。括号内数值为 t 检验值。本表内报告的 t 检验值均为异方差稳健统计量。回归包含常数项，虽然我们并未在表中报告。

除了 Agg 系数的符号。我们还需要密切关注的是 Scale 系数在 5%的显著性水平上是显著为负的。这意味着,在给定集聚水平等其他条件不变的情况下,地区产业内企业平均规模的提高降低了技术进步率。这与熊彼特大企业有助于促进技术进步的观点是相违背的。这或许是在说,至少对当前这个阶段和我们回归中所用的纺织业而言,激烈的竞争要比少数大企业的垄断更能促进技术进步。

此外,Scale 变量的控制和它系数显著为负同时都在说明,我们的回归中 Agg 变量对 TFP 增长率的正面作用不可能是源于某个强势大企业坐落所带来的 TFP 增长率优势。

East 虚拟变量在回归中未表现出显著,这表明在我们引入的变量之外,不存在其他遗漏的导致东西部地区间纺织业技术进步率差异的因素。

除了以上这些本章所关注的变量,代表地区金融发达程度的变量 Private 也表现得十分显著,这也进一步证实了我们前文针对金融与地区经济发展关系所做的论断。人力资本变量并没有表现出显著,这可能与我们所引入的人力资本变量并非是产业实际所使用的人力资本而仅是地区人力资本水平有关。不同产业对人力资本的要求不一,我们不能指望地区人力资本水平能良好地代表某个具体产业的人力资本状况。基础设施变量一如既往地并未表现出对 TFP 增长率的显著影响。虽然很多研究指出良好的基础设施会吸引更多的厂商前来,从而提高生产集聚的水平,不过当生产集聚水平给定的时候,基础设施对 TFP 增长率没有大的影响似乎并不难理解。

第六节　结论性评述

从各个不同视角去观察,造成我国地区发展差异,尤其是东西部发展差距的原因可谓万千。简单来看,造成产出差异的最直接原因自然是投入的差异,然而这种答案就跟“何不食肉糜”般缺乏意义,真正带来产出差异的并非是投入的差异,而是投入差异背后的原因。如果投入品不可流动,那地区资源禀赋将决定产出水平。如果投入品可以无限制流动不受任何因素影响,那产出的差异将完全随机产生,而这两者显然都不是我们所看到所希望解释和能够解决的东西部差距。东西部不仅在投入与产出上存在差距,在生产的效率或者说投入产出比上,差距同样明显。

因此我们真正想知道、想回答的问题是:首先,东西部之间在投入上的差距原因何在;其次,东西部之间在生产率上的差距原因何在。

这两个问题实际上是一体的。资本逐利，市场经济之下要素天然地会流向边际产出最高的地区，而生产率的提高，同时就意味着要素边际产出的提高。因此将这两个问题翻开，我们在它们的背后将会看到一个更为本质的问题：是什么导致了东西部在生产率和要素边际产出上的差异？

本章就给出了其中一个答案：集聚效应。

以外部观察者的身份从宏观的角度去观察的话，集聚效应表现为生产在某些地区的高度集中。生产和人口的密集会直接提高当地一些不可移动要素的价格或租金，从而抬高生产成本。在这种情况下生产依然义无反顾地选择集中，说明集中必然可以通过某种途径带来生产成本的降低或生产效率的提高，只有这样，理性的企业家才会宁可忍受要素价格上升也要选择集中。

我们已经知道这种成本上的降低或效率上的提高可能是源于集聚带来的市场扩大、前向关联或后向关联，而更关键的因素则是同类企业高度集中所带来的技术和知识溢出，以及对当地人力资本结构的长期影响。这些因素所带来的生产的正外部性，是生产集聚形成的内在原因，而正是因为这种正外部性，生产的集聚在将产业集中于少数地区的同时也提高了生产的效率。

对整体经济而言集聚会提高生产的效率和经济长期增长的潜力，然而对于本书所研究的东西部差距而言，集聚效应却并不是个好消息。给定东西部生产分布不均衡的现实，集聚效应的存在将会鼓励新的生产和投资进一步地向东部集中。集聚程度的差异将带来东西部企业在效率上的鸿沟，危及西部企业在市场上的竞争力和生存能力。考虑到人口流动障碍的存在，集聚效应还会拉大东西部工资水平的差异，从而影响到人力资本投资的未来收益，拉大东西部在人力资本投资上的差距。我们知道，人力资本投资是经济保持长期增长的基础。

生产的集聚是发展中的必然。自西方资本主义革命以来，生产的集中从未中断。因此通过遏制要素的流动等简单粗暴的方式来遏制生产的集中和随之而来的东西部发展差距拉大的做法并不可取，这只会损害整体经济的效率，而无法真正阻止生产的集中。

当然，这并不意味着我们只能对生产向东部的集聚听之任之。克鲁格曼(1993)证明生产在少数地区的集中是一个 Nash 均衡，不过他并未同时指出集聚发生的条件和选择的地点。在新经济地理的文献中，决定最终集聚地点的往往只是初始条件的细微差别，甚至可能是随机因素。

集聚效应的这种特性说明西部在其间并非没有机会。对追求利润最大化的市场经济企业而言，吸引它们落址只能是成本的节约或效率的提高。政府在这两方面可以做的事情很多。

首先,政府应当着力于改善当地的基础设施。基础设施,尤其是交通和通讯基础设施状况在很大程度上决定了一地区经济活动交易成本,而众所周知,交易成本是企业成本的很重要的构成部分。

其次,政府应当设法改善自身效率,减少腐败和寻租活动发生的可能性。除了基础设施,政府的效率是经济活动交易成本的重要决定因素。

第三,政府应当加大人力资本投资。这里的人力资本投资不仅仅指的是对基础教育或大学教育的投资,职业教育方面的投资也应当成为重点。对于生产型企业而言,受过良好职业教育的劳动力的多寡,将会直接决定其生产的效率。考虑到人力资本相对较高的流动性,由政府来承担部分职业教育成本,会是比由企业承担所有成本更有效率的制度安排。

在最基本的交易成本降低之余,政府还可以通过良好而富有远见的规划为当地选择一集聚产业,并设法承担集聚最初的成本,为集聚在此后的自发形成创造条件。不过产业上的选择并非毫无条件。它首先不应当是资源采掘一类虽然短时间内可以达到高产出,但增长潜力十分有限的产业。它负有带动集聚效应的责任,因此还应当对上下游有充分的前后向关联效应。Fu(2004)认为,我国出口产业较弱的前后向关联效应是我国出口高增长未能带动国内经济均衡发展的重要原因。

总之,虽然集聚效应在过去是我国东西部差距形成的原因之一,在未来也可能会继续导致我国东西部差距的进一步拉大,但如果能够恰当地认识、合理地利用集聚效应,通过它来降低东西部差距并非不可行。

参考文献

[1] [德] 阿尔弗雷德·韦伯. 工业区位论. 李刚剑,陈志人,张英保译. 北京:商务印书馆,1997

[2] [美]阿维纳施 K 迪克希特,约瑟夫 E 斯蒂格利茨. 垄断竞争与最优的产品多样化. 王涵宇,邵海军,安虎森译. 延边大学学报(社会科学版),2005,38(3):42-50

[3] [美]保罗·克鲁格曼. "新经济地理学"在哪里?. 见:牛津经济地理学手册. 北京:商务印书馆,2005

[4] [美]保罗·克鲁格曼. 收益递增与经济地理. 吴启霞,安虎森译. 延边大学学报(社会科学版),2006,39(1):50-57

[5] [美]迈克尔·波特. 国家竞争优势. 李明轩,邱如美译. 北京:华夏出版社,2002

[6] [英]阿尔弗雷德·马歇尔. 经济学原理. 北京:商务印书馆,1997

[7] 安虎森. 新经济地理学原理. 北京:经济科学出版社,2009

[8] 安虎森. 新产业区理论与区域经济发展. 北方论丛,1998(2):17-22

[9] 陈良文,杨开忠,沈体雁等. 经济集聚密度与劳动生产率差异——基于北京市微观数据

的实证研究. 经济学(季刊),2008(10):99-114
[10] 范剑勇. 市场一体化、地区专业化与产业集聚趋势. 中国社会科学,2006(6):39-51
[11] 符正平. 论企业集群的产生条件与形成机制. 中国工业经济,2002(10):20-26
[12] 金煜,陈钊,陆铭. 中国的地区工业集聚:经济地理、新经济地理与经济政策. 经济研究,2006(4):79-89
[13] 李小建,李二玲. 产业集聚发生机制的比较研究. 中州学刊,2002(4):5-8
[14] 林秀丽. 地区专业化、产业集聚与省区工业产业发展. 经济评论,2007(6):140-157
[15] 林毅夫,刘培林. 中国的经济发展战略与地区收入差距. 经济研究,2003(3):19-25
[16] 路江涌,陶志刚. 中国制造业区域聚集及国际比较. 经济研究,2006(3):103-114
[17] 罗勇,曹丽莉. 中国制造业集聚程度变动趋势实证研究. 经济研究. 2005(8):106-115,127
[18] 任光辉. 地区专业化、特色产业集聚与经济增长收敛——来自"义乌商圈"的证据. 中共杭州市委党校学报,2008(1):63-67
[19] 文玫. 中国工业在区域上的重新定位和聚集. 经济研究》2004(2):84-94
[20] 吴翔阳. 产业自组织集群化及集群经济研究. 北京:中共中央党校出版社,2006
[21] 许继琴. 产业集群与区域创新系统. 北京:经济科学出版社,2006
[22] 亚当·斯密. 国富论. 唐日松译. 北京:商务印书馆,2007
[23] 张华. 新产业区理论与绵阳科技城建设. 西南民族大学学报人文社科版,2003(11):53-56
[24] 赵果庆,罗宏翔. 中国制造业集聚:度量与显著性检验——基于集聚测量新方法. 统计研究,2009(3):64-69
[25] 赵伟,张萃. FDI与中国制造业区域集聚:基于20个行业的实证分析. 经济研究,2007(11):82-90
[26] 赵伟,张萃. 市场一体化与中国制造业区域集聚变化趋势研究. 数量经济技术经济研究,2009(2):18-32
[27] 周文. 产业空间集聚机制理论的发展. 经济科学,1999(6):96-101
[28] 朱善利. 微观经济学. 北京:北京大学出版社,2007
[29] Kenneth J Arrow. The Economic Implications of Learning by Doing. *R E S*, 1962, 29(7): 155-173
[30] A Ciccone. Agglomeration Effects in Europe. *European Economic Review*, 2002, 46(2): 213-227
[31] A Ciccone, R E Hall. Productivity and the Density of Economic Activity. *The American Economic Review*, 1996,86(1): 54-70
[32] F Cingano, F Schivardi. Identifying the Sources of Local Productivity Growth. *Journal of the European Economic Association*, 2004, 2(4): 720-742
[33] A Dixit, J E Stiglitz. Monopolistic Competition and Optimum Product Diversity. *The American Economic Review*, 1977, 67(3): 297-308

[34] J Du, Y Lu, Z Tao. FDI Location Choice: Agglomeration vs Institutions. *International Journal of Finance & Economics*, 2008,13(1): 92-107

[35] X Fu. Limited Linkages from Growth Engines and Regional Disparities in China. *Journal of Comparative Economics*, 2004, 32(1): 148-164

[36] T Gao. The Impact of Foreign Trade and Investment Reform on Industry Location: the Case of China. *The Journal of International Trade & Economic Development: An International and Comparative Review*, 2002,11(4): 367-386

[37] Y Ge. Regional Inequality, Industry Agglomeration and Foreign Trade — The Case of China. UNU Research Paper, No. 2006/105, 2006

[38] J V Henderson, H G Wang. Urbanization and City Growth: The Role of Institutions. *Regional Science and Urban Economics*, 2007. 37(3): 283-313

[39] E Hoover, Giarratani. An Introduction to Regional Economic. New York: Alfred A Knopf, 1984

[40] P Krugman. Scale Economies, Product Differentiation, and the Pattern of Trade. *The American Economic Review*, 1980, 70(5): 950-959

[41] P Krugman. First Nature, Second Nature, and Metropolitan Location. *Journal of Regional Science*, 1993, 33(2): 129-144

[42] J Lu, Z Tao. Trends and Determinants of China's Industrial Agglomeration. *Journal of Urban Economics*, 2009,65(2): 167-180

[43] K H Midelfart-Knarvik, H G Overman, A J Venables. Comparative Advantage and Economic Geography: Estimating the Location of Production in the EU. Norwegian School of Economics and Business Administration, 2000

[44] A J Venables. Spatial Disparities in Developing Countries: Cities, Regions, and International Trade. *Journal of Economic Geography*, 2005. 5(1): 3-21

[45] M Wen. Relocation and Agglomeration of Chinese Industry. *Journal of Development Economics*, 2004, 73(1): 329-347

[46] A Young. Increasing Returns and Economic Progress. *Economic Journal*, 1928,38(152): 527-542

第三篇　东西部差距：认知整合与行动策略

第九章

历史与现实:演化与分解框架下的系统诠释

第一节 问题的提出

在本书的第一部分,我们观察并分析了我国地区发展差异尤其是东西部差距的演化历程,对比了世界范围内的地区发展差异,进而对东西部差距的成因做了初步的分析。在本书的第二部分,我们分别从各不同要素的角度出发,分析了它们各自在我国东西部差距形成和扩大中的作用。

然而单一角度的分析虽然足够细致,但如果不能将各角度的分析最终综合起来,那依然犹如盲人摸象,无法得到东西部差距的系统性解释,而这就是本书的第三部分所要完成的任务。

在这一部分中,我们将首先全景式地回顾并总结我国东西部差距的形成和演化,再在第二部分分析的基础上,提出造成我国东西部差距的历史客观原因,以及缩小我国东西部差距的现实制约因素;在下一章中,我们将进一步提出相应的政策建议。

第二节 我国东西部差距的全景式揭示

回顾我们在第一章中看到的表 1-1 和图 1-1～图 1-5,东西部差距并非一直如此巨大,也并非一直受人关注。不仅在我们所关注的 1978 年之后,即使是在 1978 年之前 1949 年之后的大部分时间里,东西部差距也并未大到当前这种吸引所有人关注的程度。Balla 等(2003)将我国分成东部、中部、西部三个地区,发现无论是东部和中部还是东部与西部之间的差距,在 1952—1978 年之间的数十年时间里都保持了相对的稳定,然而在 1978 年之后,东部和其他地区之间的差距开始抬头,进入 20 世纪 90 年代之后,东西部差距更是急转直上一发而不可收地成为我国地区间发展差距的主要组成部分。Balla 等(2003)甚至认为,我国经济增长事实上已经呈现出了东部和其他地区分为两个俱乐部分别收敛,而两个俱乐部之间差距日益扩大的局面。

东西部差距在时间上的变化所表现出来的特征,与我国在改革进程中各种政策的推出和变化是分不开的。与苏联和东欧国家的转型不同,我国改革的重要特征是渐进的,并且以增量改革(incremental reform)为主。很多政策在最初推出时往往都带有尝试性的色彩,有些政策甚至是地方首先主动尝试之后再由中央确认而在全国推开。政策尝试通常都会选择少数地区先行试验,这就意味着政策天然地就会带有地方性的差异。最常被人提起的差异性政策便是最初的四个经济特区的设立。

设立经济特区的举措在事后被证明是成功的。经济特区的很多政策,最后也推广到了全国。可以说经济特区的设立对我国的改革是具有特殊意义的。在此之后,不少国家在由封闭转向开放政策之时也选择模仿我国的做法,从设立经济特区开始做起。

然而赋予经济特区的优惠政策和经济特区全部位于东南沿海的事实却使得我国的对外开放在一开始就处于了地区发展不平衡的状态中[①]。事实上,在 20 世纪 80 年代早期,全国 40%以上的 FDI 都涌向了拥有三个经济特区的广东。给定 FDI 选址上的集聚效应和 FDI 对经济长期增长的正外部性,不同地区间早期在吸引 FDI 上的巨大差距很有可能会在几十年的时间内逐步转化为经济发展上的更大差距。开放时间上的先发优势,加上天然的地理位置优势,也使东部得以在出口产业的建立上领先西部一个身位。

较早开放除了导致东部地区 FDI 和出口产业发展上的领先之外,它所带来的干中学效应也可能导致了东部地区在发展观念上的领先。东部地区在改革之前国企就比较少,改革开放之后民营企业、乡镇企业迅速发展,使民众逐渐在其他地区之前就开始习惯市场环境。东部地区的官员也在实践中逐渐适应了与市场、民营企业打交道。这种观念上的差异难以评估,不过却会对经济发展造成难以估量的影响,甚至地区一把手跨地区的任命和交流也无法改变这种局面:任何地方政府中的中下层工作人员总是主要由本地居民所构成,而中下层工作人员是任何工作最终的具体实施者,他们的效率和态度才是决定

① 不过我们或许很难将经济特区的设立,特别是具体选址视为完全外生的事件。当年的决策者在做出相关决策时,必然考虑到了东部更为优越的地理条件。这种考虑从深圳与香港地区、珠海与澳门、厦门与台湾地区之间的密切联系上可见一斑。

地方政府工作效率的根本[①]。我们也曾在 FDI 一章中论述过政府的行政效率对吸引 FDI 的重要作用。

我们在整个 20 世纪 80 年代都没有观察到东西部差距的显著变化。从 1978 到 1990 年,东西部差距占全国总的地区间人均 GDP 差异的比例虽然从 29.6%上升到了 45.8%,但其 GE 系数的绝对值反而从 0.028 略微下降到了 0.024。这段时间我国地区发展差异变化的主题是全国差异的缩小:全国的 GE 系数从 0.095 下降到了 0.053,几乎下降了一半。

东西部差距的稳定和全国范围内地区发展差异的缩小是与这段时间我国改革的主要目标地区放在农村有关的。以包产到户为特征的农村土地经营体制改革首先从安徽自发开始,此后在得到中央首肯之后逐渐向全国推广开来[②]。根据 Kanbur 和 Zhang(2005)的计算,从 1978 到 1987 年,我国城乡差距的 GE 系数从 0.11 下降到了 0.068,此后虽然略有上升,但到 20 世纪 90 年代初,仍然处于远低于 20 世纪 70 年代末的水平之上。

然而当改革逐渐深入时,事情逐渐发生了变化。一方面,随着国门的进一步打开和全世界范围内全球化进程的推进,我国的出口产业和 FDI 相比于改革初期都有了很大的发展。回忆图 5-1,我国实际利用外资额在 20 世纪 90 年代初一扫 20 世纪 80 年代增长缓慢的颓势,经历了一段几乎可以说是直线增长的时期。这段时间内我国的外贸水平同样经历了类似的增长,循着亚洲四小龙之前走过的经济起飞之路,我国也逐渐走上了依靠外向型产业拉动经济增长的道路。这种做法取得了巨大的成功,到现在,我国已经成了世界第一贸易大国和最主要的 FDI 流向目的国之一。我国整体经济也随之获得了高速的增长。然而与此同时,出口和 FDI 在我国不同地区之间的分布却十分的不均衡。自 20 世纪 90 年代后期以来,东部每年吸收的 FDI 均占全国的 85%以上,出口更是占到 90%以上。这差距既是源于东部开放时间较早所形成的先发优势,也是源于东部濒海拥有众多良港所带来的低廉运输成本、历史原因所带来的良好社会关系网络等初始禀赋上的优势。贸易和 FDI 在东部地区的

① 有不少研究将这种观念上的差别归结于地区间传统和文化上的差异,然而一方面这种传统文化上的差异不好估量,而简单的文字论述总有空对空的嫌疑;另一方面,虽然不少东部沿海地区的确有较悠久的商业传统,然而中西部地区也曾有过闻名遐迩的徽商、晋商。非要说江浙广东的商业传统要强于这些地区,似乎颇有些勉强。因此本书再三考虑之后,没有将文化因素纳入到分析之中。

② 1980 年 9 月,中央在批转的省市自治区党委第一书记专题座谈会纪要《关于进一步加强和完善农业生产责任制的几个问题》中提出:"在那些边远山区和贫困落后地区,长期'吃返销,生产靠贷款,生活靠救济'的生产队,群众对集体丧失信心,因而要求包产到户的,也可以包产到户。"1982 年 1 月,中央更以第一个一号文件的形式明确指出:"包工、包产、包干,主要是体现劳动成果分配的不同方法。包干大多是'包产提留',取消了工分分配,办法简便,群众欢迎。"正式地为承包责任制提供了政策依据。1983 年初,实行以包干到户为主要形式的双包的生产队已经占全国生产队总数的 98%。

大量集中还促进了东部地区的专业化进程,专业化又进一步加强了东部地区在贸易和吸引 FDI 上相对于西部地区的优势。于是优势自我增强形成的集聚效应使得东西部间在贸易和 FDI 上的差距非但没有因为边际产出递减而减少,反倒进一步地拉大。

另一方面,增量改革的特点为我们带来了在世界上独一无二的价格双轨制,也使一部分部门,特别是国有企业的改革严重滞后。两者综合在一起,既助长了官僚体制内的寻租风气,也使得国企财务状况日益恶化,生存逐渐成为问题。陷入困境的国有企业又给地方政府带来了巨大的财政包袱,使得地方政府难以抽出更多资金用于提供公共品或基础设施建设。于是一些传统上以国企为主的地区在经济上逐渐陷入困境。此后的国企改革所带来的大量下岗职工则正式地将这种困境公之于众。

经济决策与财政收入权力由中央向地方的下放,U 型(unitary system)结构的集中计划经济体制向 M 型(multi-division)结构的转变,在一定程度上也加速了地区发展差距扩大的过程。

从 1980 年起,为缓解 1979 年出现的巨额预算赤字,调动地方政府增收节支的积极性,我国中央政府开始将部分资源配置权和财政收支决策权下放给地方政府。各地方政府逐渐成为具有自身独立经济利益的经济主体。这使得地方政府有了对本地区进行市场活动的个人提供保护与支持,以扩大本地区经济总量来提高地方政府和官员个人收益的动力,从而对提高地区经济活力有不小贡献。然而,就如我们在本书第五章中所述,地方政府的财力严重依赖于地区经济发展水平,而财力又限制了地方政府提供经济发展所必需的公共服务和基础设施的能力。财力的不足,还会加强地方政府通过各种地方税收途径加大企业经济中个人的负担来获取额外财政收入的激励。税负的增加,一方面会降低经济中的各种激励,扭曲正常的市场价格,从而降低市场配置资源的效率,损害经济未来增长前景;另一方面,在一个要素可在一定程度上自由流动的开放系统下,较高的税负更会直接使资本和劳动流向其他地区,在较短期内拉大本地区与发达地区的经济差距。

分税制和地方官员相对较短的任期还为地方政府的地方保护主义倾向提供了动力。在分税制下,税收被划分为中央本级收入和地方本级收入,地方财政收入与本地经济直接相关。这种相关性赋予了地方政府从本级政府财政收入最大化目的出发的地方保护主义倾向。同时,在现行的政绩考核体系下,对地方政府绩效进行评价主要依靠 GDP 增长速度、投资规模和税收情况,这些指标均偏重于反映经济中的数量和增长速度状况,加上地方政府官员往往任期较短,因而容易忽视地区经济的长期发展。在这种情况下,地方政府有充足的激励去实施地方保护主义政策来维护本地产业在短期内的发展,甚至不惜牺牲全国整体和本地区长期的利益。

正是因为这方面的原因,地方政府往往倾向于自行出台各种优惠措施,实施各种行政的、技术的、经济的地方保护措施,构建各种贸易壁垒,甚至通过行政命令和歧视性地方法规以直接或间接参与市场的方式来保护本地产业。我国在分税制改革之后未能有效实施限制国内贸易壁垒的有关政策也是地方保护主义在我国盛行的重要原因(白重恩等,2004)。地方保护主义虽然在短期内保证了地方政府税源的充足,但从长期看,地方保护主义保护了低效率的企业,阻碍了要素和商品在地区间的流动。黄赜琳、王敬云(2006)发现1997年中国各地区吸纳的商品中,有95%来源于本地区。因此,地方保护主义虽然可能在短期内、在一定程度上会有利于当地经济的增长(陆铭、陈钊,2009),然而在长期,它却会妨碍我国整体经济的发展,更阻碍了地区间经济自发的收敛过程。

要素地区间流动的阻碍不仅来自于地方政府,也来自于一些滞后于改革进程的旧有制度,比如户籍制度,甚至地区发展差异本身也会构成要素,尤其是人力资本地区间流动的障碍:不同经济水平的地区势必会拥有不同的消费水平、不同的社会环境,加上我国各地区间所固有的生活习俗差异,这些都对人口跨地区的流动构成了严重的阻碍。Gajwani(2006)甚至认为,人口流动上的障碍是我国地区发展差异高于印度的最主要原因。

随着地区经济水平差距的逐渐拉大,差距也逐渐由单纯的经济方面向各个方面转化蔓延。充足的政府财力和民间财富使东部地区可以在基础设施和人力资本建设上投入巨资,而这两者又会对经济的方方面面产生十分持久而深入的影响。同时地区经济的活跃,特别是民营经济的活跃也为地区金融体系的发展壮大提供了必要的条件(史晋川等,1997),地区金融体系的发达,又会反哺整体经济,从而进一步拉大东西部在经济发展水平上的差距。

此外,集聚效应的存在,使东部FDI和工业生产越来越多地向东部集中,这同时也在提高东部的生产率和技术进步率。两者的综合更拉大了东西部间在人均产出上的差距。

以上种种,在数十年时间的累积之下便构成了当前的东西部发展差距。这差距早已不仅仅体现在经济领域,而是渗透到人民社会生活的方方面面,变成一个全方位的巨大差距。

第三节　造成我国东西部差距的历史客观原因

行文至此，我们已经可以为当前的东西部差距给出一个合理的解释。我们以为，东西部差距之所以会产生，一方面是源于两地区之间在自然条件上的巨大差异，另一方面也是源于历史上人为的政策差异。

一、自然条件

东西部间在经济发展上的巨大差距首先来源于其在自然条件上的差异。东部临海，拥有发展出口产业融入全球产业链获取全球化收益的先天优良条件。西部地区虽然拥有丰富的矿产资源，但一方面我国矿产资源属于国家，地方很难借此获得经济发展的动力；另一方面，过于充分的矿产资源反而使西部地区陷入了资源诅咒的尴尬境地之中，整个经济结构过分偏重于资源性产业，在给环境造成巨大压力的同时，资源产业吸引了全社会大部分的投资，损害了其他产业的发展潜力，也降低了当地人力资本投资的边际收益。从长期看，丰富的矿产资源非但未能成为西部地区经济发展的助力，反而构成了阻碍因素。

不过从长期来说，随着我国经济整体水平的发展和国内市场的扩大，出口对我国经济的重要性迟早会在一定程度上降低，因而东西部之间因对外贸易运输成本差异所造成的经济差距也同样会缩小。从这个角度说，降低国内市场分割程度，减少地方保护主义可以有效地降低东西部之间的发展差距。

此外我们还需要认清的是，从整个世界范围来看，几乎任何类型自然条件的国家，在经济发展中都有成功的先例。也就是说，只要恰当地选择适合当地比较优势的政策，从长期来看，自然条件不会是阻碍地区发展差异缩小的决定性因素。

二、政策差异

如我们之前所总结的，政策因素也是东西部差异形成的重要原因。在改革开放之前，我国偏向重工业的产业政策和重工业西迁使西部地区集中了我国绝大部分的重工业。在计划经济时代，来自中央政府的财政和资源支持使这些企业在当地经济发展中起到了巨大的作用，也在一定程度上缩小了东西部差距，然而在改革开放之后，这些不符合我国比较优势的企业非但不能成为当地经济发展的助推器，反而因其对新环境的不适应而需要持续输血。在分税制改革之后，不少原本属于中央的国企也被下划到地方，这使西部地区的地方政府承担了巨大的财政压力,而地方政府为维持这些企业生存,往往被迫采取一些地方保护主义的非市场手段,这虽然在短期内维持了这些企业的生存能力,但却在长期内对当地的经济发展造成严重的负面作用。相较而言,东部地区国企较少,这在改革开放之后反倒成了优点。乡镇企业、私营企业迅速在东部崛起,而没有国企负担的东部地方政府也相对较少干涉市场运作,反而有利于市场配置资源作用有效发挥。

除此之外,我国改革的一大特征是其渐进性。因其渐进性,东部地区在开放时间上要远远早于西部地区。所有经济特区均位于东部,这相当于允许东部地区在经济发展的竞赛中先跑了一步,进一步拉大了东西部在先天禀赋上的差距。集聚效应的存在,更是在此后的数十年实践中持续地放大这差异。

第四节 缩小我国东西部差距的现实制约因素

需要回答的问题不仅仅是东西部差距为什么会出现,还有东西部差距为何会持续甚至扩大,换句话说,我国东西部差距缩小的现实制约因素何在。只有找到了现实制约因素,下一步的政策建议才能做到有的放矢。

早在第一部分分析地区经济发展中的收敛现象时,我们就曾指出收敛的动力之源存在于两个方面,一是要素边际产出的递减,二是要素在地区间的流动。因此,在总结我国东西部差距缩小的现实制约因素之时,我们也可以依照这两个方面分别进行。

一、边际产出递增因素

导致边际产出递增的,一方面是我们前面所述的集聚效应。东部地区凭借着改革初期开放时间较早所带来的先发优势和地理位置优势成功地先于西部地区完成了最初的 FDI 和出口产业的布局。这些最初的 FDI 和出口行业通过产业链上下游之间的联系、行业内部的技术溢出、市场增大带来的规模效应形成了集聚效应,使得新的 FDI、新的企业继续选择布局于东部。改革开放以来,除了少数处于国家严格管制之下的产业和资源密集型产业,几乎所有产业的集中度都大幅度提升,而绝大部分产业的主导省份也都集中于东部地区。与此同时,相比发达国家,我国的产业集聚程度仍然较低,这意味着集聚效应所带来的产业向东部集中的趋势,不仅在过去,也会在未来持续地成为阻碍东西部差距缩小的因素之一。

在另一方面,集聚效应也不仅仅存在于工业生产中。东西部差距持续多年,这使东西部差距早已不仅仅存在于经济层面之上。东部发达地区凭借其良好的经济基础,在教育、交通等基础设施上大肆投资。尤其是在分税制实施以来,东部地区发达的经济基础保证地方政府可以获得充足的税收等收入,从而保证各种对经济长期发展至关重要投资的充足。东部地区的教育经费总额是西部的三倍以上,这还不包括民间自主的教育投入,考虑到东西部之间人均收入上的巨大差距,这部分投入无疑也是东部占绝对优势。在教育以外,近年来我国兴建的高速公路、高速铁路绝大部分也都位于东部。

差距甚至不仅仅出现在可见之处。东部地区活跃的经济氛围为其中的参与者提供了大量的干中学的机会,从中他们可以获得书本之外的知识(所谓的know-how,与可以从书本中学到的know-what相对应),建立对降低交易成本至关重要的关系网络。这方面的积累自然有利于东部地区效率的提高,从而拉大了东西部间在经济运行效率上的差距,最终造成东西部在产出上的差距。

二、要素流动障碍因素

回顾上一章对增长理论的综述,如果我们允许资本在不同经济间自由流动,那Solow模型下的收敛速度将是无穷大;如果我们允许技术在不同经济间自由流动,换句话说,不同经济体永远保持相同的技术水准,那内生增长模型下的收敛速度也会趋向无穷大。因此,要解释地区间持续的发展差异,某种要素流动上的障碍是必需的。

这种要素流动上的障碍可能来源于很多地方:前文所述及的地方保护主义或许就是其中的重要组成部分。然而地区间的人口流动障碍或许在其中起到了更为重要的作用。我们在本书第六章“人力资本与东西部差距”中曾经计算了不同省区劳动和资本边际产出差异的变化情况。

倘若不同地区间要素流动障碍较低,那在要素获得其边际产品的假设之下,生产要素必然会从相对富裕的地区向相对稀缺的地区流动,从而提升自身的边际产出和边际收益,也拉平地区间在要素边际产出上的差异。我们在图6-3中也可以观察到各省资本边际产出差异的降低:随着改革进程的推进,随着交通、通讯等基础设施的改善和金融体系的进步,各省资本边际产出间的差异一直在稳步降低,然而各省间劳动边际产出差异的变化却刚好与之相反:自改革开放以来,劳动边际产出差异一直在增加。

考虑到这段时间内平均劳动边际产出的递增趋势和平均资本边际产出的递减趋势,地区间劳动边际产出的差异实际上是由不同的增长幅度所致:发达地区劳动边际产出的增长率远远高于落后地区。

同时,劳动边际产出差异的长期存在乃至持续扩大也意味着这必然存在较强的人口流动障碍:在这障碍的作用下,落后地区的劳动力无法向先进地区迁徙,因而也无法降低地区间在劳动边际产出上的差距。这障碍一方面来源于户籍制度的限制,另一方面也来自于大城市的高房价和廉租房的缺失、子女高昂的择校成本,甚至不同地区间生活习惯、文化风俗的差异。事实上,这些障碍的存在使得地区间的人口流动可能非但不能拉平劳动边际产出差异,甚至还会进一步扩大这个差异:给定人口流动障碍的存在,那就只有人力资本积累较多因而收入较高的人群拥有在地区间自由迁徙的可能,而这些人群向发达地区的集中,只会扩大而非缩小地区间的劳动力边际产出差异。

要素流动障碍也不仅体现于人口流动障碍之上,经济增长理论同样强调地区间的技术溢出和流动在地区经济发展收敛中的作用。技术流动上的障碍相比一般的要素流动障碍更难观察,不过我们仍然可由对地区间技术或效率水平差异的观察来间接获知技术流动障碍情况。以农业为例,Chen 等(2008)发现,人均收入较高的地区——通常都是东部地区比人均收入较低的地区要有更高的农业生产率增长速度和效率水平,这一方面源于不同地区间在先天的农业生产条件上的差异、在后天的农业机械使用量等资本存量上的差异,另一方面同样反映了不同地区之间在技术流动上的障碍:先进地区所使用的生产技术不能有效地推广到相对落后地区。

第五节 结论性评述

在这一章,我们首先全景性地回顾了我国东西部差距形成和发展的历史,并在此后总结性地给出了东西部差距形成的历史客观原因以及阻止其缩小的现实制约因素。

我们认为,东西部之间在自然条件和历史政策上的差异是东西部差距形成的主要原因,而在东西部差距形成之后,集聚效应的因素和要素流动障碍一起,阻碍了收敛效应的充分发挥,制约了东西部差距的缩小。

在下一章,我们将最终给出缩小东西部差距的政策性建议。

参考文献

[1] 黄赜琳,王敬云. 地方保护与市场分割:来自中国的经验数据. 中国工业经济,2006(2):60-67

[2] 陆铭,陈钊. 分割市场的经济增长——为什么经济开放可能加剧地方保护. 经济研究,

2009(3):42-52

[3] 史晋川,孙福国,严谷军.市场深化中民间金融业的兴起——以浙江路桥城市信用社为例.经济研究,1997(12):45-50

[4] Ajit Bhalla, Shujie Yao, Zongyi Zhang. Regional Economic Performance in China. *Economics of Transition*, 2003,11(1): 25-39

[5] P Chen, M Yu, C Chang, et al. Total Factor Productivity Growth in China's Agricultural Sector. *China Economic Review*, 2008, 19: 580-593

[6] K Gajwani, R Kanbur, X Zhang. Patterns of spatial convergence and divergence in India and China. In F Bourguignon, B Pleskovic (Eds.). *Annual World Bank Conference on Development Economics* 2007. regional: Beyond transition (pp155 - 178), 2007

[7] Ravi Kanbur, Xiaobo Zhang. Fifty Years of Regional Inequality in China: A Journey Through Central Planning, Reform, and Openness. *Review of Development Economics*, 2005, 9(1):87-106

第十章

未来展望:均衡发展的政策建议

第一节　我国东西部差距的未来走势

在正式提出缩小东西部差距的政策建议之前,我们需要明确两个问题。首先,如果我们什么都不做,按照现在的情况,东西部差距最终会发展成何种局面?其次,在东西部差距这个问题上,我们最终的目标是什么?在这一章中,我们将先就前两个问题给出答案,然后再给出最终的政策建议。

在现实中,给定其他要素投入不变的情况下,从长期来看,要素边际产出递减实际上是不可避免的。对任何特定地区而言,总会有些要素的投入是有限的:空余土地会越来会少,劳动力也不可能无限供应,甚至在这些要素枯竭之前,价格的上涨就会开始损害相对先进地区的生产率水平。我们事实上已经看到了这种趋势出现的端倪:无论是工资水平还是地价,东部都已经远远高于西部。

同时,无论其流动的阻碍有多高,技术和要素依然还是能够在东西部间流动的。当华尔街遇到金融危机时,大量原本在华尔街工作的华人开始筹划回国。当东部的房价、物价和各种基础设施的拥挤程度越来越高时,原本在东部就业的人们也迟早会谋划带着技术和资本进军西部。特别是对于价格和成本异常敏感的制造业而言,当东部地区的低价和劳动力成本越来越高时,即使要承担更高的运输成本,向西部地区转移工厂和生产能力也会越来越成为必然。这种转移近年来早已不再罕见,甚至有蔚然成风之势。

从这个角度说,虽然存在种种阻碍东西部差距缩小的因素,但同样身在一个统一而政局平稳的国家内部,东西部之间的差距并不会无限扩大,各种导致要素边际收益递减的因素和要素与技术在地区间的流动,将最终把东西部差距限制于某个极限之内。

但一方面问题在于,要素和技术的流动并非只有西部一个可能,在全球化的今天,离开劳动力成本高昂的东部地区的资本并非必然流向我国的西部地区,它同样可能会流向其他不发达的国家或地区。

另一方面,至少在目前,我们依然没有观察到东西部差距到达其最终极限的迹象,并且即使是目前水平的东西部差距,也是我们很难接受的。也就是说,即使东西部差距最终会趋于某种极限的均衡值,这最终的均衡水平和它趋向均衡的速度都是我们无法接受的。

因此,东西部差距相关政策的目标,就应当是促进资本和技术在国内的流动,降低东西部差距均衡水平,并提高其趋向均衡的速度。

第二节　均衡发展及其对我国东西部差距的政策性含义

一、均衡发展的内涵

经济发展的最终目标是组成经济的每个个人的个体发展。我们当然希望中国当代的经济奇迹能够让每个炎黄子孙都实实在在地享受到好处,而非仅仅满足于从捡来的电视机里观看宏大而遥不可及的国庆阅兵式或奥运开幕式。不同地区间,特别是东西部之间巨大的发展差距就是对这个目标最大的挑战和嘲弄。

因此,尽力缩小东西部之间的差异,让尽可能多的民众享受到经济增长带来的生活水平提高是政府应尽的责任。不过在此间可能还存在需要我们事先明确的问题。

如果说目前东西部差距过大是公认而无可争议的话,那我们需要明确的是,什么程度的东西部差距是可接受的?这正是本节小标题的含义。我们所追求的目标,应该是某种程度上的均衡发展。所谓的均衡发展至少包含两方面的含义:首先,均衡发展应当保证地区之间在发展程度上的差距不至于太大;其次,均衡发展绝非平均发展,绝对平均的发展模式不应该成为我们追求的目标。完全的平均主义只会降低整体经济的运行效率,这中的惨痛,犹存于许多中国人的记忆中。事实上,在给定市场经济的背景之下,地区间在发展上不存在任何差异几乎是不可能的,强行追求这样的目标,只会在付出巨大的代价之后才发现最终的结果与最初的目标相去甚远。地区间在各种条件上总会存在差异,而初始条件上的差异,最终就会体现在发展水平上的差异。任何时期任何国家内部不同地区间总会存在或多或少的发展差异。

多少的东西部差距是合理的,这实际上是一个规范经济学的命题,因而也不是任何单纯的理论分析或经验研究所能回答的,它取决于整个社会中所有成员的偏好,以及社会效用函数的结构。因此本书不可能对此问题给出确定性的答案。

不过确定性答案的缺失并不意味着我们对这个问题完全无能为力,在确定性答案之外,有一些原则性的东西是可以明确的。

首先,社会发展目的和最终体现都是组成社会的个人的发展,而并非是地区的发展。换言之,地区发展差异之所以值得研究,是因为过大的地区发展差异会给不同地区的个人发展带来极大的不平等,而这种不平等是不可容忍的。正因为此,我们衡量地区间发展差异的时候用的都是人均变量而非地区总量。这个原则也意味着一些地方所追求的所谓全面发展是不符合经济规律更不符合社会效用最大化原则的。开放经济下部分地区追求全面发展,只会让它无端丧失地区间分工所能带来的效率提升和地区间贸易所能带来的收益,最终降低地区内居民的效用水平。从这个角度说,地方保护主义和人为设置的人口流动障碍等非市场手段就算成功地降低了地区发展差异也是不可取的,它们同时将会损害到经济中个人的自由和发展机会。

其次,我们需要承认个体差异的存在。人跟人是不同的,有人喜欢山清水秀,喜欢采菊东篱下悠然见南山的慢节奏生活,也有人喜欢竞争激烈的大城市,喜欢灯红酒绿的物质生活所带来的肾上腺素快速分泌。从这角度说,一定程度的地区间的发展差异在某种程度上还会有利于提高全社会的总效用。不过这样的判断需要一个前提,即个人应当拥有选择其生活方式的权利。喜欢大城市的人,有权为此目标的实现做出努力,而一个公平的社会,有责任让这个目标至少存在实现的可能。这方面的考量,也是本书在前文中一再反对人为地设置人口流动障碍的原因之一。如果个人没有选择的权利,那即使地区间发展差异被缩得很小,其结果也可能是降低而非提高了社会总效用。

二、均衡发展对我国东西部差距的政策性含义

给定均衡发展的目标,政策自然也需要做出相应的调整。我们认为,这个目标的政策性含义至少存在于以下几个方面:

首先,平均主义不应当是我们追求的目标。

就像我们之前所说的那样,绝对的平均主义是不切实际的,它即使可能达到,至少也是成本高昂的。当年改革开放的决策者为了发展而允许部分地区先富起来,从而允许了地区发展差异的存在,这个选择本身就已经说明了整体发展与地区平均孰轻孰重。

其次,对大投资大项目的过分偏好可能是存在问题的。

仅从项目本身来看,投资较大的项目自然会对地区GDP有较大的直接的拉动作用,然而任何经济体都是由众多部分所组成的统一体,任何项目对GDP也不仅仅有直接的拉动作用。它可以通过向员工、股东支付工资或股息来拉动消费,它可以扩大本地上游企业的市场规模,它可以为本地下游企业提供更多更低运输成本的原料选择。如果综合考虑全部影响,投资规模本身不足以完全决定项目对地区整体经济影响的大小,甚至某些项目对经济的长期增长还可能存在不小的负面作用。我们之前对资源诅咒的研究就是一个极好的例证:对资源产业的过分重视会挤出对其他产业,尤其是对短期收益相对较低而不确定的人力资本和R&D投资,而这些投资却恰恰对地区长期经济增长至关重要,并且资源产业对当地经济的拉动作用相对较低,它与其他产业的横向纵向联系都比较少,而它的产品留在本地的比例也比较低。

此外,对任何经济体而言,其绝大部分的GDP和工作岗位实际上都是由众多的中小企业所提供的。过分地重视大型项目,势必会减少政府用以扶持中小企业的资金和精力,在大量资源和权力尚集中于各级政府之手的中国,政府不恰当的偏好很多时候都会反映在当地经济结构中,影响到经济的长期增长潜力。

特别是考虑到西部丰富的矿产资源储量和因任期较短而经常急功近利的地方政府,对大项目的过度偏好,尤其是对资源性项目的偏好经常会出现在西部地区地方政府的决策之中。

第三节 促进我国东西部均衡发展的政策性建议

就如我们已经看到的那样,东西部差距同时体现在多个方面。这些方面彼此牵扯,互相强化,形成一个个闭合的逻辑链,使我们所观察到的东西部差距越来越大,甚至似乎看不到一丝缩小的可能。

要从复杂而纠缠不清的逻辑乱麻中找出有效的应对政策也似乎成了不可能的任务。不过我们不太费力就可以回忆起的是,在短短的数十年之前,我国和西方发达国家的差距也曾经是遥不可及。当年我们为了区区1070万吨钢产量而全民动员大炼钢铁,而现在,从1996年开始,我国钢产量就一直位居世界第一,到2008年甚至突破了五亿吨。虽然我们在很多方面距英美等发达国家仍然存在不小差距,然而到现在已经没有人认为这差距不可弥补了。几乎每个中国人都怀有强烈的信心,认为我们追上并超越他们是迟早将会发生的事。

如果在过去我国可以通过恰当的政策追赶西方国家,那在现在和未来,西部对东部的追赶也并非不可能。

集聚效应和生产的正外部性看似可怕,但当人口逐渐拥挤后,要素价格和租金的上涨趋势却更不可逆转。事实上,发达国家过高的人力成本正是过去生产从欧美、日本逐步向亚洲向中国转移的重要原因之一。当东部的土地价格和人力成本上升到超过外部规模经济所带来的收益之时,集聚效应就会变得无法持续,而东西部之间差距的拉大,也就会放慢甚至逆转。

所幸我们并非什么都没做,事实上本书的出版本身就能代表社会在缩小东西部差距上的某种意图和努力。西部大开发计划、中央政府针对西部的财政补贴等等,都是实实在在的缩小东西部差距的努力和尝试,而对西部教育和人力资本投资的支持也已经成为共识,然而这些举措可能仍然是不够的。

(一)避免对东部经验的简单模仿

过于简单的模仿可能是无效的,过去的成功并不能直接保证将来的成功。在东部过去的发展中,FDI 和出口行业的高速发展起了相当大的作用。特别是在改革之初我国资本稀缺、技术落后、出口无门的情况下,FDI 所带来的资本、技术和出口渠道为我国经济的起飞起到重要的作用。

然而我们已经看到,FDI 和出口对经济增长与技术进步的贡献在不同时期存在着较大的差异。出口的作用在减弱,FDI 的技术溢出也在减弱。也就是说,它们虽然在过去为我国东部的经济发展做出了巨大的贡献,但对西部来说,相同的故事很有可能不会再次发生。FDI 在技术上的优势正在减少,而对缓解外汇约束的作用更是早就不复存在。出口也面临类似的局面。我国巨大的出口量和激烈的内部竞争使出口产品的价格一再下跌,而内陆地区原本在出口上相比东部地区就存在运输成本上的劣势,这些因素,都降低了出口和 FDI 未来对我国经济发展,特别是西部地区经济发展的促进作用。

我们也曾分析过 FDI 和出口的决定因素,其中存在着不少不可控因素。在理论分析中,我们也阐述过单纯的财政补贴对 FDI 而言可能并非十分重要,这些都意味着地方政府在吸引 FDI、建立出口产业上本身可能作用有限。也就是说,通过模仿东部过去的发展战略,着力吸引 FDI、发展出口产业很可能不仅是无效的,甚至根本就是不可行的。

当然,出口和 FDI 重要性的下降并不意味着闭关锁国是个可取的主意。全球化的趋势不可阻挡,本书并不是在说吸引 FDI、开展对外贸易没有必要,而只是说在当前背景下,当所有国家所有地区都在这样做时,这方面的措施对经济发展的促进作用已经不像过去那么显著了。

(二)建立真正全国统一的大市场

如果FDI和出口产业不再能像过去推动东部经济崛起那样对西部经济增长带来帮助,那么国内市场的发展对西部地区来说就尤为重要。尤其是金融危机以来,我国出口出现了增长缓慢甚至负增长的局面,提振内需又一次被摆到了十分重要的位置上。内需的发展是我国未来经济增长的潜在动力之一,而全国性统一市场的真正建立,又是内需促进经济发展作用得到充分发挥的前提。

给定西部目前尚比较落后的发展现状,本地市场容量相对较低的问题是西部地区发展的一个痼疾,而全国性市场的建立,有利于西部地区利用东部相对更广阔的市场,更高的消费能力来发展自身生产。在这个全国大市场中,国内贸易的广泛开展也有利于国内各地区之间分工的形成,有利于包括广大西部地区在内的各地区充分发挥各自的比较优势,提高整体经济效率。Bai等(2004)指出,地方保护主义的盛行正是阻碍国内各地区之间的分工和地区生产专业化进程推进的主要原因。全国性市场的形成,有助于削弱生产的过分集中,有利于生产在地区间的分散和地区发展差异的缩小。

此外,全国性市场的建立和发展也是促进东西部经济融合,防止东部地区产业向国外转移的有效手段。如果没有统一的全国性市场,那东西部之间商品流动的成本并不会比跨越国境线的流动低多少,而随着各个跨国自由贸易区的建立,后者甚至还处于持续降低的通道之中。对逐渐流出东部地区的资本而言,向国外的转移是比向西部转移更为有利可图的选择,而这必然会严重地妨碍东西部差距达到最终的均衡值,甚至放大这个均衡值。

(三)降低要素,尤其是人口这一要素在地区间流动的障碍

要建立全国统一的市场,势必需要降低地区间的要素流动障碍。要素在地区间的流动是要素边际产出差异所导致的必然,而要素的流动也是其边际产出趋同的必要条件。我国每年自西向东的民工潮正是东西部在劳动边际产出和边际回报上的差距的最好写照。限制要素的流动看似可以避免要素过多地集中于东部,延缓东西部差距拉大,然而这种行为即使有效,也无异于掩耳盗铃,它对整体经济的损害更是实实在在的。

要素流动障碍的长期存在,必然伴随着要素边际产出差异的长期存在。在市场经济中,这意味着对价格和激励的严重扭曲。较低的边际产出意味着较低的要素回报率,而低要素回报率从长期看将会损害到要素的供给。如果这要素是资本,那就会影响到资本积累的速度,如果这要素是人力资本,那就意味着教育回报的降低和教育投入的减少,对未来的人力资本积累将会造成

伤害。Beine等(2008)认为,少数高技术劳动力移民发达国家获取更高的劳动回报有助于提高欠发达国家人力资本回报的预期,这会增加欠发达国家的人力资本投资从而最终提高人力资本存量。我们有理由认为,在我国的东西部之间同样也会出现类似的情况。

任何的要素流动障碍都不可能是完全的,在TFP的计算中,我们曾经看到了地区间资本回报率的趋同倾向,这是地区间资本较高流动率的最好证据。虽然劳动回报在地区之间差异极大,然而我们需要看到的是,任何的人口流动障碍对低收入人群的限制都会远远地高于高收入人群。因此人为的人口流动障碍虽然或许对低收入人群的流动限制极大,但对高技术高收入人群的流动却无计可施。换句话说,人口流动障碍在损失低收入人群的利益让他们无从享受较发达地区更高的劳动回报率的同时,却无法阻止高技术人力资本向发达地区的集中,也就无力阻止地区间发展差异的扩大。从人均收入的角度来说,这种有偏向性的人口流动只会放大地区间在人力资本上的差距,从而增大地区间在劳动生产率和人均收入上的差距。

对于西部地区而言,人口的流出也意味着土地等稀缺要素人均拥有量的提高。这只会增加留下人群的边际产出和劳动回报,同时也会有利于东西部人均产出的趋同。

(四)优化矿产资源产权制度

西部地区资源丰富,然而就如我们已经看到的那样,这些资源只转化成了少数人的财富,却未能转化成对地区经济增长的助力,反倒通过种种渠道,形成了对西部地区经济增长的资源诅咒。不合理的产权制度在其中扮演了重要的角色。

依中国法律,自然资源属于国有,因此政府在资源的开采与分配上拥有完全的权力,大部分时候由各地地方政府和各级资源管理部门行使事实上的所有权。然而政府又不可能自己直接去开采资源,因此势必需要通过某种方式将资源开采的权利赋予某个企业或个人。其结果就使得掌有资源开采权分配大权的政府官员获得了寻租的潜在机会,而最终获取资源开采权的少数企业获得极低风险和成本的高收益。相对较低的资源税又使得握有资源分配权的政府无法通过正规的渠道参与利益分配,权力与收益的不匹配更增强了寻租的激励。同时对拥有采矿权的既得利益者而言,对他们持久享有资源带来的高额利润的威胁并非来自市场,而是来自于政府手中的权力,这势必会产生强烈的官商勾结强化对资源的排他性占有,破坏公平竞争经济环境的激励,同时也会使得采矿权拥有者缺乏改进生产技术、提高生产效率的激励。

矿主获取的高额收益对激励的扭曲也是资源诅咒产生的重要渠道。目不识丁的煤老板可以一掷千金地在京沪购入豪宅,而寒窗二十载的大学生却只能栖身十尺寒舍,这种对比会严重地降低民众投资教育和投资人力资本的积极性。其他方面的投资亦是如此。工业生产面临着激烈的市场竞争和随之而来的微薄利润,而资源行业却无此虞,长此以往,必然导致过多社会资源涌入资源产业,而损害经济长期的增长潜力。

要从根本上解决这个问题,就必须在加强环保和安全方面的监督的同时,在资源开采权分配上引入市场机制,将资源行业的高额利润降低到社会平均的边际利润上。只有这样才能使激励不被扭曲,维持非资源型行业投资和人力资本投资正常的投资激励,从而保证经济的长期增长。

(五)合理安排投资方向和投资来源,尤其注意吸引非国有资金对西部的投资

西部大开发中一个值得注意的现象是大量的投资都由国有企业特别是央企主导,而其投资方向也倾向于资源性行业。在资源国有的背景下,央企因其特殊的地位在投资资源行业上具有先天的特殊优势并不难理解,然而对西部地区而言,过多资金涌向资源行业只会加剧资源诅咒现象。邵帅、齐中英(2008)发现西部大开发战略实施之后,西部能源开放得到加强,反而加剧了能源开发对科技创新和人力资本的投入的负面作用,使资源诅咒效应更明显地出现。

与投资方向相比,投资的来源被纳入考量范围的频率要低得多,然而这并不意味着投资来源不重要。相反,它可能是十分重要的。本书花了大量篇幅去分析的FDI,就是一种重要的投资来源,而FDI相比一般投资对经济增长带来的额外推动在文献中经常被人提起。除了FDI,重要的投资来源便是国有资本和民间资本。

同时,相比民营企业和外资企业,国有企业因其治理和激励结构上的天然缺陷,在运行的效率和对技术进步的饥渴程度上都存在先天的弱势。国有企业在获取银行贷款上的先天优势也意味着过高的国有企业比重会扰乱金融秩序,不利于金融体系的正常发展,挤压民营企业,特别是中小企业的融资空间,严重打击地区经济活力。

在今天,随着我国整体经济的发展和民营企业的发展壮大,少数企业实际上已经具备了与FDI竞争的能力,此时它们的进入实际上与FDI的进入并无本质区别。FDI所能带来的技术溢出,民营资本同样会有,而对本国国情更熟悉的优势,还更有利于它们适应当地环境,与当地经济协同发展。

正因为此,在西部发展,特别是在一些市场力所能及的产业中适当降低国有资本所占的比例,将会有利于西部经济的发展。

(六)致力于政府行为的规范和行政效率的提高

所谓政府行为的规范,是指政府应当明确公权与私权的边界,明确市场中看得见的手与看不见的手之间的分工,在发挥自身职能的同时,不过分地干扰市场运行,不以公权侵夺私权。阎大颖(2007)指出,政府行为的规范化是地区市场化程度的重要影响因素。政府的行政效率则在很大程度上决定了一地区经济活动的交易成本。从某种意义上说,政府的行政效率甚至可能比廉洁更为重要。

与物理上的基础设施类似,政府行为的规范与高效是整个经济运行的基础性建筑,会直接影响到经济的方方面面。地方政府的效率是FDI决定选址时的重要参考因素。一个高效的政府有助于政策如预期般得到顺利推行。政府行为的规范化则有助于减少寻租现象,减少对经济的不必要损耗,降低因政府行为不确定性所造成的市场风险,从而有助于吸引和扩大投资,也有助于缓解资源诅咒现象。

政府行为规范化和行政效率的提高如此重要,因此对它们的强调是确保经济稳定长期发展的根本,甚至远比直接简单地去吸引投资更为重要。

东西部之间的发展差距是个既成事实。这事实不会因我们的喜恶而出现或消失。东西部差距或许还会持续很久,甚至或许还会继续扩大。如果我们能制定恰当的政策,且能够保证这政策得到有力的执行,那我们相信,经济中要素边际产出递减的力量最终将会使东西部差距扩大的趋势得到逆转,进而纳入控制,减少到我们所能忍受的范围之内。

参考文献

[1] 邵帅,齐中英.西部地区的能源开发与经济增长——基于“资源诅咒”假说的实证分析.经济研究,2008(4):147-160

[2] 阎大颖.市场化的创新测度方法——兼对2000—2005年中国市场化区域发展特征探析.财经研究,2007(8):41-50

[3] C - E Bai, Y Du, Z Taoet al. Local Protectionism and Regional Specialization: Evidence from China's Industries. *Journal of International Economics*, 2004, 63(2): 397-417

[4] M Beine, F Docquier, H Rapoport. Brain Drain and Human Capital Formation in Developing Countries: Winners and Losers. *The Economic Journal* , 2008, 118(528): 631-652

结束语

不患寡而患不均。自古以来，不同人群之间的发展平衡问题就一直为任何负责任的政府所关注。我国历代封建王朝最终的毁灭大都伴随着土地兼并和权力过度集中所带来的贫富悬殊。现代工业文明的发展使得从土地之外获得收入对大多数人来说成为可能，土地不再成为唯一重要的生产资料，很多原本并不重要的自然条件开始变得重要，这在使社会总财富以史无前例速度增长的同时，也改变了原有的财富分布布局，人与人之间和地区与地区之间的贫富悬殊程度同样达到了史无前例的规模。

在我国，地区发展差异最主要的表现形式之一就是东西部差距。特别是在改革开放之后，在东部地区踏上经济发展的快车道的同时，西部地区在经济发展上却逐渐落后。成就汉唐大业的三秦之地，诞生过富甲天下晋商的山西，乃至曾经繁华的丝绸之路，它们的昔日荣光似乎也随着那些逝去的年代一起消失了。在全球化的年代中，对落后地区而言，参与全球贸易、吸引外国资本是其快速崛起的捷径，甚至几乎是必由之路。因而在这个年代，拥有低廉海运成本优势的濒海地区相比内陆地区也总是更能够凭借着先天优势先行发展起来。

从这个角度说，过去乃至现在的我国东西部差距或许是不可避免的。自然条件和历史政策上的差异使东西部之间在经济发展的先天条件上千差万别，而在改革开放之后我国经济快速崛起的火热大时代之中，这些先天条件上的差异通过种种不同的影响渠道对地区经济发展产生或直接或间接的影响，这些影响随着时间日积月累，最终将先天条件的差异具象化为了经济发展水平上的差异。从根本上说，东西部差距之源不在于发展，而在于这些先天条件差异和它们的影响渠道。

因此，我们对东西部差距的研究针对的就是不同的影响渠道，通过对各条影响渠道的观察和区分，我们逐步地从纷乱繁杂的现实世界中抽离出直接而相对简单明了的逻辑线条；通过这种简化，我们不仅以理论的方式，也以坚实的实证数据有力地证明了这些影响渠道的存在性和重要性；通过对不同影响渠道的分析,我们最终将这些渠道合而为一,绘制出了一副完整的改革开放以来我国东西部差距从萌芽到几乎一发而不可收的完整画面。

然而对东西部差距的解释并非是我们的最终目的,只有解决问题才是研究的最终目的。从这个目的出发,基于对不同渠道的区分、观察、解释和分析,我们既在本书的各章都提出了针对性的应对之道,也在最后给出了应对东西部差距的整体策略。

行文至此,我们关于东西部差距的研究也可以告一段落了。从 20 世纪 80 年代初到现在,我国用大约 30 年的时间完成了经济的起飞,GDP 总量已经超过日本位居世界第二。当整体的发展达到一定水准之后,对发展本身质量的追求就会超越对速度的追求。所谓发展的质量,既包含对环境的保护、对资源的节约,也包含让发展的成果尽可能地在人与人之间,在地区与地区之间均匀分布。正因为此,对落后地区、落后人群的关注近年来越来越成为我国各种政策的重点。我们也希望,本书的研究成果能够对决策者有所帮助,能够有助于缩小东西部差距。